潘雨廷著作集

典藏本

潘雨廷／著

第十三册

易学史入门

论吾国文化中包含的

自然科学理论

上海古籍出版社

引　言

　　潘雨廷先生(1925—1991)，上海人，当代著名易学家。生前担任华东师范大学古籍研究所教授、中国《周易》研究会副会长、上海道教协会副会长。潘雨廷先生早年就读于上海圣约翰大学教育系，毕业后师从周善培、唐文治、熊十力、马一浮、杨践形、薛学潜等先生研究中西学术，专心致志于学问数十载，融会贯通，自成一家，在国内外有相当的影响。潘雨廷先生毕生研究的重点是宇宙与古今事物的变化，并有志于贯通东西方文化之间的联系，对中华学术中的《周易》和道教，有深入的体验和心得。潘雨廷先生著述丰富，其研究涉及多方面内容，具有极大的启发性。他的著作是二十世纪中国文化所取得的重要成果之一。本书由张文江根据潘雨廷夫人金德仪女士保存的遗稿整理而成。

　　《易学史入门》关注易学如何为初学者所理解。《论吾国文化中包含的自然科学理论》思考易学如何与西方学术相融合。

目次

易学史入门

1

论吾国文化中包含的自然科学理论

易学史入门

易学史入门*

三十单元的讲课内容
（一单元为三课时）

一—四　　　介绍二千年来易学的基本知识。

五—九　　　易学史的分期。分汉易、魏晋易、唐易、宋易、清易五期，
　　　　　　各讲一单元。

十一—十四　介绍二千年来的易学名著。

十五　　　　期中考试

十六—十九　继承并发展古史辨派的观点，根据出土文物等进一步研
　　　　　　究易学，与传统知识殊多不同。

二十—廿四　介绍殷周之际至两汉之际的易学史。

廿五—廿九　介绍现代易与科学易。

三十　　　　期终考试

------

　　* 一九八七年二月—六月，潘雨廷先生拟讲易学史，分为初级班、中级班、高级班。实际上仅仅讲了初级班课程，前后共三十讲。本文根据张文江当年的听课笔记整理而成，更名为《易学史入门》，供初学者参考。其中二十三—二十九讲已然阙失，未成全璧。

一

对易学史的认识,可以分为二个部分:一、传统易学,二、五四以后古史辨派否定传统易学以后的新认识。前者当两汉之际至清末,包括时间为二千年。后者更由两汉之际上推至殷周之际,包括时间为三千年。不了解前者,研究二千年来的中国思想文化就不会深入。不了解后者,就不会懂得易学的新发展。对易学史的二个部分,当分别以观之。

第一部分二千年的传统易学,是研究易学史的基础。传统易学以刘向、刘歆的观点为标准,《汉书·艺文志》原文如下:

> 《易》曰:宓羲氏仰观象于天,俯观法于地,观鸟兽之文,与地之宜,近取诸身,远取诸物。于是始作八卦,以通神明之德,以类万物之情。至于殷、周之际,纣在上位,逆天暴物。文王以诸侯顺命而行道,天人之占可得而效,于是重《易》六爻,作上下篇。孔氏为之《彖》、《象》、《系辞》、《文言》、《序卦》之属十篇。故曰:易道深矣,人更三圣,世历三古。

这段话的纲领是"三圣"、"三古",二千年对易学的认识,全部在此范围之内。可示意如下:

三圣	三古
伏(宓)羲	上古
文王	中古
孔子	下古

由伏羲到孔子,易书的形成经过了漫长的时期。这个时期内人们

对客观世界的种种认识,都总结于易书。易书研究客观世界种种系统的形象,再抽象为数学规律,有极丰富的内容。传统易学根据刘向、刘歆的观点,视《易》为"六经之原"。

上古有伏羲易,伏羲易当先认识其来源,可示意如下:

仰则观象于天	天文学
俯则观法于地	地质学
观鸟兽之文	动物学
与地之宜	植物学
近取诸身	人类学 $\left\{\begin{array}{l}医学 \\ 社会学\end{array}\right.$
远取诸物	一切无生物

对此天、地、人、物种种关系的认识,伏羲易皆总结于二个符号之中:

一 　　　　　 - -
阳 　　　　　 阴

阴阳犹今天的代数符号,此符号可加入许多内容。远古研究这些符号属专门学问,对其中内容不理解的人,往往视之有神秘色彩。较复杂的事物,二个基本符号不够描写,于是始作八卦:

乾　坤　震　巽　坎　离　艮　兑

由阴阳符号演变为八卦符号,以数学公式言,即

$$2^3 = 8$$

(阴阳)(八卦)

八卦的八个基本符号还不够描写,于是八卦相重成六十四卦,其相重方式可示意如下:

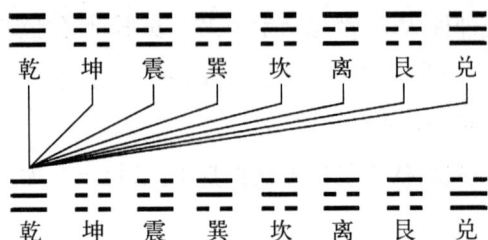

以下行的乾卦与上行由乾至兑的八卦相重,可得八卦:

以下行的坤卦与上行由乾至兑的八卦相重,亦可得八卦。依此类推,可得六十四卦。以数学公式言,即:

$$8^2 = 64$$

(八卦)（六十四卦）

阴阳、八卦、六十四卦为《易》的基本符号。《易》用这些符号来描写和研究天、地、人、物之间的种种关系。

基本易象可举例如下:

一、自然界

乾为天	坤为地
震为雷	巽为风
坎为水	离为火
艮为山	兑为泽

二、动物界

乾为马	坤为牛
震为龙	巽为鸡
坎为豕	离为雉
艮为狗	兑为羊

三、人身

乾为首	坤为腹
震为足	巽为股
坎为耳	离为目
艮为手	兑为口

四、人事

乾为父	坤为母
震为长男	巽为长女
坎为中男	离为中女
艮为少男	兑为少女

伏羲易的基本内容,可以总结如下:

易象	易数
八卦	六十四卦

中古有文王易,文王易的主要内容为"重易六爻,作上下篇"。

六十四卦为六十四个六画卦,其中每一画的变化叫作爻。爻的内容是阳变阴,阴变阳。

每一六画卦可有六个变化,六十四卦因此而有三百八十四爻。画描写空间,爻描写时间。研究《易》要研究六十四卦、三百八十四爻的变化。

作"上下篇"是将六十四卦的顺序作一个排列。将三十卦排为上篇,三十四卦排为下篇,于是《易》有了"二篇"。每一卦有一句卦辞,六句爻辞。六十四卦有六十四句卦辞,三百八十四句爻辞。卦辞、爻辞加上"用九"、"用六",共四百五十节文辞,这就是二篇,也就是文王易的基本内容。

下古有孔子易。传说孔子作了十篇文章来解释二篇,这十篇文章是:

《彖》上、下	解释卦辞
《象》上、下	解释爻辞
《文言》	解释乾坤二卦
《系辞》上、下	总纲
《说卦》	解释卦象
《序卦》	解释卦的排列次序
《杂卦》	解释卦的另一种排列次序

伏羲易、文王易、孔子易是读易的原始资料,应当首先分清并予以掌握。

二

研究二千年的经学,《说文解字》是重要的基础。研究二千年的易学,《说文解字》也保存了极可贵的资料。

易

《说文》:"蜥易,蝘蜓,守宫也。象形。《秘书》说曰:日月为易,象会易也。一曰从勿,凡易之属皆从易。"

蜥易是一种动物,今俗称变色龙,依据客观条件的变化而变化。生物适应环境,这是生物学的定义。《秘书》所说"日月为易",这是物理学的定义。《秘书》是什么书?丁福保《说文解字诂林》认为出于贾逵,实际出于《参同契》。再往上推,《系辞》早云"阴阳之义配日月"。于生物界,《易》重视生物适应于客观环境。于自然界,《易》重视时间的客观变化。

《庄子·天下篇》："《易》以道阴阳。"

霒

《说文》："雲覆日也，从雲，今声。霒，古文霒省。"

易

《说文》："开也。从日一勿。一曰飞扬，一曰长也，一曰强者众貌。"

勿

《说文》："州里所建旗。象其柄，有三游。襍帛，幅半异。所以趣民，故遽称勿勿。凡勿之属皆从勿。"

在《说文》中，阴是云把太阳遮没，阳是云开日出。易中一为数，即阳。勿，是旗的飘带，图腾社会中群众跟着旗帜走，拿旗帜领导的人就是阳。《说卦》："乾为首。"阳除易外，尚有陽。

陽

《说文》："高明也。从自，易声。"《春秋》："天王狩于河阳（僖公二十八年）。"《穀梁》："水北为阳，山南为阳。"

反过来讲，则水南为阴，山北为阴。《春秋》以阴阳用于地名，则阴阳概念远在《春秋》之前。今"洛阳"、"淮阴"地名，皆从此出。

故阴阳概念的根据是光。

卦

《说文》："所以筮也。从卜，圭声。"

筮

《说文》："易卦用蓍也，从竹，从巫。巫，古文巫字。"

卜

《说文》："灼剥龟也。象灸龟之形。一曰象龟兆之纵横也。凡卜之属皆从卜。"

卦用来筮的，从卜。《易》的根源在卜筮，讳言卜筮而谈《易》是不通的，就是在卜筮中体现出来哲学思想，方为最好。卜是用乌龟壳，钻一个洞,放在火上熏,其裂纹分五种类型,《洪范》称之为"雨霁蒙驿克",即水火木金土五行。今湖北江陵考古已发现几千只龟,时代为战国。商用卜、周用筮的讲法已被打破,实际周是兼用卜筮。《洪范》"卜五,占用二",即龟卜用五,筮占用二,二即贞悔。

贞

《说文》:"卜问也,从卜贝。贝以为贽。一曰鼎省声,京房所说。"

卟

《说文》:"易卦之上体也。《商书》曰:曰贞曰卟。从卜,每声。"

贞为卜问,贝以为贽。太卜为当时最高级的知识分子,不随便为你说。贞,不变,为现在。悔,变,为将来。《说文》以悔为《易》之上体,尚保守,没有达到《左传》的程度。

占

《说文》:"视兆问也。从卜口。"

卟

《说文》:"卜以问疑也,从口卜,读与稽同。《书》云卟疑。"

读《易》一定会占。占,为视兆问,从卦象得到信息。一贞八悔,有八种可能性,看你走到哪一种可能性。卟,俗作乩,为后世扶乩的乩字。

用

《说文》:"可施行也。从卜中,卫宏说。凡用之属皆从用。"

卜到最对的地方即卜中,卜中故可用。勿用,即没有得到中。不懂的时候卜一卜,卜到中,就去用。

爻

《说文》:"交也,象易六爻头交也。"

爻是阴阳之间的变,也是《易》的基础。三爻卦不通,爻总是六爻卦。六爻头交,指六个地方在交。

尚有燚、爾、爽等字与爻通。

爻

《说文》:"二爻也,凡爻之属皆从爻。"

爾

《说文》:"丽爾,犹靡丽也。从冂,从爻。其孔爻,尒声。此与爽同意。"

爽

《说文》:"明也,从爻,从大。"

爻为两个卦,两个六爻之间的变化。江陵战国时期已有并列二卦,因为此占法《左传》已有,故这个发现的价值不大,但可以证明《左传》为真。从爻而言,一卦变六十四卦,六十四卦有四千零九十六种变化,所以复杂。故可引出爾字,意为靡丽。爽,《尚书》曰昧爽,阴阳相交,黎明曰昧爽,是黑夜到天亮阴阳间的变化。

《易》卦爻辞中没有"阳"字,仅有"阴"字,《中孚》所谓"鸣鹤在阴"。但卦爻辞全部来自阴阳概念,且"七日"、"八月"等早已指示阴阳,卦象更基于阴阳概念而建立。

三

要了解二千年的传统易学,《说文解字》这本书扔不掉。把《说文》中的字综合起来,《易》的概念就出来了。"五经无双许叔重",许慎著《说文》,的确有其整体概念。乾嘉学派研究《说文》则太琐碎。

中国的文字从"一"开始,也是《说文》全书的第一字。"一"字可上通于甲骨文,所谓"一画开天",从哲学来讲是一元论。

一

《说文》:"惟初大极,道立于一,造分天地,化成万物。凡一之属皆从一。"

《系辞》:"易有大极,是生两仪。"一就是大极,也就是卦象的一画,代表阳。

二

《说文》:"地之数也,从耦一。凡二之属皆从二。"

二,分开来写即--,即阴的符号。两个单元的东西,并在一起。天地合起来是一,这一个东西是二。

三

《说文》:"数名。天地人之道也。于文一耦二为三,成数也。凡三之属皆从三。"

以三为天地人之道,有极深的意义。这是中国的系统思想,三表示其分类。八卦三画,殷墟三画、六画、九画、十二画,也是以三个单元一分。

《说文》"一耦二",阴阳相合。天地的根本是一,这个一就是人。以生物的一,去耦天地之二。《左传》成公十三年刘康公云:"民受天地之中以生",无生物中产生生物。人进入天地之中,进入无生物之中,即三。《老子》云:"道生一,一生二,二生三,三生万物。"三包括天地人。

于数言,《易》的阳画为三。一化为三,一即三,阳以兼阴。

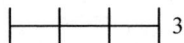

├──┼──┼──┤ 3

《说卦》:"参天两地而倚数。"可示意如下:

── 参天   -- 两地

王

《说文》:"天下所归往也。董仲舒曰:古之造文者,三画而连其中,谓之王。三者天地人也,而参通之者,王也。孔子曰:一贯三为王。凡王之属皆从王。"

从"王"字可见汉代思想中"王天下"的标准。"一贯三为王","王"包括如何认识天,如何认识地,如何认识人。对天地人认识的具体内容是进化的,随时代的不同而发展变化,但抽象结构逃不出天地人三才。《系辞》"昔者庖羲氏之王天下也……于是始作八卦……",是把天地人三才贯通之后,再来画八卦的。

四

《说文》:"会数也,象四分之形,凡四之属皆从四。𠁩,古文四如此。亖,籀文四。"

四是阴数,象把四方分开来。今于郑州大河村已发掘出这样的图形:

此图内可定圆心,外可接方,可见出规、矩:

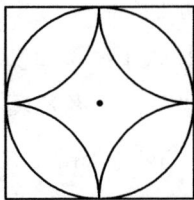

阳一阴二传下来,阳是三,阴是四,三为圆(直径与周长之比即 π),四为方(直径与周长之比)。π 是超越数,不可能绝对得出,只能根据应用对象取其相对精确值(地球到月亮的精确值亦仅取二十余位),故定其原则为三。太极图也是圆,圆为三,即天地人三才混合在一起了。

五

《说文》:"五行也。从二,会易在天地间交午也。凡五之属皆从五。㐅,古文五如此。"

五是五行。五行是新旧思想冲突最矛盾的地方,但是想研究中医,扔掉五行不可能。二象天地,乂为天地间阴阳相交的种种变化。于甲骨文四为 ☰ ,故四不可上推,乂则可上推。《系辞》"参伍以变",参指三才,五指五行。五行懂了,可读《尚书·洪范》:

一曰水,二曰火,三曰木,四曰金,五曰土。

五行可以认为是当时所认识的五种基本物质。古希腊哲学有的人认为万物的始基是水(泰勒斯),有的人认为是火(赫拉克利特),后来才逐渐讲各种元素间的关系。印度思想讲"四大"即"地水火风",风即木,与中国的五行相比较缺少的是金。印度认为金了不得,故以"金刚"称不坏之身。中国的五行多一种金,将金放入五行与水火木土平等看待,已重视人的作用。中国思想认为火克金,金再厉害,有办法解决。中国很早有冶炼术,能得到很高的温度,掌握火的力量已很容易,所以会出现这样的思想。

五行注重的不是五样东西,而是五者之间的关系,五者之间的关系就是数。汉以后将《易》拉入了经学,脱离了自然科学,故只谈阴阳,不谈五行。在西方数学即"图论",图论看一个东西如何到四个地方去,于五的关系只有十种。可示意如下:

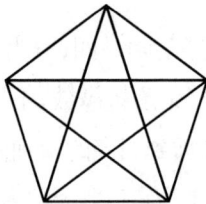

其中阳的关系有五种为生,阴的关系有五种为克。故阴阳化入五行,即为生克。要完成二个圈子的循环,只有五行。四不完备,六过多了。

中国很早就能认识五的周期,十的周期,十二的周期,以至六十的周期。再多的周期,中国当时没有达到此水平。但就是在这些周期里,已有极复杂、极深刻的思想。

六

《说文》:"易之数。佘变于六,正于八,从入八。凡六之属皆从六。"

《易》注重阴阳,不注重五行。五行重一二三四五,阴阳重六七八九十,故自六开始,特别标明"易之数"。郑康成以"一二三四五"为生数,六七八九十为成数,也反映此原理。现已发掘出的数字卦,亦与此十数有关。

六是后代字,至少已为战国时出现的字。甲骨文作ᗉ。现在的楷书"六",是从《说文》的ᗙ变化出来的。

"变于六,正于八",六、八皆为阴数,阴数以六为变,以八为正,故《易》有"用六"。《说文》作"入于八",事实是八至六,这里有二种标准,可示意如下:

以正为标准

六→八(阴不变)

以变为标准

八→六(阴变)

七

《说文》:"易之正也。从一,微佘从中衺出也,凡七之属皆从七。"

清张惠言认为许慎错了,应该是"微阳从中衺出"。一为地。七象芽生出来,一点阳气爆芽,如"屯卦",其形象キ,亦为草从土出,此其深思所得,极有价值。

但《说文》之说有更深的含义。一为阳,⼂为一点微阴从阳中

15

出来。纯阳是没有的,阴阳总是相对的,阴阳真正相对的情况是一。阳刚刚开始的时候,微阴出来,反而是阳之正,阳之正为阴阳。《易纬·乾凿度》"一变为七,七变为九"是其义(《列子·天瑞篇》亦引)。

八

《说文》:"别也,象分别相背之形,凡八之属皆从八。"

八即分别的别,八为阴之正。阴本身就是分,阴的可贵在分析。西方学术于文艺复兴以来即注重分析,各人各讲,如此将学问深入下去。中华学术注重阳的综合作用。

九

《说文》:"易之变也,象其屈曲究尽之形,凡九之属皆从九。"

九与七字形有相似处,但曲曲折折,象变化至其极。阴之变为六,阳之变则为九,故《易》有"用九"、"用六"。

于《易》,七八相称卦辞,九六相称爻辞。

贞为七八,悔为九六。一贞八悔,八贞六十四悔。六十四贞,四千零九十六悔。体七体八,用九用六。

七为阳之正,八为阴之正,九为阳之变,六为阴之变。于阴阳要先知此四数,具体须从卜筮中得出。

七为阳,但七自身不能变阴,只能变九。九变八,八本身不能变阳,只能变六,六变七。以四季循环比喻之,七八犹夏冬,固定不变,九六如春秋,要变热或变冷了。七八总要至九六才可变化,可示意如下:

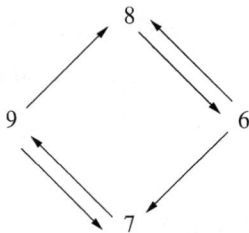

十

《说文》:"数之具也。一为东西，丨为南北，则四方中央备矣。凡十之属皆从十。"

数之具即为四方中央的概念:

南

东 ——○—— 西

中央

北

这是中国地图的方位,现已得马王堆掘出地图的证明,即南居上,北居下,和西方的地图北居上,南居下正相反。现在已经是世界文化,故画地图皆照西方标准。南为上或为下,本来也没有关系,但中国地图南上北下的根据不在天地,而在人,故易图必以南为上北为下,此为常识。中国以人身配八卦,人的思想是南。汉代严君平指出,植物向下吸收,动物横过来,人的头向上,顶天立地。故人从上吸收,有种种关系,故必须以南为上。

《易》进一步讲时间,讲人的生物钟。

卅

《说文》:"三十并也,古文省,凡卅之属皆从卅。"

世

《说文》:"三十年为一世,从卅而曳长之,亦取其声。"

十以后,中国不太重视廿,而着重卅。十以下重三,十以上重三十。从卅而曳长之,成世。三十年为一世,人类传一代,此生物之遗传,对人类绝对重要。

弄清楚种种数,无非用以分析时、位。

时

《说文》："四时也，从日，寺声。旹，古文时，从日止作。"

位

《说文》："列中庭之左右，谓之位，从人立。"

总结：一至五生数，六至九成数，十为总结。三个十，为一世。时、位和这些数，九数的组合图有洛书，十数的组合图有河图。河图、洛书，形成一套中国的组合数学。《说文》保存了解释这套组合数学的资料。

四

《易》的基本概念是阴阳。这个概念如果从文献的角度考察，不过二千年。如果从考古的角度考察，可明确追溯的下限至少达二万年。二万年前的人，从生物学讲和现代人基本相似。当时人已有旦暮、昼夜、寒暑的时间概念和上下、前后、左右的空间概念，时间空间分阴阳，并放入卦象来表示，就是《易》。

《说卦》：

帝出乎震，齐乎巽，相见乎离，致役乎坤，说言乎兑，战乎乾，劳乎坎，成言乎艮。万物出乎震，震东方也。齐乎巽，巽东南也，齐也者，言万物之絜齐也。离也者，明也，万物皆相见，南方之卦也，圣人南面而听天下，向明而治，盖取诸此也。坤也者，地也，万物皆致养焉，故曰致役乎坤。兑，正秋也，万物之所说也，故曰说言乎兑。战乎乾，乾西北之卦也，言阴阳相薄也。坎者水也，正北方之卦也，劳卦也，万物之所归也，故曰劳乎坎。艮东北之卦也，万物之所成终而成始也，故曰成言乎艮。

《易》表示时空，要表示时空的阴阳合一。中国的"宇宙"（《庄子·

庚桑楚》)、"世界"，早已将时空合一了。在《易》时为天的概念，空为地的概念。《易》除时空合一外，还有更深入的内容，即天地之间还有人，即将自然现象合诸人事，包括人的社会组织和人的道德品质，由是形成三才整体。可示意如下：

夏南（礼）

离

巽 坤

春东（仁） 震 兑 秋西（义）

艮 坎

冬北（智）

八卦方位据《说卦》而画，合入仁礼义智为思孟学派的观点。

清人姚配中将易的基本概念总结为三个字：元、画、爻。《周易姚氏学》：

元发为画，画变为爻，爻极乃化。

这三个字虽为清人的总结，但其意为先秦原有，不懂此，《左传》、《国语》等古籍都解释不通。三个字分阴阳，即下表：

		静	动
	元	画	爻
阴	2	8	6
阳	1	7	9
		正	变

1 为乾元,2 为坤元,乾坤之发,形成《易》七八九六之变。《系辞》云:

> 乾,其静也专,其动也直。
> 坤,其静也翕,其动也辟。

可示其变化周期如下:

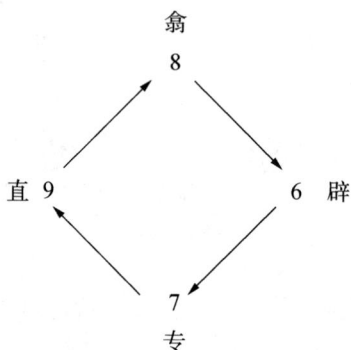

```
            翕
            8
          ↗   ↘
    直 9         6 辟
          ↖   ↙
            7
            专
```

所谓"演易",即演出 6、7、8、9 四数。《系辞》云:

> 天生神物,圣人则之。

这里"神物"可分二类:一为动物,即龟;一为植物,即蓍。龟为卜,蓍为筮,卜据五行,筮据阴阳,然而阴阳五行不可分,示意如下:

		合
龟	卜	五行
蓍	筮	阴阳

现在龟还比较多,蓍草已极少。据朱熹注,知蓍草一生一百根,可

作两套蓍具。蓍草很硬,没有节,越长的地位越高,天子用的长九尺。卜筮之理与西方概率论相应,探求有几分之几的可能性。西方从赌博中生出概率论,中国可从迷信的卜筮中抽象出数学规律。

《系辞》云:

> 大衍之数五十,其用四十有九。分而为二以象两,挂一以象三,揲之以四以象四时,归奇于扐以象闰。五岁再闰,故再扐而后挂。天数五,地数五,五位相得而各有合。天数二十有五,地数三十,凡天地之数五十有五,此所以成变化而行鬼神也。乾之策二百一十有六,坤之策百四十有四,凡三百六十,当期之日。二篇之策,万有一千五百二十,当万物之数也。是故四营而成易,十有八变而成卦,八卦而小成。引而伸之,触类而长之,天下之能事毕矣。

此即大衍筮法。何谓“大衍之数五十”? 按与“勾股定理”有关。勾股定理“勾三股四弦五”,即:

$$勾方+股方=弦方$$

可示意如下:

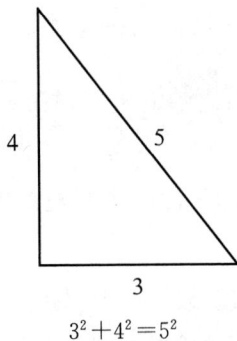

$$3^2+4^2=5^2$$

勾股定理之合即为"大衍之数":

$$9+16+25=50$$

"大衍之数五十,其用四十有九",即五十根蓍草中要另外摆开一根为体,只用其余的四十九根。一体到何处去,全部在四十九的用中,这里有"体化为用"极深刻的哲学思想。一化一切,一切归一。在数学即《周髀算经》(卷上之一)"环而共盘"的问题:

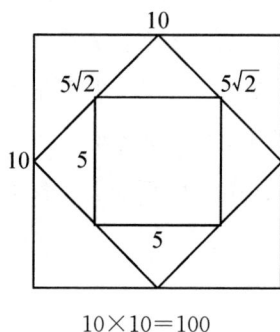

$$10\times10=100$$

分二

$$7(5\sqrt{2})\times 7(5\sqrt{2})= 49(50)即大衍之数$$

分二

$$5\times5=25$$

数代表一个象。大衍之数的奥秘就在 49—50 之间,在具体应用中包括本体。

"分而为二以象两",即将此四十九根蓍草信手分为两堆,两象征天地。

天地如何分,人不知道,故用数来想象。信手分之,就是触机。触机有个规律,就是"大量恒静律",所以统计有价值。如骰子掷六十万

次,统计可得:

1	2	3
10 万次	10 万次	10 万次
4	5	6
10 万次	10 万次	10 万次

概率算出来,就是优选法。

"挂一以象三",从左堆里取出一,放在右堆之左,两为天地,一为人,合成三才。整个天地里,只有极少部分是人,由天施地生而得。此一称"扐"。可示意之:

　　　　左 阳　　　　　　　　右 阴
　　　　　天　　　　　　　　　　地

人(扐)

(人在天地之间)

可以数象之:

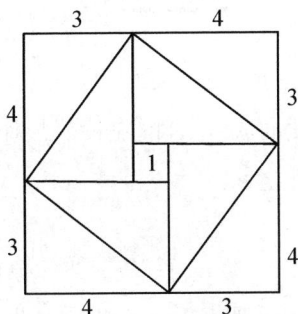

天二十四,地二十四,中间多出一个来为人。

"揲之以四以象四时",将左右两堆四根一数,以春夏秋冬一年的四季循环为标准,象征人走过多少年数,反复地走。

"归奇于扐以象闰",奇为余数,将其与一(扐)合,看所闰为阳还是为阴。其余数不四则八,四有一个四为阳,八有二个四为阴,此为一变。分两、挂一、揲四、归奇为四营,故曰四营而成易。将所得的策数置于一旁,余下的策数混合,重演如前,又可得所闰,又可得阳或阴,此为二变。再将所得策数置于一旁,余下策数重演如前,又可得阳或阴,此为三变。如此得:

三阳　☰　乾

三阴　☷　坤

一阳二阴　☳　震　　☵　坎　　☶　艮

一阴二阳　☴　巽　　☲　离　☱　兑

以阴阳之"参天两地"而观之,

☰　为九

☷　为六

☳　☵　☶　为七

☴　☲　☱　为八

若以小成言,三变已成三画八卦。以大成言,三变所得为六画卦之一爻,则须"十有八变而成卦",即《左传》"某卦之某卦"的形式。

由是蓍之数变成卦之象。

$$（数）\ 蓍\ \xrightarrow{\text{十有八变}}\ 卦\ （象）$$

七七四十九　　八八六十四

卜筮者考其卦之变,以占其事之吉凶。过去对于卜筮极其郑重,尽心尽力地想,考虑问题自然而然就比较周到。卜筮仅为研究可能性,可能性不等于客观事实。从可能性中得到象,从象中可得到信息。

《易经》如果没有卜筮，就不是《易经》。《易经》只有卜筮，而不从其中抽出数学规律而现代化，《易经》就要被淘汰。《易经》之数理，有许多西方没有达到，故值得研究。

七八九六有二种变化，一种是动静之变，一种是阴阳之变。

七八为画	阴阳之正	画静
九六为爻	阴阳之变	爻动

即

六	阴阳之变(阴爻变阳爻)	6→7
七	动静之变(阳爻变阴爻)	7→9
八	动静之变(阴爻变阳爻)	8→6
九	阴阳之变(阳爻变阴爻)	9→8

六七八九之变，可以此表综合之。

五

中国传统的历史，即二十五史，基本以封建帝王的活动为纲领。清末梁启超出来反对，他写了一本《中国历史研究法》，指出旧史书皆为帝王家谱，新方法要同社会相联系。中华人民共和国成立后，又了解历史唯物主义，对此方法有了深一步体味。但是对于历史而言，和政治的关系有时极为密切，秦皇汉武这样的帝王，对历史有大作用。今天可比梁启超更进一步，即读历史决计不再以帝王家谱为主，也决计不忽视杰出帝王的作用，于此确定治史的原则。

其次要明确通史和断代史的关系。以中国哲学论，近代的大事是蔡元培在北大废经。废经之后，各种学问都起来了。从汉武开始历代所读之经，于蔡元培一朝而废，此为极大的进步。废经后在大学教授中国哲学史,分为先秦诸子、两汉经学、魏晋玄学、隋唐佛学、宋明理学、清代朴学,此后六十年未变。近年来出现通史与断代史的矛盾,日渐加深。讲通史者对断代史无法深入,讲断代史者不知自己研究的断代在通史中所起的作用。产生这种矛盾是好现象,说明断代的研究深入了。今于易学史亦确定其原则,于断代深入以后,再贯穿通史。

今以中国史与世界史的关系为标志,中国的思想史可分三段:

一、从中国原始社会到二千年前的东西汉之际,以《汉书·艺文志》为结束的标准。此段时期是中国内部各地区各民族的思想交流,情况相当复杂,对易学最重要。

二、从二千年前到明。自汉武帝通西域后,从东汉王莽开始,印度佛教文化传入,此第二期为中印文化交流。《隋书·经籍志》除儒家经籍外,尚多出道经和佛经两类。中印交流至唐达到高峰,至理学结束。理学虽然排佛老,但理学家都看三教之书。中国本土思想和印度思想的结合,产生一套极好的东西,即三教合一,这是中国文化的最高境界。

三、从明到辛亥革命。明初当西洋文艺复兴,于康熙时尚能跟时代走,二进制传到西方去,和莱布尼茨相应。由康熙至乾隆,乾隆纯粹是复古思想。康熙继承《永乐大典》编成《古今图书集成》,以研究学问为主。乾隆编成《四库全书》,仅为一堆资料。中国现时代所当继承的,应该是《古今图书集成》所指示的方向。

易学三期的内容:

第一期,纯粹中国文化中易学的发展。

第二期,中国文化和印度文化接触后易学的发展。

第三期,中国文化和世界文化接触后易学的发展。

所以读每一种易著,都必须注意是什么时代、什么地域、什么人,然后方可研究其中有什么思想。

于西汉易的开始,当注意秦始皇焚书不烧《易》,故师传未绝,最后的完成在扬雄的《太玄经》。《太玄》诸篇有模仿"十翼"之文,故可证"十翼"完成于《太玄》之前。太玄筮法用六六三十六,模仿大衍筮法七七四十九,可证大衍筮法完备于《太玄》之前。现在所传下的是费氏易,从卜筮出,以十翼解释二篇。但尚须注意直接运用卜筮方法的孟、焦、京一派。

孟喜	卦气图
焦延寿	《易林》
京房	八宫

《易林》据胡适考证已非焦延寿本人所作,此考证可信(见《国立中央研究院历史语言研究所集刊》第十九),但《易林》最晚不超过西汉—东汉之间。《左传》所用的筮法最多可达四千又九十六种变化,这些变化《易林》全部用好。

东汉易的资料以三个人为主:荀爽、郑康成、虞翻。其主要内容可揭示如下:

荀爽	升降
郑康成	爻辰
虞翻	纳甲

另外,有一部《参同契》,一部《太平经》,影响道教的发展。《参同契》比虞翻早,其内容为虞翻所取。虞翻之后,历代注《参同契》者不绝,影响极大。

以地域而论,南北有不同的特色:

北方	马融、郑康成	(马融为郑康成师)
南方	魏伯阳、虞翻	(魏伯阳和虞翻是同乡)

郑康成遍注群经,融合今古文,为经学史上的大事。欲知经学,必

须知道郑康成、许慎。

易学内容要在律历,律以京房的贡献为主,历有郑、虞诸家。

律	十二律吕		京房(发明五十三律,将音差纠正至极微)
历	日	月	星	郑康成(爻辰)虞翻(纳甲)
	爻辰	纳甲	爻辰

京房的资料见《后汉书·律历志》,郑康成、虞翻的资料见《周易集解》。

汉易所重在"制器尚象",读汉易不懂象,等于没有读汉易。清代朴学家为研究汉易,花费了巨大的努力。

六

有比较确实资料的易学史,今可追溯达三千年。此三千年的历史可分为三段,恰为一千年一段。

> 3000—2000 年
> (殷周之际—东西汉之际)
> 2000—1000 年
> (东西汉之际—唐五代宋之际)
> 1000—0
> (唐五代宋之际—清亡)

唐李鼎祚《周易集解》序言,总结《易》为:

> 权舆三教,钤键九流。

"钤键九流"完成于东西汉之际的王莽时代,其标志为《汉书·艺文志》。"权舆三教"李鼎祚(唐代宗时人)虽提出,但实际完成者为唐五代宋之际的陈抟(889?—989)。今首先注意王莽时代。

王莽时代和王莽本人相当重要,当时有扬雄、刘向、刘歆一大批学者。研究中国文化,把分期界限划于王莽,比划于先秦好。王莽之后,中国文化没有进步。就东汉而论,汉光武、汉明帝之后的皇帝,一无作用。今存二千种易经的内容基本在东汉后这一段,形成传统易学。二千年后为东汉以下,和二千年前为西汉以上,易学面貌完全不同。西汉以上的易学仅存史,内容要考据。

东汉的易学基本为三家:郑康成(其师马融)、荀爽、虞翻,郑、荀为北,虞为南,三家以上的《易》无资料。清《皇清经解》《续皇清经解》,都只到东汉,未出三家的范围,再往上无资料。故清朴学所研究的易仅为东汉易,实未及西汉易,更未及先秦易学。

《易》原来最早的本子为熹平石经,石经为树于太学门口供人抄录的标准本,东汉末蔡邕受董卓支持而刻石(168年),其残片尚存于西安碑林和上海博物馆。直至一九七三年末一九七四年初,马王堆帛书《周易》出土后(下葬于前168年),把《易》推前三四百年,亦可证明汲冢书为真。熹平石经刻成后仅九年,即爆发黄巾起义(184年),黄巾军将熹平石经全部毁去。农民起义用的是《太平经》,其根源仍在于《易经》。经此巨大动荡,时代思潮大变,产生了魏晋玄学,《易》成为三玄(易、老、庄)之一。由东汉经学的以五经配《易》,至魏晋玄学的以老庄配《易》,《易》仍存在。犹秦焚书时卜筮之书不烧,《易》仍存在。《易》不限于经学,更不限于玄学,汉—清都把《易》限于经学之内,对《易》加以重重束缚。《易》虽然为儒或黄老所用,但《易》本身无所谓儒或黄老,故一定要到"废经"之后,《易》才会显出来。

三国形势由黄巾起义造成。黄巾起义继承的是东汉初楚王英的思想,更上承汉初的黄老。曹操学文王而演禅让伪剧,儒家经学全部崩溃。黄巾受镇压,黄老思想再次转入民间,魏晋学术界于是盛行老庄,因为黄帝的文献少了(马王堆尚有《黄帝四经》等大量文献)。

三国魏得天时,当时以魏为主。魏晋玄学的主要代表是王弼(226—249)。其文献主要为王弼注《易》、《老》,郭象注《庄》。王弼生于魏文帝曹丕黄初七年(226年),生出来就与汉没有联系。王弼以二十余岁的青年,一注《周易》,一注《老子》,尽扫旧注,全部谈空的哲理,其影响至今。现在一般了解《周易》的人,十之八九仅知王弼之《易》,现在一般了解《老子》的人,也十之八九仅知王弼之《老》。虞翻去世时王弼十四岁,一代人之差,学术思潮变得如此之新,这是政治影响文化思想的结果,决不可忽视。

王弼《周易略例·明象》:

> 故言者所以明象,得象而忘言。象者所以存意,得意而忘象。犹蹄者所以在兔,得兔而忘蹄。筌者所以在鱼,得鱼而忘筌也。

以正面观之,王弼注《易》有极精彩的思想,先秦庄子的思想给王弼读懂了。蹄是一种绊索,逮住了兔,蹄可以不要。筌是一种鱼篓,鱼顺水游进去,无法逆水游出,捕着了鱼,筌可以不要。故得象而忘言,得意而忘象。此思想极深刻,汉易中没有这种思想。至今西方哲学仍可归于本体论、方法论、认识论。方法论一定要搭着本体论,而本体论之要在破本体。方法论脱离本体论无意义(执筌而忘鱼),而深入研究的是本体论能不能破,要不要破。破本体论而合于认识论,即体用不二。方法论中最好的,我赞成维也纳学派的数理逻辑,包括形式逻辑和辩证逻辑,辩证逻辑之要在辩证大前提。但是,从王弼思想引申出来,则有大错误。如果你没有得着鱼,就把筌扔掉,则永远得不着鱼。如果你已经得着鱼,尚须把筌留给别人,让别人也可以得。且王弼本人得着鱼没有呢,他所得的鱼究竟是什么呢。

王弼的思想从何而来?东汉初已有佛教,王弼受到其时初步传入而尚未完备的般若思想的影响。般若指人的智慧,但当时佛教在印度成熟了,在中国还没有成熟,有一种虚无缥缈的感觉。王弼已受这种佛教思想影响,从文献上可以看得出来。王弼有得于此,故注《易》又注《老》,其根源仍在佛教。

王弼对于《易》,所做的最重要一件事是"扫象"。《周易略例·明象》:

> 义苟在健,何必马乎? 类苟在顺,何必牛乎? 爻苟合顺,何必坤乃为牛? 义苟应健,何必乾乃为马?

这是王弼最错误的地方。同时代的范宁说王弼"罪浮桀纣",因为桀纣为害一代,王弼则为害几十代。《易》的作用在"制器尚象",用《易》研究动物,故有"乾为马,坤为牛"。乾为天,重视争取时间,重视马的速度(今有火箭),坤为地,重视承载分量,重视牛的负重,所谓"服牛乘马",故"乾为马,坤为牛"。从古发展到汉的易象,为王弼全部扫掉。中国科学不发达,学术界不重视易象,王弼扫象有重要关系。以王弼易为标准,观汉易和《左传》易,全部是穿凿附会。

王弼只解释卦爻辞、《彖》、《小象》,《系辞》、《序卦》、《说卦》、《杂卦》未注,晋韩康伯为之补注,其易注乃全。至唐开国,孔颖达不选择郑玄、虞翻易,而选择王弼、韩康伯易,成《五经正义》,影响至今。孔颖达《自序》云:

> 其江南义疏十有余家,皆辞尚虚玄,义多浮诞。原夫易理难穷,虽复玄之又玄,至于垂范作则,便是有而教有。若论住内住外之空,就能就所之说,斯乃义涉于释氏,非为教于孔门也。

孔颖达没有能力,也没有胆量提倡当时尚有的汉易,又不能用结合佛教的十余家义疏,故举二者之中的王弼易,实未知王弼易已受佛教的影响,且与汉易相比已为虚玄。

汉易至魏晋时为道教吸收,其思想和玄学对立。最重要的著作是《灵宝无量度人经》,根据《易经》创造出道教中最高的神。

七

从东汉至魏晋,《易》从经学(易、诗、书、礼、乐、春秋)变成三玄(易、老、庄);由魏晋至唐,《易》从三玄变成三教(儒、释、道)。三玄的《易》,在唐初由孔颖达编成《五经正义》之一;三教的《易》在唐中期编成,即李鼎祚的《周易集解》。这是研究《易》最重要的二部名著:

《周易正义》,魏王弼注,晋韩康伯补注,唐孔颖达疏。

《周易集解》,唐李鼎祚集解。收马融等汉魏晋唐易注共三十七家,以虞翻易为主。

王弼注之要在卷末的《略例》,孔颖达疏之要在卷首的《八论》。孔颖达成《正义》取王弼、韩康伯注,其他各经皆及汉,唯《易》取魏晋,且于魏晋忽略佛道,故价值不大。唐易的可贵不在儒家,在道教和佛教。这一期间实际上不仅有道教的发展,而且由玄学至僧肇(《肇论》)融合老庄,至隋时天台宗的判教,佛教已开始中国化。《隋书·经籍志》于道、佛记载了一大批书籍,已各自有其整体思想,方能开创唐三教鼎立的局面。而《周易集解》重视魏晋间道、佛的发展,并且上及汉,是唐易的代表作。

三教并立,各自发展,是唐开国后盛唐气象的标志。魏晋佛教经过各自的变化,多有争执,唐初玄奘毅然向印度取经,以求知印度佛教的本真。但取来唯识后,仅传了几十年即中断,经籍失散。晚清杨仁山等复起研究唯识,仅传了几十年又中断。玄奘之后,复有义净取经,武则天时译出,即《八十华严》。《华严经》好得不得了,与中国哲学不同,与西方哲学也不同。华严与唯识争执的结果,唯识失败。而李通玄(? —730)、澄观(738—838)注《华严》,华严的种种境界皆取易象相应,易象适应时代的能力强,《易》的伟大由此显出来。在唯识和华严的基础上,中国更产生了禅宗。玄奘取经,印度没有禅宗,禅宗是佛教中国化的产物。道教的发展,唐玄宗时编成《三洞琼纲》,加上《五经正义》,三教的发展已基本完备。这是《周易集解》的时代背景。

孔颖达《正义》成于公元 642 年,成书时玄奘未归。李鼎祚《周易集解》成于 762 年,即代宗即位之年,已在安史之乱后。李鼎祚为四川人,唐玄宗入川,李为接驾人员之一,曾上《平胡论》,颇受玄宗器重。《周易集解》共收三十七家,主要为东汉马融、郑玄、荀爽、虞翻四家。李鼎祚将易学资料从东汉一直收集到同时代,目的是混合三教。《序》云:

> 穷理尽性,利用安身。圣人以此洗心,退藏于密。自然虚室生白,吉祥至止。坐忘遗照,精义入神。口僻焉不能言,心困焉不能知。微妙玄通,深不可识。易有圣人之道四焉,斯之谓矣。原夫权舆三教,钤键九流,实开国承家修身之正术也。
>
> 臣少慕玄风,游心坟籍,历观炎汉,迄今巨唐。采群贤之遗言,议三圣之幽赜。集虞翻、荀爽三十余家,刊辅嗣之野文,补康成之逸象。各列名义,共契玄宗。

李鼎祚编《周易集解》的宗旨,于此可见。"圣人以此洗心,退藏于密",即将这许多易注,归到自己身体上去,所以产生"虚室生白,吉祥至止"等极好的景象。坐忘,即孔子的"毋意,毋必,毋固,毋我",一个人把自己忘记了,方能了解时代。由象开始,到后来象自然而然没有了,即"遗照""入神"。而"刊辅嗣(王弼)之野文,补康成之逸象",目的在于"共契玄宗",即归于东汉易,再归于西汉的黄老,李鼎祚本人也是道士。

研究唐代佛教的发展,最重要的注意唯识如何变《华严》,《华严》如何到《易经》,知此方可谈三教。唯识即只有识,非心非物,是一种认识论。共分八识：眼、耳、鼻、舌、身为前五识，人依靠此了解客观外界环境。意识为第六识，起贯通前五识的作用。意识每个人不同，虽然不同，但也有基本相同处。如人冻了要穿，饿了要吃，所以六识之后，尚有第七识末那识（或译意根）。所有一切人类的自私，均出于末那识，基督教的概念为原罪，人先天具有的。最根本的是阿赖耶识，又译藏识，阿赖耶识把一切东西都藏起来，到时候会爆发出来，你自己都不知道。前五识有环境的作用，六七八识由遗传造成。遗传按佛教的观点，是父母的也不对，不是父母的也不对，极其微妙。不是我的先天，我不承担责任，是我的后天，我承担责任。八识学说以先后天研究生物极深，宋易有先天易、后天易之说，皆根于此。唯识陈说八识，仅为人之自然，修证则将八识转成四智，再束为三身：

八识	转	四智	束三身
前五识	转成	成所作智	化身
第六识	转成	妙观察智	化身
第七识	转成	平等性智	报身
第八识	转成	大圆镜智	法身

唯识学说研究天地人的关系，是一种心理分析。八心王，五十三心所，种子、现行等等，分析心理现象极为精细，有"入海数沙"之喻，一生研究不完，属思辨哲学。所以在中国仅二传，三个人（玄奘、窥基、圆测），清末杨仁山从日本法国去拿，回来又仅传数代而止。

后来，华严的思想打掉了唯识的思想。华严要比唯识更高，而且已难免有中国的思想在里面。华严直接从一个人讲起，如何修法，一层一层上去，包括四个字：信、解、行、证。信里有很多东西，解、行、证亦是。信为基础，为动力。解为研究。行为关键，中国人强调行，中国学问是实践后起作用。证有种种不同，但必定有所证。华严有十信、十解、十行，尚有一个十回向（自己懂的东西一定要讲出去）。华严以

34

文殊菩萨指导善财童子五十三参(文殊犹密宗的师,犹禅宗的师),即指导他到何处去问,问了,了解了,实行了,证明了,再去参一个,逐渐积累。每个人讲的法都不同,完全是一套哲学思想,与西方《神曲》、《浮士德》有相似处,但深刻得多。善财童子参到第五十三参,懂了,当然也有人参到某一层次不参了。五十三参说说很快,具体的信解行证,往往一生都做不到。

"信解行证"于《易》言,信为中孚卦☲,解、行、证即"穷理尽性以至于命"。《易》实质不变,具体内容随时代变化而变化。禅宗是不要书的,但六祖以下都懂唯识、华严,故可随口空讲。而禅宗所说的关键,皆为易象。

由三玄的孔颖达《正义》,到三教的李鼎祚《集解》,于是宋易有了一个根。由于孔颖达抬高王弼易,所以后人大多只读王弼易。《汉书·艺文志》贻误二千年,王弼贻误一千年,至清代惠栋开始方读懂《周易集解》,整理出汉易。

八

《易》在汉成为六经之原,在魏晋成为三玄之一,在唐成为三教之一,至宋则成为三教合一。宋代三教合一的代表人物是陈抟(889?—989),宋易一定要从陈抟开始。传统经学皆以陈抟为道教人物而排斥之,然而重视陈抟的人,北宋有邵雍,南宋有朱熹。理学的根本也是《易》,分象数和义理二派。陈抟主三教合一,开创象数派,为宋易之祖。唐代的慧能在佛教中创立禅宗,将外来宗教归入中国文化,唐宋之际的陈抟则有更好的理论。于《易》言,自数字卦、阴阳符号卦后,只有陈抟于易学有重大的发展,科学易从此开始。他所开创的三教合一理论,取禅宗代表佛教,又取道教的养身方法,儒家则抓住《易》发挥,五经都跟上去(后来朱熹遍注群经集大成)。不了解三教合一的思想,就不会懂理学。宋代理学之要在"六先生"（周敦颐、邵雍、程颢、程颐、张载、朱熹），六先生皆出入佛老。

《系辞》：

> 易有太极，是生两仪，两仪生四象，四象生八卦。

汉易对此节《系辞》，根据卜筮理论所作的解释是：太极为一，两仪为阴阳，四象为六七八九，八卦为乾坤六子。陈抟取《老子》"知其白，守其黑"之义，对此节《系辞》另作解释，排出太极两仪四象八卦图：

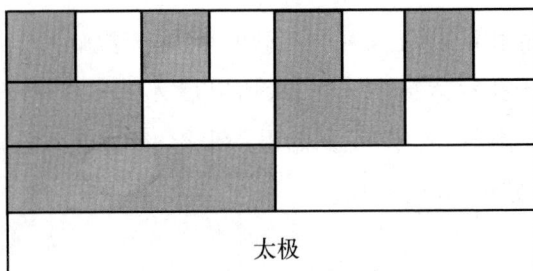

此图可依例推广至六十四卦。六十四卦以上，还可无穷推广上去。以数学言，此即二进制原理。八卦以二进制形式写出当如下：

000(0)
001(1)
010(2)
011(3)
100(4)
101(5)
110(6)
111(7)

当然原理的发现,不等于后来软件的发展。但虽然软件还未发展,也不可否定当时人的思维确已到此境界。康熙时代此图传入欧洲,哲学家、数学家莱布尼茨立即发现它和自己所思考的二进制原理相应,对易图极为敬重。莱布尼茨时代二进制尚无大用,当时所重视的是微积分,故莱布尼茨和牛顿争执微积分的发明权。至十九世纪末麦克斯韦发现电磁波后,至二十世纪电子计算机大行,人们才反过来重视莱布尼茨的作用,进而反过来重视远在莱布尼茨之前近千年陈抟发现易图的作用。陈抟易图的发现为世界文化进步的重要标尺,清代胡渭等诋其为"排比黑白",实未了解其科学意义。陈抟尚有其他的重要贡献,如先天图、后天图、河图、洛书之传,皆跟陈抟有关,宋代易学的发展纲要尽在。

先天图和后天图如下:

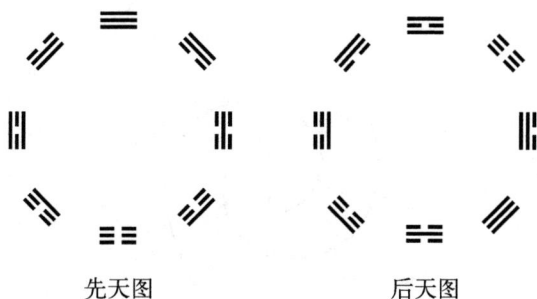

先天图　　　　　　后天图

《说卦》原文:

> 天地定位,山泽通气,雷风相搏,水火不相射,八卦相错。数往者顺,知来者逆。
>
> 帝出乎震,齐乎巽,相见乎离,致役乎坤,说言乎兑,战乎乾,劳乎坎,成言乎艮。

前节文字当先天图,后节文字当后天图。先后天词义来自《文言》:

先天而天弗违,后天而奉天时。

《文言》二语得图而具体化了。先天指得着信息,事先作出预测,如天气预报。先天贵准确,要验证,验证之后面对事实,如事实证明不准确,马上变,一点不可与事实违拗。后天来了,马上要奉天时。人适应环境,时时有先后天。于先天永远要有预见性、计划性。于后天永远要验证,永远跟客观。先后天所研究的仍是时间。夏至的时候掌握夏至,就是后天,夏至的时候掌握冬至,就是先天了。二张图纯粹为数学语言,陈抟直接研究卦象,跟文王无关,跟孔子无关,故称伏羲易。清人考证其非伏羲所作而否定之,今人试图得考古根据而肯定之,所见皆执。

河图、洛书。河图螺旋发展,洛书周期变化。

河图如下:

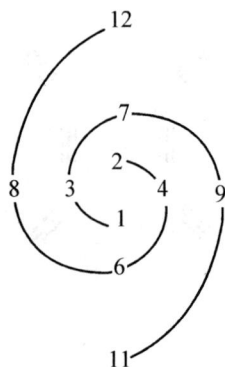

洛书如下:

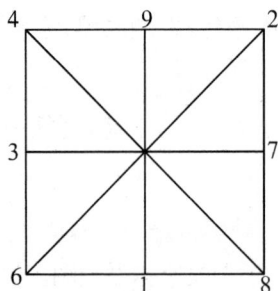

河图五进制,于四方兜圈子出去。洛书连接,有八个十五。四个先天要经过中央,四个后天春夏秋冬,在外面兜圈子。

理学虽然表面上大力排斥佛老,但是理学家本人皆出入佛老。程子言一个艮卦可当一部《法华》,佛教的最后理论也是一个象。易学的程度提高了,神秘性也增加了。从《易》的《程传》到朱熹《本义》,开程朱学派。理学至朱熹才完备,其理论深度非二程所能比。朱熹《周易本义》重卜筮,收入《易》九图,所著《启蒙》又用三十二张图将《易林》四千零九十六个象排好,集象数义理派的大成。以后一直发展到康熙时的《周易折中》。明末清初三大家结束理学,顾炎武(赞成《程传》)、黄宗羲(赞成王阳明)、王夫之(重象数)。其中王夫之最重要,他用他的方法总结六经,在邵康节后独创一种象数。

宋易和汉易有相通处,先天图受汉代卦气图的启发。陈抟自定藏骨处,选汉代能造五里雾的张楷,可见其对先人的敬意。传统文化是发展的,所以有生命力。如果认为传统文化不要发展,仅仅要保存,那一定趋于死亡。今天从宋易发展出来的,应当是科学易。

九

清人做学问是从否定前人的角度做的。黄宗羲反清,但保存明的文化。王船山反对王阳明,但赞成朱熹。顾亭林赞成宋,也用汉学的考据方法。稍后胡渭的《易图明辨》否定宋,阎若璩《尚书古文疏证》否定梅赜,否定晋,此后再到汉。汉学在魏晋后全部混乱了,朴学家的功劳,是将汉代的形象恢复起来。康熙之后学问分汉与宋,整个清朝到头还是没有合起来。朴学家将精力全部集中于考据,但立身处世则全按照宋学,循规蹈矩。宋学家没有抓住宋学的精神朝前发展,反而如朴学家把宋当历史看,固定不变,把封建内容全部搬过来,反而变本加厉。故清学的总体并不好。

清学的变化在康熙乾隆之交。康熙时陈梦雷有《周易浅述》,李光地有《周易折中》,为宋易的总结。乾隆时惠栋《周易述》,为汉后第一个懂汉易者,否定了王弼易和十三经注疏。整体学风的变化可以用两部大著作为标志:《古今图书集成》、《四库全书》。《古今图书集成》研究内容,《四库全书》保存资料,两书性质大异。

清人研究汉易,抱残守缺,不是没有能力,而是没有资料。《尚书》恢复到伏生,《诗》恢复到三家诗,全部到西汉。到西汉有今古文争执的大问题,根据在《春秋》上。《周礼》古文,《左传》古文,清人认为东汉以后的是古文,不要,只要西汉今文,尚未达到郑康成综合今古文的水平。至清末尚有康有为(今文)、章太炎(古文)之争,纷乱不堪,甲骨文出土全部打破,所以要"废经"。最后的争执不在《易》,秦始皇未烧《易》。

清人治学一条路从王弼朝上走,一条路从陈抟朝下走。有一人非汉非宋,不是朴学家,也不是理学家,焦循结合虞翻与王弼,花二十七年工夫成《易学三书》,方可代表清易,真正是一新耳目,重新有整体性的东西出来。

《易图略》	相称伏羲易
《易章句》	相称文王易
《易通释》	相称孔子易

焦循认为虞翻不对,王弼懂汉易。王弼扫象,焦循进一步扫辞,已结合数学原理来解释。

于清代汉易,可看四家:

一、惠　栋　将汉易不同数家合在一起,尚杂乱无章。

二、张惠言　专门研究虞翻。

三、姚配中　以《易》通十三经。《易》虽没有到西汉,但其他经到西汉,将《易》带上去了。

"元发为画,画变为爻,爻极乃化"是西汉的思想。

四、曹元弼　曾注十四经(包括《大戴礼记》)

　　　　有《周易学》(总纲)

　　　　《周易集解补释》,研究《集解》至矣尽矣。

　　　　《周易郑氏注笺释》,将虞翻等诸家归于郑康成,因郑康

　　　　成通各经。

古籍分五大类:《古今图书集成》、《四库全书》、《佛藏》、《道藏》、《地方志》。

《易》倒走,现正在逐步追溯上去。《易》顺走,从汉到魏(焦理堂),现在刚刚开始第一步。

十

汉易的主要资料保存于《周易集解》。以此书为主要根据,宋王应麟最早从中辑出了郑康成易。清孙星衍辑了一部《周易集解》,分为解(李鼎祚)、注(王弼)、集解(孙氏所采各家注)三部分,把汉的各种注解搜集起来。马国翰在《玉函山房辑佚书》中更有《汉魏六十一家易注》。《周易集解》的汉易以荀、郑、虞三家为主,其中虞翻有取于魏伯阳处,占《周易集解》分量一半以上,为汉易的总结。

《易》主要在三才之道。《系辞》:

　　　《易》之为书也,广大悉备。有天道焉,有人道焉,有地道焉。兼三才而两之,故六。六者非它也,三才之道也。

对此有三种概念。

一、郑康成。

《周易集解·乾卦注》:"二与三才为地道","三与三才为人道",

"五与三才为天道",即初二为地,三四为人,五上为天。可得其例:

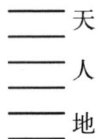

天地为自然科学,人为社会科学,人在自然界中间变化,《易》将整个现象讲在卦里。三才之道的概念在卦象中、卦爻辞中已有,郑康成根据原文将三才讲得极清楚。

二、陆绩。

《系辞》:"六爻之动,三极之道也。"《周易集解》陆绩注:"此三才极至之道也。初四下极,二五中极,三上上极也。"可得其例:

三、同功异位,中爻。《系辞》:

《易》之为书也,原始要终,以为质也。六爻相杂,唯其时物也。其初难知,其上易知,本末也。初辞拟之,卒成之终。若夫杂物撰德,辨是与非,则非其中爻不备。噫,亦要存亡吉凶,则居可知矣。知者观其象辞,则思过半矣。二与四同功而异位,其善不同,二多誉,四多惧,近也。柔之为道,不利远者,其要无咎,其用柔中也。三与五同功而异位,三多凶,五多功,贵贱之等也,其柔危,其刚胜耶。

可示意如下:

```
══   天(不变)     上(末)

══ } 中爻(变化)   中爻    人世间种种复杂情况(辨是与非)

══   地(不变)     初(本)
```

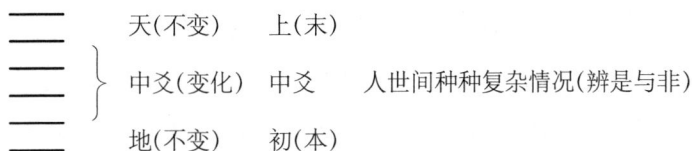

"其初难知,其上易知,本末也。"在上大家都知道,在初仅仅一两个人知道,甚至只在一个人的脑筋里,例如爱因斯坦。"同功异位",二四、三五起的作用一样,但地位两样。应该天地讲的,人去讲,就不对了。同功异位讲二四、三五间的变化,即人与天地的变化。二四变,人到地了,三五变,人到天了。三四都是凶,二五都是吉,三四的人,一定要化到天地中去。

这些概念,不是郑、陆想出来的,而是《系辞》本有的。不是《系辞》本有的,是卦象本有的。

可将上述内容作一个总结。《易》有六个比,三个应,二个同功异位:

```
天 ══                天 ══              天 ──
人 ══                人 ══              人 ══
                     地 ══
地 ══                天 ══              地 ──
                     人 ══
                     地 ══

  六 比              三 应              同功异位
```

比,是当面碰着,应是同时代不同地方,或不同时代的相应。任何一个思想,都逃不出应、比二者。

取象

取象如拍照,有种种取象法。乾卦取象最大,也有小的,如咸卦。六爻用照相拍一个人,从头到脚。

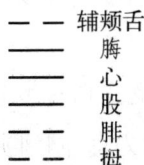

```
── ── 辅颊舌
── ── 脢
────── 心
────── 股
── ── 腓
── ── 拇
```

爻辞成一个人的整体形象。卦辞咸讲两个人,下卦艮为少男,上卦兑为少女,青年男女厉害。咸即感,前人释为无心之感,发乎真心的,不是要它的东西。儒家重夫妇,故《诗》始《关雎》,《易》重男女,故下经始咸。人的整体,人类的整体是男与女合在一起的。

咸为一个人或二个人,同人拍整个人类的照,又大了。所以叫同人,因上卦为天,天气上出,下卦为火,火亦炎上,气氛一致,故同人。如下卦为水,天与水违行,故出现矛盾,为讼卦。每一卦的卦名,可当音乐的标题。可看爻象:

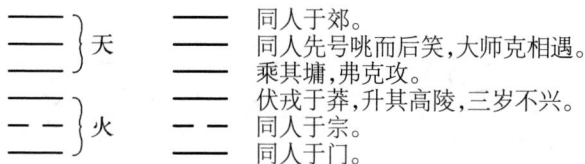

咸拍一张结婚照,同人拍人类的照。初同人于门,为家族,二同人于宗,为种族。然后发生矛盾,三"伏戎于莽"言守,四"乘其墉"言攻。五国家胜利了,上胜利后将同人扩展为郊,因春秋时以攻城为主。以此类推,六十四卦可画六十四张照相。六十四卦,三百八十四爻皆有其象,学易者对自己现在所处环境是什么象,要随时随地注意。人要去用象,不能为象所限,春秋战国早已达此认识水平,若迷信卜筮,那就等而下之了。卜筮为统计规律,故有准确性,因为是概率,故不可能全对。

纳甲、爻辰

《易》用阴阳消息描写时间。白天变晚上,晚上变白天,时间一点点流动,用卦象表示。阴到阳为息,阳到阴为消。

《系辞》：

> 日月运行，一寒一暑。

日运行重一日或一年(地球公转一周)，用六画卦表示，为爻辰(郑康成)。月运行为重一月(月球自转一周)，用三画卦表示，为纳甲(虞翻)。

日月运行即三画卦一个圈子，六画卦一个圈子，看上去简单，但自然界就是这么简单，日月出入的方位是不变的。

纳甲描写月亮，阳为光线，阴无光线。月亮晦朔完全无光，用☷表示。望，满月全部有光，用☰表示。朔，三十初一完全无光☷。初三(暮)新月出现，在西方，有一点光了☳。初八上弦月，出现在南方，光多一点了☱。月半(十五)望，满月出现在东方，光完全看见☰。十八，月初亏，旦再出现于西方，下缺一点了☴。二十三，下弦月出现在南方☶。三十，月无光☷，称合朔。月的运行周期，对潮汐和人身有重大影响。将卦象代表的月运行周期配入天干，即成纳甲图：

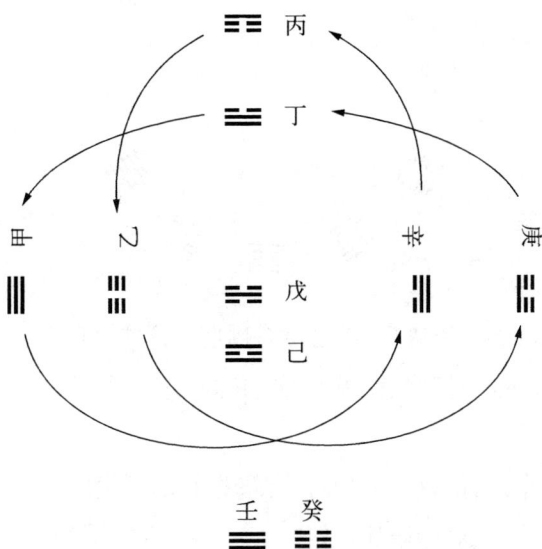

即乾纳甲,坤纳乙,艮纳丙,兑纳丁,震纳庚,巽纳辛,坎纳戊,离纳己,壬癸配乾坤。

三画卦的阴阳消息,就是纳甲。

六画卦的阴阳消息,就是爻辰。太阳的升落也有东西方位,正东升正西落,一年只有春分秋分两天,可在赤道上看。过此往南北回归线移(与赤道夹角23°半),往南回归线至极点,为冬至,往北回归线至极点,为夏至。太阳东升西落(一日),南北互移(一年)改变地球上的能量分配,对人类生活有重大影响。爻辰描写太阳活动周期,䷖描写日最短的一天,冬至。䷀描写日最长的一天,夏至。䷡春分,䷒秋分。太阳到北回归线,回复的一刹那,为䷗→䷗,阳气恢复。中国人极重视,于道德修养以颜渊当之,《系辞》:"颜氏之子其殆庶几乎。"复脱胎换骨,另外一个形象出来了。可示意如下:

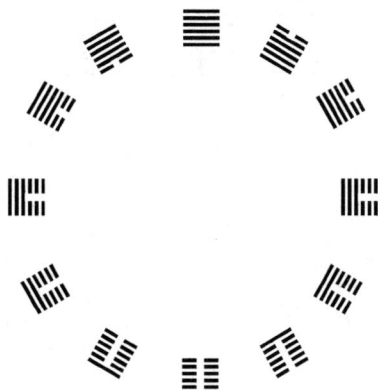

太阳系的循环不破坏,就必然有周期。这些循环在自然界数量级极长,不可用短的时间数量级去否定长的时间数量级。

旁通

任何一个卦,都有一个相对的卦,相对的卦之间有相互变化。六十四卦,有三十二对旁通卦。如:

46

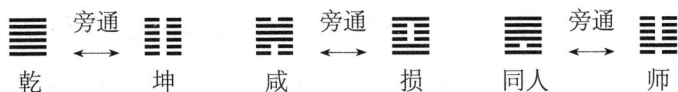

| 乾 | 旁通 | 坤 | 咸 | 旁通 | 损 | 同人 | 旁通 | 师 |

任何两个卦,阴阳相对,就可一点一点转化为对立物。旁通卦之间,有极密切的联系。虞翻《乾坤消息旁通图》较复杂。

于消息言,十二辟卦尚可当十二律,相应十二个月。

历为天,律为人。以十二律配十二月,比以四时配仁义礼智更深。同一个音乐在什么时候听感受会不同,春天总喜欢听有生气的音乐,秋天则容易悲伤。

卦变

阴阳不同的卦之间的变化叫消息旁通,阴阳相同的卦之间的变化叫卦变。

一阴一阳(剥复夬姤)	十二个
二阴二阳(临观遯大壮)	三十个
三阴三阳(泰否)	二十个

古今研究卦变的有五六十张卦变图,较好的有张惠言研究虞翻所得的六十四卦卦变图,但还不是虞翻本人的意思,也不是先秦的"象"。

之正

惠栋第一个发现虞翻有"之正"的思想。

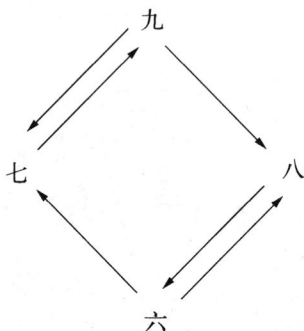

爻变之正,重在九变七,六变八,重在反转来的地方,《易》超过卜筮的地方就在此。爻变的时候我有宗旨,乾初九变姤,我让它九变七仍为阳,不让它变八。相反,亦可促进它变。人了解自然,去克服自然,不能让自然束缚。

取象。

```
一画为爻位
二画为半卦
三画为参卦 ┐
四画为互卦 ├ 总称互卦
五画为伍卦 │
六画为别卦 ┘
```

《系辞》:"参伍以变。"

《周礼》:"其经卦皆八,其别六十有四。"

三五、二四同功异位,就是互,也是三画、四画、五画卦的总称。

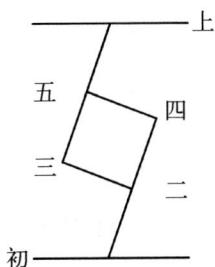

汉易的体例完备得不得了,但这只是东汉易,西汉还要复杂,先秦则根本不同。

爻变、权象

汉易分清卦变、爻变。以既济为标准变化,叫爻变。爻变分:

一爻变

二爻变

三爻变

四爻变

五爻变

六爻变

爻变为了之正。之正时有一种权象,即《论语》"可与适道,未可于权"之"权"。有权变,这是深刻的地方。"反经行权"为公羊大义。

震为经　　　巽为权　　　（巽以行权）

总结

卦变
消息(纳甲、爻辰)── 体象 ── 之正(爻变、权象)
旁通

十一

对于王弼,有"天纵之圣"(孔颖达)与"罪浮桀纣"(范宁)两种评价。由汉易到魏晋易,经过王弼而面貌全部改变,另外开创了一派新风,可贵在于划出了时代。

黄巾起义打烂了熹平石经(168),汉易最后一家虞翻,尚以熹平石经为标准。王弼出生于魏,与虞翻有一代之差,已跟熹平石经无关。王弼和汉易对易学原始资料认识不同。东汉易学重在郑学之徒数十翼,王弼注易,只注《彖》上、《彖》下、《象》上、《象》下、《文言》,不注《系辞》上下、《说卦》、《序卦》、《杂卦》,把五翼扔掉了。此一扔有极大作用,《易》变成了三玄之一。

王弼易之要在《周易略例》。王弼只注《彖》、《象》、《文言》、二篇,对《系辞》仅自取所需。

一、《明彖》:《彖》为"统论一卦之体,明其所由之主者也"。王弼根据《彖》来解释卦爻辞,但汉易于《彖》要讲卦变,王弼不谈变化,只谈六十四个《彖》。

二、《明爻通变》:"夫爻者何也,言乎变者也。变者何也,情伪之所为也。""卦以存时,爻以示变。"王弼论卦不讲卦变,论爻讲爻变。但是他虽也讲变化,汉易的爻变、之正法全抛弃了,故其理论虽好,原则没有了。

三、《明卦适变通爻》:"夫卦者,时也。爻者,适时之变者也。夫时有否泰,故用有行藏。卦有小大,故辞有险易。一时之制,可反而用也,一时之吉,可反而凶也。故卦以反对,而爻亦皆变。是故用无常道,事无轨度,动静屈伸,唯变所适。故名其卦,则吉凶从其类。存其时,则动静应其用。寻名以观其吉凶,举时以观其动静,则一体之变,由斯见矣。"

以上三节都是好的。对易的变化仅取"应、比、承（阴在阳下）、乘（阴在阳上）"四者，保存了《彖》、《象》四翼。最坏的是《明象》。

四、《明象》："夫象者，出意者也。言者，明象者也。尽意莫若象，尽象莫若言。言生于象，故可寻言以观象。象生于意，故可寻象以观意。意以象尽，象以言著。故言者所以明象，得象而忘言。象者，所以存意。得意而忘象，犹蹄者所以在兔，得兔而忘蹄。筌者所以在鱼，得鱼而忘筌也。然则，言者，象之蹄也。象者，意之筌也。是故，存言者，非得象者也。存象者，非得意者也。象生于意而存象焉，则所存者乃非其象也。言生于象而存言焉，则所存者乃非其言也。然则，忘象者，乃得意者也。忘言者，乃得象者也。得意在忘象，得象在忘言。故立象以尽意，而象可忘也。重画以尽情，而画可忘也。"

此即王弼"扫象"，将西周数字卦发展至东汉，在《说卦》中保存了一部分的易象全部扫掉。把《易》的整体打掉了，重新来一个整体。把卦爻辞全体抽象讲一讲不容易，所以他有开创性。

五、《辨位》："初上无阴阳定位。"

此篇一半好，一半不好。揭示"初上无位"有作用，重视中爻的"辨是与非"，初上以不变为主。然而王弼将其绝对化了，也同时否定了既济的"六位时成"、"刚柔正而位当也"标准，直至清惠栋才恢复。

注《周易》本文。"乾元亨利贞"，不注。"初九，潜龙勿用"，注："《文言》备矣。"其他诸爻虽注，均据《文言》来解释乾坤二卦，由此五翼全。

王弼不注《系辞》以下，对《系辞》有所取、有所弃。

《系辞》云：

> 《易》有圣人之道四焉。以言者尚其辞，以动者尚其变，以制器者尚其象，以卜筮者尚其占。

这是易道的四个方面，王弼所重，实仅在"以言者尚其辞"一方面，于易道仅占四分之一。虽只得到四分之一,但把这四分之一予以大发展,成功了一套哲学思想。

《系辞》又云:

君子居则观其象而玩其辞,动则观其变而玩其占。

王弼之重在玩辞,实质为观《老子》的象,玩《易经》的辞。王弼重易老是好的,能突破东汉的经学,恢复汉初的黄老易。但是,王弼注《老》也有错误,与汉初的《老子》完全不同。《老子》思想有具体的东西,所谓"修之于身,其德乃真"。河上公注《老子》,能得老子此意,直接同身体联系。其注未必是西汉的,但绝对在王弼之前。王弼年轻不懂养生,所以将老子的象也扫去了。故读王弼注《易》,必先读辞变象占四者俱备的汉易。读王弼注《老》,必先读河上公注《老》。然后可以知道王弼的划时代作用。

《系辞》云:

圣人立象以尽意,设卦以尽情伪,系辞焉以尽其言。

《系辞》此意为王弼不取。王弼创"得意忘象,得象忘言",实反对此段《系辞》,根据在于《庄子》。庄子的思想极好,到了这个程度,的确可以扔掉了。但《易》是形上形下贯通的书,王弼否定形下的制器尚象,把和象数相称的自然科学全扔掉了。王弼不讲经学伦常,也不讲黄老养生,读起来是有一种味道。但扫去了汉代易老的象,破坏性太大。

王弼于《易》只注五翼,余下《系辞》等五翼为晋韩康伯注。韩康伯晚于王弼一百多年,其时玄学已完备。韩注中重要一点是提出"《序卦》所明非《易》之蕴",此举又有创造性,又有破坏性。破坏性是不理解《序卦》的精义,创造性是启发了后来陈抟的先天图。王韩易注已受佛教般若学说的影响,至孔颖达选此二家成《周易正义》,既未能追溯王韩以前的汉易,又未能重视魏晋以来受佛教影响数十家易注的发展,仅取王韩易注实有其弊。

王弼扫象虽为魏晋思潮的主流,但汉易并未失传,如干宝、管辂皆习汉易。王弼倡导"得意忘象",所追求的意,即"大衍之数五十,其用四十有九"的"一"(参阅汤用彤《王弼大衍义略释》)。汉易已将一体化为四十九用,且此四十九为勾股弦,王弼对此不知也不管,要体,要研究象数归根到底的"一",得意即"得一"。但玄学研究"一"终未深入,深入的是保存汉易并予以发展的道教。葛巢甫五世皆和道教有关,葛玄(葛洪祖)——葛洪(葛巢甫族祖)——葛巢甫。他认为《易》的道理比道教更高,根据《易》为道教造神,据"大哉乾元,万物资始","天尊地卑,乾坤定矣"之义造道教最高的神——元始天尊。元始天尊有一粒宝珠,注焉而不满,酌焉而不竭,实即太极的形象(今科学有克莱因瓶)。《度人经》据《易》的象数描写天地间各种完全不同的形象,是王弼、韩康伯讲不出的。《度人经》为今天《道藏》的第一部经。

魏晋间佛道都发展了,玄学没有发展。僧肇的《肇论》把老庄吸收于佛教,佛教发展了。道教吸收汉易和王弼"一",道教发展了。

十二

孔颖达《周易正义》,其要在卷首的《八论》。

一、论《易》之三名。揭示"易"一字包含三个意义:一、易简。二、变易。三、不易。这个思想不是孔颖达的,是郑康成的。也不是郑康成的,是《易纬·乾凿度》的。也不是《易纬·乾凿度》的,是《系辞》本来有的。《易》之三名,经孔颖达郑重标出,影响极大。《易》含三名,的确有精义。现在一般认为《易》是讲变的,只强调一义,大误。《易》还重在不变。变一定要与不变相对才可能,不变今可称参考坐标系。易简即简单容易，变易和不易之间的标准取简单容易。比如日心说将坐标中心放在太阳，地心说将坐标中心放在地球，爱因斯坦从相对论观点指出争执无意义，问题在哪一种更方便。中国过去也知道五大行星，但在天文图上标出，要画许多复杂的线。以太阳为中心，则五大行星（今已增至九）的轨道变得简单了，围绕太阳完整的一个个圈子。

二、论重卦之人。列出四种说法：伏羲、神农、大禹、文王。因为《系辞》只讲"伏羲氏始作八卦"，则何时何人重卦就成了问题。这个问题今天已无重大意义。现在看数字卦已有六位和八位的不同，故重卦必在文王前。《淮南子·要略》"伏羲为之六十四变，周室增以六爻"，这里分清卦和爻的不同，即阴阳本身也要变，成六七八九，为传统说法中较好的一种。

三、论三代易名。东汉郑康成的说法："夏曰《连山》，殷曰《归藏》，周曰《周易》。"这里重视三代，已准孔子的儒家观点而言。西汉杜子春的说法不同："《连山》伏羲，《归藏》黄帝。"西汉的这种思想，在东汉经学转成夏商周。《连山》、《归藏》当有其书，汉有《连山》八万卷之说（今有众多的甲骨文），当时卦爻辞多，有不同的编法。汲冢书也有一部，可当《归藏》，清马国翰亦辑有《归藏》。《周易》的周有二种意思，一为朝代名，二指周期。二种意义当合观，不可去除第二种意义。更深入一个层次看，周代取名，已含有这个民族认识周期的意义在内。《易》确实是一部讲周期变化的书。

四、论卦辞爻辞谁作。因爻辞有"王用亨于西山"、"箕子之明夷"之辞，在文王后，故东汉马融已不相信《汉书·艺文志》之说，认为文王作卦辞，周公作爻辞。马融分清卦辞、爻辞不同是对的，因卦重七八，爻重九六，确属不同的思想。卦爻辞也可以是一人作，但卦辞和爻辞思想不同。

五、论分上下二篇。上下二篇一说文王分，一说孔子分，关系到《序卦》作者。古人读《易》，韦编三绝，卦与卦之间的次序不易记忆，故作《序卦》以保存之。《易》以道阴阳，《序卦》分二篇以法阴阳，合乎

《易》的根本原理。又上经首乾坤，下经首咸，且阙此三卦而不言，以尊天地人三才之道。下经咸卦上推天地，然后先夫妇而后君臣等，尚为一些经学中人所不满。《序卦》的意义在卦象里，韩康伯仅观其文字，故言其非《易》之蕴。《序卦》分二篇意思虽好，但为后来人所做。马王堆不分二篇，扬雄《太玄》仿《周易》也不作二篇，六十四卦为完整的一体。由于孔颖达执《序卦》二篇，影响到《彖》也分上下，《象》也分上下，大误。《彖》、《象》与《序卦》不同，不可分上下，当从六十四卦整体看。

六、论夫子十翼。《汉书·艺文志》仅言"孔氏为之《彖》、《象》、《系辞》、《文言》、《序卦》之属十篇"，未言明哪十篇，东汉数十翼亦有多家。孔颖达据郑学之徒说定十翼为"上《彖》一，下《彖》二，上《象》三，下《象》四，上《系》五，下《系》六，《文言》七，《说卦》八，《序卦》九，《杂卦》十"。汉时的易学文献不止十翼，《太玄》法《易》所法不止十翼。数十翼有多家，亦见翼还有其他内容。王弼扔掉五翼，孔颖达限死十翼，把《易》弄狭窄了。

七、论传《易》之人。由孔子传商瞿子木以至前后汉的传承，用年龄世数一排接不上。孔子看过易象，但根本未作十翼，十翼最早在子思以后。

八、论谁加经字。今于易学已不从经学观点看，所以这一问题已无重要意义。

《五经正义》其他都到汉，唯六经之原的《易》仅到魏，跟孔颖达的选择有关。唐开国时，孔说为其思想总结。孔说大有局限，故于唐儒教扔虽然扔不掉，但发展是发展不出的。孔说成于642年，645年玄奘归国。

司马贞补《史记》。春秋末孔子认识古史到尧舜，战国认识古史发展到伏羲(三晋)、神农(楚)、黄帝(齐)，对此《系辞》作总结。司马迁作《史记》，有继孔子《春秋》之志，以百家言黄帝，其言不雅驯，故仅上推至黄帝而止。唐时因三教并称，互相切磋，佛、道二教认识的时间数量级均极长，故儒家认识中国历史亦当相应发展。晋时梅赜造《尚书》，已有弄清尧舜三代历史之志。司马贞入唐，根据《系辞》而补作"伏羲本纪"。时代进步，体现于历史上推一步，科学就进一步。十九世纪达尔文进化论认识生物达十二亿年，今分子生物学达三十亿年，进了一步。至宋后理学赞成孟子，孟子言必称尧舜，故司马贞的思想再无发展。今据考古材料作保守估计，伏羲时代至迟距今二万年。

李鼎祚《周易集解》序，完全用《系辞》原文，几乎一字不改。他再三强调《系辞》有时代因素，完全是针对王弼思想，因王弼不注《系辞》（司马贞所重亦在《系辞》）。引《系辞》至"圣人以此洗心退藏于密"以后，有一段体现了李鼎祚的思想："自然虚室生白，吉祥至止，坐忘遗照，精义入神。口僻焉不能言，心困焉不能知，微妙玄通，深不可识。易有圣人之道四焉，斯之谓矣。原夫权舆三教，钤键九流，实开国、承家、修身之正术也。"退藏于密之后，三教出现了。他不但把魏晋易恢复到东汉经学易，而且进一步恢复到黄老易。虽引庄子之论，但思想为黄老，与魏晋的老庄全然不同。因有权舆三教，钤键九流之志，所以一方面向上恢复黄老易，一方面向下总结汉魏晋唐的发展。清人读《周易集解》，很奇怪李鼎祚为什么仍收王注孔疏，就是因为他们仅仅把《集解》当作汉易的资料，而不了解其实为唐易。但李鼎祚上《周易集解》后，唐已过了全盛时期，三教矛盾重重。762年李上《集解》，768年韩愈生。没过多少年后，韩愈提倡排佛老，于上层建筑只要一个不要三个。大凡经济基础好的时候，上层建筑多一点无所谓，经济基础不好，非压缩上层建筑不可。其时李鼎祚的书无人读懂，但道教里有人读此书。唐末有汉钟离、吕岩、刘海蟾等人出来，提倡三教合一的新道教，其《钟吕传道集》《灵宝毕法》，有《周易集解》的明显影响。传说吕岩曾遇陈抟，陈抟画出河图、洛书、先后天八卦、六十四卦方图、圆图等，比汉易更进一步，开创了宋易的新面貌。没有汉易，宋易读不懂。魏晋易王弼抽象了汉易，宋易陈抟在更高程度上抽象了汉易，二者的差别不可以道里计。陈抟处唐末五代乱世，入宋后曾见宋太宗赵光义,一生极忧患,读《易》以免忧患。所著《易龙图》失传,仅存其序(见《经义考》),尚可见其研究《系辞》"忧患九卦"象数之旨。

清代康熙时《周易折中》以宋易为主,乾隆时《周易述》弃宋易而研究汉易。但宋易的开创者陈抟本人,受到汉易很深的影响。

十三

宋易开创于陈抟。陈抟后据可考之文献,有几路传承。一路经种放、穆修传至刘牧为河图、洛书,刘牧著有《易数钩隐图》。一路由种放、穆修、李之才传至邵雍,邵雍著有《皇极经世书》。此外又有一路传至周敦颐,周敦颐著有《太极图说》。传至周敦颐一路不完全可靠,因为年龄接不上,且周为南方人,其学另有所出。前二路皆确实可考。宋易继汉易后,另开象数、义理二派,有继承又有创新,面貌焕然一新。

刘牧年岁同于邵雍,其《易数钩隐图》为宋易第一部著作,也是第一部直接解释河图、洛书排列的书。

《系辞》云:

> 河出图,洛出书,圣人则之。

又云:

> 天一,地二,天三,地四,天五,地六,天七,地八,天九,地十。天数五,地数五,五位相得而各有合。

对"河出图"一节,汉易没有具体明确其内容,最详细的注仅为孔安国的说法:"河图八卦也,洛书九畴也。"对天数地数汉人有注解,但并没有说明就是河图洛书。宋人将这两节合并了起来,成了河图洛

书。以河图排列十数,以洛书排列九数,形成今日组合数学的内容。河图洛书将数学分成二种类型,一种二的关系,一种三的关系:

二　　二五得十　　　（河图）
三　　三三得九　　　（洛书）

宋人自称,一、所研的象数为伏羲易。二、又将《系辞》的河图洛书与九数十数相合。三、对河图为十数洛书为九数,或者相反,河图为九数洛书为十数,宋人也有不同的看法。这些都成了后来清人否定宋易的口实。但三为名实之争,无关紧要。二河图洛书各当九数十数之实,虽未必为《系辞》作者的思想,但九数十数组合图的内容,决非宋人所创,宋人仅对此特别有心得。一因研究三古中上古伏羲部分(尚无卦爻辞),所以称为伏羲易是对的。

河图为十数组合图,主五行相生:

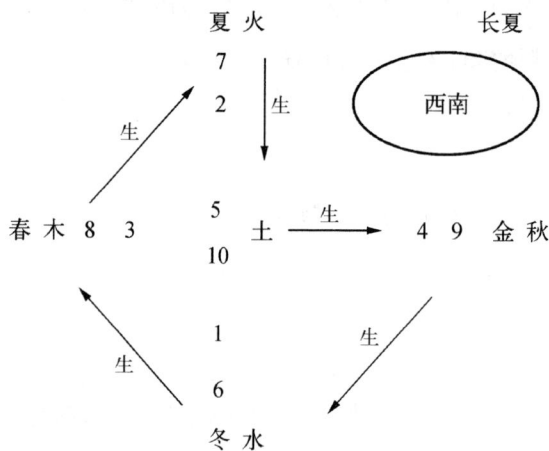

洛书为九数组合图,主五行相克:

将河图五行数标示于洛书,逆向一转,即成五行相克。其次即当《洪范》"一曰水,二曰火,三曰木,四曰金,五曰土",且河图的"西南"变为洛书的"东北"。

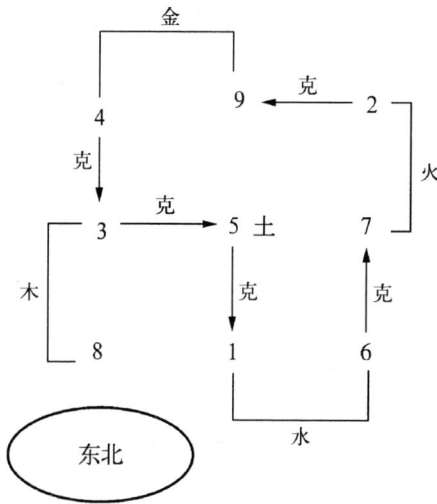

金

9 ← 克 ← 2

4

克 ↓   火

克   克   克

3 → 克 → 5 土   7

木

8   1   6

水

东北

河图洛书相通。河图"西南"一变,即成洛书:

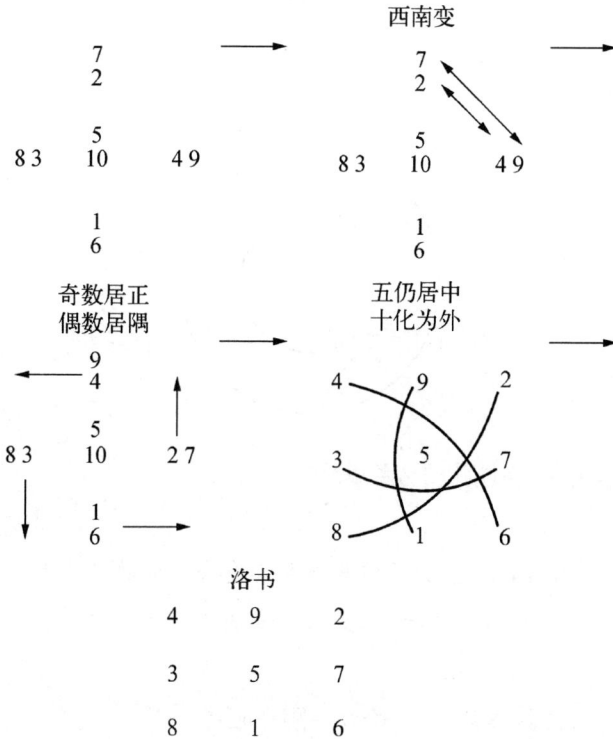

西南变

7   7
2   2

5   5
8 3   10   4 9   8 3   10   4 9

1   1
6   6

奇数居正   五仍居中
偶数居隅   十化为外

9
← 4   4   9   2

5   3   5   7
8 3   10   2 7

1   8   1   6
6 →

洛书

4   9   2

3   5   7

8   1   6

59

以十数为河图,九数为洛书,是朱熹决定的。因朱熹学派宋后极盛,此二名已约定俗成。朱熹前尚有河洛的体用争执,因河图讲外面一圈,洛书是内部的东西,所以产生名实之争。其实河图洛书不能缺一,河图为螺旋曲线,洛书为循环周期。既要知螺旋,又要知循环。

河图:

洛书:

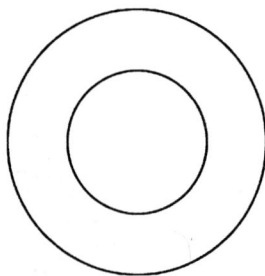

了解河图、洛书后,于《系辞》可深入看:

> 天数五,地数五,五位相得而各有合。天数二十有五,地数三十,凡天地之数五十有五,此所以成变化而行鬼神也。

1—5 每位数离开五个,恰好一阴一阳:

```
1   2   3   4   5
|   |   |   |   |
6   7   8   9   10
```

河图即据此排列。又奇数相连即成天数二十五,偶数相连即成地数三十,合成天地之数五十有五。

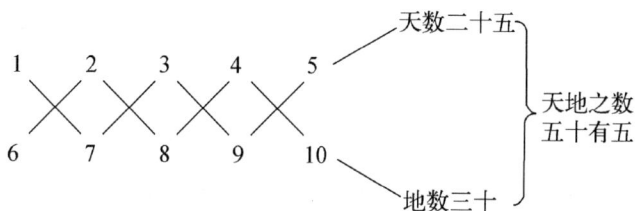

```
                        天数二十五
  1   2   3   4   5   ┐
   ╳   ╳   ╳   ╳    ├ 天地之数
  6   7   8   9   10  ┘  五十有五
                        地数三十
```

宋易所述,其实古书上全部有出典。十数间的关系只有生克二种,河图、洛书对数的排列,实为天造地设。印度分地水火风四大,以为金特别,为金刚不坏之体。中国等视五行,因先秦冶金工业发达,人已能用火的力量克制金。而且五行生克全从观察自然得来,跟当时的自然科学有关。水生木,今犹如此。木生火,燧人氏钻木取火。火生土,烧窑之象。土生金,开矿。金生水,金性冷,水凝结出来。进一步可以观察到任何一个现象都有生有克,生克已高度抽象,阴阳进入五行生克就深入了。春秋战国后筮占所以能逐步取代龟卜,因为阴阳可代替五行的生克,所以《易》把五行总结了,尤其是《系辞》。后代认为《易》仅有阴阳,无五行,于事实不合。

宋易数为河图洛书,象为太极两仪。《系辞》"易有太极"一段,汉易以六七八九解之,宋易以一分为二解之。

《系辞》:

> 易有太极,是生两仪。两仪生四象。四象生八卦。

宋人画成此图:

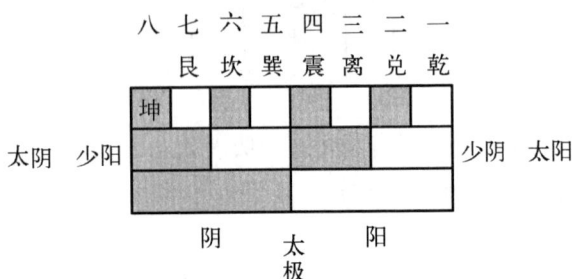

《说卦》云：

天地定位，山泽通气，雷风相薄，水火不相射。

据此，将上图一八、二七、三六、四五两两相合，宋人画成先天图。一二三四诸卦属阳，五六七八诸卦属阴。

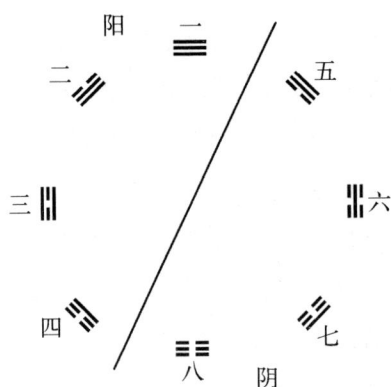

然汉虞翻有"震巽特变"，宋易的先天图即成汉易的父母六子图，即太极两仪的六七八九之解与一分为二之解相通。

将宋易太极两仪一分为二的原理，推广到六十四卦，再永远发挥上去，就是电子计算机原理。电子本身是自然的，一阴一阳这样地分下去，纯粹讲象数，与文字没有关系。唐司马贞补《史记》上推伏羲，陈抟将伏羲易的内容发挥出来了。电子的阴阳比文王的阴阳，不知要早

九
父　　　阳

少女　　　　　少男

中女　　　　　中男

八　　　　　　　　　　七

长女　　　　　长男

阴　　母
六

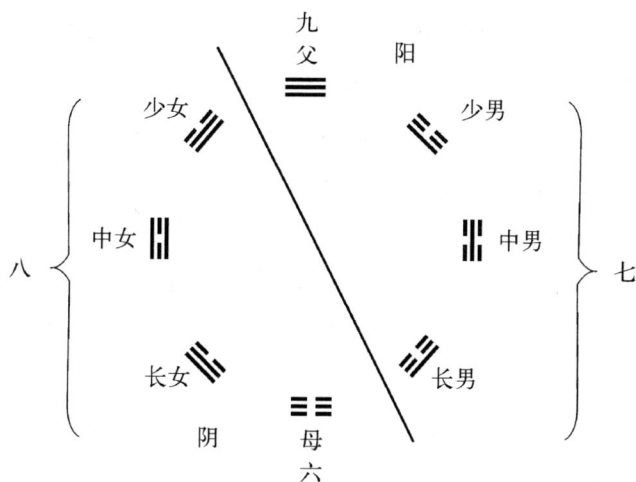

多少。宋易所法的理极早,属伏羲这一层次,所以讲伏羲易是对的。陈抟将印度思想、三教合一、华严禅宗全部统一到这张表中,有极大的继承,又有极大的创新。

宋易的第二部分是卦爻辞。理学过去称六君子,五人北宋,一人南宋。北宋五人中邵雍年纪最大,南宋的朱熹集大成。六人之学的根基全在《易》。

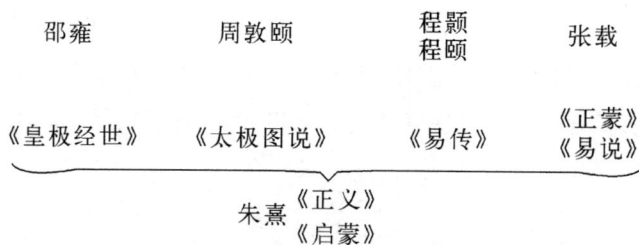

邵雍	周敦颐	程颢 程颐	张载
《皇极经世》	《太极图说》	《易传》	《正蒙》 《易说》

朱熹《正义》
《启蒙》

读宋易究理学要知此六先生的整体。现在出名的是《程传》,误,《程传》未跳出王弼框子。王弼以老庄解《易》,程传以理学解《易》,虽然内容因时代思潮而异,但空谈义理则同。用《彖》、《象》做标准解释卦爻辞,但《彖》、《象》的根本亦未弄懂。王弼扔掉五翼,程传亦不注

《系辞》以下，皆因回避象数不得不然。因经由十翼一束缚，卦爻辞就不可让你随便讲了。但程颐又著《上下篇义》，与韩康伯说《序卦》非《易》之蕴不同。宋易先天图可云打破伏羲易，《程传》可云打破十翼。讲义理而扔掉象数，在他经则可，在《易》则绝不可。义理可随时代思想而变，今天如果出来大家，也可用辩证法将卦爻辞全部讲清楚。但象数的数学规律不容易打破，1＋1＝2 至今在用，如果打破了，人的智慧全部要调换。朱熹集大成，象数继承陈抟，义理继承《程传》。清代《周易折中》全收的有二部书，一部为朱熹《本义》，一部为《程传》。而朱的《本义》在前为主，《程传》在后为辅，此为《折中》的见识。其余集说达数百家，基本为敷衍，比如虽然引了虞翻，其实并未懂汉易。

宋易开始于邵康节，结束于王船山。

十四

李鼎祚《周易集解》成书后，无人懂此书。宋代朱熹的学生林至《易裨传》读懂了一点，成为清朴学家的突破口。真正读懂此书，是李鼎祚身后一千五百年的惠栋，《周易述》是第一部开始全面阐述汉易的书。

《周易述》主要阐述了汉易的基本内容：一切卦爻变化的目的，都是由未济走向既济，此即虞翻"爻变之正"的内容。卜筮讲一卦变六十四卦，汉易不讲卜筮，而是将卦的变化归于"既济定"。其标准如下：

$$\left.\begin{array}{l}\left.\begin{array}{l}\text{阳在初三五不变}\\\text{阴在二四上不变}\end{array}\right\}\text{不易}\\\left.\begin{array}{l}\text{阳在二四上变}\\\text{阴在初三五变}\end{array}\right\}\text{变易}\end{array}\right\}\text{简易}$$

所谓"演易"，即将任何一组卦，变三次，而且仅变三次，皆归于"既济定"。变化虽简单，但具体每一个卦的变化都不同，这就复杂了。可将乾坤变既济示意如下：

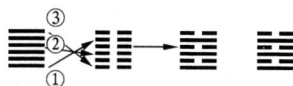

"乾元亨利贞",于汉易元为始,亨为通,乾元坤元亨通,目的在利贞,利为和,贞了才可和。元亨利贞,即两卦交通成既济。汉易将《易》为卜筮之书提高到《易》非卜筮之书,这是经学易的作用。对于变化不用卜筮的象去掌握,要用既济的象去掌握。

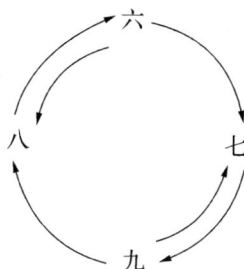

六七九八顺行为卜筮,但可以不照卜筮走,所以逆行九变七,六变八,这里就有人的作用。可示意如下,如卜筮所得,可举一例:

如卜筮得此卦当为乾之姤,因二至上爻七变九仍为阳爻,初爻九变八为阴,即成姤䷫。但人的作用可使其逆行,九变七,仍为阳爻,成乾之乾䷀。再深入,可将此卦进一步调节成:

亦即乾之既济。这是《彖》、《象》的思想,从齐国出。

每一组卦变三次,可成既济。进一步的问题是:变化的顺序是什么。如果是二五先变,就有先初四还是先三上的问题。如果是初四先变,则有先二五还是先三上的问题。如果是三上先变,则有先初四还是先二五的问题。这就遇上了读《易》的关键问题:时间。变化如棋,何者先,何者后,关系极大。六位加六时,即所谓"六位时成"。将六种可能性示意如下:

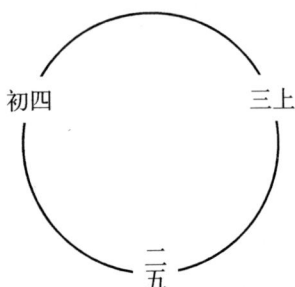

六位同六时的变化,有 $6 \times 6 = 36$ 种变化。

初四、二五、三上的关系,是应的关系,还有比的关系。焦循《易图略》不承认比,是他的不足。比的关系也是六种:即初二、二三、三四、四五、五上,上初。目的都是"之正"到"既济",可示意如下:

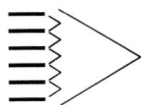

或可示意如下:

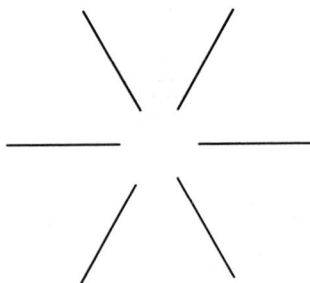

爻除应比外，尚有一种变化，叫"扐谦"，不是之正的变化，而是已正位诸爻之间的变化。"谦：六四：无不利，扐谦。"荀爽注："阴欲扐三使上居五，故曰扐谦，扐犹举也。"三爻处"终日乾乾，反复道也"的地位，三四爻皆正。然四使三居已之上位五，因阳爻在五位更能发挥作用，今可云选举。可示意如下：

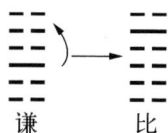

谦　　　比

以上三种是爻，还有卦的变化。王弼云"卦时爻位"，但空虚，因为没有具体内容。张惠言发现了虞翻易于十二辟卦消息中的"否泰反类"，成虞氏六十四卦消息图，即在时间消息中重视人的作用。可示意如下：

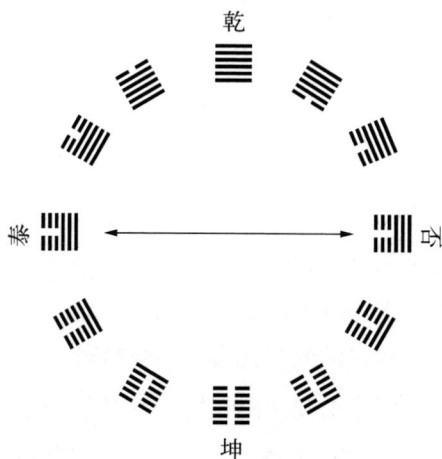

"否泰反类"即把十二辟卦消息的一个圈圈翻转成二个连环的圈圈，即重视春分秋分的变化，使四季如春，以免去秋天的肃杀气象，即《春秋》的大义。"否泰反类"二条路线如下：

复→临→泰→否→观→剥→坤→复……

姤→遯→否→泰→大壮→夬→乾→姤……

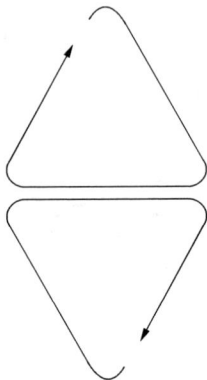

可将清人研究汉易的部分重要成果总结如下：

卦——否泰反类

爻——应、比(之正)、扐谦。

十五

期中考试试题：

(一) 简介易学的基本文献及其内容。

(二) 简介自东汉迄清末的易学情况。

(三) 简介各个时代的易学代表作品及其对易学的认识。

(四) 试述二千年来对易学的误解,应如何纠正之。

(一)、(二)、(三)三题,每题二十分。第(四)题四十分。

十六

《易》在二千年前已将卜筮方法系统化,在东西汉之际以后,经历经学、玄学、三教、理学、朴学种种之变,形成传统易学,基本仍为《汉书·艺文志》的观点所囿。《易》的基本作用是"神以知来,知以藏往"。以"藏往"论,不明易学,不明中国科学,不明中国哲学。而《易》的妙用在"知来",今属未来学。研究自然界的节律和人类的行为,自然界全方位的开放和人类心态的开放,开放即打破种种界限(种族、等级等),得"春气"本身而得"神"。

䷗复《彖》:"复其见天地之心乎。"藏在最深处的东西得到转机而显,判然划一时代。

传统易学自五四废经而崩溃,形成古史辨派为代表的革新风潮。虽然古史辨派有种种谬误,但有其摧枯拉朽之功。五四以后,钱穆辨证十翼非孔子作,熊十力由佛而归于孔子大易,观点皆新。可将古史辨派以后对易学新认识总结如下:

一、卦象非伏羲作。

二、二篇非文王作。

三、十翼非孔子作。

十七

马王堆帛书易出土以来,可知西汉时期卦序非但未按照《序卦》,而且《序卦》所重视的卦名亦未统一,这对《序卦》是一个重要的否定。帛书易虽然卦名与今本不尽相同,但爻名已定。卦名是义理,爻名是象数,象数更为根本。卦为七八,爻为九六,卦是肯定这个象,爻是这个象的变化。爻名为:

初九、九二、九三、九四、九五、上九,

初六、六二、六三、六四、六五、上六。

爻名可分三层分析:

第一层,初、上。

这是《易》最重要的概念。初为时,上为空,举初以包终,举上以包下。将首爻标"初",末爻标"终",为时空相合义。这是中国哲学的最大特色,也是最可贵处。

第二层,九、六。

九,阳变阴,六,阴变阳。先初上而后九六,以时空为主,里面分阴阳。阴阳的变不变要以时空为标准。

第三层,二、三、四、五。

在初上之间的等级。先九六而后二三四五,表明位置要依阴阳而定。

定爻名者在《左传》之后。爻名的思想《左传》已有,但《左传》没有用爻名,只有之卦,如"乾之姤"等(见《左传》昭公二十九年蔡墨释龙节)。《文言》已引用初九、九三爻名,为子思后学准《中庸》而作。故确定爻名的年代大致可知,也就是在《左传》后《中庸》前。象数没有时间性,没有空间性,这是人类的智慧。定爻名者为当时最伟大的思想家。

卦为七八,爻为九六。编辑成《周易》一书和单纯卜筮不同,已重视人的作用。卜筮的象数没有颠倒走的,但在《周易》中可以,这就把卜筮提高了。凡七八卦重阴阳不变为地,九六重阴阳变为天。而于七八九六之间,尤其重视九至七、六至八的逆走,于象数中重视掌握时空的变化为人。以此完成易道三才的整体。可示意如下:

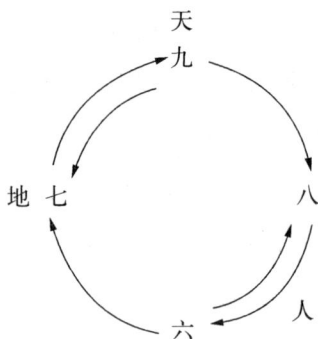

《周易》这本书,总结了战国末年所有学派的所有文化。编辑成卦爻辞者在春秋末战国初,是先秦最伟大的思想家。他与孔子约同时,但不是孔子。读《易》当知卦辞与爻辞的严格分别。

卦辞最重要为"元亨利贞",全部六十四条卦辞,基本是这四个字的变化。编辑卦爻辞"元亨利贞",完全有四时、四方、四德即天地人的思想,与《春秋》四时无事必书的农业社会认识周期的大义亦相应。

爻辞最重要为"吉凶悔吝"。吉凶为两端,悔是由凶趋吉,吝是由吉趋凶。卦辞"元亨利贞"立坐标,爻辞"吉凶悔吝"看人处何地位做何事,是在此坐标中的种种变化。对卦爻辞的内容,如果读得相当熟后,会自然而然体味到。

卦爻辞的读法在《系辞》中已写明。卦爻辞和最早的《系辞》时间相差极短,甚至有可能是编辑成卦爻辞者自作《系辞》,以立其凡例。此则《系辞》如下:

> 昔者庖牺氏之王天下也,仰则观象于天,俯则观法于地,观鸟兽之文,与地之宜,近取诸身,远取诸物。于是始作八卦,以通神明之德,以类万物之情。

这里所分的天文、地理、动物、植物、人身、社会六大类知识,至今科学亦未超出此六大类之外。卦爻辞就是把这六大类的信息全部保存在里面,讲这六大类之间的种种变化。读卦爻辞要分门别类地读,如此一看,卦爻辞奇妙得不得了,有无穷的信息。读《易》越深入,越有东西出来,收之于象数,有极大量的内容有待于启发出来。研究天地生物之间的变化,比《左传》简单地用卜筮推测几百年的事件(何况可能倒装)不知要重要多少倍。当如此读卦爻辞,把易象全部拆开来,从象数到卦爻辞。分门别类读卦爻辞方法,开创于焦循《易通释》(其《易章句》一般),继承于今人徐昂(徐益修)《周易卦象对释》。

从客观世界提炼出卦爻辞,再将卦爻辞散回客观世界。客观世界是不停的,卦爻辞也是不停的。时代变化,卦爻辞也变化,故玩辞是玩不完的,卦爻辞信息无穷。

郑康成总结伏羲易为十言之教:

乾,坤,震,巽,坎,离,艮,兑,消,息。

重视消息,各个卦之间就有变化了。

焦循总结文王易亦为十言之教:

元,亨,利,贞,吉,凶,悔,吝,厉,咎。

吉凶悔吝之间都是厉的,《易》之要在无咎。观卦爻辞,六十四卦几乎每个卦都是有咎的,但结果都化为无咎,这就是人的作用。

十八

这些年考古的两个新发现,可以开出易学研究的新面貌。从马王堆帛书易可以看出战国末至西汉的情况,从西周数字卦可以看出殷周之际的情况。前者距今约二千年,后者距今约三千年。马王堆帛书的卦名尚无大道理,但爻名有大道理。爻名是象数,数字卦更是象数。新出版的《周易纵横录》有张政烺、徐锡台二文非常好。徐锡台同我极熟,曾带我去周原参观,亲眼看见发掘出来的鼎上有极大的卦象。郭沫若不识卦象,曾认为是族徽,虽然数字卦亦可以作为族徽,但本身作为卦象是肯定的。从周原、殷墟的高度文化看(殷墟甲骨有十万片,可见当时上层建筑的发达),传说周公定礼制完全可能。今于考古已可证明,传说殷尚龟卜周尚蓍筮的说法不对,事实上殷已有筮,而龟卜一直延续到战国末(江陵出土几千只龟)。

数字卦以三个符号、六个符号为主(偶尔也有九个的),打破文王重卦的传说,文王前早有重卦,今已可证实。为何是三,即天地人,甲骨文的内容都是祭天祭地祭祖,合于数即三。偶尔也有四个符号,当为互卦的雏形。

数字卦符号常见的有一、五、六、七、八,共五个数字,当时已知十进位制,为什么十数仅选此五字? 有各种解释。这里有一个如何将数字卦的数字转换到阴阳符号的大问题。

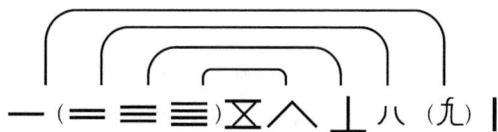

一 (二 三 三) 又 人 丄 八 (九) l

在十数中,二三四不用,九不用,十不用。剩下的数字中张政烺已指出一五七奇数为阳,六八为阴。此一说法虽然有见地,但还可以再深入。实际上是十数可以看成一包九,八包二,七包三,六包四,五为阴阳交,数统于十。而数字卦之五数,一为阳正(合),八为阴正(分),七为阳变阴(合而将分),六为阴变阳(分而将合),五为阴阳交。可示意如下:

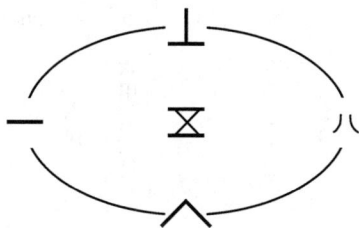

丄
一 又 八
人

这些数字,后来调整转化为《周易》的六七八九。

要了解数字卦,必先知其基础,即殷甲骨今已出土干支表。天干为十周期,地支为十二周期,干支相合为六十周期。十进位取诸人手十指，即阴阳五行，含二进位和五进位。十二进位取自天文历法，即一年十二个月，即乾坤十二爻，含二进位和六进位。干支相合的六十进位，合人类的生物钟，即三十年一世，更有深刻意义。以天干地支所定的时间坐标今天还在用，前后有三千年。而西方公元纪年是公元 500 年前后倒推耶稣生年而定，仅一千五百年的历史。当时刻干支表并无具体的卜筮意义，完全是对数的认识。

天干

阳	甲	丙	戊	庚	壬
阴	乙	丁	己	辛	癸

地支

阳	子	寅	辰	午	申	戌
阴	丑	卯	巳	未	酉	亥

把天干十与地支十二相配，必得六十周期，而不是一百二十周期。因为天干的阳只同地支的阳相配，天干的阴只同地支的阴相配，阴与阳之间永远不会碰着，此之谓“同声相应”，今云最小公倍数。可示意如下：

	天干		地支			
2	10		12			
	5	×	6	=	30	
五音	五子（五运）		六甲（六气）	六律		

阴阳五行六十花甲的思想，此后战国还运用，到了西汉还保存着。如《汉书·艺文志》记载：

《古五子》十八篇。自甲子至于壬子，说《易》阴阳。

此书虽然已没有了,但实际内容不会亡。汉后一直保存下来,重要有三家:京房、邵康节、王船山。

了解数字卦,必须结合六十甲子、阴阳五行的思想。对于《周易》,如果不谈五行只谈阴阳,是空的义理,最明显的后果为王弼扫象。包括五行的阴阳,一直传到现在,今仍须大力提倡。所以用奇阳偶阴来解数字卦太浅了。数字卦还有五行的意思,即一代九,八代二,七代三,六代四,五为阴阳相交,洛书、河图即在此基础上形成,记载于《洪范》。我赞成《洪范》为东西周之际的作品,《洪范》于《易》为东西周之际的一次大调整。《洪范》将数字卦的内容调整为一二三四五为五行,六七八九为阴阳,即"雨、霁、蒙、驿、克、贞、悔"。至于确定爻名还要在以后,七八为卦,九六为爻,《易》于是完备。由于《易》能包括阴阳五行,故春秋战国末期龟卜渐渐衰下去,蓍筮渐渐盛起来。

十九

易学发展至现代,古史辨派否定传统,易学进了一步。今根据出土文物否定古史辨派,易学又进了一步。出土资料最主要的有二种:

一、长沙马王堆帛书易(前 168 年)。稍后比马王堆晚几年,有阜阳出土的《易经》。秦将白起破郢(前 278 年)后,楚民沿途逃至阜阳建都,今出土大量竹简。江陵出土龟(前 347 年),阜阳出土《易》(前 165年),说明楚易的情况。

二、殷墟、周原数字卦。

易学得此二批资料,面貌完全两样。

总结:《易》仍可以分为三部分。

一、象数。所谓伏羲易,今天最好的资料为数字卦,只是社会影响还远远不够。此一部分的发展可接续陈抟,由陈抟可接续今之自然科学。

二、卦爻辞,即二篇。今已可否定与文王有关。今人王永嘉《周易作者考》认为和《左传》作者有关,极有见地。最早的《易经》是《左传》作者宣扬出来的。

逐步上推:熹平石经(175 年)——马王堆(前 168 年)——汲冢(魏襄王时前 403 年—前 386 年)——《左传》(前 330 年前后流行)。

今存最早的《周易》资料为"观国之光,利用宾于王(前 706 年)"。《左传》作者通过神化《周易》,把《周易》宣传了出来。

读《周易》要读此四百五十节的文辞,其结构如下:

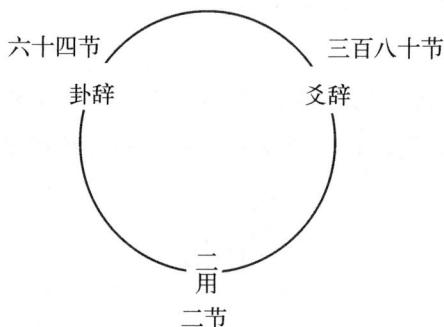

三、十篇。《汉志》讲十篇,唐颜师古于是以十翼注之,这是错误的。十翼为郑学之徒所数,十篇不等于十翼,要比十翼内容多,当包括干支、卦气图等。作十篇者决非孔子,完成时间很长,从卦爻辞编成一直到西汉末。

十篇的根是《说卦》和《系辞》,前者讲卦象,后者讲编辑成卦爻辞的思想。最早的《说卦》在《系辞》中。

《系辞》极早,最早的《系辞》作者和卦爻辞编成者相距时代极近,甚至可能是同一人,至多不超过一二代。有了《系辞》以后,数字卦方才变成阴阳符号卦。编成卦爻辞后,要写点东西作为读卦爻辞的凡例,否则没法读。于是要知道二篇的整体,就要读《系辞》。《系辞》当时的本子与今本完全不同,今本《系辞》编成在西汉。

《说卦》的卦象是《易》的根本，就是这些象在《左传》中起作用。认为象是卜筮是错误的，有象方可跳出卜筮。至西汉《系辞》逐步增多，编定《说卦》，从《系辞》中分了出来。

《说卦》、《系辞》在三晋地区，传至齐鲁地区则有《文言》。东方民族本来有卜筮方法，所谓"易象在鲁"。《文言》依据《中庸》思想丰富《易经》，懂了一个读《易》的关键，即"观象玩辞"。《论语》记孔子与子贡子夏问答，赞许他们"始可与言诗已矣"，当时是玩诗辞。孔子本人仅玩过一句易辞（非编成卦爻辞的《易经》），即"不恒其德，或承之羞"，到《文言》发展为玩易辞。《系辞》中玩辞的数十条，皆可属《文言》。马王堆的《二三子问》也可属《文言》，知玩辞为读《易》的基础。

《彖》、《象》是齐国的思想。汉初杜田生（前198年）由齐带入陕西，故汲冢、马王堆皆无《彖》、《象》。杜田生为齐田氏贵族，汉初从齐迁到杜陵，故名杜田生。《彖》、《象》与卦爻辞的体系不同，前者是齐易，后者是晋易。

《大象》与《小象》完全不同，是一篇独立的东西。《彖》解释六十四卦卦辞，《象》解释三百八十四节爻辞，《大象》则针对下上两体的卦象。《大象》的时代极迟，大致成于战国末，跟《吕氏春秋》有关，属杂家思想。在《大象》作者的时代，数字卦已全部变成阴阳符号卦。

《序卦》是东方地区思想，与《彖》、《象》不合，可能成于战国末。《序卦》是数字卦变成阴阳符号卦后，从阴阳符号卦中看出来的东西。因阴阳符号卦可将屯倒过来看成蒙，数字卦则不可能颠倒看。《序卦》本身有精深的思想，想不到这一翼二千年如此盛行，竟排斥了其他可能有的卦序。

《杂卦》发展《序卦》，有更深的思想。《序卦》可能在施、孟、梁丘三家易已有，《杂卦》已与扬雄差不多时代。

京房的八宫世魂图，为当时排六十四卦的次序。八宫是八个空间，每个空间里有八个时间，看这个空间一点点在转化。图如下：

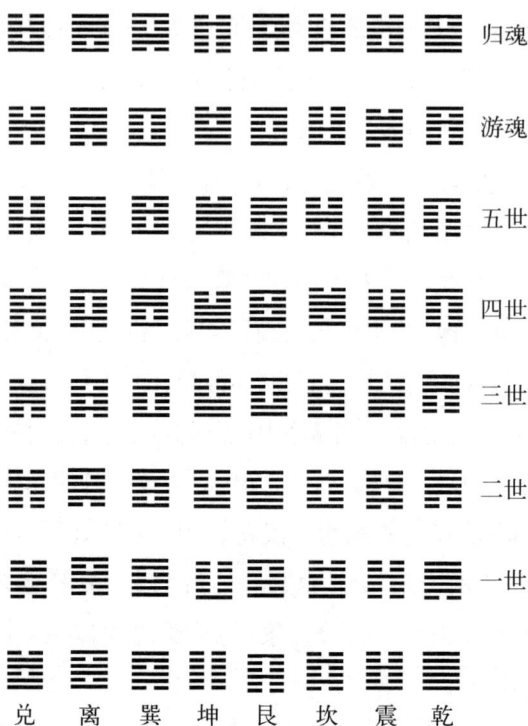

从一个卦开始变,经五世变化,是中国思想,所谓君子之泽,五世而斩,小人之泽,五世而斩(《孟子·离娄下》)。上爻宗庙不变,因为再变上去,乾变坤就成为对立物了(如乾变坤、坤变乾成消息,十二辟卦为卦气图主要部分)。上面有了阻力,回来四爻一变,成游魂(《系辞》"精气为物,游魂为变"),最后归魂得根(《楚辞》"魂兮归来"),三二初爻皆变,全部变过来。

京房以此方法排六十四卦不重复,是绝无仅有的一张图,极精深,已涉及时间可逆、不可逆问题。在当时的十篇中肯定有,但到了十翼删掉了。西汉前的许多卦的排列次序,都被《序卦》遮没了。今以科学来讲,此为四维八胞腔。此图仅为一张,还可发展出另外五张,共六张。京氏易受经学易排斥,在民间一直用于卜筮,今需找出其科学内容,使之出淤泥而不染。

二十

司马光云"《太玄》为读《易》之阶",讲出了《太玄》的重要作用。《易经》的形成期很长,从伏羲、文王到孔子,经历了"三古"三个大时代。读《易》当知"三圣一心",方可贯通各时代至今。这在西汉末有一个证明,扬雄草《太玄》,只凭一人就将三圣的内容合了起来。

扬雄四川人,生卒年完全可靠(前53—18)。传统说法却认为扬雄依附新莽而贬低他,其实他同王莽的关系是不即不离的。扬雄是一个伟大人物。在西汉末年的变乱时期,容易有较高的思想出来。扬雄的特色是善于模仿,仿效《易经》作《太玄》,仿效《论语》作《法言》,仿效《离骚》作《反离骚》。扬雄把前代最好的东西做标准,自己也跟着做一种,以求符合于现时代。西汉末年,刘向、刘歆用《汉书·艺文志》的方式总结了前代的文化,扬雄用《太玄》、《法言》等的方式总结了前代文化,扬雄的功绩不小于向、歆。

《易》的符号是阴阳二个符号:

— ——

《太玄》从这两个符号上改起,共三个符号:

— —— ———

易为$2^6=64$卦,《太玄》为$3^4=81$首。前者合八八六十四,后者合九九八十一。其卦象分方、州、部、家,当易六位,最上为方,次为州,次为部,次为家,示意如下:

＝＝＝方
－－州
－－部
－－家

《太玄》八十一首之序由一方一州一部一家，渐至一方一州一部二家，一方一州一部三家，一方一州二部一家……其次截然整齐，有应于先天图之理。《易》卦气图起于中孚，终于颐，以震离兑坎四正卦当四时，其二十四爻当二十四节气，其余六十卦每卦合六日七分，凡三百六十五日又四分之一日。《太玄》起于中(拟"中孚")终于养(拟"颐")，以《易》卦气为次序，变其名称，八十一首，每首九赞，凡三百六十四日半，益以踦嬴两赞，成三百六十五日又四分之一日。

《易》有卦辞，《玄》以首当之。《易》有爻辞，《玄》有赞。《太玄》是解释卦爻辞最好的一部书，他用不着讽刺王莽，他把时间看得长了。所系的辞中未免有感于时代，但隐蔽得不得了，故王莽找他，惧而跳楼。

《易》有十篇，扬雄亦全法之。

《易》为二进位制，《玄》为三进位制。又言及九数十数的组合，实已记载河图洛书。虞翻旁通之正，得先秦古义，也可从此看出。

扬雄时代，刘向、刘歆总结《易》为六经之原。此后《太玄》作为"拟经"，遭到排斥。经学难免经过刘向、刘歆的加工，若《太玄》入《易》，经学当然被拆穿。今天看来，拟经好，拟经把经学抓住了。《四库全书》易类的经部和子部应放在一起看，不如此就不会懂《易》。

二十一

根据胡适的考证，《易林》作者不是焦延寿。《汉书·焦延寿传》没有讲他著《易林》。《隋书·经籍志》第一次记载焦为《易林》作者，后世误传始于此。胡适考证《易林》作者为崔姓之人，虽非焦延寿，仍为西汉。《易林》记录了"昭君和番"之事，此书即使和焦延寿有关，也必定经过后人增补。至今《太玄》已有人重视，《易林》尚不为人重视，因为被看成迷信。现在不可从迷信角度看，而是研究它整个体例问题。在当时，分析客观情况有四千又九十六种不同，其思想是如何的博大精深。后世求签最多的不过几百根,怎么能和《易林》相比。

《太玄》用卦气图次序,《易林》用《序卦》的次序。其一卦变六十四卦,六十四卦变四千零九十六卦。其实质为十二画卦,与六画卦不同,可示意如下:

六画卦　　　《易林》十二画卦

或写成

《易林》用"序卦"法排卦,分六十四组,每一组将该组相重的一卦抽出来放在前面,如第一组为乾坤屯蒙……乾为首,第二组坤乾屯蒙……坤为首,第三组为屯乾坤蒙……屯为首,第四组蒙乾坤屯……蒙为首,第五组至第六十四组可类推,六十四组六十四个为首的卦用矩阵排,恰位于对角线上,此极重要。同时马王堆亦用此方法,后代陈抟先天图亦用此方法。可将此矩阵示意如下:

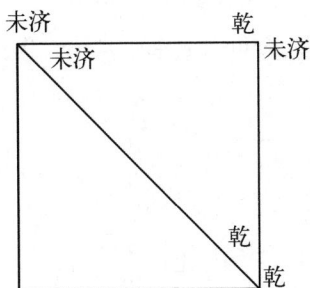

未济　　　乾
　　未济　　　未济

　　　　　　乾
　　　　　　　乾

春秋时《左传》已用及一卦变六十四卦的方法,但没有像《易林》这样排列清楚。《周易》卦爻辞作者重视一爻变,即一卦变六卦,《易林》

作者是兼及二爻变、三爻变、四爻变、五爻变、六爻变,一卦变六十四卦。《周易》一卦变六卦:

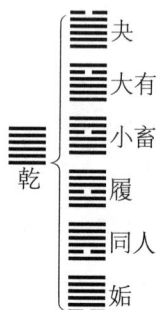

乾

夬
大有
小畜
履
同人
姤

《易林》一卦变六十四卦:

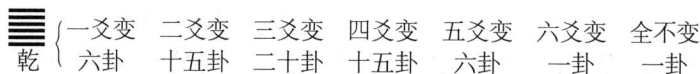

乾	一爻变	二爻变	三爻变	四爻变	五爻变	六爻变	全不变
	六卦	十五卦	二十卦	十五卦	六卦	一卦	一卦

共计六十四种。《左传》、《国语》有一爻变的例,也有三爻变的例(《国语》乾之泰),也有五爻变的例(《左传》艮之八,是谓艮之随),此即牛顿(当中国明清之际)的二项式定理:

$$(a+b)^6 = a^6 + 6a^5b + 15a^4b^2 + 20a^3b^3 + 15a^2b^4 + 6ab^5 + b^6$$

象不拍到数上没有作用,《易林》的数就是大衍之数,就是一卦变六十四卦。所有卜筮之理,今可云概率。六、七、八、九四数的概率如下:

$$六:\frac{1}{16}$$

$$九:\frac{3}{16}$$

$$七:\frac{5}{16}$$

$$八:\frac{7}{16}$$

此概率《科学的美国人》(*Scientific American*)一九七四年第一

期也算出,但只是一爻变的概率,尚非二爻至六爻变的概率。

将《易林》的象数整理出来,是宋朱熹的《周易启蒙》,朱熹并具体配好卜筮所用的策数,其图可示意如下:

坤　　　　　乾
坤
144
180
216
乾

但朱熹有大错误。司马光读《太玄》,自己做一部《潜虚》。朱熹读《易林》,但不敢把《易林》发展出来。他受经学的束缚,尚有认《易林》为拟经的思想。《启蒙》照《易林》的方法卜筮,但文字却用卦爻辞。编辑《周易》卦爻辞的人,其方法不是根据大衍之数,而是另有方法,大衍之数相称于《易林》。朱熹没有使用和发展《易林》,而是把四千零九十六种形象纳入《周易》卦爻辞中。卜筮卜出来,到底相称于何段卦爻辞,全为朱熹所定,与《周易》作者无关,与《易林》作者也无关。

《易林》的四千零九十六象自汉朝定后,一直没有变化,其发展一直要到黄道周,著有《易象正》、《三易洞玑》,其象数为:

$$16^2 = 256$$
$$256^2 = 16896$$
$$4096 \times 4 = 16384$$

黄道周之后到今天,已无发展。清吴汝纶重《太玄》,尚秉和重《易林》,尚有人重视。一用《太玄》,一用《易林》,可从东汉到西汉。今宜结合古史辨派再作发展。

最后谈谈如何得出概率。

概率不出三种情况：二分之一，四分之一，四分之三。

$$\frac{1}{4} \times \frac{1}{2} \times \frac{1}{2} \qquad 阴变 \qquad 六 \qquad \frac{1}{16}$$

$$\frac{3}{4} \times \frac{1}{2} \times \frac{1}{2} \qquad 阳变 \qquad 九 \qquad \frac{3}{16}$$

$$\frac{3}{16} + \frac{1}{16} + \frac{1}{16} \qquad 阳不变 \qquad 七 \qquad \frac{5}{16}$$

$$\frac{3}{16} + \frac{3}{16} + \frac{1}{16} \qquad 阴不变 \qquad 八 \qquad \frac{7}{16}$$

这是一爻的概率，《易》的概率还要乘以六倍。

有些概率极小，一个人能终其一生也碰不到。所以《易经》根本不是要你去卜筮，而是要你去读这部书。

二十二

西汉(前206—82)延续二百三十年,学术变化大得不得了,《易》的基本面貌就在此期间最后形成。到西历公元前后,《易》的面貌基本固定。此后至清末约二千年,大体局限于此范围中。今天要走出此范围,除了注意今日世界的认识水平外,尚须研究西汉易学形成期的情况。前几次已讲过西汉易学的主要作品：京氏易、《太玄》、《易林》,今天讲其渊源流变。

秦始皇颁发烧书令(前213年),主要烧《诗》、《书》,各诸侯国的文化遭受大损失。由于医学卜筮种树之书不烧,《易》仍然得以流传。秦始皇本人重视且迷信卜筮,故不烧卜筮书。钱穆认为,汉以后的经学传承是正确的,秦以前的传承是不正确的,这个判断有识见。实际上,清代的乾嘉学派由治经而治子,自以为由春秋到战国,事实上仅由西汉到战国,先秦的历史根本必须重新研究。由孔子到西汉的易学传授,基本上是西汉尊孔后装上去的。西汉以下,一代代传授情况全部清楚,西汉以前还要另行研究。

西汉易学,第一个是田何。汉高祖九年(前 198 年),汉将齐大族迁到陕西杜陵,田何即在此讲《易》。因迁至杜陵,故又名杜田生,此时约五十岁左右。田何与伏生差不多岁数,其学《易》时尚在战国末,故亲见战国末的动乱,秦统一,汉兴等事迹,其学为齐学。秦汉的不同,主要是秦学和楚学的矛盾。战国末年,秦楚斗争为主要矛盾,秦在与楚斗争中,始终保持和齐的联系,故齐最后灭。秦统一后的焚书坑儒,还是跟齐博士有关系。汉朝建立后,要翻掉秦学,故需齐学的帮助,由是有田氏大族迁关中之举。

田何主要学问在齐易的《彖》《象》,传下来有四个弟子,各有著作:

一、王同,王氏二篇。

二、服光,服氏二篇。

三、周王孙,周氏二篇。

四、丁宽,丁氏二篇。

王同、服光都是齐人,可能是田何早期的学生,主要仍属齐学。周王孙极重要,他是洛阳人,有三晋易的学问。丁宽是晚期学生,本为仆人,后因勤奋,被田何收为弟子。此后又到周王孙处学三晋易,故此人极重要,周王孙所传的《易》跟《大象》有关。学成返回时,田何称"易道东矣",所谓东,包括南。丁宽后任梁孝王将军,吴楚七国之乱时尚在,可见从田何学《易》时为年轻人。王同传《易》于杨何,杨何传于司马谈,谈传其子迁。于谈、迁之间,已由谈之齐燕易(重黄老)到迁之齐鲁易(兼尊孔)的变化,故司马迁于《易》云"序彖、系象、说卦、文言",可见此路传授的内容。周王孙传给蔡公,有蔡氏二篇。服光之传史无记载,可能跟《序卦》思想有关。丁宽的《易》是楚易,以后《淮南子》的《易》也是楚易。吴楚七国反时,淮南王未参与,以四十年的时间专力学术,有九师易,著作在《淮南道训》,讲黄老,讲《易》。时间在司马谈、司马迁之前,与《史记》提法不同,已引及《小象》《序卦》,当时全看见。

丁宽不讲训诂讲大义，大衍之数、《序卦》也可能完成于他。丁宽传田王孙，田王孙汉武帝时任博士，田王孙传施、孟、梁丘，始有三家易。此外韩婴的韩氏二篇，属燕易，更有《古五子十八篇》讲天干地支，阴阳五行的相合，与前面诸家不同，是战国作品，此象数是《易》的根本。西汉的《易》有以上这么多东西，故《汉书·艺文志》出于经学的观点，以三家易作为西汉易学的标准，不符合当时的实际情况。

总结以上传授的概要如下：

第一代	第二代	第三代	第四代	第五代
	王同	杨何	司马谈	司马迁
	服光			
田何	周王孙	蔡公		
	↓			
	丁宽		田王孙	施 / 孟 / 梁丘

三家中施、梁丘立博士，孟喜未立。孟自称田王孙死时在侧，得真传，施、梁丘不同意。孟重自然科学，在三家中最值得重视。孟氏所传有卦气图，可考证出其来自《吕氏春秋》十二纪、《礼记·月令》、《夏小正》。卦气图和《序卦》不同，为西汉卦序的另一种排法。孟喜传焦延寿，焦延寿传至京房大发展。焦延寿非《易林》作者，他的主要贡献在发展卦气图和传授京房。《易林》之作者后于焦延寿，但后世托名焦延寿，可见后人认为《易林》和孟、焦、京一路学风的相应。《汉书·艺文志》有《孟氏京房》十一篇，《京氏段嘉》十二篇，可见这一路传承中的发展。蜀易和司马相如有关，司马相如和淮南王刘安交好，可见长江流域易学的相应。淮南王刘安灭后，一部分人员文献入蜀，蜀有特殊发展。此后有严君平卖卜成都，研《易》注《老》，严君平的弟子就是扬雄。司马迁在《司马相如传赞》指出"《春秋》推见至隐，《易》本隐之以显"，也可见司马迁对司马相如的认识，亦即齐学和蜀学相应后对《易》所作的总结。施、梁丘之学至张禹也大发展，至汉末刘向刘歆，《易》作为六

经之原的基本面貌逐步形成。

总结其传授概要如下：

第五代	第六代	第七代	第八代	第九代
施仇	张禹			
梁丘贺				
孟喜	焦延寿	京房	段嘉	
司马相如	——	严君平	扬雄	侯芭
		刘向 —	刘歆 —	班固
		费直		
		高相		

二十三

任何一翼，都有一种特别的思想在。《大象》的思想，和整部《吕氏春秋》相合，极有可能为吕不韦门客作，属三晋地区的思想。吕不韦为洛阳人，《大象》当由周王孙——丁宽——三家易传出。

《大象》分四节意思：

一、第一段自然现象。

二、第二段因此自然现象取卦名。

三、处理这种环境的人，分五种类型：先王，后，大人，上，君子。

四、处理方法。

《大象》取象方法是取贞悔卦象。六十四贞加六十四悔，共一百二十八象。《大象》研究这一百二十八象的变化。一百二十八象，以八卦为纲，故《大象》特别重视乾、兑、离、震、巽、坎、艮、坤八个卦，连文句都不一样。五种类型的人：七个先王，三个后，一个上，一个大人，五十三个君子，为"五以"。因君子的德还不足以应付所有的环境，故必须有其他的"四以"。其中复卦言先王又言后,解决法先王法后王问题。

先王七卦:

☳ 无妄　天下雷行,物与无妄。先王以茂对时育万物。

天下雷行而未雨,属开天辟地的气象大变化时期,有惊蛰之象。先王指从前的王者,已经把这问题解决了。物与,把物合进去。茂对时,茂盛地看时代,有孔子"天何言哉"之象,不要只担心人类社会的人事之争,要看到自然界生生之象。自然界的生物,你要它生,它不肯生,但它自然而然生。这是《大象》最重要的卦,有道的思想。

《大象》与卦爻辞的思想有合有不合,但善于读《易》者,也可用《大象》去解释卦爻辞。

☵ 比　地上有水,比。先王以建万国,亲诸侯。

上卦道家思想,此卦儒家思想,由社会科学而达到自然科学。水与地合,无远弗届,如此成建国亲候之象。九五一阳指先王,爻辞称"显比"。但此一阳尚隔于二阴之中,坎水下流,儒家对此有特别变化。

☳ 豫　雷出地奋,豫。先王以作乐崇德,殷荐之上帝以配祖考。

此卦发阳性上出,亦即礼乐的"乐",敬祖配天是儒家思想。

☴ 观　风行地上,观。先王以省方观民设教。

风雷一变,看四面不同的情况。

☴ 涣　风行水上,涣。先王以享于帝立庙。

必定会有散的情况,也必定要收拾人心。

☲☳ 噬嗑　雷电,噬嗑。先王以明罚敕法。

与儒家不同,这是法家思想。《易》没有"执干戚以舞,七年而有苗格"的思想。

后三个卦,都是荀子法后王的思想。

☷☰ 泰　天地交,泰。后以裁成天地之道,辅相天地之宜,以左右民。

这是极好的形势,吕不韦希望秦始皇做成,而秦始皇没有做成。所谓"功高三皇,德败五帝",的确可能有此气象。

☰☴ 姤　天下有风,姤。后以施命诰四方。

只有处于全国统一前夕,才可能写出这样的句子。《大象》不执于先王,不执于后,所以有一个整体。

☷☳ 复　雷在地中,复。先王以至日闭关,商旅不行,后不省方。

复,先后天合一。对过去知道得越清楚,对未来发展就越有帮助。先王过去,后未来,复是现在。《系辞》"颜氏之子其殆庶几乎",以颜回当复象极合,颜回没有什么表现在外面的东西,又死得早,只有理论,全部是反身的道理。

复的时候要和客观环境断一断。冬至一阳生。

☶☷ 剥　剥,上以厚下安宅。

法后王是姤,施命要变,不会变,风越吹越大,至观。大观在上,极重要。大观没有了,就剥了。爻辞讲"硕果不食",是农业社会保存并改良种子。种子下去,再出来就是复了。厚下安宅是上的作用。

☲ 离 明两作,离。大人以继明照于四方。

大人,是君子而在位者。此卦将天地的明发扬于人事。

读《大象》,此十一卦是基础。掌握时代,不是每个人都有条件的。理解此十一卦,可进一步理解其他五十三个"君子以"的基础。由此可"君子无入而不自得"。

十一卦关系如下:

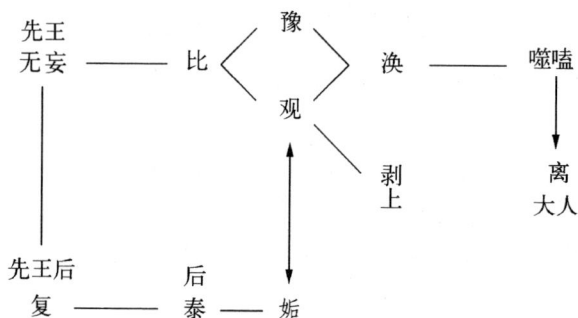

以下五十三卦君子。

☰ 乾 天行健,君子以自强不息。

自强不息,刹那之间就是变。但是此格言是针对卦象而言,不是处处要你自强不息。否则自强不息,弄到一点东西都没有了。

☷ 坤 地势坤,君子以厚德载物。

地势确立以后,如喜马拉雅山,变动很缓慢,这用不着自强不息。又如中国文字是旧的,但也可以写新的内容。文字也可以变,但我们这一代变不掉,这用不着自强不息。

历代讲《易经》,都讲内圣外王的道理。此道理卦爻辞并不讲清

90

楚,《大象》讲清楚。后代据《大象》以解释卦爻辞,方将此义显出。大象内圣的道理不但有儒,而且有道,外王的道理也不但有儒,而且有法。《易经》的用,就是用在《大象》上。《大象》所有的道理都来自八个自然现象的排列组合。

三十

易学史期终考试试题:

一、论易学的象数

二、论经学易的内容

三、论卜筮的原理

四、论西汉的易学

五、论如何统一《四库》中经部与子部的易著

六、论如何继承与发展易学

以上第一组

七、论易学的认识论

八、论易学的方法论

九、论易学的思想结构

十、论易学的象与艺术的灵感

十一、论三才易道与透视学

十二、论易学与时代思潮

以上第二组

任择二题,希望于每组中各择一题,每题五十分。

《周易》十讲

前言

此十讲之旨,明《周易》易简之理。吾国先秦已具之宇宙观、人生观,皆寓于易道中(前四讲)。秦后二千年之吾国思想文化,莫不有与于《易》(五至九讲)。由明及今,与西方文化交流,尤具现实意义(第十讲)。此十讲仅属概论,于易道之几,及历代易著之深入研讨,另详专论。

一、《周易》源流

《周易》之内容,要在卦象。卦由八卦而六十四卦,传曰伏羲所作,《系辞下》有明文,其辞曰:"古者庖羲氏之王天下也,仰则观象于天,俯则观法于地,观鸟兽之文,与地之宜,近取诸身,远取诸物,于是始作八卦,以通神明之德,以类万物之情。"此节中首宜注意王天下之"王"字,王者一贯三,三画各有所指,即上画为天,下画为地,中画为人,以一贯三者,以理贯天地人三才。人于天地,今曰宇宙观,乃能改造宇宙,是为"王"字之真正含义。古者庖羲氏既王天下,乃分辨三才为六类。曰"仰则观象于天",今曰"天文学"。曰"俯则观法于地",今曰"地质学"。曰"观鸟兽之文",今曰"动物学"。曰"与地之宜",今曰"植物学"。曰"近取诸身",今曰"医学"。曰"远取诸物",今曰"物理学"。而八卦即本此六类知识,准具体事物之变化,抽象其概念而作。若卦象之用,不外二方面。曰"以通神明之德"者,今曰"社会科学";曰"以类万物之情"者,今曰"自然科学"。

至于八卦之形象,《系辞上》亦有说明,其言曰:《易》有太极,是生两仪,两仪生四象,四象生八卦。"义即一分为二,其数由一而二,由二而四,由四而八。此一分为二之二,即阴阳,即道,《系辞上》曰"一阴一阳之谓道,继之者善也,成之者性也"是其义。庄子《天下篇》论六经,于《易》曰《易》以道阴阳",诚属深味乎易理之言。

究乎阴阳之实,吾国以光线射到之处名阳,故以白色示之,其符号为"一";光线不能射到之处名阴,故以黑色示之,其符号为"--"。此庖

羲氏所作之八卦形象,图示如下:

八	七	六	五	四	三	二	一	
坤	艮	坎	巽	震	离	兑	乾	八卦
太阴		少阳		少阴		太阳		四象
阴				阳				两仪

太极

由伏羲八卦次序图,可见八卦自然次序,此次序完全合乎二进位制。三百年前(1679 年)莱布尼茨(Leibniz, 1646—1716)发明二元算术,以 0 和 1 两符号表示一切数,其理同此。故莱氏于 1701 年左右见此易图,不胜欣喜,然当时尚未知其用,今则已起大用于电子计算机。而吾国学者犹未注意于易理,特先说明其现实意义。

由伏羲八卦方位图,可喻阴阳相对之理,《说卦》曰:"天地定位,山泽通气,雷风相薄,水火不相射,八卦相错。"即明此方位,错字意为置,有阴阳不同之象,谓相对两卦,其阴阳皆不同云。

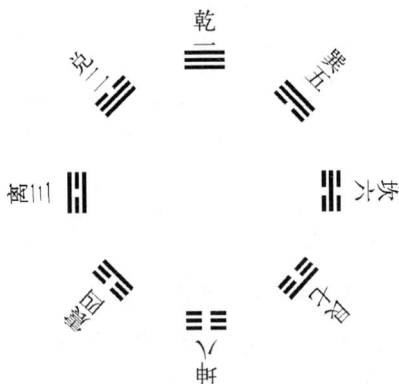

《系辞下》曰:"八卦成列,象在其中矣;因而重之,爻在其中矣。"曰"成列"者,盖指次序与方位言。须八卦成列,方能参比八卦之阴阳而取其卦象,上已取乾天、坤地、艮山、兑泽、震雷、巽风、坎水、离火,为自然之象。《说卦》曰:"乾,健也。坤,顺也。震,动也。巽,入也。坎,陷也。离,丽也。艮,止也。兑,说也。"明八卦之德。又曰:"乾为马,坤为牛,震为龙,巽为鸡,坎为豕,离为雉,艮为狗,兑为羊。"为观鸟兽之文。又曰:"乾为首,坤为腹,震为足,巽为股,坎为耳,离为目,艮为手,兑为口。"为近取诸身。此外卦象甚多,卦爻之辞,莫不观象而系,故辞皆有所指之实,其实皆象也。

观卦之由八卦而六十四卦,仍准一分为二之理,故四画而十六卦,五画而三十二卦,六画而六十四卦。凡卦以三画为基础,三即天地人三才,《系辞下》曰:"《易》之为书也,广大悉备。有天道焉,有人道焉,有地道焉。兼三才而两之,故六。六者非它也,三才之道也。"故八卦而六十四卦,犹以三才各分阴阳。《管子·轻重戊篇》曰:"虙戲作造六峜以迎阴阳。"峜者计,六峜义兼阴阳六画。凡六画而兼含阴阳,即二之六次方,数为六十四。淮南子《要略》曰:"伏羲为之六十四变。"然则重八卦者,仍可属诸伏羲氏。详见下图(图见下页):

凡《伏羲六十四卦次序图》、《伏羲六十四卦方位图》,大义与《伏羲八卦次序图》、《伏羲八卦方位图》全同,唯于方位图中尚有方圆之别,故更有《伏羲六十四卦贞悔方图》。以上诸图,传谓伏羲氏所作,其于一分为二之理,确极易简,先民之有此思想,未足怪也。

《系辞下》有言:"庖牺氏没,神农氏作,……神农氏没,黄帝、尧、舜氏作。"其后三代,又有三易之说,《周礼·春官》:"太卜……掌三易之法,一曰《连山》,二曰《归藏》,三曰《周易》。其经卦皆八,其别皆六十有四。"郑玄曰:"夏曰《连山》……'连山'者,象山之出云连连不绝。殷曰《归藏》……'归藏'者,万物莫不归藏于其中。周曰《周易》……'周易'者,言易道周普,无所不备。"若"连山"、"归藏"之文辞,久已失传,尚知《连山》首艮,《归藏》首坤,《周易》首乾,为三易之大别。今所存者,唯《周易》耳。《系辞下》曰:"《易》之兴也,其当殷之末世,周之盛德邪! 当文王与纣之事邪!"由是《易》有固定之卦辞与爻辞。《系辞上》

伏羲六十四卦次序图

（右起竖列标题）六十四卦　三十二卦　十六卦　八卦　四象　两仪

八卦：乾　兑　离　震　巽　坎　艮　坤

四象：太阳　少阴　少阳　太阴

两仪：阳　阴

太极

曰:"圣人设卦观象,系辞焉而明吉凶,刚柔相推而生变化。"所以明系辞之理及卦爻辞之作用,乃《周易》之理可以四道尽之。《系辞上》曰:"是故君子居则观其象而玩其辞,动则观其变而玩其占。"又曰:"《易》有圣人之道四焉:以言者尚其辞,以动者尚其变,以制器者尚其象,以卜筮者尚其占。"此象辞变占四者,易道在矣。

最后宜说明"易"字之概念,《系辞上》曰:"易简而天下之理得矣。天下之理得,而成位乎其中矣。"又曰:"天地设位,而《易》行乎其中矣。"又曰:"乾坤,其《易》之蕴邪?乾坤成列,而《易》立乎其中矣。乾坤毁,则无以见《易》。《易》不可见,则乾坤或几乎息矣。"是即《易》之义。《易纬·乾凿度》曰:"《易》者,易也,变易也,不易也。"郑玄作《易赞》及《易论》亦曰:"《易》一名而函三义,易简一也,变易二也,不易三也。"凡读《易》者，莫不知《易》为变易，此义诚是，然宜知一切皆变时，如何知其变，其间当有不易者。此不易者，所以比较说明一切变化之情况，今所谓坐标。况变易不易之理，须以易简为准。能函此三义而论《易》，其理备矣。

二、《周易》经传——二篇，十翼

《易》始于伏羲氏，以卦为主，卦以象为主，初不待文字。若三易中之《连山》、《归藏》，辞既失传，其详已未可究诘。今所传之《易》谓《周易》，其源盖承伏羲之卦象而系以辞，其辞有卦辞、爻辞之辨。

《系辞下》曰："是故《易》者，象也。象也者，像也。彖者，材也。爻也者，效天下之动者也。"《系辞上》亦曰："彖者，言乎象者也。爻者，言乎变者也。"

今先宜说明卦与象、爻之关系，凡卦以三画为基础，由四画五画而六画，变化由八而六十四，此六画卦之整体，是名象。更分观其六画，是名爻。故象者，指六画六十四卦之卦象。爻者，指六画卦中，任何一画之变动。

由是知观象而系辞者，盖观六画六十四卦之彖象而各系以辞，是即卦辞。又于彖象分观其六画变动之爻象而各系以辞，是即爻辞。且爻象之变动，不外阳九阴六，乃更系用九用六之辞，以置于乾坤六爻辞之后。故于伏羲六十四卦卦象，系以卦爻辞，《周易》乃成。至于系辞之初，理当定以卦爻之名，计卦名六十四，爻名十二。于六十四卦之卦名，又基于三画八卦之名。以下先述三画八卦卦名之大义：

☰ 乾——其象三画皆阳刚，义主外施上出。乾字从乙，乙，物之达也，上出义。乾同斿，旌旗之游斿骞之貌，有外施义。又乾与湿对，《说卦》"离为乾卦"，乾与乾古同，盖离为日，日光照而物乾，乾之之时，水气上出，有乾象焉。十翼赞《易》，以健字象其德。健者，动而不自知为动,并外施上出而忘之,是之谓乾。

☷坤——其象三画皆阴柔,义主吸收凝固。坤字从土从申,申,神也,电也。《说卦》"离为电",谓坤丽乾中,以凝乾神成离电。若土位在申者,更能凝及上下而乾神皆合于土,此吸收凝固之极致,是之谓坤。老子曰"天下之至柔,驰骋天下之至坚",当其象。十翼以顺字赞其德。顺者,顺承于乾也。唯其顺,乃含乾神而土能吐生万物焉。

☳震——其象初画为阳刚,二三两画皆阴柔,阳刚将外施上出而上为阴柔所阻。因阻而阳健见其动,起而动之,则能去其阻而外施上出,是谓震。《说卦》"震,动也",《杂卦》"震,起也"。自然之现象为雷,即此一动,乾元之神出于土而万物生焉。《彖》曰"大哉乾元,万物资始","至哉坤元,万物资生",《文言》曰"夫玄黄者天地之杂也,天玄而地黄",谓资始资生而帝出乎震,《说卦》曰"震为玄黄"是也。

☴巽——其象初画为阴柔,二三两画皆阳刚。象与震错,震则一阳将上出,巽则一阴将深入。《说卦》"巽,入也",《杂卦》"巽,伏也"。伏而入,散物以凝阳刚,是谓巽。于自然现象为风,《说卦》"雷风相薄"。雷象主于动,风象主于入。动宜上出,复乾元之性也。入则四方皆及,乃有八风之名,故巽风为命。

☵坎——其象中画为阳刚,初三两画皆阴柔,义主阳刚陷于阴柔。《说卦》"坎,陷也"。陷者,高下也,于自然现象为水之流。《杂卦》"坎,下也",本上出之乾元,成润下之坎水,陷之为德,不亦险乎。然不舍昼夜而流,犹存乾健之性焉。

☲离——其象中为阴柔,初三两画皆阳刚,义主阴柔丽于阳刚。《说卦》"离,丽也"。丽者附也。又离有分散义,《杂卦》"涣离也",谓中画阴柔,丽阳刚而分阳刚为二,是谓离。离则二阳外见,于自然现象为火。火,炎上,《杂卦》"离上",盖阴柔丽阳得中,而有乾阳上出之性。

☶艮——其象初二两画为阴柔,上画为阳刚,义主一阳上出已及上而止,二阴则承阳而凝于下,阴阳各合其情而止,是谓艮。《说卦》

"艮,止也"。于自然现象为山,山止于地是其义。

兑——其象初二两画为阳刚,上画为阴柔,义主一阴凝阳于上,乾健之情见焉。《杂卦》"兑见"。又此一阴得见阳之乐,是谓说。《说卦》"兑为说",兑而说,是谓兑。于自然现象为泽,泽者止水也,一阴在上以说物之象。

凡六十四卦皆合上下两个八卦而成,于上下两卦相同者,卦名仍同,其他尚有五十六卦之卦名。今未能全释,略释数卦如下:

屯——震下坎上,震为雷,坎为水,又上卦当天,水在天上为云,象当云布于天,下则雷声大作,而雨尚未施,物未遇雨露,其生有难,是谓屯。

蒙——坎下艮上,坎为水,艮为山,山冒水而水清,蒙之功也。又蒙当物之稺,稺则冒而养之,长则发而去之,或冒或发,亨行时中也。故是卦之义,养童蒙以进德,立师保以教育之象。

谦——艮下坤上,艮为山,坤为地,象当地中有山。盖山在地上而下于地中,谓有其德而不伐其功,是曰"谦"。子曰"孟子反不伐"(《论语·雍也》),深合此象。爻辞明因位而谦,皆无凶咎,合诸卦辞之"君子有终",谦之果也。夫九三即谦象,或以文王当之,贵其谦也。

困——坎下兑上,坎为水,兑为泽。泽为有限之止水,而在流动不已之坎水之上,则泽施下而流去之,终至泽中无水。以困名之,诚深得卦象之情。《杂卦》"困,相遇也",谓坎兑二水刚柔相遇,虞翻曰"困三遇四"是也,于卦爻间言种种困境,皆忧患之象。

节——兑下坎上,兑为泽,坎为水。泽上有水者,坎水之流不已,兑泽则于下节取之以成止水,是之谓节。节则泽中水必满,与困之泽无水,因两象易而境相反。若节者,其犹水库之象乎。卦爻明不可不节,然于节之甘苦等宜分辨之。《杂卦》"节,止也",谓止坎水成兑泽耳,若甘苦等盖生于止之时者也。

若爻凡三百八十四,爻名仅取十二,计用"初、上、九、六、二、三、

四、五"八字中之二字,其名为:

| 初九 | 九二 | 九三 | 九四 | 九五 | 上九 |
| 初六 | 六二 | 六三 | 六四 | 六五 | 上六 |

盖取时空时阴阳以当六爻之位,定名之时其思精微,理有三层大义:

其一曰初上。初对终,初终以时言,既济卦辞曰"初吉终乱",睽三巽五皆曰"无初有终"是也。上对下,上下以位言,小过卦辞曰"不宜上宜下"是也。盖爻之变动与否,当观其时位。又时则以初为知几,位则以上为尊贵,故合时位而取初上,一初字已概括渐次及终之时,一上字已概括渐次及下之位。故初上二字,爻名之本也。

其二曰九六。九对七,九七言阳刚之动静,爻以动为义,故取九而用之。六对八,六八言阴柔之动静,爻以动为义,故取六而用之。九六者,起于时位者也。乃于九六前各加初上而成爻名初九,初六、上九、上六是也。

其三曰二三四五,此四字为渐次之等,不言一者,一已取初字。不言六者,六已取上字。凡此四等,名之曰中爻,以对于初本上末。本末者,阴阳由时位相合而起。中爻者,时位相合之等次,反由阴阳而见。故于二三四五之前,各加九六而成爻名九二、九三、九四、九五、六二、六三、六四、六五是也。

以上简述由观象以定卦爻之名及卦爻之辞,且更分六十四卦为上下二篇以象阴阳,凡上篇三十卦,下篇三十四卦。卦名之次如下:

上篇三十卦:乾、坤、屯、蒙、需、讼、师、比、小畜、履、泰、否、同人、大有、谦、豫、随、蛊、临、观、噬嗑、贲、剥、复、无妄、大畜、颐、大过、坎、离。

下篇三十四卦：咸、恒、遯、大壮、晋、明夷、家人、睽、蹇、解、损、益、夬、姤、萃、升、困、井、革、鼎、震、艮、渐、归妹、丰、旅、巽、兑、涣、节、中孚、小过、既济、未济。

至于《序卦》六十四卦之次，与先天图一分为二之次不同，二千年来造成哲理之争迄今未已，实则各有所当。今由马王堆得《周易》帛书，其次序与先天图相近，或必以先天图作于宋代者，其可已乎。然此六十四卦之次，仍有作用。以综成三十六卦，于上下篇各十八言之，次《序卦》者实已深观卦象而定，决非贸然而序之。

此二篇之辞，传曰文王所作。又曰作卦辞文王，作爻辞周公。《系辞下》曰："《易》之兴也，其当殷之末世，周之盛德邪，当文王与纣之事邪"，是其义。所谓经文者，即指二篇言。

由卦象而系以二篇之辞，已可说明卦象之理。然时代久远，辞义又隔阂，乃有十翼之作，是谓易传。今数十翼，皆准孔疏，其言录如下：

其彖象等十翼之辞，以为孔子所作，先儒更无异论。但数十翼亦有多家，既文王易经本分为上下二篇，则区域各别，彖象释卦亦当随经而分。故一家数十翼云：上彖一，下彖二，上象三，下象四，上系五，下系六，文言七，说卦八，序卦九，杂卦十。郑学之徒，并同此说，故今亦依之。

汉兴已合经二篇传十翼，而称《周易》十二篇。此十翼之作者，相传为孔子。然宋欧阳修著《易童子问》已言"十翼非孔子作"，所谓"时历三古，人更三圣"之事实，近代考据不已，由是而对卦爻象及二篇十翼之内容，反乏人问津。若卦象及二篇十翼之成，确非一时一人之作，唯合若干时代之客观事实，若干作者之精心编辑，故此《周易》经传有极深邃之哲理。二千年来我国所有文化，皆可蕴藏在《周易》一书中。

此《周易》一书所以有神秘感,未能究其蕴者,反以为迷信之书,今宜加以说明。于作者问题,二篇之辞可与甲骨文比较,相传为文周之作,相差不远。若据马土堆《周易》帛书,《系辞》已全且包括《说卦》,更有十翼之外者,可见解释卦象二篇之文,先秦已极多。十翼者必系某家之说,虽非孔子,定亦于春秋战国数百年间,集若干哲学家之思想而成。其中既有辩证思维亦有逻辑思维,更具先秦之自然科学理论,能合社会科学而一之,尤为可贵云。

三、《周易》四道——二观（观象、观变）

既明卦象及二篇十翼之《周易》,乃可深入以究其内容。考《系辞》已明言易有圣人之道四,即观象玩辞,观变玩占,此讲先论二观。

象为研《易》之本务,《系辞上》曰:"在天成象,在地成形。"盖以阴阳分辨形象,形者具体之万物,象者究乎万物之同异变化,所以深入以认识万物。有分析,有综合,或合众物成一象,或分一物成各象,故《易》贵由形以成象。凡以象认识万物,犹今日以化学方法分成元素,以物理方法分成基本粒子以研究万物。此具体之元素及基本粒子等,古人决不能知,然此推理方法,古人定能知之,且本几何空间以喻之,吾国古代早已用之,决非希腊所独有。今以《周易》卦象,确可合诸几何图形以明之。

前讲已明太极两仪四象八卦之生生,于数学当一分为二之二进位制。更以象论,又可合诸几何图形。曰太极者,犹点属零维空间。两仪者,犹线之两端,属一维空间。四象者,犹平方面之四折角,属二维空间。八卦者,犹立方体之八顶角,属三维空间。笛卡尔于一六三七年制定解析几何,创立几何坐标,其义全同。

凡立体解析几何之 XYZ 三轴,于卦象即乾及巽、离、兑,或坤及震、坎、艮，此立方体之三维，因光线所射之处有左右上下前后之次序可变，故任何一卦皆可位于任一顶角。当次序既定，则每一顶角必有固定之卦象。此八卦之象足以示三维空间中之一切变化，理犹笛卡尔之坐标。

吾国古代名此立方体曰六合，且重视六合之变化，《大学》名之曰絜矩之道。原文录于下：

> 所谓平天下在治其国者，上老老而民兴孝，上长长而民兴弟，上恤孤而民不倍，是以君子有絜矩之道也。所恶于上，毋以使下。所恶于下，毋以事上。所恶于前，毋以先后。所恶于后，毋以从前。所恶于右，毋以交于左。所恶于左，毋以交于右，此之谓絜矩之道。

观此絜矩之体，即上下、前后、左右之三维立方体。此体有道，道者，《周易·系辞上》有明确之定义，其言曰："一阴一阳之谓道。"盖有此空间三维之絜矩体，必合时间而成絜矩道。时间一维应于空间，亦将三分，即过去，现在，与未来。曰老老兴孝者对上辈，指过去言。长长兴弟者对同辈，指现在言。恤孤不倍者对下辈，指未来言。此三时应空间三维，即四维一八胞腔之象。

于卦象犹八卦而六十四卦，其元素由欧氏几何之点线面体外，增一四维体。凡四维立方体，当有四线互成直角，其边界为立方体八，故名四维一八胞腔，顶角十六，仍以八卦之象，分贞悔以当之，图可由移动立方体而得。

凡立方体名贞，内卦当之，属三维空间。坤六三爻辞有曰"含章可贞"，自古已用"贞"字当空间，象属坤。移动后之立方体名悔，外卦当之，对本立方体言，属第四维空间，即时间。乾上九爻辞有曰"有悔"，自古已用"悔"字当时间，象属乾。《尚书·洪范》七稽疑有曰"曰贞"、"曰悔"，《左传》僖公十五年有曰："蛊之贞，风也，其悔，山也。"按僖公十五年，当公元前六四五年，贞悔之义已确然应用，况《周易》、《洪范》

尚早于此。能识此时空连续贞悔一如,乃成四维八胞腔。

由此絜矩之道,可以确证我国先秦社会已能合几何图形以明之。且吾国《周易》之卦象,盖以象万物及其变化,今谓事件。下举二例以概其余。如坤上曰"其血玄黄",继坤卦者为屯卦,《说卦》曰"坎为血卦","震为玄黄",其即明龙战后之变化。下以卦象示之:

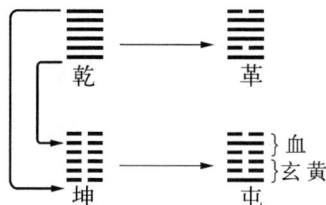

又虞注《系辞》形象之"变化见矣",曰:"谓日月在天成八卦,震象出庚,兑象见丁,乾象盈甲,巽象伏辛,艮象消丙,坤象丧乙,坎象流戊,离象就己,故在天成象也。"盖明日月运行,当一月之周流。震象出庚,指初三暮新月初见于西方。兑象见丁,指初八暮上弦月见于南方。乾象盈甲,指月圆于十五暮之东方。巽象伏辛,指十六旦月初亏于西方。艮象消丙,指二十三旦下弦月见于南方。坤象丧乙,指晦时月不见于东方。此月光之圆缺,皆本日光,故曰坎象流戊指月,离象就己指日。此一月之月相周流说,本诸魏伯阳《周易参同契》。而于天干之纳甲,实出孟氏易,今孟氏易所传之京氏易中尚用之云。

四、《周易》四道——二玩
(玩辞、玩占)

由居然后动,由观然后玩,故未知象辞,何来变占,未能观象变,何能玩辞占。上讲明二观,今续讲二玩。惟象变仅讲其概,故辞占亦未能深入研几,略可讲明其旨。

辞者,指六十四卦卦辞,三百八十四爻爻辞,及刚柔爻辞之总纲用九用六,计辞共四百五十节。先能熟观此四百五十节之象及其变化,然后自然可玩。下举《左传》四例:

一、宣公六年(公元前603)。郑公子曼满与王子伯廖语,欲为卿。伯廖告人曰:"无德而贪,其在《周易》丰之离,弗过之矣。"间一岁,郑人杀之。

按此指丰卦之上六言,爻辞曰:"上六,丰其屋,蔀其家。阚其户,阒其无人。三岁不觌,凶。"郑公子曼满无德而贪,欲为卿,犹丰其屋也。唯其无德,犹蔀家而无人。王子伯廖知《易》者也,故以丰上喻之。"弗过之矣",谓其恰合丰上六之象,为三岁不觌其人,义谓未能改其无德而贪,将凶。间一岁,郑人果杀公子曼满。此明伯廖之知来,乃神而明之,不待筮占,且亦不必直言爻辞。曰丰之离者,指丰卦之离卦,此二卦卦象之不同,唯上六一爻,故曰丰之离,即指丰卦上六之爻辞。

丰 之 离

二、宣公十二年(公元前597)。知庄子曰:"此师殆哉。《周易》有之,在师之临。曰:'师出以律,否臧凶。'执事顺成为臧,逆为否,众散为弱,川壅为泽,有律以如己也,故曰律。否臧,且律竭也。盈而以竭,夭且不整,所以凶也。不行谓之临,有帅而不从,临孰甚焉,此之谓矣。果遇,必败。彘子尸之,虽免而归,必有大咎。"

按此指彘子不从师命而出兵,知庄子知其殆,犹师之临,即师卦初六爻变成临卦,其爻辞曰:"师出以律,否臧凶。"以卦象言,师上卦坤为众,又五阴主于九二,一阳为众聚。今之临成二阳,则坤聚或从初九,或从九二而众散为弱。又师下卦坎为大川,之临卦后,下卦兑为泽,泽,止水也,故有川不流而壅之象。有律以如己也,谓律如己,乃人各有心而其律否臧。否臧者,不善也。于象师下卦坎为律,成兑,坎律毁为竭。竭,败也。其律不行,此所以凶。

三、襄公二十八年(公元前537)。子大叔归,复命,告子展曰:"楚子将死矣,不修其政德,而贪昧于诸侯,以逞其愿,欲久,得乎?《周易》有之,在复之颐,曰:'迷复,凶。'其楚子之谓乎?欲复其愿,而弃其本,复归无所,是谓迷复。能无凶乎?君其往也!送葬而归,以快楚心。楚不几十年,未能恤诸侯也。吾乃休吾民矣。"

按郑子大叔之楚,楚子之不修其政德而贪昧于诸侯,以逞其愿,故归复命告子展曰楚子将死。是犹复之颐之象,复上六之爻辞曰:"迷复,凶,有灾眚。用行师,终有大败。以其国君凶,至于十年不克征。"谓楚子欲复其得郑之愿,而弃其修政德之本,宜有复上六之象,爻辞有至于十年不克征,况国君其凶。故有楚不几十年,未能恤诸侯也,吾乃休吾民矣之预见。

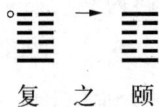

四、昭公二十九年(公元前513)秋。龙见于绛郊,魏献子问于蔡墨……对曰:"……龙,水物也,水官弃矣,故龙不生得。不

然，《周易》有之，在乾之姤，曰：'潜龙勿用。'其同人曰：'见龙在田。'其大有曰：'飞龙在天。'其夬曰：'亢龙有悔。'其坤曰：'见群龙无首，吉。'坤之剥曰：'龙战于野。'若不朝夕见，谁能物之。"

按此蔡墨言龙，凡《周易》爻辞中有龙字者，皆引之，计有乾初九卦象之姤，乾九二卦象之同人，乾九五卦象之大有，乾上九卦象之夬，乾用九卦象之坤，坤上六卦象之剥。象示如下：

乾之姤　　乾之同人　　乾之大有　　乾之夬　　乾之坤　　坤之剥

准上四例，可喻玩辞之本义。乃秦后之易著，若汉易者，犹存此古风。自王弼之《易传》出，即以意玩辞，惟其根于老，不期而生玄易。宋程伊川《易传》出，仍以意玩辞，惟其根于理，不期而生理易。或以卦变为主，辞义皆以卦变之象玩之。或以爻变为主，辞义皆以爻变之象玩之。若焦理堂以之正为主，其《易章句》之辞义，皆以之正之象玩之。或长于史学者，辞义皆以史实玩之。或善观天地消息之气者，辞义皆以消息玩之。或喜爱文艺诗歌者，辞义又取其声韵典故以玩之。或孜孜于考据者，辞义又本古物以玩之。甚矣，夥矣，玩辞之多途也。如能由殊途而同归，玩百虑而一致，其至矣乎，此之谓易象乎？

夫玩辞必本于象，象未易得，乃依数求之，是之谓玩占。玩占者，必先通玩辞，辞尚不知其象，何为乎玩占。如已熟玩四百五十节卦爻辞，与其配合，一卦可变六十四卦，共有四千有九十六卦之象。既能严密分析其象之异同，尚宜分析客观事物之变化情状，由精思熟虑而达无思无虑之境，其境自然合象数而一之，则玩占所得之象，必当四千有九十六象之一。既得与之互补之象数，故不论何象，其理仍同，玩占亦何异乎玩辞。若此几微之概念，可以近代西方自然科学家思想喻之，

一方以建立相对论之爱因斯坦(Einstein,1879—1955)为代表,盖深信
"不掷骰子的上帝",他方以玻恩(Born,1882—1970)、海森堡
(Heisenberg,1901—1976)为代表,则信"掷骰子的上帝"。双方之争
论,至死未已。此与信否尚占,理可通,盖尚占者,有概率存焉。至于
生蓍之法,《系辞上》言之甚详,其辞曰:

> 大衍之数五十,其用四十有九。分而为二以象两,挂一以象
> 三,揲之以四以象四时,归奇于扐以象闰;五岁再闰,故再扐而后
> 挂。天数五,地数五。五位相得而各有合,天数二十有五,地数三
> 十,凡天地之数五十有五,此所以成变化而行鬼神也。乾之策二
> 百一十有六,坤之策百四十有四,凡三百六十,当期之日。二篇之
> 策,万有一千五百二十,当万物之数也。是故四营而成易,十有八
> 变而成卦,八卦而小成。引而伸之,触类而长之,天下之能事毕矣。

其法极巧妙,一九七四年一月号之 *Scientific American* 上,亦有
介绍。而在吾国,每视之为迷信而无人问津,殊宜加以纠正。盖虽属
掷骰子之类型,其概率仍有可取,况更以互补之象数观之乎。

五、《周易》与经学——两汉

两汉(公元前 206—公元 220)重经学,主要在武帝建元元年(公元
前 140)董仲舒之天人三策。因其尊儒术,斥百家,珍视孔子之经学,
乃成吾国二千年来儒家思想统治一切之情况。至于儒家思想之内容,
每一时代有相应变化。更究夫董仲舒思想,与孔子思想,自然亦多不
同。况汉后尊经,所谓儒家思想每以《易经》为首,此六经于先秦之发
展历史,于庄子时已形成一整体。然秦之焚书,《易》以卜筮而免,可见
《易》之内容,与其他诸经有明显之异。故一言以蔽之,《易》之思想,决

非儒家所可囿。据《左传》所记之玩辞玩占事,皆发生在孔子前,盖二篇之辞来源于殷周之卜辞,能以卜辞合诸卦象而成《周易》。此一观象系辞之事实有价值,知其价值而说明象变辞占之理,乃有十翼。若十翼之固定似已在汉,而其内容先秦本有。由马王堆所得之帛书《易经》,尚有佚书易说,可见反多失传。故今日研易,当深入观象变而考察三才之理。得其本者,方可玩辞玩占。凡读历代易著亦当以此为准,庶见易理因时代变化而显其价值。

考两汉之经学,主要在今古文之争。学术性大会议有四次:一、昭帝始元六年(公元前8),结果桓宽集录为《盐铁论》。二、宣帝甘露二年(公元前52),诏诸儒讲五经同异于石渠阁,结果添立四家博士。三、平帝元始元年(公元1),由王莽主其事,四五年间数千人到未央宫,改正乖谬,统一异说,实为推广古文经。四、章帝建初四年(公元79)诏博士议郎诸儒等议五经同异于白虎观,结果班固成《白虎通义》。

至于《易经》,既未经秦火,事实上无所谓今古文。由杜田生传出者,莫非今文。然易理之可贵者,能因时而变化,与董仲舒所提出之"天不变,道亦不变",可谓恰得其反,乃今文中亦自生不同之学说,即孟氏易不同于施氏、梁丘氏易。迄今尚存之易说,除二篇、十翼外,唯孟氏易犹可推得其义理。其要在《卦气图》,以十二辟卦之消息为主,虽易理所固有,然已经孟氏实测而为之安排,由二十四节气分成七十二候,计五日一候,三候一气,二十四气一年,于每候皆择自然现象及动植物有变化之情状者记之。此与今日之气象学原理全同,较今日之天气预报更为详细。若以六十卦当三百六十五日又四分之一日,故每卦当六日七分,七分者,指八十分之七,当今之时间为一百二十六分,即二小时零六分。

又孟氏门人为焦赣(字延寿),传孟氏易而自著《易林》,盖详观四千有九十六种易象,而分析其得失各系以辞。考汉代著《易林》者不止焦氏,故今存之《易林》,是否焦氏著,亦有不同之考据。然决不可谓

《易林》无与于焦氏,有后人为之增补则的确难免。

又焦氏门人为京房(公元前 77—前 37),易著甚多,惜大半失传。今有易传存,其要在分辨六十四卦成八宫,于观象极有价值,合乎今日四维时空之理,可以矩阵(matrix)之法算之。曰世魂者,所以因时而化成对角方阵之象。

又有扬雄者(公元前 53—公元 18),虽不言传孟氏易,然即准《卦气图》而著《太玄》。若《太玄》八十一首之次,盖以三进位为法,拟《易》之二进位成三进位,其思诚精深之至。是时刘歆之学以古文为主,宜对雄有自苦之讥,岂其然哉。

若后汉以古文为盛,费氏易大兴,盖十翼本已通行,费直乃不自为说,专以十翼解说二篇,是为古文易之大义。然孟氏易未亡,有会稽虞氏五代传之,世系如下:

虞光——(子)虞成——(子)虞凤——(子)虞歆——(子)虞翻(公元 170—239)

约以三十年为一世计之,虞光当生于光武、明帝间,是时孟氏易尚盛,有翟牧、白光等传人。若其易著皆未传,今学孟氏易,必从虞翻之易说入门。

又于桓帝时(公元 147—167)有魏伯阳著成《周易参同契》,书早示于徐景休,而徐氏已加注,更示于淳于叔通,淳于氏亦加注而传于世。此书与《周易》之关系极大,盖属近取诸身,象取消息之理,以喻气血之运行。今于《自然科学大事年表》中已有介绍:"二世纪,东汉末的《周易参同契》,是世界炼丹史上最早的著作,涉及汞、铅、金、硫等的化学变化及性质,并认识到物质起作用时比例的重要性。"(上海人民出版社,1975 年第一版,14 页)此介绍仅从外丹言,尚未及对医药养生有作用之内丹。而魏氏之旨,乃从河上公注老子之理以内丹为主,其于中医理论,迄今有实用价值。若其合于《周易》,有取乎孟、京之说。

此外尚有注解《周易》之经学家,为马融(公元 79—166)、郑玄(公元 127—200)、荀爽(公元 128—190)等,原书皆佚,仅赖唐李鼎祚所辑之《周易集解》而存。清代重视汉易,于汉代易著之收集考据已极详尽,然难免有抱残守缺之弊。今日进而发挥之,当从实质性问题入手,庶能见易象之足以象天地间万物,而由是以起格物之作用。

六、《周易》与玄学——魏晋

曹丕受汉禅而三国鼎立,于思想文化上亦有自然变化,即由两汉经学成为魏晋玄学。三国当公元 220—265,西晋当公元 265—316,东晋当公元 317—420,至于晋室由西而东,玄学之风已渐为佛学取代。其后南北朝当公元 420—589,佛学之思潮更盛,乃开隋唐之思想文化。

以《周易》论,虞翻《周易注》,尚示于孔融而上于朝,然其身在吴,卒于公元 233,汉已亡十余年矣,今可视为汉易之殿。观其对前辈易家如郑玄、荀爽等莫不排斥,此意见之分歧,可喻汉末取象盖已紊乱之至。考易象变动之妙义,各指所指之巧喻,是时实多未明,乃各守家法,知迹而不知履,舍本逐末,何能贯通。况东汉以还,费氏兴而孟氏衰,宜卦象消息之理,郁而未畅,纳甲爻辰之精,失而不治。致使二观之道貌存实亡,凡无实之文,其能久乎。且当汉之亡,不期有王弼易出,易理竟为之大变而玄风成矣。

王弼亦世代学《易》,高祖辈王畅为刘表之师(表有易注,什九已佚)。畅孙粲(公元 177—217)与族兄凯,汉末避地荆州依刘表,表以女妻凯。凯子业,孙即弼(公元 226—249)。弼年仅二十四岁,已成《老子注》、《周易注》及《易略例》,于《易》具整体哲理,尽破汉易取象之法。其言曰"得意忘象",盖以易象为筌蹄,要在得鱼忘筌,得兔忘蹄。既得鱼兔,筌蹄何用?奈未得鱼兔,其可忘筌蹄乎?更进而论弼之所得,在老子尚虚之道,本老子同有无之玄,寻重玄之门以观众妙,玄学之旨也。准此以玩《周易》二篇之辞,盖以《彖》、《象》、《文言》五翼当王弼之易,可名之玄易。其与《周易参同契》之合易老,义又截然不侔,然风流所及,玄易大盛而汉易微矣。是时当正始(公元 240—249)之玄学,以老学为盛,王弼、何晏为代表人物。下举二例,以见玄易扫汉易之象。

一、履。九五,夬履贞厉。《象》曰:夬履贞厉,位正当也。

虞注:谓三上已变,体夬象,故夬履。四变,五在坎中也,为上所乘,故贞厉。象曰:"位正当也。"

王注:得位处尊,以刚决正,故曰夬履贞厉也。履道恶盈,而五处尊,是以危。

二、大畜。《象》曰:大畜,刚健笃实辉光,日新其德,刚上而尚贤。能止健,大正也。不家食吉,养贤也。利涉大川,应乎天也。

虞注:刚健谓乾,笃实谓艮。二已之五,利涉大川,互体坎离,离为日,故辉光日新也。

王注:凡物既厌而退者弱也,既荣而损者薄也。夫能辉光日新其德者,唯刚健笃实也。

至于玄学之发展,由具体事实至抽象原理,及晋有竹林七贤之清谈,又成元康(公元 291—299)之放狂。纠其放狂者又以庄学为主,永嘉(公元 307—313)玄学以向秀、郭象《庄子注》为代表。读向、郭《庄子注》,有一极重要之变化,盖向、郭有得乎《周易》玩辞之旨,乃能曲解庄子之文而自成其说。故虽为向、郭注庄子,不啻庄子注向、郭。若向、郭之玄学,所以变王、何之无为有,由正始而永嘉,始见玄学之整个面貌。东晋之玄学,继此而已,殊无发展。然则先秦之老庄与魏晋之老庄,能无异乎。时更有葛洪者,著《抱朴子》,所以承《周易参同契》之理而深入之。且究乎外丹,能另辟天地,以金石为阴阳,其言曰:"取金之精,合石之液……一阴一阳谓之道,一金一石谓之丹。石乘阳而热,金乘阴而寒……四千三百二十年,乃生自然还丹。"(见《大丹问答》郑思远授葛洪)盖以一爻生二日半,又以时作年,故得四千三百二十年之周期。以六十四卦计之,通乎万有一千五百二十之策数。实则所以扩大六十花甲之周期,四千三百二十者,即花甲七十二周之数。于《内篇·明本》有言:"……道也者,所以陶冶百氏,范铸两仪,胞胎万类,酝酿彝伦者也……"确能有见乎易道阴阳之实。考葛洪年八十一二岁卒于咸和(公元 326—334),其一生盖亲见玄学之变,自能准诸炼丹,较清谈老庄者有足多矣。

若王弼之易注,未及《系辞》以下,及东晋之韩康伯,始为之足成,大义略同。下举一例,以见与汉易虞注之异。

《系辞上》:"至精","至变","至神"。

虞注:"至精,谓乾纯粹精也。""至变,谓参伍以变,故能成六爻之义,六爻之义易以贡也。""至神,谓《易》隐初入微,知几其神乎。""神谓《易》也,谓日月斗在天,日行一度,月行十三度,从天西转,故不疾而速。星寂然不动,随天右周,感而遂通,故不行而至者也。"

韩注:"非忘象者,则无以制象。非遗数者,则无以极数。至精者,无筹策而不可乱。至变者,体一而无不周。至神者,寂然而无不应。斯盖功用之母,象数所由立,故曰非至精、至变、至神,则不得与于斯也。"

考康伯约与谢安同时,年四十九卒,尝预见其好名而讽之,特成淝水之功。

又有干宝者,传京氏易,其于玩辞,纯以周室之事实之,此犹向、郭注庄之义。下引数爻之注,可喻其理。

乾初九,潜龙勿用。

干注:此文王在羑里之爻也,虽有圣明之德,未被时用,故曰勿用矣。

乾九二,见龙在田,利见大人。

干注:此文王免于羑里之日也,故曰利见大人。

乾九三,君子终日乾乾,夕惕若,厉无咎。

干注:此盖文王反国大厘其政之日也。凡无咎者,忧中之喜,善补过者也。文恨早耀文明之德以蒙大难,增修柔顺以怀多福,故曰无咎矣。

乾九四,或跃在渊,无咎。

干注:此武王举兵孟津,观衅而退之爻也。守柔顺则逆天人之应,通权道则违经常之教,故圣人不得已而为之,故其辞疑矣。

乾九五,飞龙在天,利见大人。

干注:此武王克纣正位之爻也。圣功既就,万物既睹,故曰利见大人矣。

乾上九,亢龙有悔。

干注:圣人之治世,威德相济。武功既成,义在止戈。盈而不反,必陷于悔。

读此可喻玩辞之变化,此开以史事解《易》之法。此法于二篇十翼中,本有例可援,若干氏之独取周室史事,则为他家所无。

七、《周易》与佛学——隋、唐

今存之世界人类文化,大源有三,一、埃及、巴比伦。一、印度。一、吾国。其初是否交通,尚可进一步考据。即此三大文化之变迁言,埃及、巴比伦之文化,本土已失传,部分传至希腊,又生宝贵之人类文化。后经罗马而传入欧洲,幸有文艺复兴而逐步发展成现代之欧美文化。至于印度文化,与我国早已结合而更有发展,观汉末至隋唐间

（汉亡于公元220，唐开国于公元618），经四百年之酝酿，思想文化有极大变化。实即吾国固有之文化，由经学变化成玄学，以玄学之道逐步结合印度文化。而印度佛学，自东晋后日渐驾玄学而上之。经南北朝分裂至隋唐之统一，印度佛学之大乘思想，在我国已确立。唐玄奘（公元596—664）译法相，实叉难陀（公元652—710）译《八十华严》，慧能著《坛经》（公元638—713）等，印度佛教已全在我国。印度本土盛行婆罗门教，小乘佛教流传于东南亚各国。更观吾国之佛学，极盛于唐代而达最高峰。而自五代（公元907—960）后仅存禅宗，然各宗皆无发展而日趋没落。计自汉武帝通西域起已渐知印度佛学思想，直至唐五代而止，前后约千余年，于吾国思想文化有深刻之影响。凡研究吾国哲学者，不可不知印度佛学，然与宗教徒信仰佛教完全不同，此首宜明辨之。

考汉易成王弼之易，玄学乃成，即以老庄思想为本，以儒家礼法为末。是时印度佛学典籍翻译日盛，主要分二大系统，一、安世高之禅学，偏小乘。二、支谶之般若，属大乘。禅学系主张养生成神，承汉代道教。般若系主张神与道合，与玄学同流。两晋以还所流行之佛学，莫不上接此二系。故以《易》言，当时之禅，义通乎魏伯阳《周易参同契》以及葛洪《抱朴子》。当时之般若，义通乎王弼易注。且翻译佛典所用名词，大部分用玄学名词，盖借重于吾国固有之道教玄学思想，以阐明佛学思想，是名"格义"，即以外书比拟内学之法。外书者，指吾国之典籍。内学者，指佛学之典籍。其后道安（公元312—385）虽反对格义，其弟子慧远（公元334—416）仍用格义，而道安本人亦不得不用。此理于学术思想交流作用甚大，当深入研究时，应详加推敲云。

公元401年鸠摩罗什至长安，翻译大量佛典，主张般若，斥小乘有部，弟子继之。此与王弼斥汉易之理完全相同。如道生曰"忘筌取鱼，始可言道"，昙影《中论序》斥"废鱼守筌，存指忘月"，等等。罗什卒于晋义熙九年（公元413），不久即成南北朝之局面，学风大异。南方专精义理，北方偏重行业。时南方重涅槃，已自真空入妙有，与东晋专重般若之空不同。更有南天竺僧达磨,于梁武帝大通元年(公元520)由广州来建业,与语不契,遂渡江至魏,止嵩山少林寺,终日面壁而坐,为吾国禅宗始祖。又佛典既多,吾国僧人能自为解释,此当推天台宗始祖智𫖮(公元538—597),清代今文家观孔子为托古改制,而智𫖮之判教犹此义。此宗于唐代传至日本,迄今流传甚广。

依时代观之,当南北朝分裂时,正欧洲陷入中世纪黑暗时代,然西方全由宗教统治,而吾国玄学汇合印度佛学,虽形成道、佛二种宗教,而生民之基本思想,仍以儒家为主,人伦为重。此民族风格由来已古,能开唐代之文化,非立本于此乎。故开国未久,即以孔颖达(公元574—648)为主,撰《五经正义》,其情可喻。若《周易》取王弼注而疏之,难免为玄学所拘,重老子之理,与李氏自认老聃为祖有关。而于《周易》之象,仍未能兴于唐,有李鼎祚者,尚能得汉易而读之,读后撷取三十余家之言,成《周易集解》。今研汉易,原著皆失传,仅赖《集解》以见其概,此书之作用不亦大哉。

至于佛典之大备,成于玄奘取法相归。此宗之来,尚未中国化,未久即无人问津。以格义言,佛学曰相,义犹《周易》之象。故此宗之理明,自然有相,此与观象之道,一而非一,非一而一。《易》与佛学之格义,当以此为主。魏晋以玄易喻之,此以汉易喻之,要而言之,《易》重"穷理尽性以至于命",是犹法相之境行果。分析客观事物所以穷理,乃能明客观环境,由是尽性,实行之谓。知行之是非,以见其果之得失。果当日进,命贵改革,非二观之道乎。

观六祖《坛经》,尤见禅宗之中国化。神秀与慧能之偈,已家喻户晓,有无之象,何者为贵,深而研之,仍宜以境行果辨之。禅宗之分南北,不得不然,一花五叶,亦极自然。尤妙者洞山之传曹山以《宝镜三昧》,即取《周易》离卦之象为密传之法,此格义之至矣乎。若禅机之不可思议,确有极精辟之见界,惜多口头禅,何用之有,终能自破佛法,而有以生宋之理学矣。

八、《周易》与理学——宋、明

宋代兴理学,其基本思想在以儒家之理排斥佛老。因自汉亡至宋兴(公元220—960),儒虽未绝,然仅存空名,学术上能深入研究其哲理而加以发挥者,全在佛老。儒之所以保存者,在于伦常之理深入民心,此在魏晋重门第家谱,而隋唐仍继之可喻。至于六艺之理,唯《周易》尚为佛老所利用,既并老庄而被称为三玄,更为禅宗取离卦为三昧之传,是皆有得乎易象之象,此指王弼扫象之象,以至"时时勤拂拭,莫使著尘埃"及"本来无一物,何处著尘埃"之象。至于易象来源何在,变化何在,其理实可深研之。唐宋际有华山道士陈抟者(太平兴国初曾入朝,公元977),实有得于太极生生之理,特传出先天图,虽未必为先秦古物,然其理决非陈抟所创。今日马王堆所得《周易》之次,可确证其来自先天图。奈汉后未传,况佛老之思渗入易理后,其象自然复杂。乃有陈抟者,知其象而思其本,先天图成矣。故徒见其迹者,未尝不可视为陈抟所创。更视其履者,实本诸《系辞》作者。且作《系辞》者必本卦图而言:"是故《易》有太极,是生两仪,两仪生四象,四象生八卦。"故其来实古,此所以托名于伏羲欤。而宋后易家于先天图,乃有信不信之分。而宋易之兴,实以先天图之象而益以河图洛书之数,继之周敦颐太极图出,所谓理学之理逐步完备。两宋之际有朱震(公元1027—1138)叙述理学中《易》之源流,以下表示之:

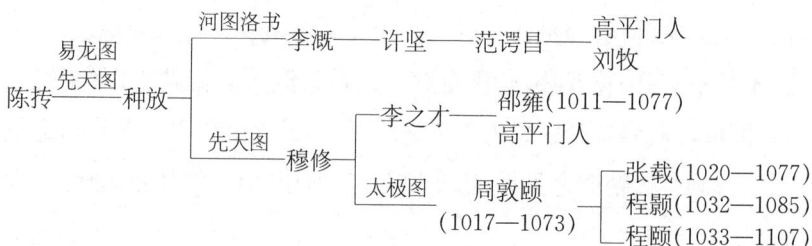

```
                     河图洛书
易龙图                       ┌ 李溉—许坚—范谔昌  ┌ 高平门人
先天图                       │                    └ 刘牧
陈抟———种放 ┤
                     先天图  ┌ 李之才 ┌ 邵雍(1011—1077)
             └ 穆修 ┤        └        └ 高平门人
                     太极图  ┌ 周敦颐 ┌ 张载(1020—1077)
                            └(1017—1073)├ 程颢(1032—1085)
                                         └ 程颐(1033—1107)
```

其后朱熹(公元1130—1200)见此,于先天图用之,于太极图疑之,于河图洛书否定之。实则邵、周之说,皆有悟于《易》,其近源则出陈抟。又河图洛书者,盖否定其名而互换之,于实无碍。张载为高平门人,说易理自以为不及二程。伊川之《易传》,为以理学说《易》之代表,然仅言其理。其后朱子继承之,已兼及河洛先天之数,实能集宋易之大成。邵、周、张、二程五人同时相遇,后有朱子总结之。所谓经学者,实以程朱为主,宋后仍为主流,直至清康熙时李光地(公元1642—1718),其后理学已无发展而汉学兴焉。

考宋代易著,今存者尚有百余种,其内容远能直探本源,近亦能上接于汉,勿用王、韩注与孔疏,实为有见。下述其主要相应之著作:

伏羲 { 象——卦
      数——河图洛书

陈抟 { 先天图——邵雍《皇极经世书》……
      易龙图——刘牧《易数钩隐图》……

二篇十翼

周敦颐《太极图说》,《通书》……
程颐《周易程传》,朱熹《本义》……

汉易 { 生著——焦赣(易林)
       拟易——扬雄(太玄)
       取象——虞翻等易著
       养生——魏伯阳(参同契)

朱熹《启蒙》
司马光《潜虚》
朱震《汉上易集传》
朱熹《参同契考证》

邵雍之易有得乎一爻变,取十二万九千六百年为一元,实有岁差之理存焉,亦为进一步发展四千三百二十年之还丹周期。因有确切之岁差概念,始有元会运世之阴阳消息。邵子自得于心,岂容丝毫妄想,后人不察,乃以种种迷信术数附会之。凡正确之周期,所以示时间,吾国以干支纪时即其理,邵氏则加以卦象而已。至于河图洛书,本先秦之古物,所以示数之组合规律,迄今仍有使用价值。宋初加以提倡,可证数学发展情况。又司马光《潜虚》所以继《太玄》而作,本天地之数五十有五而以七分之,盖有七进位之义。

至于《太极图说》"无极而太极"一语,引起理学中有无之争,朱陆异同之辨,由宋及明而未已。所谓性理者,果有准则乎?王阳明(公元

1472—1528)之是陆非朱,其是乎非乎。姚江之传,又合参禅之几,理学来于禅而归于禅,又得《周易》消息之象,而数百年之具体事实,其可不论乎。然既察乎事实之变迁,其辗转之象,又何可不加详观而寻其规律。及清之理学已无作用,康熙本李光地纂成《周易折中》,仍主程朱而遍及理学家之言。凡究宋易者,读此书而大半在矣。

考《四库》所收易著,凡一百五十八部及附录八部。又未收之存目,凡三百十七部及附录一部。于术数类又收五十八部。未收之存目,凡一百四十八部。合而计之,共六百八十二部。今存目书已不易全得,此类古籍,什九皆为宋易,乾嘉后始复汉易,于《四库》中尚未盛,仅惠士奇及惠栋之《易》为汉易云。

九、《周易》与朴学——清

清自康熙时,渐有汉学兴起以代宋明之理学。李光地(公元1642—1718)等编纂,由康熙主其事之《周易折中》出,可谓集理学大成。其后虽有理学家,已无大作用。且与李光地同时,有毛奇龄(公元1623—1716)大力反对朱熹,《四书改错》一书,深中理学要害。毛著《仲氏易》,于卦变法别出心裁,已不为理学所囿。至于汉学之兴,应知阎若璩(公元1636—1704)详考《尚书》今古文,朴学亦由是而兴。考东晋梅赜之伪古文《尚书》行已千年,及清始能明辨之,此朴学之功未可没。若梅赜之作伪,亦能有征于古,且当佛老盛行之时,释典源源而来,赜能孜孜于推求吾国古代史迹,其苦心孤诣,亦不可不知其情。治学者宜兼及考据与义理,庶能得其实。

以《易》言,惠士奇(公元1671—1741)、惠栋(公元1697—1758)父子得风气之先,《周易集解》一书始发挥作用。初尚总论汉易,后能深入一家,如张惠言之专主虞氏。又辑佚之风大盛,已失之古籍,尚能见其梗概。保存文献之功,殊可称道,惜难免有抱残守缺之弊。孙星衍更辑《周易集解》，能包括王、韩注，其见不可谓非。最重要有焦循(公元1763—1820)能直探卦象之变，著《易图略》、《易章句》、《易通释》三书，可谓别开生面。全书有严密之体例，岂空说义理与任意取象者可望其项背。盖已有数学概念，正合易象之精义，惜当时未闻有继之者。若焦氏得之而自足，欲与虞氏辩是非于死后，实未为是，乃亦以王弼为是，盖以得鱼自处。此虽较未得谓得者贤亦多矣，奈执此而止，又自陷而不知，易象之变化万千，其可执乎一哉。惟焦氏之体例，实为仅见，不可不重视之。盖本汉易之正之例而系统之，其法略述如下：

凡使阴阳相对之两卦并置之，又使其初与四，二与五，三与上互易之，以使失位者变成得位，同归于既济为鹄的。此汉易取象每用之，且多变化，焦氏一卦成泰、咸、益有以也。如虞注乾《彖》"云行雨施天下平也"，曰："乾升于坤曰云行，坤降于乾曰雨施，乾坤二卦成两既济，阴阳和均得其正，故曰天下平。"此皆同成既济，而尚有卦变例，焦氏未知。进而究之，此爻变之正为象变之一种，卦变之例本诸消息，清之究汉易者皆能究其象，而系统总结尚未多见。有李道平作《周易集解纂疏》，曹元弼作《周易集解补释》，则今存之汉象皆在其中，此外宜自加发挥。

至于唐玄奘由印度取得法相宗经典，在吾国未久即无人问津而失传。幸已流传至日本，清末复从日本取回，有杨仁山创办金陵内学院以研究之。门下有李证刚者，既究佛学法相，又好汉易虞注，盖佛之法相与汉易之象，有自然相通之理。更有熊十力亦出其门下，然能幡然而改，自作《新唯识论》以抑佛教，亦归诸汉易之象。观李、熊二家之说，可窥汉象之精。

以易言其四道，决非乾嘉学派所能得。如段氏(公元1735—1815)注《说文》，《易》称孟氏，然所引之字义，与易道实无裨益，直接读虞注反能有得。高邮王氏父子考据经义，于《易》之字义，仅得其本象，而不知变。极有名之胡渭著《易图明辨》，其考据愈详，于易道愈远。《易》之象数，决非朴学所能得。若今之继承朴学，于《易》之文字当然宜加整理,且今已有马王堆之经文出,合诸甲骨更将有所深入。惟仅知辞而不知象,知象而不知变,于易道尚未能发展,此为研究《易经》与研究其他古籍之不同处。而《易》之可贵处,即在六十四卦之卦象及三百八十四爻之爻象,进一步研究《易》之古籍,即从卦象、爻象入手,以观其卦变爻变,益以每时代之学术思潮,此方为自强不息之易卦乾象。

十、《周易》与西方文化
——明及现代

西方文化由文艺复兴后逐步形成,于明代(公元 1368—1644)吾国文化思想尚占优势,然我国由明而清,学术家仍以保持古代文化为己任,未能承前启后而更有发展。而西方文化,从意大利起经英国而及法德,由认识世界发生变化,乃能改造世界。当明孝宗弘治五年壬子,即公元 1492 年,哥伦布发现新大陆。明世宗嘉靖元年壬午,即公元 1522 年,麦哲伦绕地一周。而马丁·路德(1483—1546)之改革宗教实由此而起,继之笛卡尔(1596—1650)、斯宾诺莎(1632—1677)、牛顿(1642—1727)、莱布尼茨(1646—1716)等思想家、科学家相继而生,西方文化面目大变,工业革命之来决非偶然。是皆当我国明末清初,其时利玛窦来吾国,徐光启(1562—1633)翻译部分《几何原本》,当时西方之几何水平亦尽在此书。于天文学吾国本用赤道坐标,然传入黄道坐标,孰知当时西方反在开始用赤道坐标。今人英国斯蒂芬·爱夫·梅森(Stephen. F. Mason)于 1956 年出版《自然科学史》内记其事,录原文如下:

……古埃及人已经知道在尼罗河泛滥季节,天狼星总是同太阳一道升起的,这种恒星偕太阳升落的现象是地球水平面上的现象,这种现象为天文测量提供了一条基线,即太阳通过一条恒星带(即黄道带)表现周年运动。但中国人和西方古代的天文学家不同,把所有升落的恒星和不升不落的拱极恒星联系起来,所以即使看不见前者的时候,还是能演算出它们的方位。这样一来,嵌着恒星作为参考点的天穹,就成了测量天体方位的坐标,其基线是天穹的赤道,而不是黄道。十六世纪末期耶稣会教士到中国来的时候,他们还把古希腊人用的黄道坐标测定法介绍给中国人。而第谷·布拉赫却在把赤道测定法介绍到欧洲来,这真是历史要弄人的一个古怪例子。

又清康熙时有传教士鲍伏脱(Bouvet)以易图寄与莱布尼茨,下录莱氏之复信:

……这里,再回到贵函的重要问题罢,这就是我的二元算术和伏羲《周易》的关系。……依我愚见,这四千年以上的古物,数千年来没有人能了解她的意思,她和我的新算术完全符合。当贵师(指鲍伏脱)正努力于理解这记号时,而我在接到贵函以后,即与以适当的解答,这是不可思议的。我告诉你,我若没有早发明二元算术,我也不能明白六十四卦的体系和算术画图的目的,望洋兴叹,不知所云。我发明这算术,距今二十年前。我认定这以 0 与 1 简括的算术,把数的科学,从来局于某部分的,而进于更完全的领域,这是有不可思议的效果的。但是,我在没有成功更大的效用的时候,我暂时保留公表了。以后又因种种的事业和默想,把我对于这点上的努力妨碍不少,因而在任何刊行的书物上,我还没有把他公表问世。不料到了现在,偏于闻名中国古代的纪念物上,发生重大的效用,并以献于贵师参考,不胜喜悦之至……

此信及莱氏手加记号之易图等,今尚保存于德国汉诺威(Hansnover)图书馆(见日本五来欣造博士著《儒教及于德意志政治思想之影响》,部分译文见于 1935 年出版之《学艺》杂志第十四卷第三号,刘百闵译)。

考西方科学为牛顿力学统治约二百年,于 1704 年牛顿《光学》一书出版,物理学始有整体之理论,遍及一切自然科学。于 1859 年达尔文发表《物种起源》,始有生物之进化论,然尚未足以论生命起源问题。盖生物与非生物之精微界限,非当时自然科学理论所可喻。若达尔文进化论相称于牛顿力学,未久麦克斯韦发表《电和磁》(1873),虽仍遵牛顿理论,实已为现代物理序幕。自 1900 年普朗克提出量子理论,1906 年及 1916 年爱因斯坦建立相对论,整个自然科学理论有划时代之变化。以生物言,1866 年孟德尔提出遗传学两个基本定律,惜未引起同时人之注意。必于 1910 年由摩尔根研究果蝇而确立生物之遗传规律,又于 1926 年发表《基因论》,可谓开现代生物之序幕。继之现代原子模型创立者玻尔于 1932 年讲演"光和生命",盖以原子物理学概念移入生物学,听众中有德尔布鲁克极受影响。又有现代波动力学创立者薛定谔于 1944 年出版《生命是什么》小册子,以量子原理明遗传基因之变化,与玻尔不约而同,皆亲见现代物理概念之微妙,必宜通于生物学。当时有芝加哥大学学生华生受此书之启发,即同德尔布鲁克共同研究噬菌体,以期建立现代生物学。后于 1953 年华生与克里克根据 X 光衍射资料,提出 DNA 双螺旋结构模型,为现代分子生物学重要里程碑。A. N. 奥巴林于 1957 年再版《地球上生命的起源》一书,内容亦相应提高。当 1970 年始有量子生物学国际性组织,则可使现代生物学相应于现代物理学。若现代物理理论,早已深入于原子核以观基本粒子之变化,此于生物体内,尚无相应理论,且生物理论发展每在物理理论之后,故研究物理理论者,仍以之为一切自然科学之本,实则非其然。此盖仅视生物之物质基础,而忽视物质已由突变而成有生命之生物,此有生命之物质,决非物理理论所可尽。

今以易理论,吾国历代通《易》者之思,决不为八卦三维空间所限。

而欧氏几何集成于公元前三世纪,直至1816年高斯发现非欧几何,尚因深囿于欧氏几何之权威而未敢发表。十年后(1826)始有俄国罗巴切夫斯基与匈牙利波约,首次发表改变几何学中平行公理而提出非欧几何。1844年格拉斯曼(Grassman,1809—1877)因研究多变元之代数系统,首次提出多维空间概念。1852年瑞士数学家史雷夫里,最先讨论多维空间中的正多面体问题,则悬于柏拉图教室门口的五个正多面体,其理已保存二千余年,始有所发展。1854年黎曼建立黎曼几何学,并提出多维拓扑流形之概念。凡此皆多维非欧几何之大用,由爱因斯坦于1906年发表狭义相对论,始用四维空间,并有闵可夫斯基(Minkowski,1864—1909)于1908年加以阐明。第四维即时间、空间之关系,于平面以双曲线示之,坐标二轴,一轴X为一维空间,一轴t为时间。若X轴外,增Y轴以当二维空间,则双曲渐进线变为双圆锥面,更增Z轴以当三维空间,则双圆锥面又变为双圆锥超面,是谓光锥,不可见之时间,由是乃见其象。继之爱因斯坦本狭义相对论又向广义相对论发展,以四维欧氏几何为特例,一般必有曲率,于1913年第一次使用黎曼几何,以作为广义相对论之数学基础。

究此第四维之时间,其光锥渐近而终不遇,是之谓"光阴",吾国"世"字当之。世者,以三十年为一世,属时间概念。"世界"合用之,即四维空间之义。

且此四维时空连续区,仅以物理世界言,今由物理理论发展至生物理论,则决非四维时空所可尽。生命起源问题非准五维空间立论,不足以语其蕴。而吾国易理本以天地十数成象,阴阳五行之说,干支之合成六十周期,甲骨文中已屡见不鲜,其象数密合于正则五维空间之变化,与吾国文化有密切关系。以生物言在中医理论中已起大作用,今仍有实用价值,惜尚未经以现代科学理论加以整理,乃精华与糟粕混然难辨。今于此仅作初步说明,有志于了解吾国古代文明与贯穿东西方文化思想者,殊可进一步加以研究云。

易学史笔记[*]

（丙申九月初五）

包犧始作八卦

《易》本于卦,卦始作于包犧。

《易·系辞下》:"古者包犧氏之王天下也。仰则观象于天,俯则观法于地,观鸟兽之文,与地之宜。近取诸身,远取诸物。于是始作八卦,以通神明之德,以类万物之情。作结绳而为网罟,以田以鱼,盖取诸离。"

《礼纬·含文嘉》:"伏羲德合上下,天应以鸟兽文章,地应以河图洛书,则而象之,乃作八卦。"(《孔疏八论》)

《管子·轻重戊篇》:"虑戏作造六峜以迎阴阳,作九九之数以合天道,而天下化之。"又:"周人之王,循六峜,合阴阳,而天下化之。"

《易纬·乾凿度》:"孔子曰:'方上古之时,人民无别,群物无殊,未有衣食器用之利。于是伏羲乃仰观象于天,俯观法于地,中观万物之

这份笔记原来的标题是"易学史",现在的标题为整理者所拟。丙申九月初五,为公元 1956 年 10 月 8 日。

宜,始作八卦,以通神明之德,以类万物之情。故《易》者,所以经天地理人伦而明王道。是故八卦以建五气、以立五常以之行。象法乾坤,顺阴阳,以正君臣父子夫妇之义。度时制宜,作罔罟以畋以渔,以赡人用。于是人民乃治,君亲以尊,臣子以顺,群生和洽,各安其性,八卦之用。'"(四库本与《孔疏》略异)

《淮南子·要略》:"伏羲为之六十四变,周室增以六爻。"

《史记·日者列传》:"司马季主曰:……自伏羲作八卦,周文王演三百八十四爻而天下治。"

《尸子》:"伏羲始画八卦,别八节而化天下。"

象天法地,鸟兽地宜,近取远取,效变化,象吉凶

本以上之说,包犠始作卦已无疑。所以作卦及卦之用,《系辞》及《乾凿度》亦已详言。至若包犠所以能作卦者,孔安国、马融、王肃、姚信等皆据《含文嘉》之言而曰:"伏羲得河图而作《易》。"孔颖达申之曰:"是则伏犠虽得河图,复须仰观俯察以相参正,然后画卦。"《系辞》曰:"天生神物,圣人则之。天地变化,圣人效之。天垂象,见吉凶,圣人象之。河出图,洛出书,圣人则之。"《朱子本义》:"此四者,圣人作《易》之所由也。"由是知包犠之作卦,既本仰观象于天,俯观法于地,观鸟兽之文,与地之宜,近取诸身,远取诸物。复效其变化,象其吉凶,而以神物河图洛书为则。盖《系辞》并言此四者,故知包犠之作卦,非徒得河图而已,尚得洛书及神物。至若"天地变化"、"天垂象见吉凶"二者,即仰观俯察之得。《系》曰:"《易》与天地准,故能弥纶天地之道,仰以观于天文,俯以察于地理,是故知幽明之故。"此之谓也。再者此四者除包犠外,后圣亦莫不则之,故《系辞》称圣人而不称包犠。

则神物

《孔疏》:"是故天生神物圣人则之者,谓天生蓍龟,圣人法则之,以为卜筮也。"夫《系辞》此文,继上蓍龟言,故知神物为蓍龟。蓍龟之所为神物者,蓍备万物之数,龟备万物之象也。《系》曰:"阴阳不测之谓神。"又曰:"乾阳物也,坤阴物也。"故知神物云者,合阴阳物而非徒阳物阴物而已。犹卜筮之可得阴可得阳,故《系辞》以蓍龟为神物。再者,此文继上文《易》有太极"之言,又曰"是兴神物以前民用"。故知神物既为蓍龟,实即太极。太极不可得,故以蓍龟象之。当包犧作卦时,必则此神物。《管子》所谓"造六峜以迎阴阳",峜者即兼阴阳物言。六峜而兼阴阳,即六十四卦也。(重卦亦为包犧,详见下)

至若河图洛书,《系辞》既并言,《含文嘉》亦同。故殊不可徒依孔安国等说,伏犧唯得河图而未及洛书。

郑玄曰:"《春秋纬》云:河以通乾出天苞,洛以流坤吐地符。河龙图发,洛龟书感。河图有九篇,洛书有六篇。"

孔安国曰:"河图则八卦也,洛书则九畴也。"以上二说见《周易正义》。

《尚书·顾命》:"越玉五重、陈宝。赤刀、大训、弘璧、琬琰在西序。大玉、夷玉、天球、河图在东序。胤之舞衣、大贝、鼖鼓在西房。兑之戈、和之弓、垂之竹矢在东房。"郑注:"河图,图出于河,帝王圣者之所受。一有雒书二字。"蔡邕注曰:"东序,墙也。《尚书》曰'颛顼、河图、雒书在东序'。流,演也。河图、雒书皆存亡之事,尚览之以演祸福之验也。"

孔安国注:"河图,八卦。伏犧王天下,龙马出河,遂则其文以画八卦,谓之河图及典、谟,皆历代传宝之。"孔疏:"河图八卦,是伏犧氏王天下,龙马出河,遂则其文以画八卦,谓之河图。当孔之时,必有书为此说也。《汉书·五行志》,刘歆以为伏牺氏继天而王,受河图,则而画之,八卦是也。刘歆亦如孔说,是必有书,明矣。《易·系辞》云:'古者包牺氏之王天下也,仰则观象于天,俯则观法于地,观鸟兽之文,与地之宜。近取诸身,远取诸物,于是始作八卦。'都不言法河图也。而此传之言河图者,盖易理宽弘,无所不法,直如《系辞》之言,所法已自多矣,亦何妨更法河图也。《系辞》又云:'河出图,洛出书,圣人则之。'若八卦不则河图,余复何所则也。"王肃亦云:"河图,八卦也。璧玉人之所贵,是为可宝之物。八卦、典、谟,非金玉之类,嫌其非宝,故云河图及典谟,皆历代传宝之。"

《汉书·五行志》:"《易》曰:'天垂象,见吉凶,圣人象之。河出图,雒出书,圣人则之。'刘歆以为虙羲氏继天而王,受河图,则而画之,八卦是也。禹治洪水,赐雒书,法而陈之,《洪范》是也。圣人行其道而宝其真,降及于殷,箕子在父师位而典之。周既克殷,以箕子归,武王亲虚己而问焉。故经曰:惟十有三祀,王访于箕子。王乃言曰:'呜呼箕子,惟天阴骘下民,相协厥居,我不知其彝伦逌叙。'箕子乃言曰:'我闻在昔,鲧陻洪水,汩陈其五行。帝乃震怒,弗畀《洪范》九畴,彝伦逌斁。鲧则殛死,禹乃嗣兴,天乃锡禹《洪范》九畴,彝伦逌叙。'此武王问雒书于箕子,箕子对禹,得雒书之意也。'初一曰五行,次二曰羞用五事,次三曰农用八政,次四曰叶用五纪,次五曰建用皇极,次六曰艾用三德,次七曰明用稽疑,次八曰念用庶征,次九曰向用五福,畏用六极。'凡此六十五字,皆雒书本文,所谓天乃锡禹大法九章,常事所次者也。以为河图、洛书相为经纬,八卦、九章相为表里。"

《易纬·乾坤凿度》:"河图八文。"张衡《东京赋》:"龙图授羲,龟书畀姒。"

《三国志·魏少帝本纪》:"……《易》博士淳于俊对曰:'包羲氏因燧皇之图而制八卦'……帝又曰:'若使包羲因燧皇而作《易》,孔子何以不云燧人氏没包羲氏作乎?'俊不能答……"

《春秋纬·元命苞》:"尧游河洛,赤龙负图。"

《尚书·中候》:"舜至稷下,黄龙负图以出。"

《论语谶》:"尧率舜游河渚,首山有五老告期,龙衔书以出。"

《河图挺佐辅方》:"天老告黄帝云,河有龙图,洛有龟书。帝乃游于翠妫之川,有大鱼出,鱼没而图见。"(以上四条录自俞琰《读易举要》)

《中候·握河纪》:"龙马衔甲,赤文绿色。甲似龟背,表广九尺。上有列宿斗正之度,帝王录纪兴亡之数。"(《论语》邢昺疏)

《礼记·礼运》:"河出马图。"郑注:"马图,龙马负图而出也。"孔疏:"按《中候·握河纪》,尧时受河图,龙衔赤文绿色。注云,龙而形象马,故云马图,是龙马负图而出。又云伏羲氏之有天下,龙马负图出于河,遂法之画八卦。又龟书,洛出之也。"(《文选》李善注)

扬雄《覈灵赋》:"大易之始,河序龙图,洛贡龟书。""由是其世有可考矣。"

清赵继序撰《周易图书质疑》:"若《竹书纪年》言,黄帝五十年龙图出河。《淮南子》言,黄帝济河洛之间而受绿图。诸家所引纬书,有言尧沉璧于河,而元龟负图者;有言舜东观于河,而黄龙负图者;有言汤观洛沉璧,而获黄鱼黑玉之瑞者;有言武王观河沉璧,而赤龙吐元甲之图者。至于三代河洛出图书,则《汉·郊祀志》之说也。连山氏归藏氏与伏羲氏皆得河图,则姚信之说也。包羲因燧皇之图而制八卦,则魏博士淳于俊之说也。"

姚信曰:"伏羲氏得河图,周人因之,曰《周易》。"(《汉上易传》)

夫河图洛书之为物,众说纷纭,其为祥瑞之物则莫不同,故凡当世治则出。孔子当周末乱世,故有"凤鸟不至,河不出图,吾已矣夫"(《论语·子罕》)之叹。由是知包羲既王天下,图书自然而出。若班固以"初一曰五行"等五十六字为雒书本文者,因以书名则必有字,以图名则可无字。是故唯以包羲则河图,而未则雒书。然雒书既为九畴,故知包犠时已有。《管子》所谓"作九九之数",是即雒书也。《含文嘉》、扬雄等之言殊可信,不可以雒书始起于禹而包犠未则。况包犠时亦已有字,孔安国《书序》云:"造书契以代结绳之政。"又:"伏羲、神农、黄帝之书,谓之《三坟》。"再者,河图洛书之内容为何,亦各有所说。郑注河图有九篇,洛书有六篇者,九、六乃阴阳之数,若其内容则未言。曹元弼注:"九篇、六篇盖后师说河洛之文。"依淳于俊之说,则图乃燧皇之图,其不能答高贵乡公之问乃另一问题。孔子不云燧人氏没包犠氏作者,《易》以卦为本,卦始于包犠,非始于燧人氏。依《中候·握河纪》,则图上有"列宿斗正之度,帝王录纪兴亡之数",蔡邕所谓"皆存亡之事,尚览之,以演祸福之验"。盖包犠之仰观俯察外,于前人之知识亦必有所继之。决非包犠前,人皆一无所知,必待包犠之画卦后,人始有知识。若此以见包犠,虽似誉之,实毁之也。故包犠之则燧皇之图,见天象之度兴亡之数,又合本身之仰观俯察等等,然后始作八卦。此八卦所以能通神明之德,类万物之情也。然则河图洛书之内容,即历代之存迹。故当太平之世即出图书,纷乱之世图书即隐而不出。再者存迹必有所同,盖消息循环,历代损益虽百世可知,列宿斗正坐推可得,则图书内容之为数,又何疑焉。故定以洛书,于包犠即则之而作九九数,于禹即为洪范九畴。孔注《洪范》:"天与禹洛出书,神龟负文而出,列于背有数至于九。禹遂因而次第之,以成九类,常道所以次叙。"

《大戴礼记·明堂》:"二九四七五三六一八。"郑注:"记用九室,谓法龟文,故取此数以明其制也。"

《易纬·乾凿度》:"阳动而进,阴动而退,故阳以七,阴以八为象。《易》一阴一阳合而为十五之谓道。阳变七之九,阴变八之六,亦合于十五,则象变之数若一。阳动而进,变七之九,象其气之息也。阴动而退,变八之六,象其气之消也。故太一取其数以行九宫,四正四维,皆合于十五。"郑注:"太一者,北辰之神名也。居其所曰太一,常行于八卦日辰之间曰天一。或曰太一出入所游息于紫宫之内外,其星因以为名焉,故星经曰天一。太一,主气之神,行犹待也。四正四维以八卦神所居,故亦名之曰宫。天一下行,犹天子出巡狩省方岳之事,每率则复太一。下行八卦之宫。每四乃还于中央。中央者,北神之所居,故因谓之九宫。天数大分,以阳出以阴入。阳起于子,阴起于午。是以太一下九宫,从坎宫始。坎中男,始亦言无适也。自此而从于坤宫,坤,母也。又自此而从震宫,震,长男也。又自此而从巽宫,巽,长女也。所行者半矣,还息于中央之宫。既又自此而从乾宫,乾,父也。自此而从兑宫,兑,少女也。又自此从于艮宫,艮,少男也。又自此从于离宫,离,中女也。行则周矣。上游息于太一天一之宫,而反于紫宫。行从坎宫始,终于离宫。数自太一行之,坎为名耳。出从中男,入从中女,亦因阴阳男女之偶为终始云。从自坎宫必先之坤者,母于子养之勤劳者。次之震,又之巽。母从异姓来,此其所以敬为生者。从息中而复之乾者,父于子教之而已,于事逸也。次之兑,又之艮,父或老,顺其心所爱以为长育,多少大小之行,已亦为施。此数者合十五,言有法也。"

《子华子·大道第八》:"天地之大数,莫过于五,莫中于五,五居中宫以制万品,谓之实也。冲气之守也,中之所以起也,中之所以止也,龟筮之所以灵也,神飨之所以丰融也。通乎此,则条达而无碍者矣。是以二与四抱九而上跻也,六与八蹈一而下沉也,戴九而履一,据三而持七,五居中宫,数之所由生。一从一横,数之所由成。故曰天地之大数,莫过于五,莫中于五。通乎此,则条达而无碍者矣。"

则洛书

本上之说,九宫之说其来亦远焉。孔郑等即以为洛书龟文,未可为非。惜宋后之说《易》者,偏于图书而忽于包牺之仰观俯察等。故或有攻之,以九宫非洛书,此又偏矣。

若河图之数,因孔安国等皆以包牺则之而画卦,故即以八卦为河图。然河图与八卦必有所异,河图之究为何物,于汉时皆无明指。待宋邵子、朱子等,即以五十五天地之数为河图,其象大明。且为《系辞》之言,于汉时亦皆言之,唯不知此数之即为河图耳。曹注:"河图象无考……宋邵子、朱子以五十有五之数为河图,虽无确据,理则近之矣。"

《系》曰:"天数五,地数五,五位相得而各有合。天数二十有五,地数三十,凡天地之数五十有五,此所以变化而行鬼神也。"又曰:"天一,地二,天三,地四,天五,地六,天七,地八,天九,地十。"

虞注:"此则大衍(当为天地)之数五十有五,著龟所以从生,圣人所以通神明之德,以类万物之情。"夫包犧作卦以通神明之德,以类万物之情,且又则诸河图。而虞氏即以天一至地十之五十五数,为生著龟而通德类情,则合孔虞之说,即可知此五十五数为河图。

郑注:"天地之气各有五。五行之次,一曰水,天数也。二曰火,地数也。三曰木,天数也。四曰金,地数也。五曰土,天数也。此五者阴无匹,阳无耦,故又合之。地六为天一匹也,天七为地二耦也,地八为天三匹也,天九为地四耦也,地十为天五匹也。二五阴阳各有合,然后气相得,施化行也。"(《左传》昭公九年正义)

又郑注:"天一生水于北,地二生火于南,天三生木于东,地四生金于西,天五生土于中。阳无耦,阴无配,未得相成。地六成水于北,与天一并。天七成火于南,与地二并。地八成木于东,与天三并。天九成金于西,与地四并。地十成地于中,与天五并也。大衍之数五十有五,五行各气并,气并而减五,惟有五十。以五十之数不可以为七、八、九、六,卜筮之占以用之。故更减其一,故四十有九也。"(《礼记·月令》正义)

《汉书·五行志》:"天以一生水,地以二生火,天以三生木,地以四生金,天以五生土。五位皆以五而合,而阴阳易位故曰妃。以五成,然则水之大数六,火七,木八,金九,土十。故水以天一为火二牡(按水克火),木以天三为土十牡(按木克土),土以天五为水六牡(按土克水),

火以天七为金四牡(按火克金),金以天九为木八牡(按金克木)。阳奇为牡,阴耦为妃。故曰水,火之牡也;火,水妃也。于《易》坎为水,为中男;离为火,为中女。盖取诸此也。"

《太玄·玄图》:"一与六共宗,二与七共朋,三与八成友,四与九同道,五与五相守。"(按《太玄》为八十一,故言五与五,而不言五与十。)

《洪范》:"五行,一曰水,二曰火,三曰木,四曰金,五曰土。"

则河图

本上之说,河图之来亦远焉,奈皆虽见而未之知耳。迨宋而始行于世,此宋学之功也。后或欲斥之,或欲非其名,诚多此一举。河洛既定,可言卦矣。

包羲重成六十四卦

夫河洛者,数也。卦者,象也。卦象由筮而成。筮本蓍,蓍即数也。由数而生成卦,象数皆在其中。盖当包羲之时,已有天地万物。有物必有象,象滋必有数。包羲则其数而显其象,因其象而明其物,是即卦也,故卦能通德类情。夫天地万物赜焉,然类而通之,阴阳而已矣。三生之而八,物象莫不备焉。所以三生之者,物必三方而始成体。又重而成六十四卦者,物物之关系亦尽焉。至若重卦之人其说亦异,今知为包羲所重,理见下。

《孔疏八论》云:"重卦之人,诸儒不同,凡有四说。王辅嗣等以为伏羲画卦(按卢文弨云,当作重卦,画字误),郑玄之徒以为神农重卦,孙盛以为夏禹重卦,史迁等以为文王重卦。"

四说之所以不同者,因《系辞》云"始作八卦",而未言作六十四卦耳。然据《管子》之"造六峜",《淮南》之"为六十四变",则可知重卦者即包羲。又有九家易,可据《系辞》而证之。

九家易释"以类万物之情"曰:"六十四卦,凡有万一千五百二十策,策类一物,故曰类万物之情。以此知庖羲重为六十四卦,明矣。"按《系辞》曰:"二篇之策。万有一千五百二十,当万物之数也。"由是知八卦之既能类万物之情,则必具万物之策数。策数既具,二篇之六十四卦亦成矣。九家即以《系辞》证之,诚得其源。其他各说,确可不攻自破。

若郑玄之徒以为神农重卦,似非指郑玄。盖郑玄曰:"虑羲作十言之教,曰乾、坤、震、巽、坎、离、艮、兑、消、息。"(《左传》定公四年正义)夫消息者,非徒八卦,乃必为六十四卦之消息。郑氏既知虑羲有消息之教,则其已重卦亦明。若淳于俊,则明言乃神农重卦。

《三国志·魏少帝本纪》:"……《易》博士淳于俊对曰……神农演之为六十四。"

史迁等以为文王重卦者,见《周本纪》。又《日者列传》中司马季主有言:"文王演三百八十四爻。"夫演爻亦重卦,即《管子》"周人之王循六峜合阴阳",《淮南子》"周室增以六爻",《汉书·扬雄传》"宓羲氏经以八卦,文王附六爻"是也。又《论衡·正说篇》曰:"说《易》者皆谓伏羲作八卦,文王演为六十四。"由是知重卦之说确有四,若孔疏之言三说之非,亦有其理。

孔疏:"其言夏禹及文王重卦者,案《系辞》神农之时已有盖取益与噬嗑,以此论之,不攻自破。其言神农重卦亦未为得,今以诸爻验之。案《说卦》云:'昔者圣人之作《易》也,幽赞于神明而生蓍。'凡言作者,创造之谓也。神农之后便是述修,不可谓之作也,则幽赞用蓍谓伏羲矣。故《乾凿度》云:'垂皇策者羲。'《上系》论用蓍云:'四营而成《易》,十有八变而成卦。'既言圣人作《易》,十八变成卦,明用蓍在六爻之后,非三画之时。伏羲用蓍,即伏羲已重卦矣。《说卦》又云:'昔者圣人之作《易》也,将以顺性命之理。是以立天地之道曰阴与阳,立地之道曰柔与刚,立人之道曰仁与义。兼三才而两之,故《易》六画而成卦。'既言圣人作《易》兼三才而两之,又非神农始重卦矣。又《上系》云:'《易》有圣人之道四焉。以言者尚其辞,以动者尚其变,以制器者尚其象,以卜筮者尚其占。'此之四事皆在六爻之后。何者,三画之时未有象繇,不得有尚其辞。因而重之,始有变动,三画不动,不得有尚其变。揲蓍布爻,方用之卜筮,蓍起六爻之后,三画不得有尚其占。自然中间以制器者尚其象,亦非三画之时。今伏犠结绳而为网罟,则是制器,明伏犠已重卦矣。又《周礼》'小史掌三皇五帝之书',明三皇已有书也。《下系》云:'上古结绳而治,后世圣人易之以书契,盖取诸夬。'既象夬卦而造书契,伏犠有书契,则有夬卦矣。故孔安国《书序》云:'古者伏羲氏之王天下也,始画八卦造书契,以代结绳之政。'又曰'伏犠、神农、黄帝之书,谓之《三坟》'是也。又八卦小成,爻象未备,重三成六,能事毕矣。若言重卦起自神农,其为功也,岂比系辞而已哉。何因《易纬》等数所历三圣,伏犠、文王、孔子竟不及神农,明神农但有盖取诸益,不重卦矣。故今依王辅嗣,以伏犠既画八卦,即自重为六十四卦,为得其实。"按孔疏此论,其义则是,然反复迂曲,不若九家易之直捷。且言三画不动,则与《说卦》不合(《说卦》曰"巽其究为躁卦",明变成震,即《说卦》震为决躁。又震其究为健,即震变成乾)。制器者尚其象,亦非三画之时,尤与《说卦》不合(《说卦》坤为大舆,离为甲胄等等皆为三画卦)。然谓伏犠时已有书契,及重卦大功而《易纬》不称神农,皆极有理。故知包犠自重成六十四卦,已可无疑。再者重成六十四卦,非即三百八十四爻,此于文王演爻时再论。孔疏即以重卦为六爻,亦不合文王演《易》之义。"作《易》者其有忧患乎",明指文王,故谓"神农以后便是述修,不可谓之作"亦非。

至若所以有此四说,除包犠外,若神农、夏禹、文王三圣于《易》亦各有所著。即神农乃首易其序而成连山易,故或以神农重卦。夏禹则

继连山易而始系之辞,故或以夏禹重卦。文王则演六爻而系之辞,故或以文王重卦耳。(说见下)

八卦、六十四卦之次序

包犧始作之八卦及其自重之六十四卦,必有其次序。乃由其画卦而自然成序,即则神物而生,神物即太极。《系》曰:"《易》有太极,是生两仪。两仪生四象,四象生八卦。"此所生之八卦自然有序,先阳后阴,其序即为乾、兑、离、震、巽、坎、艮、坤。

《朱子本义》:"伏犧仰观俯察,见阴阳有奇耦之数,故画一奇以象阳,画一耦以象阴。见一阴一阳有各生一阴一阳之象,故自下而上再倍而三,以成八卦。"又曰:"三画已具,八卦已成。则又三倍其画以成六画,而于八卦之上各加八卦,以成六十四卦也。"按朱子此注在"乾元亨利贞"之下,以释首卦乾之六画,其义即本诸《系辞》"《易》有太极"之四语。因重卦者亦为伏犧,故知即为三倍其画而上加八卦,则八卦与六十四卦成,而其次序亦定矣。

此八卦六十四卦之次序,今人谓之宋易,实亦《系辞》之言。唯汉易以筮解之,故未见八卦之次序耳。若八卦与六十四卦之方位,详于下文辨之。

八卦、六十四卦之方位

《说卦》曰:"天地定位,山泽通气,雷风相薄,水火不相射,八卦相错。"邵子曰:"乾南坤北,离东坎西,震东北,兑东南,巽西南,艮西北。"按此即本诸八卦之次序而定其方向。《说卦》曰"八卦相错",故知卦相错其向必反。且以乾天属南,则八卦之方位自然而定。六十四卦亦同。

137

包犠名字之异同

《白虎通》作伏羲，《号篇》曰："谓之伏羲者何？古之时未有三纲六纪，民人但知其母，不知其父。能覆前而不能覆后，卧之詓詓，起之吁吁。饥即求食，饱即弃余，茹毛饮血，而衣皮革。于是伏羲仰观象于天，俯察法于地，因夫妇，正五行，始定人道。画八卦以治下，治下伏而化之，故谓之伏羲也。"

《风俗通义》作伏羲，而羲同戏，《三皇篇》曰："伏者，别也，变也。戏者，献也，法也。伏羲始别八卦，以变化天下。天下法则咸伏贡献，故曰伏羲也。"

虞翻作庖犠曰："庖犠太昊氏以本德王天下，位乎乾五，五动见离，离生于木，故知火化炮啖牺牲，号庖犠氏也。"（《集解》）

郑玄作包犠，曰："包，取也。鸟兽全具曰犠。"（《释文》）

《汉书·律历志》作炮犠，曰："《易》曰炮牺氏之王天下也，言炮犠继天而王，为百王先。首德始于木，故为帝太昊。作网罟，以田渔，取犠牲，故天下号曰炮犠氏。"

孟喜、京房作伏戏，曰："伏，服也。戏，化也。"（《释文》）

《说文》两引作虙羲，《序》引作庖犠。

犠字又作羲，贾侍中说犠非古字，《说文》："羲，气也。"（《集解补释》）

伏字又作虙（《汉书·司马迁传》）。又作宓（《百官公卿表》）。

曹元弼曰："古字以声托义，包、庖、炮声同，伏、虙、宓声同。包伏声转，羲戏声近，犠则羲之后出字。故诸家本字异而义殊。虞读庖为炮，盖燧人火化之功，至是而成。或曰取犠牲以供庖厨，皆据作网罟言。盖因天地自然之物以养人，人类用是滋生不绝，以待勾龙平水土，神农作耜而粒食兴。孟子言王道始，谷与鱼鳖不可胜食，本羲、农之治也。孟京作伏戏，读为服化，据作八卦言。盖因人所受于天地固有之性而利导之,使夫妇别,父子亲,君臣正,人类相爱相敬,以相生相养,相保万世。治教由此而开,黄帝、尧舜所以垂衣裳而天下治。孟子言三代之学皆所以明人伦,本伏羲之教也。《说文》训羲为气,盖以太和元气化育万物,包含遍覆,无思不服。所谓伏羲至纯厚,袭气母也。"按曹氏此释义明正,羲皇之功,可于"包羲"、"伏戏"四字中见焉。又羲、戏声近,且取元气之义而用羲。若包、伏之声转,乃唇音之轻重。包重唇音,伏轻唇音。凡轻唇音字古每读重唇音。今取轻唇音伏字,故据《白虎通》等作伏羲,然仍有包取犠牲之义。

用伏羲事迹

《帝王世纪》:"太昊帝庖犠氏,风姓也。燧人之世有巨人迹出于雷泽,华胥以足履之有娠,生伏羲于成纪,蛇身人首,有圣德。"又:"燧人氏没,庖犠氏代之,继天而王,首德于木,为百王先。帝出于震,未有所因,故位在东方,主春,象日之明,是称太昊,都陈。"又:"庖犠氏在位一百一十年崩,葬南郡。"

《三坟》:"命臣飞龙氏造六书,命臣潜龙氏作甲历。"

《拾遗记》:"春皇者,庖犠之别号。所都之国,有华胥之洲。神母游其上,有青虹绕神母,久而方灭,即觉有娠,历十二年而生庖犠。长头修目,龟齿龙唇,眉有白毫,发垂委地。或人曰:'岁星十二年一周天,今叶以天时。'且闻圣人生,皆有祥瑞。昔者人皇蛇身九首,肇自开辟,于时日月重轮,山明海静。自尔以来,为陵成谷,世历推移,难可计算。比于圣德,有逾前皇。"又曰:"以木德称王,故曰春皇。其明睿照于八区,是谓太昊。昊者,明也。位居东方,以含养蠢化,叶于木德,其音附角,号曰木皇。"又曰:"和八风以画八卦,分六位以正六宗。于时未有书契,规天为图,矩地为法,视五星之文,分晷景之度,使鬼神以致群祠,审地势以定川岳。"又曰:"礼义文物,于兹始作。去巢穴之居,变茹腥之食。立礼教以导文,造干戈以饰武。丝桑为瑟,均土为埙。礼乐于是兴矣。"

《古史考》:"庖犧氏作卦,始有筮。其后殷时,王咸善筮。"又:"伏羲制嫁娶以俪皮为礼。"

《世本》:"庖羲氏作瑟五十弦。瑟,洁也。使人清洁于心,淳一于行。"

《孝经钩命诀》:"伏羲乐曰《立基》,一云《扶来》,亦曰《立本》。"

总上所述,故知伏羲始作八卦,然后有筮,礼乐亦由是而兴。礼本嫁娶,乐本洁行。又本《潜夫论·五德志》曰:"大人迹出雷泽,华胥履之生伏羲。其相日角,世号太暤,都于陈,其德木,以龙纪,故为龙师而龙名。作八卦,结绳为网以渔。"则知以龙纪。此所以于乾卦系以"龙"字。至若伏羲之年代,其详不可知焉。以理推之,约黄帝前数千年。

卦与《易》

《系》曰:"八卦以象告。"又曰:"《易》者,象也。"故知卦犹《易》。《系》曰:"《易》之兴也,其于中古乎。作《易》者,其有忧患乎。"又曰:"《易》之兴也,其当殷之末世,周之盛德邪,当文王与纣之事邪。"此《易》字指《周易》言,作《易》云者,文王系辞也。若周前本有《易》,《周礼·春官》:"太卜……掌三易之法,一曰《连山》,二曰《归藏》,三曰《周易》。"由是知有卦即有《易》,《系》曰:"圣人有以见天下之赜,而拟诸其形容,象其物宜,是故谓之象。"虞注:"乾称圣人,谓庖犧也。"盖包犧本诸仰观俯察等等,故能见天下之赜,然后拟诸其形容而画八卦。八卦、六十四卦,皆以象万物之宜。物变而象动,是之谓消息,是即《易》也。

《易》

《易纬·乾凿度》:"孔子曰:《易》者,易也,变易也,不易也。管三成为道德苞籥,《易》者以言其德也。通情无门,藏神无内也。光明四通,伌易立节(郑注:'伌易者,寂然无为之谓也。'明钱叔宝本伌字作佼。《孔疏八论》伌易引作简易。按伌易本有易简义,故"《易》之三义"改"《易》者,易也"为"易简一也"。此孔疏所以误引伌易为简易,实则言简易已并乾坤言。又伌易立节者,唯指乾言)。天地烂明,日月星辰布设,八卦错序,律历调列,五纬顺轨,四时和,栗挛结。四渎通情,优游信絷。根著浮流,气更相实。虚无感动,清静炽哲。移物致耀,至诚专密,不烦不挠,淡泊不失。此其易也。变易也者,其气也。天地不变,不能通气。五行迭终,四时更废。君臣取象,变节相和。能消者息,必专者败。君臣不变,不能成朝。纣行酷虐天地反,文王下吕九尾见。夫妇不变,不能成家。妲己擅宠,殷以之破。大任顺季,享国七百。此其变易也。不易也者,其位也。天在上,地在下。君南面,臣北面。父坐,子伏。此其不易也。故《易》者,天地之道也。乾坤之德,万物之宝,至哉。《易》一元以为元纪。"

郑玄本此义而作《易赞》及《易论》曰:"《易》一名而函三义,易简一也,变易二也,不易三也。故《系辞》云'乾坤其《易》之蕴邪',又云'《易》之门户邪',又云'夫乾确然示人易矣,夫坤隤然示人简矣。易则易知,简则易从',此言其易简之法则也。又云:'为道也屡迁,变动不居,周流六虚,上下无常,刚柔相易,不可为典要,唯变所适。'此言顺时变易,出入移动者也。又云:'天尊地卑,乾坤定矣。卑高以陈,贵贱位矣。动静有常,刚柔断矣。'此言其张设布列,不易者也。据此三义而说《易》之道,广矣大矣。"

《说文》:"易,蜥易,蝘蜓,守宫也。象形。《秘书》说曰:'日月为易,象会易也。'一曰从勿。凡易之属皆从易。"

《参同契》:"日月为易。"

《孔疏八论》:"夫《易》者,变化之总名,改换之殊称。自天地开辟,阴阳运行,寒暑迭来,日月更出,孚荫庶类,亭毒群品,新新不停,生生相续,莫非资变化之力,换代之功。然变化运行,在阴阳二气。故圣人初画八卦,设刚柔两画,象二气也。布以三位,象三才也。谓之为易,取变化之义……"(下论《易》一名而含三义,见上)

虞翻曰:"字从日下月。"

《庄子》:"《易》以道阴阳。"(《天下篇》)

郑玄又曰:"《易》者阴阳之象,天地之所变化,政教之所生,自人皇初起。"(《路史》注)

按《系》曰:"悬象著明莫大乎日月。"故日月为易,即日阳月阴,《易》以道阴阳。初起于人皇者,《系》曰:"有天道焉,有人道焉,有地道焉。"故必自人参天地,后方见易道。包犠始作卦,则易道皆在卦中。三才而兼阴阳,其象唯八,是即八卦,重而成六十四卦,则万物之象备矣。夫万物各有其象,又互相变化,必有其本象,然后见其变化,是即不易,变易。且以六十四卦以概万象,其变与不变,皆在其中,是谓佼易。此即《易》之三义。故易象日月,起自有天地。易道变化,起自人皇之以人参天地而成三才。易道大备,起自包犠之作卦以象之也。若无卦,则天地人三才之变化未能言也。故易道成于包犠,凡言《易》必以卦为本。舍卦而言《易》,易道必不能明。此卦与《易》之关系。

卦

《易纬·乾凿度》卷下:"卦者,挂也。言悬物象以示于人,故谓之卦。"

《说文》:"卦,筮也。从卜,圭声。"段注作:"所以筮也。"

按《说文》言其生,《易纬》言其用。即以筮生卦,卦以示人,所以明易道也。

《易》之由来

至若《易》之由来,有以下之说。

《易纬·乾凿度》："昔者圣人因阴阳,定消息,立乾坤以统天地也。夫有形生于无形,乾坤安从生。故曰有太易,有太初,有太始,有太素也。太易者,未见气也。太初者,气之始也。太始者,形之始也。太素者,质之始也。炁形质具而未离,故曰浑沦。浑沦者,言万物相浑成而未相离。视之不见,听之不闻,循之不得,故曰易也。《易》无形畔(郑注:此明太易无形之时,虚豁寂寞,不可以视听寻。《系辞》曰"易无体",此之谓也)。易变而为一(郑注:此则太初),一变而为七(郑注:此则太始),七变而为九(郑注:此则太素)。九者,气变之究也,乃复变而为一(郑注:此一则元气,形见而未分者)。一者,形变之始。清轻者上为天(郑注:象形见矣),浊重者下为地(郑注:质形见矣)。物有始有究,故三画而成乾(郑注:象一七九也)。乾坤相并俱生,物有阴阳,因而重之,故六画而成卦。三画已下为地,四画以上为天。物感以动,类相应也。易气从下生,动于地之下,则应于天之下。动于地之中,则应于天之中。动于地之上,则应于天之上。初以四,二以五,三以上,此之谓应。"

《列子》："昔者圣人因阴阳以统天地,夫有形者生于无形,则天地安从生。(至"浊重者下为地",以下同《易纬》,唯"易无形畔"作"易无形埒"。按《乾凿度》卷下亦作"易无形埒"。《说文》:"埒,庳垣也。"段注:"引申之为涯际之称。")冲和气者为人,故天地含精,万物化生。"

夫以上二说必同出一源。《易纬》言天地而未及人,《列子》已言"冲和气者为人"。以卦言,上卦为天,下卦为地。若以三才言,即五上为天,三四为人,初二为地。《说卦》曰"立天之道曰阴与阳,立地之道曰柔与刚,立人之道曰仁与义。兼三才而两之,故《易》六画而成卦"是也。由是知本无气之太易而生气成太初,又生形成太始,又生质成太素。炁形质相合为浑沦,乃无形畔,是即《易》无体。又由一七九而始壮究,清轻浊重自然而分,则天地成而人类生。迨包犠之始作卦,则广大之易道,三才之贯通,莫不备矣。故包犠之未画卦,虽有其理而人未知。及包犠之已画卦,则天地之间未能外之,故为穷天地亘万古而长生。《系》曰"生生之谓易",此之谓也。

神农

《系》曰:"包羲氏没,神农氏作,斲木为耜,揉木为耒,耒耨之利,以教天下,盖取诸益。日中为市,致天下之货,交易而退,各得其所,盖取诸噬嗑。"

《世谱》:"神农,一曰连山氏,亦曰列山氏。"(《孔疏八论》)

《山海经》:"伏羲氏得河图,夏后因之曰《连山》。"

《周礼·春官》:"太卜……掌三易之灋,一曰《连山》,二曰《归藏》,三曰《周易》,其经卦皆八,其别皆六十四。"杜子春云:"《连山》宓戏,《归藏》黄帝。"

《周礼·春官》:"筮人掌三易以辨九筮之名,一曰《连山》,二曰《归藏》,三曰《周易》。九筮之名,一曰巫更,二曰巫咸,三曰巫式,四曰巫目,五曰巫易,六曰巫比,七曰巫祠,八曰巫参,九曰巫环,以辨吉凶。"

姚信曰:"连山氏得河图,夏人因之曰《连山》。"

皇甫谧曰:"夏人因炎帝曰《连山》,连山易其卦以纯艮为首。艮为山,山上山下,是名《连山》。云气出内于山,夏以十三月为正人统,艮渐正月,故以艮为首。"

《隋书·经籍志》五行类,有《神农重卦经》三卷。按自伏羲氏已作六十四卦,神农氏又重卦者,故知非八卦之重成六十四卦,乃重演六十四卦之次也。《周礼》所云三易皆为经卦八,别卦六十有四,则其不同即在何卦为首。若神农之连山易,故知首艮,夏人即因之。杜子春之注《周礼》或即据于《山海经》,然似不可谓伏羲之易即为连山易。

事迹

《帝王世纪》:"炎帝神农氏,姜姓也。母曰任姒,有蛟氏女,登为少典妃。游华阳,有神龙首,感生炎帝。人身牛首,长于姜水,有圣德。"又曰:"继无怀氏后,以火承木,位在南方主夏,故谓之炎帝。都于陈,又徙鲁。又曰连山氏,又曰列山氏。"又曰:"在位百二十年,崩葬长沙。"

《管子》:"神农作,树五谷淇山之阳。九州之民乃知谷食,而天下化之。"

《白虎通》:"古之人民皆食禽兽肉。至于神农,人民众多,禽兽不足。于是神农因天之时,分地之利,制耒耜,教民农作。神而化之,使民宜之,故谓之神农也。"

《本草经》:"神农稽首再拜问于太一小子曰:'……曾闻太古之时人寿过百,无殂落之咎,独何气使然邪?'太一小子曰:'天有九门,中道最良。日月行之,名曰国皇。字曰老人,出见南方。长生不死,众耀同光。'神农乃从其尝药,以救人命。"

《说文》:"琴,禁也。神农所作,洞越练朱五弦。"

《孝经钩命诀》:"神农乐曰下谋,一名扶持。"

按神农之功,树五谷而民粒食,尝百草而良医行,作琴兴市,民莫不宜焉。若更首乾为首艮,乃因时损益,以人为主耳。实亦为伏羲易之支派而相成者也。

黄帝

《系》曰:"神农氏没,黄帝尧舜氏作。通其变,使民不倦。神而化之,使民宜之。《易》穷则变,变则通,通则久。是以自天佑之,吉无不利。黄帝尧舜垂衣裳而天下治,盖取诸乾坤。"

姚信曰:"归藏氏得河图,商人因之,曰《归藏》。"

《山海经》曰:"黄帝氏得河图,商人因之曰《归藏》。"

《世谱》:"黄帝,一曰归藏氏。"(《孔疏八论》)

《孔疏》:"《连山》起于神农,《归藏》起于黄帝。"

按,殷道即商易《归藏》,其次坤乾,以地为主耳。黄帝亦因时制宜,又易神农之序,此之谓《易》穷则变,变则通也。凡经卦八,为首者唯乾坤艮三卦,是之谓三易,即天地人三统。若震巽者,阴阳之消息也。坎离者,在天为日月,在地为水火,在人为耳目,皆所以成三才者也。故此四卦皆相对而未可为首。此外尚有一兑卦,兑乃毁折附决之象,与生生之易道相背,故唯此卦不宜为首。凡乱世之纷扰,其即以兑为首乎。由是知易道唯三,乾坤艮三才是也。此三易乃因时推移,自然循环。盖三易者,相成而合,决非相反而乖者也。至若伏羲首乾而不首艮、坤者,乾天之上升,即义气也。且阴以从阳,乃自然之现象,故首乾之《周易》必为三易之本。而首艮之《连山》,又为三易之始(《周礼》:"一曰《连山》"是也)。何则? 无人以参天地,易道何用之有。又必以首坤为中者(《周礼》:"二曰《归藏》"是也),人必因地而生,所谓万物土中生是也。

又《古三坟》:"气坟人皇神农氏归藏易,形坟地皇轩辕氏乾坤易。"或据相生而言,盖既有乾首之伏羲易,必将生神农连山易。既有连山易,必生归藏易。既有黄帝之归藏易,又必生伏羲之乾坤易。故归藏易虽起自黄帝,而其理则始于神农。若黄帝之既创归藏易,则反生伏羲之乾坤易,其理又生焉。故知天人地三者,循环相生而不息者也。

事迹

《史记》:"黄帝者,少典之子,姓公孙,名曰轩辕。生而神灵,弱而能言,幼而徇齐,长而敦敏,成而聪明。轩辕之时,神农氏世衰。诸侯相侵伐,暴虐百姓,而神农氏弗能征。于是轩辕乃习用干戈,以征不享,诸侯咸来宾从,而蚩尤最为暴,莫能伐。炎帝欲侵陵诸侯,诸侯咸归轩辕。轩辕乃修德振兵,治五气,艺五种,抚万民,度四方,教熊罴貔貅貔虎,以与炎帝战于阪泉之野。三战,然后得其志。蚩尤作乱,不用帝命。于是黄帝乃征师诸侯,与蚩尤战于涿鹿之野,遂禽杀蚩尤。而诸侯咸尊轩辕为天子,伐神农氏,是为黄帝。天下有不顺者,黄帝从而征之,平者去之,披山通道,未尝宁居。东至于海,登丸山,及岱宗。西至于空桐,登鸡头。南至于江,登熊湘。北逐荤粥,合符釜山,而邑于涿鹿之阿。迁徙往来无常处,以师兵为营卫。官名皆以云命,为云师。置左右大监,监于万国。万国和,而鬼神山川封禅与为多焉。获宝鼎,迎日推策。举风后、力牧、常先、大鸿以治民。顺天地之纪,幽明之占,死生之说,存亡之难。时播百谷草木,淳化鸟兽虫蛾,旁罗日月星辰水波土石金玉,劳勤心力耳目,节用水火材物。有土德之瑞,故号黄帝。黄帝二十五子,其得姓者十四人。黄帝居轩辕之丘,而娶西陵之女,是为嫘祖。嫘祖为黄帝正妃,生二子,其后皆有天下。其一曰玄嚣,是为青阳,青阳降居江水。其二曰昌意,降居若水。昌意娶蜀山氏女,曰昌仆,生高阳,高阳有圣德焉。黄帝崩,葬桥山。其孙昌意之子高阳立,是为帝颛顼也。”

《古今注》:“黄帝与蚩尤战于涿鹿之野,蚩尤作大雾,兵士皆迷。于是作指南车以示四方,遂擒蚩尤而即帝位,故后常建焉。”又:“黄帝与蚩尤战于涿鹿之野,常有五色云气,金枝玉叶止于帝上,有花葩之象,故因而作华盖也。”

《黄帝内传》:“黄帝斩蚩尤,蚕神献丝,乃称织维之功。”

《汉书》:“黄帝作舟车以济不通,旁行天下,方制万里,画野分州,得百里之国万区。”

《论衡》:“仓颉四目,为黄帝史。”

《淮南子》:“仓颉作书而天雨粟,鬼夜哭。”

《吕氏春秋》:“昔黄帝令伶伦作为律。”

《系》曰:“刳木为舟,剡木为楫,舟楫之利,以济不通,致远以利天下,盖取诸涣。服牛乘马,引重致远,以利天下,盖取诸随。重门击柝,以待暴客,盖取诸豫。断木为杵,掘地为臼,杵臼之利,万民以济,盖取诸小过。弦木为弧,剡木为矢,弧矢之利,以威天下,盖取诸睽。上古穴居而野处,后世圣人易之以宫室,上栋下宇,以待风雨,盖取诸大壮。古之葬者,厚衣之以薪,葬之中野,不封不树,丧期无数。后世圣人易之以棺椁,盖取诸大过。上古结绳而治,后世圣人易之以书契,百官以治,万民以察,盖取诸夬。"按以上数物皆至黄帝而完备。虞注:"《系》以黄帝尧舜为后世圣人,庖牺为中古,则庖牺以前为上古。"当上古之时,人尚浑朴。迨中古易兴,庖牺神农之取离与益、噬嗑,则人已能制动植物而知交易。其他舟车器用之物,亦渐具而未备。若书契亦已始见于燧皇、包牺之时。然必至后世圣人黄帝尧舜时,则舟车、服牛乘马、击柝、臼杵、弧矢、宫室、棺椁、书契等方为完备。

尧舜

夫尧舜之于《易》,有制器尚象数事,《系》并言于黄帝之下。至若尧舜于三易中所取何易,则古籍无据。然孔子删《书》,起自《尧典》,删《诗》则起自《周南》,可见周文王之德所以继尧舜。其系二篇《周易》又继包牺,即十翼亦始自包牺之始作八卦。其于《书》、《诗》之始,有一贯之义。故知尧舜之于《易》,虽继黄帝以制器尚象,然于三易必复伏羲首乾之义,决非从黄帝之归藏易,则于三易之循环相生其次亦合。

事迹

《史记》:"帝尧者放勋,其仁如天,其知如神。就之如日,望之如云。富而不骄,贵而不舒。黄收纯衣,彤车乘白马。能明驯德,以亲九族。九族既睦,便章百姓。百姓昭明,合和万国。乃命羲、和,敬顺昊天,数法日月星辰,敬授民时。分命羲仲,居郁夷,曰旸谷。敬道日出,便程东作。日中星鸟,以殷中春。其民析鸟兽字微。申命羲叔,居南交,便程南为,敬致,日永星火,以正中夏。其民因鸟兽希革。申命和仲,居西土,曰昧谷,敬道日入,便程西成,夜中星虚,以正中秋。其民夷易鸟兽毛毨。申命和叔,居北方,曰幽都,便在伏物,日短星昴,以正中冬。其民燠鸟兽氄毛。岁三百六十六日,以闰月正四时。信饬百官,众功皆兴。尧曰:'谁可顺此事?'放齐曰:'嗣子丹朱开明。'尧曰:'吁,顽凶,不用。'尧又曰:'谁可者?'讙兜曰:'共工旁聚布功,可用。'尧曰:'共工善言,其用僻,似恭漫天,不可。'尧又曰:'嗟,四岳汤汤,洪水滔天。浩浩怀山襄陵,下民其忧,有能使治者?'皆曰'鲧可'。尧曰:'鲧负命毁族,不可。'岳曰:'异哉,试不可用而已。'尧于是听岳用鲧。九岁,功用不成。尧曰:'嗟,四岳,朕在位七十载,汝能庸命,践朕位?'岳应曰:'鄙德忝帝位。'尧曰:'悉举贵戚及疏远隐匿者。'众皆言于尧曰:'有矜在民间,曰虞舜。'尧曰:'然,朕闻之。其何如?'岳曰:'盲者子。父顽,母嚚,弟傲。能和以孝,烝烝治,不至奸。'尧曰:'吾其试哉。'于是尧妻之二女,观其德于二女。舜饬下二女于妫汭,如妇礼。尧善之,乃使舜慎和五典,五典能从。乃遍入百官,百官时序。宾于四门,四门穆穆,诸侯远方宾客皆敬。尧使舜入山林川泽,暴风雷雨,舜行不迷。尧以为圣,召舜曰:'女谋事至而言可绩,三年矣。女登帝位。'舜让于德不怿。正月上日,舜受终于文祖。文祖者,尧大祖也。于是帝尧老,命舜摄行天子之政,以观天命。舜乃在璇玑玉衡,以齐七政。遂类于上帝,禋于六宗,望于山川,辩于群神。揖五瑞,择吉月日,见四岳诸牧,班瑞。岁二月,东巡狩,至于岱宗,祡望秩于山川。遂见东方君长,合时月正日,同律度量衡,修五礼五玉三帛二生一死为挚,如五器,卒乃复。五月南巡狩,八月西巡狩,十一月北巡狩,皆如初。归,至于祖祢庙,用特牛礼。五岁一巡狩,群后四朝。遍告以言,明试以功,车服以庸。肇十有二州,决川。象以典刑,流宥五刑,鞭作官刑,扑作教刑,金作赎刑。眚裁过,赦。怙终贼,刑。钦哉,钦哉,惟刑之静哉。讙兜进言共工,尧曰:'不可,而试之工师。'共工果淫辟。四岳举鲧治鸿水,尧以为不可,岳强请试之,试之而无功,故百姓不便。三苗在江淮、荆州数为乱。于是舜归而言于帝,请流共工于幽陵,以变北狄。放讙兜于崇山,以变南蛮。迁三苗于三危,以变西戎。殛鲧于羽山,以变东夷。四辠而天下咸服。尧立七十年得舜,二十年而老,令舜摄行天子之政,荐之于天。尧辟位凡二十八年而崩。百姓悲哀,如丧父母。三年,四方莫举乐以思尧。尧知子丹朱之不肖,不足授天下,于是乃权授舜。授舜,则天下得其利而丹朱病,授丹朱,则天下病而丹朱得其利。尧曰:'终不以天下之病而利一人。'而卒授舜以天下。尧崩,三年之丧毕,舜让辟丹朱于南河之南。诸侯朝觐者不之丹朱而之舜,狱讼者不之丹朱而之舜,讴歌者不讴歌丹朱而讴歌舜。舜曰:'天也夫。'而后之中国践天子位焉,是为帝舜。"

《史记》:"虞舜者,名曰重华……舜父瞽叟盲,而舜母死,瞽叟更娶妻而生象。象傲,瞽叟爱后妻子,常欲杀舜,舜避逃,及有小过,则受罪。顺事父及后母与弟,日以笃谨,匪有解。舜,冀州之人也。舜耕历山,渔雷泽,陶河滨,作什器于寿丘,就时于负夏。舜父瞽叟顽,母嚚,弟象傲,皆欲杀舜。舜顺适不失子道,兄弟孝慈。欲杀,不可得。即求,尝在侧。舜年二十以孝闻,三十而帝尧问可用者,四岳咸荐虞舜,曰可。于是尧乃以二女妻舜,以观其内。使九男与处,以观其外。舜居妫汭,内行弥谨。尧二女不敢以贵骄事舜亲戚,甚有妇道。尧九男皆益笃。舜耕历山,历山之人皆让畔。渔雷泽,雷泽上人皆让居。陶河滨,河滨器皆不苦窳。一年而所居成聚,二年成邑,三年成都。尧乃赐舜絺衣,与琴,为筑仓廪,予牛羊。瞽叟尚复欲杀之,使舜上涂廪,瞽叟从下纵火焚廪。舜乃以两笠自扞而下,去,得不死。后瞽叟又使舜穿井,舜穿井为匿空旁出。舜既入深,瞽叟与象共下土实井,舜从匿空出,去。瞽叟、象喜以舜为已死,象曰:'本谋者象。'象与其父母分,于是曰:'舜妻尧二女,与琴,象取之。牛羊仓廪予父母。'象乃止舜宫居,鼓其琴。舜往见之。象鄂不怿,曰:'我思舜正郁陶。'舜曰:'然,尔其庶矣。'舜复事瞽叟爱弟弥谨。于是尧乃试舜五典百官,皆治。昔高阳氏有才子八人,世得其利,谓之八恺。高辛氏有才子八人,世谓之八元。此十六族者,世济其美,不陨其名。至于尧,尧未能举,舜举八恺,使主后土,以揆百事,莫不时序。举八元,使布五教于四方,父义,母慈,兄友,弟恭,子孝,内平外成。昔帝鸿氏有不才子,掩义隐贼,好行凶慝,天下谓之浑沌。少暤氏有不才子,毁信恶忠,崇饰恶言,天下谓之穷奇。颛顼氏有不才子,不可教训,不知话言,天下谓之梼杌。此三族世忧之,至于尧,尧未能去。缙云氏有不才子,贪于饮食,冒于货贿,天下谓之饕餮。天下恶之,比之三凶。舜宾于四门,乃流四凶族,迁于四裔,以御螭魅。于是四门辟,言毋凶人也。舜入于大麓,烈风雷雨不迷,尧乃知舜之足授天下。尧老,使舜摄行天子政,巡狩。舜得举,用事二十年,而尧使摄政。摄政八年而尧崩,三年丧毕,让丹朱,天下归舜。而禹、皋陶、契、后稷、伯夷、夔、龙、垂、益、彭祖自尧时而皆举用,未有分职。于是舜乃至于文祖,谋于四岳,辟四门,明通四方耳目,命十二牧论帝德。行厚德,远佞人,则蛮夷率服。舜谓四岳曰:'有能奋庸美尧之事者,使居官相事?'皆曰:'伯禹为司空,可美帝功。'舜曰:'嗟,然。禹,汝平水土,维是勉哉。'禹拜稽首,让于稷、契与皋陶。舜曰:'然,往矣。'舜曰:'弃,黎民始饥,汝后稷播时百谷。'舜曰:'契,百姓不亲,五品不驯,汝为司徒,而敬敷五教在宽。'舜曰:'皋陶,蛮夷猾夏,寇贼奸轨,汝作士,五刑有服。五服三就,五流有度,五度三居,维明能信。'舜曰:'谁能驯予工?'皆曰垂可。于是以垂为共工。舜曰:'谁能驯予上下草木鸟兽?'皆曰益可。于是以益为朕虞。益拜稽首,让于诸臣朱虎、熊罴。舜曰:'往矣,汝谐。'遂以朱虎、熊罴为佐。舜曰:'嗟,四岳,有能典朕三礼?'皆曰伯夷可。舜曰:'嗟,伯夷,以汝为秩宗,夙夜维敬,直哉维静絜。'伯夷让夔、龙,舜曰:'然。以夔为典乐,教稺子,直而温,宽而栗,刚而无虐,简而无傲。诗言意,歌长言,声依永,律和声,八音能谐,毋相夺伦,神人以和。'夔曰:'於!予击石拊石,百兽率舞。'舜曰:'龙,朕畏忌谗说殄伪,振惊朕众,命汝为纳言,夙夜出入朕命,惟信。'舜曰:'嗟,女二十有二人,敬哉,惟时相天事。'三岁一考功,三考绌陟,远近众功咸兴。分北三苗,此二十二人咸成厥功。皋陶为大理平,民各伏得其实。伯夷主礼,上下咸让。垂主工师,百工致功。益主虞,山泽辟。弃主稷,百谷时茂。契主司徒,百姓亲和。龙主宾客,远人至。十二牧行而九州莫敢辟违,唯禹之功为大,披九山,通九泽,决九河,定九州,各以其职来贡,不失厥宜。方五千里,至于荒服。南抚交阯、北发,西戎、析枝、渠廋、氐、羌,北山戎、发、息慎,东长、鸟夷,四海之内咸戴帝舜之功。于是禹乃兴九招之乐,致异物,凤皇来翔。天下明德皆自虞帝始。舜年二十以孝闻,年三十尧举之,年五十摄行天子事,年五十八尧崩,年六十一代尧践帝位。践帝位三十九年,南巡狩,崩于苍梧之野。葬于江南九疑,是为零陵。舜之践帝位,载天子旗,往朝父瞽叟,夔夔唯谨,如子道,封弟象为诸侯。舜子商均亦不肖,舜乃豫荐禹于天。十七年而崩。三年丧毕,禹亦乃让舜子,如舜让尧子。诸侯归之,然后禹践天子位。尧子丹朱,舜子商均,皆有疆土,以奉先祀。服其服,礼乐如之。以客见天子,天子弗臣,示不敢专也。自黄帝至舜、禹,皆同姓而异其国号,以章明德。故黄帝为有熊,帝颛顼为高阳,帝喾为高辛,帝尧为陶唐,帝舜为有虞。帝禹为夏后而别氏,姓姒氏。契为商,姓子氏。弃为周,姓姬氏。"

按《史记》本诸《尚书》、《孟子》等书而作,且必尚有其他资料,故事迹较详。唯尧舜与《易》之关系,无所记述,故仍不得而知。今准诸《系辞》之制器尚象数事,故知虽不言《易》,而易道必大明于尧舜之时。再者尧之"以亲九族",即为大禹九畴之本,则亦即包犠九九数之义也。又自黄帝起,干支法大兴,故其时已可确定。今以公元对比之。

黄帝在位一百年	公元前 2697——2598	甲子—癸卯
帝尧在位一百年	公元前 2357——2258	甲辰—癸未
帝舜在位四十八年	公元前 2255——2208	丙戌—癸酉

按共和后纪年,有《史记》十二诸侯年表为证,已一无错误。若共和以前,今据《皇极经世》书推至尧元年当甲辰,亦已无误。盖由帝尧至黄帝凡三百四十一年,帝挚被废之年,即尧之元年。则黄帝元年正当甲子,至今公元一九二四之甲子,凡七十八周云。

禹

按《周易》中未见述及禹,盖禹乃连山易。

连山

桓谭曰:"《连山》八万言。"又曰:"《连山》藏于兰台。"

郑玄曰:"夏曰《连山》……《连山》者,象山之出云,连连不绝。"

阮籍曰:"庖犠氏布演六十四卦之变,后世圣人,观而因之,象而用之,禹汤之经皆在,而上古之文不存。"

孔颖达曰:"周世之卜,杂用《连山》、《归藏》、《周易》。《连山》、《归藏》以不变为占,占七八之爻。二易并亡,不知实然与否。"

沈括曰:"卦爻之辞皆九六,惟《连山》、《归藏》以七八占。"

郑樵曰:"《连山》,夏后氏易,至唐始出,今亡。"

罗苹曰:"《连山》之文,禹代之作。"

《北史·刘炫传》:"时牛弘奏购求天下遗逸之书,炫乃伪造书百余卷,题为《连山易》、《鲁史记》等,录上送官,取赏而去。后人有讼之,坐除名。"

按《周礼》称三易,桓谭言有八万言,故知必有是书,作者必夏人法神农而系之辞。以理推之，本阮籍之言，或系禹所作。八万言者，后师说《连山》之文，犹《周易》之十翼。惜其书亡，故《汉志》、《隋志》无录。《唐志》十卷乃隋刘炫伪造。今以禹作为准，连山易成于公元前 2205 年(禹即位之年)左右。

汤

《礼运》："孔子曰：吾欲观殷道，是故之宋而不足征也。吾得坤乾焉。"

归藏

桓谭曰："《归藏》四千三百言而立数。"又曰："《归藏》藏于太卜。"又曰："夏易烦而殷易简。"

郑玄曰："殷曰《归藏》……《归藏》者，万物莫不归而藏于其中。"又："殷阴阳之书存者，有《归藏》。"

孔颖达曰："《归藏》起于黄帝。"又曰："圣人因时随宜，不必皆相因，故《归藏》名卦之次亦多异。"

欧阳修曰："周之末世，夏商之易已亡。汉初虽有《归藏》，已非古经，今书三篇，莫可究矣。"

按《归藏》或作于汤，乃成于公元前 1973 年(汤元年)左右，今亦不传。历城马国翰辑《周易》丛书，首载《连山》、《归藏》二易及历代诸家论说甚详。然原本既不全，欲知二易之究必不可得，诸家论说各备一说耳。且《周易》首乾为伏羲之本，故欲究易道，研诸二篇、十篇可也，不必念念于三易而叹《连山》、《归藏》之失传。以下即述《周易》。

文王

《系》曰："《易》之兴也,其当殷之末世,周之盛德邪,当文王与纣之事邪。"

《周易》

《系》曰："《易》之兴也,其于中古乎。作《易》者,其有忧患乎。"

夫《易》之兴凡二,其于中古,谓伏羲作卦。其当文王于纣之事,即文王有忧患而作《易》,乃演《易》成三百八十四爻而系之辞。

《史记·周本纪》："西伯盖即位五十年,其囚羑里,盖益《易》之八卦为六十四卦。"按西伯益《易》于羑里则是,即忧患作《易》。谓益八卦为六十四卦则非,盖六十四卦已重于伏羲,文王乃"增以六爻"耳。

爻

郑玄曰："周曰《周易》……《周易》者,言易道周普,无所不备。"又："《周易》以变者为占,故称九称六。"又注《周礼》曰："三易卦别之数亦同,其名占异也。"贾疏曰："占异者,谓《连山》、《归藏》占七八,《周易》占九六。"按以变之九六为占,是即文王所增之六爻,贾疏又曰"卦画七八,爻称九六"是也。《说文》："爻,交也。象《易》六爻头交也。凡爻之属皆从爻。"按交谓九六变而阴阳相交也。

周公

《左传》昭公二年："晋侯使韩宣子来聘,见易象与鲁《春秋》,曰:

'周礼尽在鲁矣,吾今乃知周公之德与周之所以王也。'"

孔疏:"《周易》起于文王及周公。"又曰:"一说卦辞爻辞并是文王作"(其详见下),"二以为验爻辞多是文王后事。案升卦六四:'王用亨于岐山。'武王克殷之后始追号文王为王,若爻辞是文王所制,不应云王用亨于岐山。又明夷六五:'箕子之明夷。'武王观兵之后,箕子始被囚奴,文王不宜预言箕子之明夷。又既济九五:'东邻杀牛,不如西邻之禴祭。'说者皆云西邻谓文王,东邻谓纣。文王之时纣尚南面,岂容自言已德受福胜殷,又欲抗君之国,遂言东西相邻而已。又《左传》:'韩宣子适鲁,见易象云,吾乃知周公之德。'周公被流言之谤,亦得为忧患也。验此诸说以为卦辞文王,爻辞周公,马融、陆绩等并同此说,今依而用之。所以只言三圣不数周公者,以父统子业故也。案《礼稽命徵》曰:'文王见礼坏乐崩,道孤无主,故设礼经三百,威仪三千。'其三百、三千即周公所制《周官》、《仪礼》,明文王本有此意,周公述而成之,故系之文王。然则《易》之爻辞,盖亦是文王本意,故《易纬》但言文王也。"又:"一说所以卦辞爻辞并是文王所作。知者案,《系辞》云:'《易》之兴也,其于中古乎。作《易》者,其有忧患乎。'又曰:'《易》之兴也,其当殷之末世,周之盛德邪,当文王与纣之事邪?'又《乾凿度》云:'垂皇策者羲,卦道演德者文,成命者孔。'《通卦验》又云:'苍牙通灵(苍牙谓伏羲),昌之成(昌谓文王),孔演命明道经(或本作经道,孔谓孔子)。'准此诸文,伏羲制卦,文王系辞,孔子作十翼,《易》历三圣人,谓此也。故史迁云'文王囚而演《易》',即是'作《易》者其有忧患乎'。郑学之徒,并依此说也。"(《孔疏八论》之四)

按文王演《易》于羑里,增六十四卦成三百八十四爻,则易道大备。于七八之不变外,益以九六之变,此文王之功也。至若《系辞》之二说,各有其理。曹元弼曰:"文王作乾坤卦爻辞,及屯以下卦辞,故孔子独名乾坤卦爻辞为《文言》。"《屯》以下为周公作,夫父作子述,所以足成之也,其义决无所异。当周公系爻辞时,必已被流言之谤,则武王已受箕子之《洪范》,故明夷六五以箕子当之。

《周易》之次序

再者《系辞》于"作《易》者其有忧患乎"之下,三陈九卦。此九卦之次乃与《序卦》同,故知序卦者为文王。至若六十四卦之卦名,《连山》、《归藏》亦已有焉,唯文王必有所改正,今《周易》之卦名必定自文王。

《周易》之方位

《说卦》曰:"帝出乎震,齐乎巽,相见乎离,致役乎坤,说言乎兑,战乎乾,劳乎坎,成言乎艮。"邵子曰:"此卦位乃文王所定。"

《乾凿度》曰:"夫八卦之变,象感在人。文王因性情之宜,为之节文。孔子曰:'《易》始于太极。'太极分而为二,故生天地。天地有春秋冬夏之节,故生四时。四时各有阴阳、刚柔之分,故生八卦。八卦成列,天地之道立,雷风水火山泽之象定矣。其布散用事也,震生物于东方,位在二月。巽散之于东南,位在四月。离长之于南方,位在五月。坤养之于西南方,位在六月。兑收之于西方,位在八月。乾制之于西北方,位在十月。坎藏之于北方,位在十一月。艮终始之于东北方,位在十二月。八卦之气终,则四正四维之分明,生长收藏之道备,阴阳之体定,神明之德通,而万物各以其类成矣。皆《易》之所包也,至矣哉,《易》之德也。孔子曰:'岁三百六十日而天气周,八卦用事各四十五日方备岁焉。'故艮渐正月,巽渐三月,坤渐七月,乾渐九月,而各以卦之所言为月也。乾者天也,终而为万物始。北方,万物所始也,故乾位在于十月。艮者,止物者也,故在四时之终,位在十二月。巽者,阴始顺阳者也,阳始壮于东南方,故位在四月。坤者,地之道也,形正六月,四维正纪,经纬仲序度毕矣。孔子曰:'乾坤,阴阳之主也。'阳始于亥,形于丑,乾位在西北,阳祖微据始也。阴始于巳,形于未,据正立位,故坤位在西南,阴之正也。君道倡始,臣道终正,是以乾位在亥,坤位在未,所以明阴阳之职,定君臣之位也。"

本《乾凿度》之言,八卦之布散用事,乃由文王之因性情而节文。孔子详加说明,故邵子以《说卦》"帝出乎震"章之方位,为文王所定。

二篇

总上所述,故知文王之演《易》,乃定八卦之方位及六十四卦之次序。又定以卦名而系以卦辞,增以六爻而系以爻辞。唯爻辞中或有周公足成之者,且六十四卦分为上下,此即所谓二篇之《周易》,《系》曰"二篇之策,万有一千五百二十"是也。

当西周时,《周易》与《连山》、《归藏》并存,故《周礼》称三易。迨周室东迁而衰,易道亦不振。或《周易》唯存于鲁,故《左传》载韩宣子适鲁,见易象而知周公之德。又《归藏》唯存于宋,故孔子曰得坤乾。至若《左传》之筮十九用《周易》,唯僖公十有五年,卜徒父筮卦遇蛊曰:"千乘三去,三去之余,获其雄狐。"及成公十有六年:"……公筮之,史曰吉。其卦遇复,曰:'南国蹴,射其元,王中厥目。'"又襄公九年:"穆姜薨于东宫,始往而筮之,遇艮之八。"以上三者,辞与《周易》不同,抑据《连山》或《归藏》欤。

三易之年代

夫《连山》作于神农而系辞于禹,《归藏》作于黄帝而系辞于汤,《周易》作于伏羲经尧舜而系辞于周室。今以系辞之时言,《连山》约成于公元前 2205 年左右,即禹元年丙子。《归藏》约成于公元前 1783 年左右,即汤元年戊寅。《周易》始于公元前 1144 年,即纣十一年丁巳,囚西伯于羑里。凡经二年,纣十三年己未,释西伯而《周易》之理备。后至公元前 1109 年,即成王七年壬辰,周公复政于王以前数年间而《周易》成。故二篇《周易》乃父作子述,前后凡经三四十年。

孔子十翼

《论语·述而》:"子曰:加我数年,五十以学《易》,可以无大过矣。"《史记·孔子世家》:"孔子晚而喜《易》,序彖、系象、说卦、文言,读《易》韦编三绝。"《史记》引略异,曰:"假我数年,若是我于《易》则彬彬矣。"

《扬子·法言》:"宓羲氏绵络天地,经以八卦,文王附六爻,孔子错其象而象其辞,然后发天地之藏,定万物之基。"《易纬·乾凿度》:"仲尼……五十究《易》,作十翼明也,明《易》几教。"

班固曰:"孔子晚而好《易》,读之韦编三绝,而为之传。"传即十翼也(《儒林传》)。又曰:"孔氏为之《彖》、《象》、《系辞》、《文言》、《序卦》之属十篇。"又:"《易经》十二篇。"(《艺文志》)师古曰:"上下经及十翼,故十二篇。"

《孔疏》："其《彖》、《象》等十翼之辞，以为孔子所作，先儒无异论，但数十翼亦有多家。既文王《易经》本分为上下二篇，则区域各异，《彖》、《象》释卦亦当随经而分。故一家数十翼云：上《彖》一、下《彖》二、上《象》三、下《象》四、上《系》五、下《系》六、《文言》七、《说卦》八、《序卦》九、《杂卦》十。郑学之徒并同此说，故今亦依之。"

孔子赞《周易》以十翼，唐前更无异论，至若数十翼之多家不同，《孔疏》亦唯言一家。幸《周易》未经秦火，故今所存者全焉，则以郑学之徒所数之十翼，极恰当。再者此十翼中与二篇关系最密者，为《彖》与《象》，故扬子曰："错其象而彖其辞。"

《象》

《系》曰："《易》者，象也。象也者，像也。"

《说文》："象，长鼻牙，南越大兽，三季一乳，象耳牙四足之形。凡象之属皆从象。"

《韩非子》："人希见生象，而案其图以想其生，故诸人之所以意想者，皆谓之象。"

《周礼》："大宰……正月之吉，始和布治于邦国都鄙。乃县治象之法于象魏，使万民观治象，挟日而敛之。"

《左传》哀公三年："……季桓子至御公，立于象魏之外，命救火者，伤人则止，财可为也。命藏象魏，曰：旧章不可亡也。"

夫日月为易，即天地自然之象，伏羲作八卦以象之，故《系》曰："八卦以象告。"县象于象魏即卦也。卦者挂，使民观象也。迨文周系辞以明《周易》，辞仍本乎象。故《系》曰："圣人设卦观象，系辞焉而明吉凶。"由是知"象"字之义与《易》并生，即在天成象。当孔子赞《易》，方名其翼曰《象》。《象》所以释卦爻辞，注疏分言之，以释卦辞谓之《大象》，释爻辞谓之《小象》。不论《大象》与《小象》，皆本二篇而分为二，是即十翼中之第三、第四二翼。

《彖》

《说文》："𢑓，豕走也。从互，从豕省，通贯切。"

《系》曰："彖者，言乎象者也。"又曰："彖者，材也"，"爻彖以情言"，"知者观其彖辞，则思过半矣。"

刘瓛曰："彖者，断也，断一卦之才也。"

马融曰："彖辞，卦辞也。"

郑康成曰："彖辞，爻辞也。"曹元弼释之曰："彖辞举六爻大义，故思过半。郑注爻辞下，盖脱'之质'二字。"

王肃曰："《彖》举象之要也。"

虞翻曰："在天成象，八卦以象告。《彖》说三才，故言乎象也。"又曰："《彖》说三才，则三分天象以为三才，谓天地人之道也。"

由是知彖辞即卦辞，乃孔子以《彖》释文王之卦辞也。夫《象》有二，《大象》、《小象》是也。《大象》以释卦，即《彖》之言乎象。然《大象》乃就其本卦之象言，《彖》则更言卦象之来源。凡卦变即彖也，故能断一卦之才。若《小象》以释爻，爻言乎变，谓阴阳爻而之正成既济。故爻象宜合而言之，是谓爻象以情言。《象》亦本二篇而分为二，即十翼中之第一、第二二翼。

《系辞》

《说文》："繫，系也。一曰恶絮，从糸声，古诣切。"

《说文》："辭，讼也。从䕫，䕫犹理辜也。䕫，理也，似兹切。"（《广韵》讼引作说。）

《上系》曰："圣人设卦观象，系辞焉而明吉凶。"故知系辞者，即系于卦爻下之辞。由辞所以明此卦此爻之吉凶。孔子于卦下既释以《彖》及《大象》，又于爻下释以《小象》，然后总论设卦观象系辞之理，皆所以述卦爻二篇之辞，故仍名《系辞》，亦分上下。

《孔疏》："夫子本作十翼，申说上下二篇经文系辞条贯义理，别自为卷，总曰《系辞》。分为上下二篇者，何氏云，上篇明无，故曰'《易》有太极'，太极即无也。又云圣人以此洗心，退藏于密，是其无也。下篇明几，从无入有，故云'知几其神乎'。今谓分为上下更无异义，有以简编重大是以分之。或以上篇论《易》之大理，下篇论《易》之小理者，事必不通。何则？案《上系》云：'君子出其言善，则千里之外应之。出其言不善，则千里之外违之。'又云：'藉用白茅，无咎。'皆人言语小事及小慎之行，岂为《易》之大理。又《下系》云：'天地之道贞观者也，日月之道贞明者也'，岂复《易》之小事乎。明以大小分之义必不可，故知圣人既无其意，若欲强释，理必不通。"

虞翻曰："上经终坎离，则下经终既济未济。上《系》终乾坤，则下《系》终六子。此《易》之大义者也。"

分上下《系》

夫分上下之义，虞氏为是。若何氏及先儒，或曰皆穿凿而已，本不足信。若唯以简编重大而分之，亦未是。故本虞说，则与二篇之分上下，其义亦合。即既济、未济由坎、离而合，《下系》之六子亦由乾、坤所索。且《上系》首云"天尊地卑"，即乾坤也。直至《上系》之末章，曰"乾坤其《易》之蕴邪"。《下系》首云"八卦成列"，即本乾坤索六子而成八。故末章起自"夫乾"、"夫坤"而终以六子之辞。

以上本《系辞》上下之首末二章言之，故知确可分而为二。即《上系》以乾坤为本，而《下系》以六子为本，此亦六十四卦所以分二篇之义也。夫上下《系》即十翼中第五、第六二翼。

《上系》分章

至若上下《系》之分章，诸家亦各异，《孔疏》述及有十一、十二、十三，三种不同。

《孔疏》："周氏云'天尊地卑'为第一章，'圣人设卦观象'为第二章，'彖者言乎象者'为第三章，'精气为物'为第四章，'显诸仁，藏诸用'为第五章，'圣人有以见天下之赜'为第六章，'初六，藉用白茅'为第七章，'大衍之数'为第八章，'子曰知变化之道'为第九章，'天一地二'为第十章。'是故《易》有太极'为第十一章，'子曰书不尽言'为第十二章。马季长、荀爽、姚信等又分'白茅'章后，取'负且乘'更为别章，成十三章。案'白茅'以下历序诸卦，独分'负且乘'为别章，义无所取也。虞翻分为十一章，合'大衍之数'并'知变化之道'共为一章。案'大衍'一章总明揲蓍策数及十有八变之事，首尾相连。其'知变化之道'以下，别明知神及唯几之事，全与'大衍'章义不类，何得合为一章。今从先儒以十二章为定。"

虞注"子曰知变化之道"曰："诸儒皆上'子曰'为章首，而荀、马又从之，甚非者也。"夫《孔疏》或即本此而云虞氏分为十一章，然曹元弼曰："李引虞，则断章在此。"意谓李鼎祚引虞注于此句，则此句非章首，下句'《易》有圣人之道四焉'为章首，故分十二章同。唯第九章非起自"子曰"，而起自"《易》有圣人之道四焉"。又张惠言则既本《孔疏》合成十一章外，又合"天一地二"及"是故《易》有太极"为一章，故分成十章。其言曰："《正义》章次以'是故《易》有太极'以下别为一章，言虞不异。今谓虞注'聪明睿知'以乾五之坤为义，即是与'自天右之吉无不利'为一章。《正义》所言，或后人误分之耳。"

《释文》："或以此为别章，今不用"，言于"初六，藉用白茅，无咎"之下。夫《孔疏》既斥马季长、荀爽、姚信等之更别"负且乘"为非，则"藉用白茅"何可与中孚、同人分而为二,故陆德明《释文》不用甚是。若此二章相合,又依虞氏合"大衍"、"子曰",则十二章成十章焉。

再者《本义》之分章,虽亦分十二章,然异于周氏。其间本程氏而移易"天一地二"至"天九地十"之二十字于"盗之招也"之下,"天数五"之上,又使"大衍"至"后挂"一节,与"天数五"至"行鬼神也"一节对易。则于数确显而易见,乃由天地之五十五数,成大衍之五十及其用之四十九。然《易》之著本大衍之五十及其用四十九,故此节不可于"天数五"节下。且"天一"之二十字,在"子曰夫《易》何为者也"上,则"开物成务","冒天下之道"有所指,故《本义》移动原文殊不可取。下述其分章之处。"天尊地卑"为第一章,"圣人设卦"为第二章,"象者言乎象者也"为第三章,《易》与天地准"为第四章,"一阴一阳之谓道"为第五章,"夫《易》广矣大矣"为第六章,"子曰易其至矣乎"为第七章,"圣人有以见天下之赜"为第八章,"天一地二"为第九章(天一地二之地位已易,故与原文不同),"《易》有圣人之道四焉"为第十章,"子曰夫《易》何为者也"为第十一章,"《易》曰自天右之"为第十二章。

姚配中曰:"《系辞》篇数,诸家各不同。据《汉书·费直传》,先称《系辞》十篇,后称《文言》。则所谓十篇指《系辞》,不谓十翼明矣,盖上下各十篇也。十篇之旧已无可考,兹依文分之。"今述姚氏所分之十章。"天尊地卑"为第一章(按姚氏欲合诸费直之《系辞》十篇,故称篇不称章。今合诸《孔疏》、《本义》等,故仍称章),"圣人设卦"为第二章,"《易》与天地准"为第三章,"一阴一阳之谓道"为第四章,"圣人有以见天下之赜"为第五章,"大衍之数五十"为第六章,"《易》有圣人之道四焉"为第七章,"天一地二"为第八章,"是故《易》有太极"为第九章,"子曰书不尽言"为第十章。

按以上之分章,各有所见。唯周氏使"初六,藉用白茅"为首,可定其非。《本义》三节移动,亦非说经之慎,故亦不取。此外皆可参考,而以姚氏分十章为主。

《下系》分章

《孔疏》:"此篇章数诸儒不同,刘瓛为十二章,以对《上系》十二章也。周氏、庄氏并为九章,今从九章为说也。第一起'八卦成列'至'非曰义',第二起'古者包犠'至'盖取诸夬',第三起《易》者象也'至'德之盛',第四起'困于石'至'而恒凶',第五起'乾坤其《易》之门'至'失得之报',第六起《易》之兴'至'巽以行权',第七起《易》之为书'至'思过半矣',第八起'二与四'至'谓《易》之道',第九起'夫乾天下'至'其辞屈'。"

《本义》分十二章,其与刘瓛同否,因刘氏之法失传,不得而知。今述《本义》之分法。自"八卦成列"起为第一章,"古者包犠"为第二章,"是故《易》者"为第三章,"阳卦多阴"为第四章,《易》曰憧憧往来"为第五章,"子曰乾坤其《易》之门"为第六章,《易》之兴也其于"为第七章,《易》之为书也不可远"为第八章,《易》之为书也,原始要终"为第九章,《易》之为书也,广大悉备"为第十章,《易》之兴也其当"为第十一章,"夫乾天下"为第十二章。

张惠言曰:"下篇分章无文(指虞翻无注文),《正义》依周氏、庄氏为九章,今定为七章。"即"八卦成列"为第一章,"古者包犠"为第二章,"阳卦多阴"为第三章,《易》曰困于石"为第四章,"子曰乾坤其《易》之门"为第五章,《易》之为书也不可远"为第六章,"夫乾天下"为第七章。

姚配中同《上系》亦分十章,"八卦成列"为第一章,"古者包犠"为第二章,"阳卦多阴"为第三章,《易》曰困于石"为第四章,"子曰乾坤其《易》之门"为第五章,《易》之兴也其于"为第六章,《易》之为书也不可远"为第七章,《易》之为书也,原始要终"为第八章,《易》之兴也其当"为第九章,"夫乾天下"为第十章。

曹元弼分十一章,即于姚之十章中分第八章之"《易》之为书也,广大悉备"为另一章。按《下系》中"《易》之为书也"凡三,似皆宜为章首。姚氏欲合"十篇"之数,故使"《易》之为书也,原始要终"及"《易》之为书也,广大悉备"合而为一,曹氏分之甚是。

再者《上系》中同人与大过分成二章,《释文》不从。而《下系》中咸与困又分而为二,是亦不可从。故《本义》分章于此颇可取,且"是故《易》者象也"另起既同周氏、庄氏,又使"阳卦多阴"又另起,则于义亦合。乃第二章为制器尚象,第三章因象而兼及彖爻,第四章言卦,第五章释文义,皆段落清楚。故《下系》之分章,今从《本义》乃分成十二章。

各章大义

《上系》第一章之大义

《上系》自"天尊地卑"至"成位乎其中矣"为第一章,此章之分殊无不同,今述各家所言之大义。

《孔疏》:"明天尊地卑及贵贱之位,刚柔动静寒暑往来,广明乾坤简易之德,圣人法之,能见天下之理。"又:"言天地成象成形,简易之德,明乾坤之大旨。"

《本义》:"此章以造化之实,明作经之理,又言乾坤之理,分见于天地而人兼体之也。"

张惠言:"此章明庖犠作《易》,立乾坤以起消息,成于既济。"

姚配中:"此第一篇言太极生两仪,天地有自然之易,圣人法天地而作《易》,而天地之道显易简之法则也。"

项安世曰:"此章论天地自然之易,以明伏羲作《易》之本义也。是故观乎二仪之判而六可耦之画已定矣,观乎卑高之势而三极之位已陈矣,观乎动静之理而七八九六之性已断矣,观乎气类之分合而比应攻取之情生矣,观乎法象之菁陈而飞伏变互之体已见矣。彼伏羲氏者特述而著之耳,言《易》者至变化而备易简之大业也。故自此以下极言变化之迹,在天成象,则雷霆风雨日月寒暑,皆此理之往来也。在地成形,则男女雌雄虚实高下,皆此理之感应也。而《易》之奇耦相摩以成八卦,八卦相荡以成六十四卦者,皆具乎其中矣。然而此皆其迹也,必有本此者焉,易简是也。故自此以下极言易简之理。易简者,《易》之至德。凡物之属奇画者,皆能知万物之始者也。凡物之属乎耦画者,皆能成一奇之所赋者也。夫万物之始,一而已矣,其理安得不易。及其成也,成夫一而已矣,其事安得不简。《上系》之首章断之于易简,而归之于圣人之德业。《下系》之首章断之以贞夫一,而归之于圣人之仁义。大抵先以天地之理,明圣人作《易》之本。复以在人之理,明圣人体《易》之用也。”

夫宋易之述其大义,莫详于项氏,故他家略焉。项氏与《下系》首章对言,甚是。今合数家之说而述其大义。

此章明庖羲本天地,定乾坤,相摩相荡而生万物,人参天地以成,得易简之理而位乎既济,谓立象尽意。

第二章之大义

自“圣人设卦”至“各指其所之”为第二章,即合《本义》之第二、第三为一,法姚氏也。

《孔疏》:“明圣人设卦作《易》,君子学《易》之事。”(第二)又“此章释卦爻辞之通例。”(第三)

张惠言:“此章言文王系辞,用九六以正消息。”

项安世:“此章论读《易》之法,必自文王之《易》始也。故上章论乾坤、贵贱、刚柔、吉凶、变化五事。而此章独自吉凶变化起义者,盖有画之初,乾坤贵贱刚柔之迹已著,而吉凶变化之象未明。有《系辞》而后见《易》之有吉凶,有卦象而后见《易》之有变化,二端者皆具于文王之时也。复以二端析为四类而详言之。吉凶者，得失之已定者也。起忧虞之初，则谓之悔吝。变化者，《易》之用也。其所以变化，则刚柔二物而已。故观吉凶者必自悔吝始，观变化者必自刚柔始。文王观此四者而系之辞，读《易》者亦当观此四者而玩文王之辞，则静居动作，无入而不利矣。孔子作大传二篇，专为此事，故学者以《系辞》名之，则当时传授之意，从可知矣。"

今合以上数家而曰："此章上节明文王增六爻，定三极，系辞以明象之吉凶、悔吝、刚柔、变化，学《易》君子当法之。"

项安世曰："此章上论《系辞》也，自'象者言乎象'至'无咎善补过'，皆解《系辞》之文。自'列贵贱者存乎位'至'各指其所之'，皆读《系辞》之法也。象辞所言之象，即下文所谓卦也。爻辞所言之变，即下文所谓位也。吉凶、悔吝、无咎，皆辞也，独吉凶言存乎辞者，悔吝可以介而免，无咎可以悔而致，必有忧震之心者，然后能用力于其微焉。至于吉凶，则得失之大者，读其辞者皆可辨也。此而不悟，圣人亦末如之何矣。贵贱以位言，小大以材言，卦各有主，主各有材。圣人随其材之大小、时之难易而命之辞，使人之知所适从也。然则读其辞者，其可不尽心乎。"(指《本义》第三章)

姚配中曰："此第二篇，言圣人设卦观象系辞，君子动静皆易，学《易》无大过者也。上篇言简易，此篇言变易。"

夫项氏言此章亦论系辞，故确可合上章而为一，唯此节乃释其例。至若他家皆断自孔生之说，而以"精气为物"为下章之章首。则《易》与天地准"数句，其义似不合于爻象之吉凶悔吝刚柔变化。且"《易》与天地准"、"与天地相似"、"范围天地之化"三者，乃穷理尽性至命之学。《本义》所言极是，今从之，则第二章断于"各指其所之"。

下节之大义，乃总论象爻之大义。

此章明文王增六爻，定三极，系辞以明象之吉凶悔吝刚柔变化。学《易》君子当法辞指所之以成既济，此变易谓《系辞》尽言。

第三章之大义

自"《易》与天地准"至"《易》无体"为第三章。

《本义》："此章言易道之大,圣人用之如此。"

姚配中："此第三篇言《易》准天地,道无不备无不体,所谓不易也。"

项安世曰:"凡言《易》者,皆指《易》之书也。此书之作与天地准,故此书之用能弥遍纶理天地之道。此二句者,一章之主意也,自此以下皆敷演此二句之义。自'仰以观于天文',至'故知鬼神之情状',此三知者,言《易》之所能与天地准也。自'范围天地之化而不过',至'神无方而易无体',此三而者,言弥纶之功也。"

此章明《易》准天地,故能弥纶之,相似之,范围之,是以其道不易。

第四章之大义

自"一阴一阳之谓道"至"道义之门"为第四章,即合《本义》之五、六、七三章为一。

《孔疏》："此章广明易道之大,与神功不异也。"(按起自"显诸仁"异,终于"道义之门"则同。)

张惠言："此章言道以乾坤为门。"(自迄同《孔疏》)

《本义》："此章言道之体用,不外乎阴阳。而其所以然者,则未尝倚于阴阳也。"(《本义》第五章终于"阴阳不测之谓神"。)

姚配中："此第四篇,言《易》一阴一阳无所不周,不见之见,不闻之闻,所谓周易也。"

此章明《易》以道阴阳,乾坤广大而行乎其中,赞《周易》之神也。

第五章之大义

自"圣人有以见"至"盗之招也",为第五章。

《孔疏》："明圣人拟议易象,以赞成变化。又明人拟议之事,先慎其身,在于慎言语,同心行,动举措,守谦退,勿骄盈,保静密,勿贪非位,凡有七事。是行之于急者,故引七卦之议以证成之。"按《孔疏》此义,实已及"盗之招也"。然用周氏之分章,故使"初六藉用白茅,无咎"另起,其大义曰:"此章欲求外物来应,必须拟议谨慎,则外物来应之。故引'藉用白茅,无咎'之事,以证谨慎之理。"夫此二章实为一章,陆德明不从而合之是也。

《本义》:"此章言卦爻之用。"

张惠言:"此章言《系辞》拟议变化,引二爻以明言动之义。"又:"此承上章,明君子观象玩辞之要。"按分章同《孔疏》,上章引二爻,下章亦引五爻,以观象玩辞,故知不宜分二。

姚配中:"此第五篇,言拟议成象爻而引诸卦,以明既有易则简易、变易、不易之道,发于象爻,天下之动赜见矣。"

项安世:"《上系》第一章统论易道,第二章、三章论人之学《易》者自系辞入。第四章以下复论易道,至此章论人之学《易》者自系辞入。夫理之幽者,至荒忽诞罔而难明也。圣人以健顺动入之辞拟其形状,以天地雷风之名象其物宜,而幽者于是乎可亲而不可恶矣。事物之动,至难处也。圣人察其事机之会与其变动之宜,而为之处事之法,随时之理,使之曲得其当,而又著其吉凶之效以告之,而动者于是乎有定则而不可乱矣。学《易》者拟其所立之象以出言,则言之浅深详略必各当于理,议其所合之爻以制动,则动之久速仕止必各当于时,而《易》之变化成于吾身矣。成其变化,其字指易也,言人学《易》之变化而至于有成也。故曰以言者尚其辞,以动者尚其变化,此之谓也。本章亦有此一段,其下文亦归于人之德行,正与此同。自此以下引爻辞七章,皆教人拟议之方。姚大老曰:自天右之一爻亦当在此章之末,脱简在后尔。"夫项氏于此章小结以上数章甚是。第一章统论易道,即易简也。第二第三之自系辞入,系辞即文王所增之六爻。爻言变,辞指其所之,故此二章合为一章,即第二章言变易也。其下论易道可分为二,一

《易》准天地，即易理之不易为第三章。"一阴一阳"以下即合《易》之三义，以赞《周易》也，是当第四章。至此章乃拟象而言，议礼而动。又引七爻以明之，即阐明"易之象也"（虞氏序作象），"爻之辞也"。

此章言拟议成象爻，又引七卦中之七爻为例，以明观象玩辞之要。

第六章之大义

自"大衍之数"至"神之所为乎"为第六章。《本义》上下移动，今不从。

《孔疏》："明占筮之法，揲蓍之体，显天地之数，定乾坤之策，以为六十四卦而生三百八十四爻。"

姚配中："此第六篇，言大衍成变化，行鬼神，毕天下之能事，广大悉备也。"

此章言大衍、天地、蓍策之数，以明观变玩占之要。

第七章之大义

自"《易》有圣人之道四焉"，至"此之谓也"为第七章。夫此章首末呼应，独立为一章是也。曹元弼以虞氏非"子曰知变化之道"为章首，而即虞氏以"《易》有圣人"为章首，虽无明文，于理甚合。张惠言则使二章相合似非，孔疏已言其不可之理。然周氏以"子曰"为章首，于理实未合。变化者，本为结束上章之意也。

《孔疏》："广明易道深远，圣人之道。圣人之道有四，又明《易》之深远穷极几神也。"

姚配中："此第七篇，言易道即圣人之道，所谓能事毕也。"

《本义》："此章承上章之意，言《易》之用有此四者。"

此章言易道曰，乃承前章之象辞，上章之变占而言。

第八章之大义

自"天一"至"谓之神"为第八章。

《孔疏》:"此章明卜筮蓍龟所用能通神知也。"

姚配中:"此第八篇,言数冒天下之道,变易之所以然也。"

此章明《易》以开物成务,数冒天下之道,圣人本神知兴神物以前民用,而归于变、通、法、神四者。

项安世:"此一节(指'子曰夫《易》'至'不杀者夫')先设问答,次以是故发辞。开物者,知其未然也,阳之始物也。成务者,定其当然也,阴之终物也。天下之始终,皆备于此书之内矣。是故圣人用之,以知人之志,所谓开物也。以定人之事,所谓成务也。以决人之疑,即志与事之决也。此三者皆著卦爻之所能也。是故蓍用七,故其德圆。卦用八,故其德方。爻用九六,故其义易。蓍开于无卦之先,所以为神。卦定于有象之后,所以为知。爻决之先者也,所以为贡。圣人以此三物之德,洗心以存其神,退藏于密以定其体,吉凶与民同患以赞其决。故其知几,则神之开物也,其畜德,则智之成务也。此所谓聪明睿智也。其断吉凶则神武之决也,其与民同患则不杀之仁也。古之人有能备是德者,伏羲氏其人也。故自此以下始言建立卜筮之人。"按项氏本《本义》而上移'天一'至'地十',是故此章之义,理是而无本。下二节谓立蓍之人(由'是以明于天之道'至'神明其德夫'),与画爻布卦之法(由'是故阖户谓之坤'至'民咸用之谓之神'),于《系辞》原文似亦未合,故不取。然言蓍卦爻之德(即上所录之一节),其理可参考之。今阐明此章于后。

夫开物者,所以通天下之志,唯深也,即天数之一、三、五、七、九。成务者,所以定天下之业,唯几也,即地数之二、四、六、八、十。以象言,深阴而几阳,是即阳之阴而为几,阴之阳而为深(阳之坤初生复为"几",阴之乾二生同人为"唯君子为能通天下之志")。合天地十数,即冒天下之道,所以断天下之疑也。是故天数七即蓍之德圆而神,地数八即卦之德方以知。爻分阴阳,合天数九地数六,即六爻之义易以贡。又九家以"志"、"业"、"疑"三者,合诸易四道之"变"、"象"、"占"。今以文推之，乃合诸"深"、"几"、"神"，而"志"、"深"即"辞"，"业"、"几"即"变"、"象"二道，"疑"、"神"即"占"，则四者皆备而不缺。故知"玩辞"者，必具圆而神之蓍德，"观象"、"观变"者，必具方以知之卦德。"玩占"者，必具易以贡之爻义。圣人以此者，"此"谓蓍卦爻。神以洗心故知来，知以退藏于密故藏往。吉凶与民同患，故合于天地之数以消息。聪明睿知所以成务，神武而不杀所以开物。圣人斋以明天道，神其德也，即洗心，故能兴神物。戒以察民故，明其德也，即退藏于密，故能前民用。此神知二者，即乾坤之辟阖也。爻用九六，变而通之，象器往来，出入于神物而民咸用之，是谓之神。知变化之道者，其知神之所为，亦即天地之数五十有五，所以成变化而行鬼神也。

第九章之大义

"是故《易》有太极"至"吉无不利也"为第九章。

《孔疏》："明易道之大，法于天地。明象日月，能定天下之吉凶，成天下之亹亹也。"

张惠言："此章（按指"天一"至"吉无不利也"）言圣人象数立卦消息之序，所以幽赞神明。"

姚配中："此第九篇，言《易》本太极，圣人效法天地作《易》，以为天下后世法。而人又当自求多福者也。"

项安世："制作之本有三，有立象之本，有制器之本，有作书之本。故此一节（按指"是故《易》有太极"至"所以断也"），以三'是故'为发语之端。其一曰'是故《易》有太极'，《易》之太极即《礼》之太一也。有太一则有阴阳，是谓两仪，此八卦之第一爻也。两仪各有一阴一阳，是谓四象，此第二爻也。四象又各有一阴一阳，是谓八卦，此第三爻也。八卦既成，则六十四卦皆具，而吉凶可见矣。吉凶之变不可胜穷，万事万物皆生于吉凶二字，故曰'吉凶生大业'。此六句言爻象之所由生也。其二曰'是故法象莫大乎天地'，万物皆有爻象之著明，而日月其最大

173

者也。三者具而《易》之道备矣。一家一乡一国各有占也,而据崇高之极,可以作天下之业者,贵为天子,富有天下者也。山巫野祝皆能占也,而具神知之全,可以为天下之利者,圣人也。折筳剡筹毁瓦灼鸡皆可占也,而有探索钩致之神,有决疑成务之智,可以供圣人之用者,蓍龟也。三者具而《易》之器成矣。此六句言成器之所由立也。其三曰'是故天生神物'。神物即蓍龟也,圣人则其知来之神以立卜筮。天地变化即四时也,圣人效其阴阳之变以立卦。天垂象即日月也,圣人象其刚柔之发挥以画爻,此七八九六之四象所以示也。河图洛书,天地之文字也。圣人则其义理之明,以作象辞、爻辞,此系辞之所以告,吉凶之所以断也。此四者言《易》之所由作也。是三节者,起于太极,成于系辞,而《易》之始终备矣。"

《本义》:"此章(按指"子曰夫《易》何为者也"至"所以断也")专言卜筮。"

此章明《易》有太极,圣人效法天地而设卦系辞,故天人合一而吉无不利。

第十章之大义

自"子曰书不尽言",至"存乎德行"为第十章。

《孔疏》:"此章言立象尽意,系辞尽言,《易》之兴废存乎其人事也。"

张惠言:"言玩辞当求之神,神当求之乾坤六位。"

姚配中:"此第十篇,言圣人作《易》无不尽。学《易》无大过,所以学为圣,非徒趋吉避凶已也。有天地即有《易》,既作《易》而天地之道著,天下之理得。圣之所以为圣者,求诸《易》而可知矣。故以总诸篇也。"

项安世:"自'书不尽言'至'鼓之舞之以尽神',此一章之纲领也。立象设卦系辞三者,言作《易》之成体。变通以尽利,言人用《易》以处事。鼓舞以尽神,言人用《易》以成德。二者皆体《易》之妙用也。下文自'乾坤《易》之蕴'至'谓之事业',以演说尽利之意。自'是故夫象'至

'存乎德行',以演说尽神之意也。"

此章明立象尽意,系辞尽言,包羲文王之显道神德行也。与首、二二章呼应,以为《上系》之终。

《下系》第一章之大义

自"八卦成列"至"为非曰义",为《下系》第一章。

《孔疏》:"此第一章复释《上系》第二章(按指"圣人设卦"至"吉无不利"),象爻刚柔吉凶悔吝之事,更具而详之。"

《本义》:"此章言卦爻吉凶,造化功业。"

项安世:"自'八卦成列'之'生乎动者也',皆言爻象之变动,天道之所以流行也。自'刚柔者,立本者也'至'贞夫一者也',皆言人之处变动,人极之所以立也。彼以其动,此以其贞,天人之道,二者而已。自'夫乾确然'至'情见乎辞',再言爻象之变动,曰吉与凶而已。自'天地之大德曰生'至'禁民为非曰义',再言人道之所以立,曰仁与义而已。大抵《上系》之文多言圣人作《易》之事,《下系》之文多言圣人用《易》之事,此下十三卦皆以古人之事实之。"

张惠言:"此章言爻象变动消息在正。正者,乾元也。"

姚配中:"此第一篇自'八卦成列'至'动在其中',言圣人作《易》。自'吉凶悔吝'至'贞夫一者也',则皆即动而究言之。自'夫乾'至'见乎辞',则又即动贞夫一而究言之。自'天地'至'曰义',则功业与圣人之情也。此篇统论大义,以启下诸篇。"

此章复释《上系》一、二二章,以仁义为易简,变动为贞夫一。一即"位乎其中",即"三极之道",谓既济。

第二章之大义

自"古者庖羲"至"盖取诸夬"为第二章。

《本义》:"此章言圣人制器尚象之事。"

《孔疏》："此第二章明圣人法自然之理而作《易》,象《易》以制器而利天下。"

此章明庖羲始作八卦,及历代圣人制器尚象以利天下,盖取诸十三卦。

第三章之大义

自"是故《易》者"至"悔吝著也"为第三章。

此章明《易》、象、彖、爻四者。

第四章之大义

自"阳卦多阴"至"小人之道也"为第四章。

此章以八卦为例,明卦有小大,谓《易》与彖。

第五章之大义

自"《易》曰憧憧"至"勿恒凶"为第五章。

项安世："十卦以咸九四为主意,大抵论感应之一心,屈信之一形,往来之一气,出入之一机也。精气入也,乃所以利其出。利用出,乃所以安其入。自此以下困、解、噬嗑、鼎、否皆言利用之事,豫、复、损、益皆言精义之事。困不利而解利,噬嗑初九福而上六祸,鼎凶而否吉,自一人一事而至于天下之用,皆尽于此矣。豫言知几之早,复言省过之速,损言心之当一,益言道之当豫,精义入神之功亦尽于此矣。"

姚配中："所谓吉凶生而悔吝著也。"

此章以十卦中之十一爻为例,明辞有险易,谓象与爻。

第六章之大义

自"子曰乾坤"至"得失之报"为第六章。

《孔疏》："此明《易》之体用,辞理远大,可以济民之行,以明失得之报也。"

项安世:"此章专论《易》之彖辞。《易》不过乾坤二画,乾坤即阴阳刚柔也。六阴九阳以象其德,故可以通神明所有之德。奇刚耦柔以定其体,故可以体天地所具之物。神明即天神地明也,神明以德言,天地以形言。凡《易》之辞其称名取类千汇万状,大要不越于二者,而其所以系辞之意,则为世衰道微,与民同患,不得已而尽言之尔。此断辞之所以作也,断辞即彖辞也。彰往察来,微显阐幽,《易》之道也。开而当名,辨物正言,彖之功也。其所命之事名极其当,故观其象即可以明其意。其吉凶利害之言极其正,故诵其言即可以决其效。因民之疑而来问也,以是告之,则足以济其可否之决,而定其吉凶之应矣。"

姚配中:"言《易》出入乾坤,无所不备,变易而不易者也。"

此章明乾坤阴阳物之合德有体,因消息定既济,称名取类而明失得之报。即辞也者,各指其所之。

第七章之大义

自"《易》之兴也其"至"巽以行权"为第七章。

《孔疏》:"明所以作《易》,为其忧患故作《易》。既有忧患,须修德以避患。故明九卦为德之所用也。"

《本义》:"此章三陈九卦,以明处忧患之道。"

姚配中:"举九卦以明文王居动皆《易》,后之君子所宜察其德行者也。"

项安世:"此章亦论彖辞。凡彖辞之体,皆先释卦名,次言两卦之体,末推卦用。故此章之序亦然,以为观象者之法也。独取九卦者,择其切于忧患者言之,以见作《易》之意,专为与民同患也。"

此章明忧患作《易》,三陈九卦以继上章衰世之意。

第八章之大义

自"《易》之为书也不"至"道不虚行"为第八章。

项安世:"此章专论《易》之爻辞。'《易》之为书也,不可远','其为道也,屡迁',此二句一章之大旨也。自'变动不居'至'惟变所适',言屡迁也。自'出入以度'至'道不虚行',言不可远也。书指所系之辞,辞出于圣人,人所当玩而行也,故不可远。道指六爻言之,六爻之变,不可胜穷也,故屡迁。惟其屡迁也,故虚而无常,不可为典要。惟其不可远也,故有度有方有典有常而不可虚。是故循其出入往来行止久速之度,则作内作外之事皆在所当戒。辨其凶咎灾眚伤嗟惕厉之所从来,则有人无人之时皆在所当敬。盖所命之辞随道而立,周旋曲折皆有定向,苟非诚敬率理之人,不能信受而曲从也。方其率之也,则谓之辞。及其行之也,则谓之道。辞之所指,即道指所迁也。人能循其不可远之理,则屡迁之道得矣。"

姚配中:"言《易》不可远,非其人不能行也。"

此章明易道屡迁而书不可远,必率辞揆方,非其人不能行也。

第九章之大义

自"《易》之为书也广"至"其刚胜邪"为第九章。

项安世曰:"此章亦论爻辞。凡画卦之法必始于初爻,终于上爻,然后成一卦之体。至论其所画之爻,则或阴或阳,随其时物之宜,未始有定体也。初方出门,福祸未定,故其辞多拟议。上已睹其成,祸福判矣,其辞多决定。若夫杂贵贱之物,具阴阳之德,而辨其德与位之当否,则备于二、三、四、五也。物指位言之,下章'爻有等,故曰物',正解此物字。居犹举也,言本末之与中爻虽各不同,然考其存亡吉凶,则六爻举可知也,何必以中爻为限哉。使智者观之,则止用卦辞亦可得其大半,又何必以六爻为限哉。此下再论中爻之例。功者德也,物者位也,誉惧功凶者,其是非也。此四者皆以位为重也。然柔不利远而利中,刚无远近中偏之间。柔在贵而危,刚在贵而胜,则又以德为重也。杂物撰德之法,亦略见于此矣。"

此章明《易》书之分彖爻。彖以为质,六爻相杂,唯其时物。爻又分初、上与中云。

第十章之大义

自"《易》之为书也广"至"吉凶生焉"为第十章。

项安世曰:"此章专论六爻者非他也,三才之道也。言圣人所以兼三才而两之者,非以私意傅会六爻也,三才之道,自各有两,不得而不六。此即《说卦》所言阴阳、刚柔、仁义也。爻有等者,初、二、三、四、五、上也。物相杂者,初、三、五与二、四、上,阴阳相间也。文不当者,九居阴位,六居阳位也。此即《说卦》所言分阴分阳,迭用柔刚也。"

姚配中:"言卦爻文质相依,所谓刚柔立本,变通趣时,兼三才而广大悉备矣。"(按兼九、十二章)

此章明《易》书之六爻即三才之道。

第十一章之大义

自"《易》之兴也其"至"《易》之道也"为第十一章。

项安世:"此章专论辞,而以危惧为主,慢易为戒。即'《易》不可远'章之意也。彖辞、爻辞皆成于周,故论彖辞则言衰世,言中古。论爻辞则言殷周,皆指文王周公言之。"

姚配中:"言文王作《易》,以总上诸圣人也。"

此章明文王作《易》,辞危道大,其要无咎。

第十二章之大义

自"夫乾天下"至"其辞屈"为第十二章。

《孔疏》:"总明易道之美,兼明易道爱恶相攻,情伪相感,吉凶悔吝由此而生,人情不等,制辞各异也。"

项安世:"自'夫乾天下之至健也'至'成天下之亹亹者',皆言乾坤之知能。自'变化云为'至'圣人成能',皆言圣人之知能。自此以下至章末,皆以象变与占辞,推演圣人之知能也。"

张惠言:"综言乾元之用,爻变之序。"

姚配中:"言变易不易,皆其简易以总诸篇也。"

此章明乾坤之易知简能,以包卦象爻象之杂居变动。吉凶、悔吝、利害之情,皆见于辞也。

夫《系辞》上下之分章,今《上系》分为十,同于姚配中。《下系》分为十二,同于朱子。似于原文之义甚合。

《文言》四章

十翼中之第七翼为《文言》,乃孔子释乾坤二卦。《系》曰:"乾坤其《易》之蕴邪。"又曰:"乾坤其《易》之门邪。"盖六十四卦皆源于乾坤二卦。乾坤者,阴阳之纯。《系》曰:"物相杂,故曰文。"由纯而杂,用九用六而旁通以生六十四卦,是之谓文。《文言》者,阴阳合德而刚柔有体也。凡释乾分三章,释坤唯一章,故《文言》共分四章。由"元者"至"是以动而有悔也"为第一章,乃释乾卦六爻爻辞及用九,计分二节。上节言人事,下节言天道。王弼、何妥以二节为二章,今合为一。自"乾元者"至"其唯圣人乎"为第三章,亦释乾卦卦辞及六爻爻辞。自"坤至柔"至"天玄而地黄"为第四章,乃释坤卦卦辞及六爻爻辞。

《说卦》六章

十翼中之第八翼为《说卦》,乃释卦之大义。《孔疏》:"《说卦》者,陈说八卦之德业变化,及法象之所为也。"今从项安世分成六章(曹元弼同)。"昔者"至"至于命"为第一章,"昔者"至"成章"为第二章。二句"昔者"皆为章首,与《系辞》之二章以"《易》之兴也",三章以"《易》之为书也”为章首同例。第一章明易卦之大义,第二章乃足成性命之理而成章于既济。故此二章乃言卦理。自“天地定位”至“坤以藏之”为第三章,乃先天图,言相错之卦位。自“帝出乎震”至“既成万物也”为第四章,乃后天图,言流行之方位。故此二章乃言卦位。自“乾健也”至“少女”为第五章,乃明八卦之卦象。自“乾为天,为圜”至“为羔”为第六章,乃明八卦广取万物之象。故此二章乃言卦象。由是可见卦之大义,以“理”、“位”、“象”三字,足以概括。

《序卦》二篇

十翼中之第九翼为《序卦》。《孔疏》曰:“《序卦》者,文王既繇六十四卦,分为上下二篇,其先后之次,其理不见。故孔子就上下二经,各序其相次之义,故谓之《序卦》焉。”按《系》曰:“二篇之策”,可见六十四卦本分为上下,孔子因文王之次序而言其义,是为《序卦》。本二篇之名,《序卦》宜分为二篇。自“有天地”至“离者丽也”为上篇,自“有天地”至“终焉”为下篇。上下篇之首句皆为“有天地”,故知宜分为二。

《杂卦》二章

十翼中之第十翼为《杂卦》。虞氏曰:“于时王道踳驳,圣人之意或欲错综以济之,故次《序卦》以其杂也。”夫孔子既本文王之序而作《序卦》,然王道衰微,故更易其次而作《杂卦》。《系》曰:“物相杂,故曰文。”子曰:“文王既没,文不在兹乎。”则《杂卦》者,孔子所以继文王之《序卦》也。郑东卿曰:“自乾坤之困,亦三十卦,自咸、恒至夬,亦三十四卦。”胡炳文曰:“自乾坤之困三十卦,与上经之数相当……自咸至夬三十四卦,与下经之数相当。”包仪曰:“自乾坤至困为上传,柔掩刚也。

自咸、恒至夬为下传,刚夬柔也。即为孔子之上、下经也。"今先儒之说可见《杂卦》,宜同《序卦》,亦分为上下二章。自"乾刚"至"困相遇也"为上章,言柔弇刚。自"咸,速也"至"小人道消也"为下章,言刚决柔。

夫孔子既作十翼以赞《周易》,然后易道大成。且三易之精义或已在《周易》之中,盖孔子曾得坤乾之归藏易,故有孔子之十翼在,可不必更求《连山》、《归藏》。

今作《易学源流表》于下,乃自伏羲至孔子。夫《易》,卦始作于伏羲,兴《易》于文王,而大成于孔子,是谓三圣。故《易学史》自伏羲至孔子为第一阶段。

《易学源流表》,伏羲至孔子

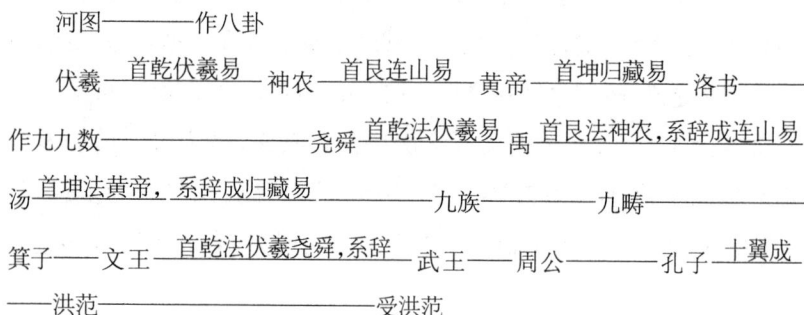

河图————作八卦

伏羲——首乾伏羲易——神农——首艮连山易——黄帝——首坤归藏易——洛书——

作九九数————————尧舜——首乾法伏羲易——禹——首艮法神农,系辞成连山易

汤——首坤法黄帝,系辞成归藏易————————九族————九畴——

箕子——文王——首乾法伏羲尧舜,系辞——武王——周公————孔子——十翼成

——洪范————————————受洪范

卦爻辞析义

文王所系之辞，卦爻辞而已。或谓卦辞文王所系，爻辞周公所系。然孔子于《系辞》中，仅言文王。盖周公为文王之子，父作子述，无妨归之于父。况周公于爻辞，或略有整理补充，若规模大体之经纶，爻用变动而系辞，定系文王所作，玩卦爻辞之互应可喻。且亦唯有周公之才之美，庶能编定《周易》爻辞而全合文王之志，父子一体于兹而见。故于二篇之辞，当不分卦辞文王、爻辞周公为是。

至于卦爻辞之大义，《系辞下》曰："开而当名辨物，正言断辞则备矣。其称名也小，其取类也大。"实已尽焉。夫开之为言，犹言分析，此谓深究卦爻辞之内容，可备于"当名"、"辨物"、"正言"、"断辞"四者。且此四者已属"取类也大"，大者，复杂也。虞翻注曰："谓乾阳也，为天为父，触类而长之，故大也。"若取类之大，本诸"称名也小"，小者，简单也。虞翻注曰："谓乾坤与六子，俱名八卦而小成，故小，复小而辨于物者矣。"虞氏以卦名为称名，诚是。然所谓小者，非限于小成之八卦而已，即大成六十四之名，亦简单而小。又爻名十二，当于卦名，同属于称名者也。观卦爻之名，极于六十四与十二，不亦小乎。而一卦一爻中之取象等，变化万千，不亦大乎。至于取类之四者，一曰当名，谓以三

183

才事物之名,当诸卦爻之象。二曰辨物,谓辨阴阳物变化,定象之理。三曰正言,谓言正义以通德,唯元亨利贞四字当之。四曰断辞,谓断吉凶以类情,唯吉凶悔吝厉咎六字当之。由是卦爻辞之义,可析成下表。

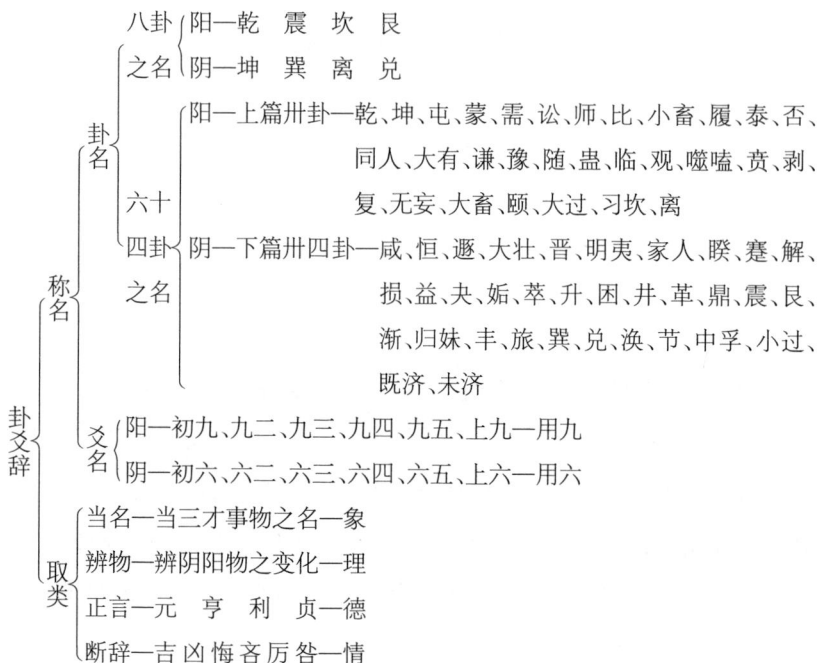

```
            八卦┌阳—乾 震 坎 艮
            之名└阴—坤 巽 离 兑
        卦┌   ┌阳—上篇卅卦—乾、坤、屯、蒙、需、讼、师、比、小畜、履、泰、否、
        名│   │              同人、大有、谦、豫、随、蛊、临、观、噬嗑、贲、剥、
        │六十│              复、无妄、大畜、颐、大过、习坎、离
        │四卦┤
  称     └之名└阴—下篇卅四卦—咸、恒、遁、大壮、晋、明夷、家人、睽、蹇、解、
  名                         损、益、夬、姤、萃、升、困、井、革、鼎、震、艮、
  │                         渐、归妹、丰、旅、巽、兑、涣、节、中孚、小过、
卦│     爻┌阳—初九、九二、九三、九四、九五、上九—用九          既济、未济
爻│     名└阴—初六、六二、六三、六四、六五、上六—用六
辞│   ┌当名—当三才事物之名—象
  │   │辨物—辨阴阳物之变化—理
  取┤正言—元 亨 利 贞—德
  类└断辞—吉 凶 悔 吝 厉 咎—情
```

上表中称名已全,取类则仅举象理德情四纲。唯象理之取类多端,故相应之通德类情,亦各不相同,天下之赜与天下之动,皆此拟议之变化也。以下首述称名之义。

子曰:"名不正则言不顺,言不顺则事不成,事不成则礼乐不兴,礼乐不兴则刑罚不中,刑罚不中则民无所措手足。"(《论语·子路》)名言之教,其可苟哉。夫名为实之宾,其名正者,名足以象实。其名不正者,名不符实。名而失实,言之大忌。《易》四道之一曰:"以言者尚其辞。"盖卦爻辞之为言,莫不有实,即《易》贵称名、当名。当名者,万事万物之名,各当其实。凡实皆有象,《易》之卦爻是也。故当名即当卦

184

爻之象。若卦爻象之本身,亦宜以名名之,是曰称名。称名者,其名称其象也。观伏羲氏始作八卦、六十四卦而消息,卦爻象已具。有其象而名之,当时或已有焉,然代代相传,难免有变。唯八卦之名,仍当以伏羲名之为是。若六十四卦及十二爻之名,则为文王所定,所以成《周易》也。

玩卦名之义,皆准卦象而名之。卦象者,生于阴阳刚柔。凡阳刚为正,阴柔为负。正负之实,如先后、往来、上下、升降、进退、天地、日月、昼夜、寒暑、山河、平陂、水火、得失、显藏、盛衰、是非、忧虞、父母、夫妇、子女、君臣、消息等等相对之义,言不胜言。而卦象即本之组合而成,卦名亦由是而得。宜逐卦明之。

一、小成八卦之名

☰乾——其象三画皆阳刚,义主外施上出。乾字从乙,乙,物之达也,上出义。斡同斿,旌旗之游斿塞之貌,有外施义。又乾与湿对,《说卦》:"离为乾卦。"乾与乾古同。盖离为日,日光照而物乾,乾之之时,水气上出,有乾象焉。孔子赞《易》,以健字象其德。健者,动而不自知为动,并外施上出而忘之,是之谓乾。

☷坤——其象三画皆阴柔,义主吸收凝固。坤字从土从申,申,神也,电也。《说卦》:"离为电。"谓坤丽乾中,以凝乾神成离电。若土位在申者,更能凝及上下而乾神皆含于土。此吸收凝固之极致,是之谓坤。老子曰"天下之至柔,驰骋天下之至坚"当其象。孔子以顺字赞其德,顺者,顺承于乾也。谓其顺,乃含乾神而土能吐生万物焉。

☳震——其象初画为阳刚,二、三二画皆阴柔。阳刚将外施上出而上为阴柔所阻,因阻而阳健见其动。起而动之,则能去其阻而外施上出,是谓震。《说卦》:"震,动也。"《杂卦》:"震,起也。"自然之现象为雷。即此一动,乾元之神出于土而万物生焉。《彖》曰:"大哉乾元,万物资始。""至哉坤元,万物资生。"《文言》曰:"夫玄黄者,天地之杂也,天玄而地黄。"谓资始资生而帝出乎震,《说卦》曰"震为玄黄"是也。

☴巽——其象初画为阴柔,二、三二画皆阳刚。象与震错,震则一阳将上出,巽则一阴将深入。《说卦》:"巽,入也。"《杂卦》:"巽,伏也。"伏而入,散物以凝阳刚,是谓巽,于自然现象为风。《说卦》:"雷风相薄。"雷象主于动,风象主于入。动宜上出,复乾元之性也。入则四方皆及,乃有八方之名,故巽风为命。

☵坎——其象中画为阳刚,初、三二画皆阴柔,义主阳刚陷于阴柔。《说卦》:"坎,陷也。"陷者,高下也,于自然现象为水之流。《杂卦》:"坎,下也。"本上出之乾元,成润下之坎水,陷之为德,不亦险乎。然不舍昼夜而流,犹存乾健之性焉。

☲离——其象中画为阴柔,初、三二画皆阳刚,义主阴柔丽于阳刚。《说卦》:"离,丽也。"丽者符也。又离有分散义,《杂卦》:"涣,离也。"谓中画阴柔,丽阳刚而分阳刚为二,是谓离。离则二阳外见,于自然现象为火。火炎上,《杂卦》:"离,上。"盖阴柔丽阳得中,而有乾阳上出之性。

☶艮——其象初二二画为阴柔,上画为阳刚,义主一阳上出已及上而止,二阴则承阳而凝于下。阴阳各合其情而止,是谓艮,《说卦》:"艮,止也。"于自然现象为山,山止于地是其义。

☱兑——其象初、二二画为阳刚,上画为阴柔,义主一阴凝于阳上,乾健之情见焉。《杂卦》:"兑,见。"又此一阴得见阳之乐,是谓说。《说卦》:"兑为说。"见而说,是谓兑。于自然现象为泽,泽者,止水也,一阴在上以说物之象。

二、大成六十四卦之名

䷀乾——乾下乾上。同八卦之名。卦义明三才之位,又合六龙之动,以象乾天之健。

☷坤——坤上坤下。同八卦之名。卦义明辨其先后失得,以利承乾之永贞。

☵屯——震下坎上。震为雷,坎为水。又上卦当天,水在天上为云,象当云布于天,下则雷声大作,而雨尚未施。物未遇雨露,其生有难,是谓屯。《说文》:"屯,难也。象艸木之初生,屯然而难。从屮贯一。一,地也。尾曲。《易》曰:'屯,刚柔始交而难生。'"故是卦之义,为草创立业,历尽艰难之象。

☶蒙——坎下艮上。坎为水,艮为山,山出水而水清,蒙之功也。又蒙当物之稚,稺则冒而养之,长则发而去之,或冒或发,以亨行时中也。故是卦之义,养童蒙以进德,立师保以教育之象。

☵需——乾下坎上。乾为天,坎为水,水在天上又为云。有云必将有雨,盖坎水之性润下者也。然当是象之时,尚未有雨,故名需。需,待也,待其雨之降。若此卦异于屯者,屯下卦为震,震为动,谓当动以致雨。此卦之下卦为乾,乾为健,健行不已而动在其中,故不必动而待雨之自降,是谓需。又需为需要,以饮食为本,《序卦》:"需者,饮食之道也。"乃是卦之义有二,其一明避险以待雨之降,其二明需于酒食以行气血。合而言之,刚健以待时之象。

☰讼——坎下乾上。坎为水,乾为天,天在上而其气上出,水在下而其行流下,则上愈上而下愈下,上下违行,不亲而讼焉。《杂卦》:"讼,不亲也。"讼争以辩财,由饮食而起,故是卦之义,明饮食之争而争讼终凶,且每言息讼中吉之象。

☵师——坎下坤上。坎为水,坤为地,水流地中,处处皆有。名师者,师,众也。师旅之众,各地遍布,寓兵于农之象。若全卦之义,明行师之理,及有命以开国成家,而师道成矣。

☵比——坤下坎上。坤为地,坎为水,水流于地,其性润下而密比于地。比者密比而乐,众阴皆比阳,一阳位五,王者以王天下之象。

全卦明六爻间相比之得失,主于王者显仁之比。

　　☴小畜——乾下巽上。乾为天,巽为风,风行天上而以风畜天,是谓小畜。小当巽之一阴。畜,田畜也。谓畜积尚小,巽命之不足以畜乾性。卦明畜积之变化及尚德之象。

　　☲履——兑下乾上。兑为泽,乾为天,天位上而泽施于下,上下各居其所而行其义,是曰履。《序卦》:"履者礼也。"《杂卦》:"履不处也。"谓礼由上下之位,不处而行之,乃能施天泽于人,此非人履行之准则乎。卦爻明履礼之得失,凡礼仪三百威仪三千之象,莫不具焉。

　　☷泰——乾下坤上。乾为天,坤为地,天位上而处下,地位下而处上,上下相交而通,是谓泰。《序卦》:"泰者通也。"泰而通,气畅达而吉,太平之象也。卦爻明致泰保泰之法及消息反类之变。

　　☶否——坤下乾上。坤为地,乾为天,天位上而处上,地位下而处下,上下不相交而不通,是谓否。否则气纡郁而塞,乱世之象也。《杂卦》:"否泰反其类也。"反类者,治乱相循之象。于卦爻间明处否之道及休否倾否之吉。

　　☲同人——离下乾上。离为火,乾为天,天上出而火炎上,其性相同,以人而言,故曰同人。人者仁也,应于显比。《杂卦》:"同人亲也。"犹比《大象》"亲诸侯"与讼之不亲,水火相对之象。卦爻明同人之由近及远与夫通志之情。

　　☲大有——乾下离上。乾为天,离为火,火在天上,日光普照之象,万物莫不有焉,是曰大有。亦谓六五一阴,丽阳而有其大。郑玄曰:"若周公之摄政,朝诸侯于明堂是也。"卦辞曰"元亨",当群龙无首之义。爻辞明积中交孚而自然能得天右。

　　☶谦——艮下坤上。艮为山,坤为地,象当地中有山。盖山在地上而下于地中,谓有其德而不伐其功,是曰"谦"。子曰:"孟之反不伐。"(《论语·雍也》)深合此象。爻辞明因位而谦,皆无凶咎,合诸卦辞"君子有终",谦之果也。夫九三君子即谦象,或以文王当之,贵其谦也。

䷏豫——坤下震上。坤为地,震为雷,象当雷动而奋出于地,得震阳上出之性,故名豫。《尔雅·释诂》:"豫,安也,乐也。"《大象》曰:"作乐。"豫乐者与履礼相对,一阳乐一阴礼,六三、九四人道未正,圣人以礼乐化之之象。此卦九四曰:"朋合哉。"即同声相应之义。各爻则言豫乐之得失。卦辞曰:"利建侯行师。"与革卦有相似之象,革唯九四一失,此唯九四一阳是也。

䷐随——震下兑上。震为雷,兑为泽,泽中有雷,雷尚隐于泽中以随从于泽,故名随。随者有休养生息之象,亦有萧规曹随之义,然难免有因循苟且之弊。卦辞曰:"元亨利贞,无咎。"谓必随乾之四德,庶能无咎云。六爻则重阴爻随阳爻之理,故三阴爻言系言维,谓系维于阳也。三阳爻言交言孚,谓交孚于阴也。

䷑蛊——巽下艮上。巽为风,艮为山。风者,其气流动之象,然遇山而阻,阻则气流不畅而乱。盖流水不腐,户枢不蠹者,其畅也。若不畅而乱,事由是而生,犹皿中生蛊,故曰蛊。《序卦》:"蛊者事也。"卦辞言事之原委终始。又事之本在子女之于父母,故六爻分言幹父母之蛊。幹者正也,《杂卦》"蛊则饬也"是其义。

䷒临——兑下坤上。兑为泽,坤为地,泽上有地,当泽将普施于地之象。亦指二阳临四阴而与之,《杂卦》以"或与"为临之义是也。卦由复息,复一阳通小畜为小,临二阳通大畜为大。《序卦》:"临者大也。"因其畜已大,然后可与于人。卦爻皆言与人之理,若八月者,消而当用收敛,或不知时而更欲与人,是以有凶。于本卦之象,兑为八月,凶当其上之阴。

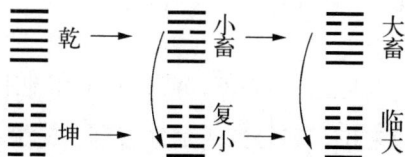

乾 → 小畜 → 大畜
坤 → 复小 → 临大

▦观——坤下巽上。坤为地,巽为风,风行地上。地有平陂肥瘠之异,风亦有狂暴清明之别,当观风以知其地之情。《杂卦》以"或求"为观之义,谓求民风以设教也。若六爻之义,因位而各有其观,总于卦辞之"颙若",神道大观之象,民风皆在焉。

▦噬嗑——震下离上。震为雷,离为电,雷电交加,其象峻严。又象当颐中有物,谓九四失位之物,梗于颐口中,有碍养生之理,当噬而嗑之。《杂卦》:"噬嗑食也。"是犹强梁不化者,有碍于治,当用狱以化之,所以安民也。爻言治狱之情,皆以噬物为喻。

▦贲——离下艮上。离为火,艮为山,山体嶙峋,下有火照而成贲饰,故名贲。《序卦》:"贲者饰也。"辨析文采,此象当之,不啻三棱镜之分光云。《杂卦》:"贲,无色也。"明卦爻之贲,归于上九之"白贲",反质之谓也。

▦剥——坤下艮上。坤为地,艮为山,山附于地而高于地,其一阳将为众阴所剥。剥,裂也。以消息言,消大观而成此卦,仅存之一阳硕果,因剥而烂焉。《杂卦》:"剥,烂也。"烂则反土而其仁复生,乾元不绝之象也。然当剥而未反之时,不亦危乎。爻言由下以剥上,若蔑贞剥肤之辞,其象险矣。

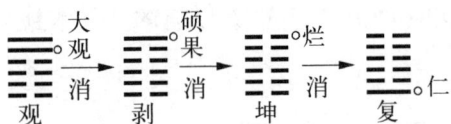

▦复——震下坤上。震为雷,坤为地,雷在地中,潜龙勿用之象,而乾元已复初不拔之位,故名复。《杂卦》:"复,反也。"反复其道,天地之心见焉。夫天地之心,即惟微之道心,一阴一阳之谓道也。若惟危之人心,非剥烂之象欤。至于复之为义,取其初复之时,故当涵煦以大之。爻辞之言,每准此勿用之象。

☳☰无妄——震下乾上。震为雷,乾为天,天下雷行,雷动以从天。乾震之元一也,岂有妄哉,故曰无妄。无妄者,诚也,诚合外内之道,非复其见天地之心乎。外卦天心五,内卦地心初,诚合而一。《序卦》:"复则不妄矣。"然分卦象而言爻,凡匪正有眚,如三爻未正而未能"同人",故有"行人"、"邑人"之异。谓有一牛,或系于行人,则邑人失而为灾。《杂卦》:"无妄,灾也。"夫楚人失弓而楚人得弓,免楚而后可,即同行人、邑人之象。二元合一,眚灾何由而生,此无妄之终极也。唯有无妄之灾,德由是而进焉。

☰☶大畜——乾下艮上。乾为天,艮为山,天在山中,以山畜天之象。大畜者,大当艮之一阳,畜谓凝积,《中庸》:"苟不至德,至道不凝焉。"夫至道犹乾天,畜积由小而大,由巽而艮,艮成终成始,时所由生。《杂卦》:"大畜,时也。"既得乎时,然后能畜积不败而大。爻以天衢当之,德厚而其道大行之象。

☳☶颐——震下艮上。震为雷,艮为山,山下有雷,取其下动上止之象,而名之曰颐。郑玄曰:"颐,口车辅之名也,震动于下,艮止于上,口车动而上,因辅嚼物以养人,故谓之颐。颐,养也。"口车辅者,辅,颊辅,车,牙车,《左传》"辅车相依"是也。象以艮为辅震为车,合而为颐口,义则取其养生之理。《杂卦》:"颐,养正也。"卦爻皆分自养所养明之,犹自觉觉他云。

☴☱大过——巽下兑上。巽为木,兑为泽,泽在木上以灭木,洪水泛滥之象,故曰大过。又四阳中处而本末皆阴,盖阳大虽多,皆为阴所拘,阳有过焉,乃四阳之栋桡,万物将毁,其犹死象。卦爻言阴阳之气失中,大过之变也。若巽为木者,三画中二阳出地上而显,犹干枝等,一阴凝地下而藏,犹根也。

▤▤习坎——坎下坎上。卦名于小成八卦上,特加一习字,盖陷德之险重习,非时习以去其陷,何能复见上出之健性耶。卦爻皆言险陷之情。

▤▤离——离下离上。同八卦之名。卦义明离日出入相继之变化。

▤▤咸——艮下兑上。艮为山,兑为泽,山上有泽,当山以载泽而泽以润山,为山泽通气相感之象。又艮为少男,兑为少女,男下女以取女,亦二气感应之象,故名咸。咸,感也,感应之理神而速。《杂卦》:"咸,速也。"《系上》曰:"唯神也不疾而速,不行而至。"盖二气已合而为一,故不测阴阳而神。爻皆以人身取象,以明感应之近在本身耳。

▤▤恒——巽下震上。巽为风,震为雷,象当雷风相薄而同声相应。盖艮兑静而无声,是曰"通气",震巽则动而有声者也。然同声同气之感应,其理无异,于象兑少女成巽为长女,艮少男成震为长男,犹夫妇由少而长,恒久之象也。《序卦》:"夫妇之道,不可以不久也,故受之以恒。恒者久也。"又巽为入,震为动为出,入而动者,能入能出之象,不为巽风所限,此所以能恒久欤。爻言恒德之出入变化。

▤▤遯——艮下乾上。艮为山,乾为天,天下有山,山止而有寂静退隐之象,故名遯,遯者退也。以消息言,姤消而遯,遯消而否,知时之君子,宜未否而遯,此卦之名,不亦妙乎。爻明遯退之情,可见艮止之非易致也。

▤▤ 消 ▤▤ 消 ▤▤
姤   遯   否

▤▤大壮——乾下震上。乾为天,震为雷,雷在天上,象当雷动出地以上天,震初乾元之动,可云至焉,故名大壮。壮者刚以动,皆阳大之象。然以震论,一阳犹在二阴之下,盖动而未健,其壮将伤,虞翻曰:"壮,伤也。"《杂卦》:"大壮则止。"谓当止其动,所以免壮伤也。爻言用壮之弊。卦辞曰"利贞",即用六之象。夫大有、大壮,分乾之四德而二用备焉。

䷢晋——坤下离上。坤为地,离为火。离火又为日,象当离日出坤地,旦而为昼也。《杂卦》:"晋,昼也。"又晋者进也,时当日进向午,卦言康侯治国,有欣欣向荣之象。爻言昼日之变化,如过午之昼,其气已衰,乃有鼫鼠之贪,而终有晋角之未光也。

䷣明夷——离下坤上。离为火,坤为地。火又为日,象当离日入坤地中,暮而为夜也。夜则明伤,故名明夷,夷者伤也。《杂卦》:"明夷,诛也。"诛者杀罚之,即伤之也。易象既济之九五,伤而为六五,犹殷之三仁。文王以箕子当之,利贞之情见矣。爻皆言用晦之道。

既济 → 明夷 °箕子

䷤家人——离下巽上。离为火,巽为风,风自火出。名之曰家人者,由内以及外之象。《杂卦》:"家人,内也。"又家人为同人之本,同人者,火以从天,天者性也。家人者,火以出风,风者命也。显仁以同人,知命以亲亲,正家而天下定,其致一也。卦爻言治家之道,归诸女贞而已。

性{同人　命{家人

䷥睽——兑下离上。兑为泽,离为火,泽下而火上,相反而乖异,故名睽。《序卦》:"睽者乖也。"易象兑为少女,离为中女,凡阴象而当离兑,尤见其不和,此卦与革卦是也。然以消息言,初已正为元夫,与复初同义,故卦辞曰小事吉,其可因睽而忽乎哉。若六爻言相睽之象,其境如画。《杂卦》:"睽,外也。"即此相斥之义。

未济 ䷿ ——息→ 睽 ䷥。元夫

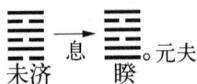

䷦蹇——艮下坎上。艮为山,坎为水,山上有水,水当流而为山所止,山则当止而为水所激,山水各有所难,故名蹇。蹇者难也,与山泽通气之咸,截然不同,盖兑泽止水,已成坎之流水。夫一爻之变其境大异,观象玩辞之妙,皆此类也。卦爻明静待蹇难之解。

䷧解——坎下震上。坎为水,震为雷,名之曰解者,解蹇屯之难也。以综卦言,蹇之艮止成震动,则坎水之流无阻而蹇难解。以两象易言,屯雷动而上,坎云化雨而下,雷雨交加,以通天地阻隔之气,则其膏不屯而屯难亦解。《杂卦》:"解,缓也。"谓难解而其象宽缓云。于卦爻言难之所起及解难之道。

蹇(䷦)
动{䷧}止 云{䷂}雷) 雷{䷧}雨
解 (难)屯 解

䷨损——兑下艮上。兑为泽,艮为山。山下有泽名损者,虞翻曰:"泰初之上,损下益上。"盖损由泰来,泰天地交而盛,变损则向否渐衰,故《杂卦》以损为衰之始。又郑玄曰:"艮为山,兑为泽,互体坤,坤为地,山在地上,泽在地下,泽以自损增山之高也,犹诸侯损其国之富以贡献于天子,故谓之损矣。"义亦切。夫咸则山以载泽,其主在山,损则深兑泽以高艮山,其主在泽,二卦同为山泽通气,唯有贞悔之异耳。卦爻皆言损下益上之象。

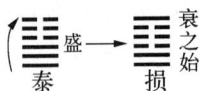

(䷊盛→䷨衰之始
泰 损

䷩益——震下巽上。震为雷,巽为风。风雷名益者,虞翻曰:"否上之初也,损上益下。"盖益由否来,否天地不交而衰,变益向泰渐盛,故

《杂卦》以益为盛之始。又震雷动而巽风行之,风以益雷之动,当位上者益下之象。郑玄曰:"是天子损其所有以下诸侯也。人君之道以益下为德,故谓之益也。"夫损益者,上下互为损益耳。然以损下益上名损,损上益下名益,亲民之情溢于言表,此周室之德也。卦爻皆言损上益下之象。

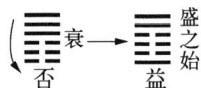

䷪夬——乾下兑上。乾为天,兑为泽,其象泽上于天。夫泽当下施而凝于上,何用之有。名之曰夬者,谓宜决而去之。《杂卦》:"夬,决也。"以消息言,大壮藩决而夬,更当夬去一阴而为纯阳。用六以大终,即刚长乃终也。卦爻皆以决一柔为言。

䷫姤——巽下乾上。巽为风,乾为天,天下有风者,其风四散而各有所遇。名姤者,遇也,遇其命也。盖姤之巽入不同而为命,错复之震出皆同而为性,性命之理,出入而已矣。姤字本作遘,同冓,象对交之形,以当柔遇刚之义。卦爻明相遇不安之象,可喻知命之难。

䷬萃——坤下兑上。坤为地,兑为泽,泽上于地者,止水聚于地上之象,故名萃。《序卦》:"萃者聚也。"聚则有所在之位,故位字之象,本诸此卦五爻之"萃有位"云。若卦象为聚而用萃字者,萃,艸貌,艸由泽施地而生,古逐水艸而聚居,非萃聚之象乎。卦爻言萃之之德。

䷭升——巽下坤上。巽为木,坤为地,地中生木,由下而上,由小而大,由低而高,是之谓升。《杂卦》:"升,不来也。"乃升为往,故不来。汉荀爽每以升降言卦爻之变,即本于此。升则往而不来,降则来而不往,升降者,犹往来也。此卦之义,皆以上升为言,与乾元上出相对,故《彖》曰"柔以时升"。

䷮困——坎下兑上。坎为水,兑为泽,泽为有限之止水,而在流动不已之坎水之上,则泽施下而流去之,终至泽中无水,以困名之,诚深得卦象之情。《杂卦》:"困,相遇也。"谓坎兑二水刚柔相遇,虞翻曰"困三遇四"是也。于卦爻间言种种困境,皆忧患之象。

䷯井——巽下坎上。巽为木,坎为水。木者,根能吸水以上养枝叶,是犹汲井水以养人,故此卦名井。《杂卦》"井通",谓坎水润下而能汲出之,则上下交而通焉。卦爻明甃井以漯井,缥井以食寒泉诸象。

䷰革——离下兑上。离为火,兑为泽,泽中有火者,火上以涸泽,泽下以灭火,水火不容而相息者,见于此象。中少二女之不和,甚于睽者也。名以革,谓当更改之,即革兑成坎而已,乃坎水长流,火何能涸之。且流而不聚,其量与火相当,亦不足以灭火,故水火相息之革,改而为相逮不相射之既济,水火各得其所焉。卦爻皆言改四爻巽命之义,《杂卦》所谓"革去故也"。

命 ䷰ 改 → ䷾
革   既济

䷱鼎——巽下离上。巽为木,离为火。名鼎者,以木生火而熟鼎食也。又卦象象鼎,初当鼎足。二三四当鼎腹,五当鼎耳,上当贯耳行鼎之铉。《系上》曰"以制器者尚其象",此类是也。《杂卦》:"鼎,取新也。"本谓火化而食之,人与禽兽之大别也,引伸之,凡制器以利天下皆是。卦爻言鼎器之用及其成毁等义。

䷲震——震下震上。同八卦之名。卦义明乾元帝出之情状。

䷳艮——艮下艮上。同八卦之名。卦义明乾元止于位之情状。

䷴渐——艮下巽上。艮为山,巽为木,象当山上有木。木之生,其长也渐,山上之木尤不易长,乃此卦名渐。然虽渐而必长,故渐者进也。《杂卦》:"渐,女归待男行也。"谓兑女归艮男以待其行,渐长成巽女之象,即咸之上卦综。爻言渐进之鸿,间有闺怨之情焉。

䷵归妹——兑下震上。兑为泽，震为雷，泽上有雷，而雷以动泽。名归妹者，震长兄以归兑妹，犹雷之动泽也。《杂卦》："归妹，女之终也。"谓女终于嫁，归者女嫁也。又女归重时，于象含三画卦四，即合四时之象。四五上震，震为春。二三四离，离为夏。初二三兑，兑为秋。三四五坎，坎为冬。六十四卦中唯此象为合，四爻曰"迟归有时"是也。于卦爻皆言归妹之礼。

春 冬
夏 ䷵ 秋
归妹

䷶丰——离下震上。离为火，震为雷，火犹日，象当日中而动于外，其境丰满盛大，故名丰。《序卦》："丰者大也。"字象豆之丰满者(豐)，以喻物产之富有云。卦辞谓宜保持此日中之象，爻辞则言日中之变，乃自然之消息。《杂卦》"丰，多故也"，当爻象之义。

䷷旅——艮下离上。艮为山，离为火，其象山上有火。山者止于下，火者炎于上，止下而不动，犹逆旅也，炎上而不处，犹过客也，故名旅。《杂卦》："亲寡，旅也。"盖同人之天火相合为亲，旅人则火山一合而已，故其亲寡，然非若讼卦天水违行之不亲。玩《杂卦》中三亲字之义，皆有与于卦象卦名而深得其情，翼经之笔，可云神矣。若此卦之义，言旅人之境，其终有失居之号咷，《序卦》"穷大者必失其居"是也。

䷸巽——巽下巽上。同八卦之名。卦义明巽入之变化。

䷹兑——兑下兑上。同八卦之名。卦义明兑说之变化。

䷺涣——坎下巽上。坎为水，巽为风，风行水上以散水，故名涣。涣，散流也。又水流散，犹离别之象，《序卦》："涣者离也。"夫既有涣离之象，必有涣离之事，卦辞以有庙聚其离，其法莫善焉。于爻辞则分言其涣，并及涣后之情。

䷻节——兑下坎上。兑为泽，坎为水，泽上有水者，坎水之流不已，兑泽则于下节取之以成止水，是之谓节。节则泽中之水必满，与困之泽无水,因两象易而其境相反。若节者,其犹水库之象乎。卦爻明不可不节,然于节之甘苦等宜分辨之。《杂卦》:"节,止也。"谓止坎水成兑泽耳。若甘苦等,盖生于止之之时者也。

䷼中孚——兑下巽上。兑为泽,巽为风,泽上有风,义当风令于上以布泽于下,上下一致其中有信,故名中孚。《杂卦》:"中孚,信也。"又兑说而巽入于命,有无入而不自得之象,中孚之谓也。卦爻皆言孚中以外施之义。

䷽小过——艮下震上。艮为山,震为雷,山则止于下,雷则动于上,动止之间有过焉。然动之本身亦有上下,当动而上,则不合于下止,当动而下,则尚与下止合。故此象可小事而不可大事,不宜上而宜下。小事者犹下也,大事者犹上也。可不可宜不宜者,艮震之合与不合耳。夫象兼合与不合,其过犹小,非若泽之必将灭木,故彼名大过,此名小过云。卦爻明小大上下之吉凶变化。《杂卦》:"小过,过也。"象当外四阴过盛也。又四阳二阴或四阴二阳相包,阳当在外阴当在内,则无过,中孚、颐是也。反之则有过,大过之四阳包于内,小过之四阴包于外是也。

䷾既济——离下坎上。离为火,坎为水,水在火上,水润下而火炎上,水火交而济,犹天地交而泰,故名既济。既,已也,尽也。济,度也。已尽度者民胞物与,天地间无一物之不当。六位皆当曰定,《杂卦》:"既济,定也。"夫《易》言既济,则人皆尧舜,佛言到彼岸,则一片净土,由此到彼以入圣域,即济度之谓。所妙者既济亦六十四卦之一,其象本具,奚待外求哉。卦爻言既济、未济之消息,盖既济之象安可执一,执则未济继焉。

䷿未济——坎下离上。坎为水,离为火,火在水上,火炎上而水润下,水火不交而未济,犹天地不交而否。未济者,万物皆失其所,而有待于济之也。《论语·微子》子曰："天下有道,丘不与易也。"盖易者,易未济成既济而已矣。《杂卦》:"未济,男之穷也。"谓女归知时,则有终不穷,男于未济失位,乃无分为穷。卦爻言济之之象。

上述八卦、六十四卦之称名,皆准乎卦象卦名及十翼之义,然以二篇为本,若十翼更有发挥之《大象》等,皆未兼及。由是或可略窥名之之义,间附及卦爻辞之大义。盖卦名既定,其辞皆有与焉。然辞之变化甚多,宜通玩六十四卦三百八十四爻,或因名而各卦分言之,仍将有碍。若称名已各卦各爻中杂见,其理可喻。以下更述称爻名之义。

夫爻共三百八十四,名唯十二,凡一名兼三十二爻,其名仅取二字,义则实具三层。其一曰初上,初对终,初终以时言,既济卦辞曰"初吉终乱",睽三巽五皆曰"无初有终"是也。上对下,上下以位言,小过卦辞曰"不宜上宜下"是也。盖爻之变动与否,当观其时位。又时则以初为知几,位则以上为尊贵,故合时位而取初上。一初字已概括渐次及终之时,一上字已概括渐次及下之位,故初上二字爻名之本也。

其二曰九六。九对七,九七言阳刚之动静。爻以动为义,故取九而用之。六对八,六八言阴柔之动静。爻以动为义,故取六而用之。九六者,起于时位者也,乃于九六前各加初上而成爻名初九、初六、上九、上六是也。

其三曰二三四五。此四字为渐次之等,不言一者,一已取初字,不言六者,六已取上字。凡此四等名之曰中爻,以对于初本上末。本末者,阴阳由时位相合而起。中爻者,时位相合之等次,反由阴阳而见。故于二三四五之前,各加九六而成爻名九二、九三、九四、九五、六二、六三、六四、六五是也。

凡此三层中,由一二层而定爻名四,由二三层而定爻名八,间于第二层之九六兼及二者,故合成阴阳各六爻,是谓用九用六。若中爻之等,三与五,其数奇,二与四,其数偶。奇偶同,是曰同功。然等次已异,是曰异位。且由三五而及初,初犹一,数皆奇,奇者阳也。由二四而及上,上犹六,数皆偶,偶者阴也。合此阴阳者曰既济,既济者,得位也。未合此阴阳者曰未济,未济者,失位也。故爻名十二,其辨有二,一以九六分,即用九用六而为乾坤,一以初上爻等之奇偶分,即用九用六相间而为既济未济。此乾坤与既济未济,为《序卦》之始终,消息之两端,当阴阳失得四象,卦爻变化之源也。详如下示:

《系下》曰:"其初难知,其上易知,本末也。初辞拟之,卒成之终。若夫杂物撰德辨是与非,则非其中爻不备。"又曰:"二与四,同功而异位,其善不同,二多誉,四多惧,近也。柔之为道不利远者,其要无咎,其用柔中也。三与五,同功而异位,三多凶,五多功,贵贱之等也。其柔危,其刚胜邪。"是节盖明十二爻之大义。凡初则不论初九初六,共六十四爻,义当时初位下为本,故难知焉。上则不论上九上六,共六十四爻,义当位上时终为末,故易知焉。然难知者,非谓不可知,有心者仍能知之。易知者,亦非谓人人皆知,不用心者,仍未能知之。所谓知者,观象而知阴阳失得之是非也。玩本末一百二十八爻之辞,其理自显。若中爻者,九二六二多誉,九三六三多凶,九四六四多惧,九五六五多功。曰多者,比较而言,非谓六十四爻皆然。且宜分辨同功异位,即二四为柔道,当六二六四而不利九二九四,三五则刚胜,当九三九五而危于六三六五。若此准则,必由前后反复卦爻辞而得之,故孔子读《易》而韦编三绝,此非实证乎。今玩十二爻名,而能辨三百八十四爻中阴阳六位之大义,乃赞《易》之功也。

上已言及,卦爻辞之大义,不外称名取类而已。唯"称名也小",故可逐一明之。唯"取类也大",故宜以类目明之。《系下》曰:"古者包犠氏之王天下也,仰则观象于天,俯则观法于地,观鸟兽之文,与地之宜,近取诸身,远取诸物。于是始作八卦,以通神明之德,以类万物之情。"此谓包犠氏所观之象,而文王系辞之取类,不外乎此。其本为天地犹阴阳,阴阳合德而刚柔有体,即盈天地之间者唯万物。物有阴阳,当生物与无生物,无生物即远取诸物。于生物中又有阴阳,当动物与植物,植物即与地之宜。于动物中又有阴阳,当人与禽兽,禽兽即鸟兽之文。于人又有阴阳,心与身是也。身即近取诸身,心所以作八卦。八卦之用二,亦为阴阳,阳以通神明之德,阴以类万物之情。通德者,人心上合天地而参焉,元亨利贞之正言当之。类情者,人心下化万物而备焉,吉凶悔吝厉咎之断辞当之。见下表:

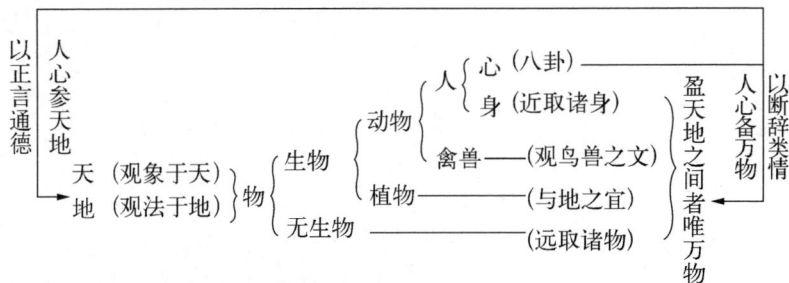

由是以玩卦爻辞，凡三才事物之名，皆可类知。若正言断辞，其语简焉，然实皆因象而宜，故变化无穷。止于辨物者，盖确指卦爻象变化之法理，故此类之辞，其犹《周易》之专门名辞云。

十翼析义

《论语·述而》:"子曰,加我数年,五十以学《易》,可以无大过矣。"此孔子自言学《易》之事。曰五十者,知天命之年也。大过者,卦名也,其象栋桡,死也。无大过,则生生之谓易。《易纬·乾凿度》:"仲尼鲁人,生不知《易》本,偶筮其命,得旅,请益于商瞿氏,曰:'子有圣智而无位。'孔子泣而曰:'天也,命也。凤鸟不来,河无图至。呜呼,天命之也。'叹讫而后息志,停读礼,止史削,五十究《易》,作十翼,明也。明《易》几教,若曰:'终日而作,思之于古圣颐,师于姬昌,法旦。'作九问、十恶、七正、八叹、上下系辞,大道、大数、大法、大义。易书中为通圣之问,明者以为圣贤矣。孔子曰:'吾以观之,曰仁者见为仁,几之文,智者见为智,几之间,圣者见为通,神之文,仁者见之为之仁,智者见之为之智。随仁智也。'"夫纬书之言,每多失实,然可取之义,不时有之,故亦为稽古者所不废。若此节之言,盖准《论语》而云然。"偶筮其命,得旅",可不必究其事,而孔子之史实,确合旅象。王弼注《文言》有曰"文王明夷,则主可知矣。仲尼旅人,则国可知矣"是其义。"思之于古圣颐",颐错大过,其义养正,生也。思之于古圣生生之易理,故能无大过矣。若十翼之名,亦始见于此。曰"上下系辞"今名尚同。唯"九问"

等,未知所指。又"易书中为通圣之问","智者见为智,几之问",二"问"字似皆当为"门"字,义谓十翼于易书中为通圣之门,明之则希贤希圣而以为圣贤矣。曰见仁见知,语出《系辞上》。"几之文"、"几之门",即一阴一阳之谓道。合于"神之文",即阴阳不测之谓神。文阴阳之几者,仁也。出入阴阳之几者,知也。随仁知而通之,则不测阴阳而神。《说卦》曰:"神也者,妙万物而为言者也。"非神之文乎。若《易经》之二篇十翼,皆文而神者也。

《史记·孔子世家》:"孔子晚而喜《易》,序彖、系象、说卦、文言,读《易》韦编三绝,曰假我数年,若是我于《易》则彬彬矣。"间曰"序彖、系象、说卦、文言",当十翼之名。或谓此八字,宜二字一读,前一字皆为动词,后一字则为名词,义当"序其彖,系其象,说其卦,文其言",于文理亦通。然所以用"序"字"系"字"说"字"文"字,仍本十翼之篇名也。"曰假我数年"以下,盖本《论语》,朱子《集注》曾引之,其注曰:"刘聘君见元城刘忠定公,自言尝读他《论》,加作假,五十作卒。盖加、假声相近而误读,卒与五十字相似而误分也。愚按:此章之言,《史记》作'假我数年,若是我于《易》则彬彬矣'。加正作假,而无五十字。盖是时孔子年已几七十矣,五十字误无疑也。学《易》则明乎吉凶消长之理、进退存亡之道,故可以无大过。盖圣人深见易道之无穷而言此以教人,使知其不可不学,而又不可以易而学也。"朱子此注,盖准《史记》之文以读《论语》,谓五十字误,似未可。毛奇龄之《四书改错》曰:"《论语》自鲁论外,但有齐论古论,并无他论之名。且此三论中文异者四百余字,今皆无可考,安得复有异字为刘元城所见,错矣。按《史·世家》作假我数年,然加、假通字,非声近之误。若五十作卒则字形全不近,五以上下相互为形,从二从 **乂**,卒以衣识各见为形,从衣从十。使校古文耶,则 **㐅** 与 **众** 近乎,校今文耶,则五与衣近乎,此皆大无理者。且朱氏何以知是年夫子将七十也,不过谓夫子赞《易》在七十年前耳。经明曰学《易》,而注者以赞《易》当之,将谓赞《易》以前,夫子必不当学

《易》，岂有此理。盖学《易》者六艺之一也，古以《诗》、《书》、《礼》、《乐》、《春秋》、《易》为六艺，亦名六学，而学之者则自十五入大学始，每三年通一学，至三十而五学已立，惟《易》则无时不学。《汉·艺文志》所云，五学者犹五行之更递用事，而《易》则与天地为始终。故古者四十强仕，五十服官政，至六十则不亲学矣。夫子三十五即游仕齐鲁间，五十而为中都宰，未至五十则游仕之际犹思学《易》，所谓《易》则无时不学者。盖将假此入官之年为穷经年也，惟恐由此之不亲学也。五十者，终学之限也。"夫毛氏之言，每反朱义，盖亦得失互见。若此节谓不当改五十为卒，诚是。五十者，指学《易》无大过之年，何可与赞《易》并论。《史记》之言，实指赞《易》，故语本《论语》，辞略不同，此不足异也。如《史记》录《尧典》等，其字与《尚书》颇多出入，然大义仍同，可以《史记》而改《尚书》乎。此则借学《易》之语以言赞《易》，乃司马迁之文也。朱子执此以改《论语》，宜为毛氏所非。唯毛氏所谓学六艺，当孔子以后之事，此六艺即孔子所定，而谓孔子准此而学，不亦谬乎。如《春秋》尚未作，如何自学其晚年之著作耶。然《易》则已有伏羲易图、文王二篇在，故曰学《易》。且必自幼而已读，故有韦编三绝之事。迨五十知天命而学《易》无大过，得《易》之元焉，乃晚而愈喜，故以十翼赞《易》云。若十翼之成，必已年当七十，盖十翼之文，皆从心所欲不逾矩之言也，时于七十前后，当公元前 482 年。

《汉书·儒林传》："孔子晚而好《易》，读之韦编三绝而为之传。"《艺文志》："孔氏为之《彖》、《象》、《系辞》、《文言》、《序卦》之属十篇。"又曰："《易经》十二篇。"《汉书》于《儒林传》之言，与《史记》同，然另有《艺文志》，故较《史记》为详。已明言十篇，则《易经》共十二篇。颜师古注十二篇曰："上下经及十翼，故十二篇。"凡此十二篇，伏羲、文王、孔子三圣之心在焉，《艺文志》曰"易道深矣，人更三圣，世历三古"是其义。其下又曰："及秦燔书，而《易》为筮卜之事，传者不绝。汉兴，田何传之。讫于宣、元，有施、孟、梁丘、京氏列于学官，而民间有费、高二家之说。刘向以中古文《易经》校施、孟、梁丘经,或脱去无咎、悔亡,唯费氏经与古文同。"曰费氏经者,即《易经》十二篇,然未脱无咎悔亡与古文同。若刘向所用之中古文《易经》,当即田何所用之本欤。至于费氏之说,《儒林传》中略有所记,其言曰:"费直字长翁,东莱人也,治《易》为郎,至单父令。长于卦筮,亡章句,徒以《彖》、《象》、《系辞》十篇文言解说上下经。"谓费氏徒文十翼之言以解说上下经,乃亡章句,盖以章句解卦爻辞,各家皆自有其说者也。曰长于卦筮者,似指生蓍言,即蓍得本卦之卦后,则以十翼解说之。其初,二篇、十翼分行,以《彖》、《象》合于卦爻下者,始于费氏也。费氏亦宣、元时人,生卒年未可考,《儒林传》次于京房下。然京氏年四十一卒于建昭二年(公元前37),十二年后,刘向校书(公元前26)已用费氏本,可见其说已盛行民间,故其年龄当略同京氏。费氏之纯以十翼解上下经,免各家自为章句而其说不一,此其卓见也。惜当时尚未立学官,追东汉则继京氏而盛行。如郑玄(公元127—200)初习京氏易于第五元,后又习费氏易。又马融(公元79—166)、荀爽(公元128—190)等,皆取费氏易也。费氏易之可贵,重视十翼而已矣。

孔疏八论之六十翼曰:"其《彖》、《象》等十翼之辞,以为孔子所作,先儒更无异论,但数十翼亦有多家。既文王《易经》本分为上下二篇,则区域各别,《彖》、《象》释卦亦当随经而分。故一家数十翼云,上《彖》一,下《彖》二,上《象》三,下《象》四,上《系》五,下《系》六,《文言》七,《说卦》八,《序卦》九,《杂卦》十。郑学之徒并同此说,故今亦依之。"据乎此,知唐以前莫不以《彖》、《象》等为之十翼。但数十翼有多家者,盖《史记》、《汉书》皆未全录十翼之篇名所致。孔疏用郑学之说,定系费氏之本。若经文本分上下,《系辞上》已有"二篇之策"之语,而《彖》《象》者,直接传此二篇。当《彖》传"卦辞"、《象》传"爻辞",则随二篇之上下而为四翼可知,《史记》、《汉书》皆言《彖》、《象》是也。《系辞》之分上下,《易纬》中已言之,于大义确有所指(详下),以下四翼者不分。

《系辞》、《文言》之名,《汉书》中已言。《史记》中有"系象"、"文言",如皆作名词解,则《系》即《系辞》。或以"系"、"文"作动词解,则《系辞》包括于《文言》之中。《说卦》、《序卦》、《杂卦》之名,《汉书》中已言《序卦》,其后"之属"二字,即指《说卦》、《杂卦》云。《史记》中有"序象"、"说卦",如皆作名词解,则"序"即《序卦》而兼及《杂卦》。盖《杂卦》者,《序卦》外之另一次序耳。或以"序"、"说"作动词解,则"序其象"为定六十四卦之次,正当"序卦"、"杂卦"之义。然则郑学所数之十翼,非与古文同之费氏经乎。唯其间《杂卦》之杂字,《史记》、《汉书》皆未及,则更可以《太玄》证之。

《太玄》,扬雄著,起草于哀帝元寿元年(公元前2),全书准《易》而成,间有《玄冲》以方、州、部、家八十一首,中分而合言每首之大义,盖法诸《序卦》。然于《玄冲》外,更有《玄错》。《玄错》者,错杂八十一首而言每首之大义,盖法诸《杂卦》。可见《易经》中本有《序卦》、《杂卦》,何以因《史记》、《汉书》未言"杂"字而疑之乎。

由上之说,郑学之数十翼,与田何、费直之传本,可谓无出入。孔疏于多家中采此说而依之,得其实矣,惜未引他家之说而明辨其非,乃启后人数十翼之争。

于费氏前,上下经与十翼,各自为篇。总言之皆经也,分言之二篇为经,十翼为传,故《易经》十二篇之文,能一目了然。自费氏以《彖》、《象》合于卦爻辞下,又有王弼以《文言》合于乾坤下,李鼎祚《集解》本又分《序卦》于各卦之前,《程传》本亦用之。凡此皆便于阅读,然经传之辨,十翼之次混焉。宋吕大防首复十二篇之旧,吕祖谦亦同,朱子著《本义》即用吕祖谦本。他家如晁以道本,则不分经、《彖》、《象》、《系辞》之上下而共为八篇。又有欲分大小《象》为二者,又有欲据《隋志》而分《说卦》为三者,或谓其二已佚,或谓其二即《系辞》,且各自以意而合成十篇之数,皆妄加臆测,决不足训。至于佚篇之事,见《论衡》及《隋书·经籍志》,清孙星衍非之。特录于下:

《论衡·正说篇》：孝宣皇帝之时，河内女子发老屋，得逸《易》、《礼》、《尚书》各一篇。奏之，宣帝下示博士，然后《易》、《礼》、《尚书》各益一篇。

《隋书·经籍志》：孔子为《彖》、《象》、《系辞》、《文言》、《序卦》、《说卦》、《杂卦》，而子夏为之传。及秦焚书，《周易》独以卜筮得存，唯失《说卦》三篇，后河内女子得之。

孙星衍《周易集解·序》曰："《易经》文未火于秦独为全书，或传汉宣帝时得佚篇益之，其言不可信。"自注曰："按《论衡》云逸《易》一篇，《隋志》言三篇已误。而《尚书序》正义引《别录》曰武帝末，民有得《泰誓》书于壁内云云，又引《论衡》及后汉史，献帝建安十四年黄门侍郎房宏等说，云宣帝本始元年，河内女子有坏老子屋，得古文《泰誓》三篇。按《泰誓》与逸《易》同得，而或以为武帝时，或云老屋，或云老子屋，说俱乖异不足信。且《易》本未逸，或后又得藏篇，书中仍有之，非益也。"

按孙氏云"说俱乖异"则未必，盖《泰誓》既可与逸《易》同得于宣帝时，未可谓武帝末他处壁内民亦不能得《泰誓》。若老屋与老子屋者，或夺子字，或衍子字，皆未可知。然河内女子得佚篇之事，奚可以一子字而疑之。至于《论衡》明言一篇，而《隋书》言三篇则确已误，故《说卦》三篇之说，绝不足信。孙氏结论曰："或后又得藏篇，书中仍有之，非益也。"其言或可信，盖《史记》已言"说卦"，非宣帝时始得。然《论衡》未言篇名，或益他翼，则亦未可知。故十翼或皆为田何所传，或田氏仅传九翼，而一翼有河内女子得于壁内，此皆无碍者也。若所益之篇与原有之篇，犹《尚书》之今古文，然《易》幸未经秦火，故虽或有益篇之事，亦仅一翼耳，且宣帝时已定，故可不必介意云。

再者十翼虽全，其中或有佚文，于古书中曾引及而今本中阙者，录数则如下：

《大戴礼》：《易》曰"正其本而万物理，失之毫厘，差以千里"，是故君子慎始也。

《小戴礼》：《易》曰"君子慎始，差若毫厘，谬以千里"，此之谓也。

《韩诗外传》：《易》曰"夫易有一道，大足以守天下，中足以守其国家，近足以守其身"，谦之谓也。

《说苑》：《易》曰"天地动而万物变化"。

陆贾《新语》：《易》曰"天出善道，圣人则之"。

《后汉书·郎颛传》：《易》曰"天道无亲，常与善人"。

桓宽《盐铁论》：《易》曰"小人处盛位，虽高必崩"，不盈其道，不恒其德，而能以善终身，未之有也。

凡此等皆今本中无其语，然如大小戴《礼》所引（此句贾子《新书》、《史记》、《汉书》中皆曾引及）者，明系同出，而字句不同乃引者之损益耳。以喻他家所引，必多如是，则《易》之原文未可知也。又《易》之有佚文，不外在《系辞》上下，其他八翼皆文体完整，绝无阙失。且以今本《系辞》读之，仍可前后呼应，上下贯彻，虽间或有阙，而大义未丧，故亦不必以有佚文为憾。乃欲研《易》，其主要文献可不必他求，皆在此十翼也。以下逐翼析其义。

《彖》——《彖》分上下，当十翼之一、二。"《彖》上"传上篇由乾至离三十卦之卦辞，"《彖》下"传下篇由咸至未济三十四卦之卦辞。卦辞明全卦之大义，《彖》即翼赞之。且由卦之大义，推原其所以成此卦之因，先儒皆以"卦变"名之。夫卦变者，生蓍之一卦可变六十四卦，消息之一卦可变十二卦，且由升阶而纷若，消息亦可及六十四卦，盖至矣尽矣。然《彖》所言之"卦变"，仅及六位之刚柔进退，间亦及消息可变十二卦之卦变。故卦变之名，其实有辩，凡一卦可变六十四卦者，广义之卦变也。若《彖》所言之卦变，乃尚有所限而未能变及六十四卦者，狭义之卦变也。夫彖者时也,《彖》言卦变者,明时代之变耳。每一时代之象,皆有成之之因,《彖》即言乎此,历代注《易》者各有所悟,故卦变图有种种不同云。

《象》——《象》分大小,各因二篇而分上下。合大小《象》之上下,当十翼之三、四。《大象》者,合传一卦之六爻,由下上两体以立义。凡卦下皆有小注四字曰某卦下某卦上,是必系《大象》时所注。《小象》者,分传一卦之六爻,故共为三百八十四,并及用九用六,皆翼赞爻辞及二用之大义。以数言,《象》赞卦辞曰七八静,静者,由动而静,成此卦时也。《象》赞爻辞曰九六动,动者,由静而动,所以用此卦时也。乃《大象》之合传六爻,明处世之大经大法。《小象》之分传六爻,明因位而变。变则由动而静,又另成卦时,则又宜用适于彼时之《大象》以处之。故大小《象》相依为用,用六用九之大义在焉。"用九天德不可为首也","用六永贞以大终也",天德而不为首犹地德,永贞而以大终犹天德,阴阳合德而生生,九六之用莫外焉。若六爻因位而变,先儒皆以"爻变"名之。"爻变"之变化甚多,其极仍可一卦变六十四卦。然以之正成既济为鹄的,则能保合太和云。上述《彖》、《象》之大义,宜以医喻,《彖》者犹诊断以明病因,《大象》者处方也,《小象》者病变也,能之既济,其病愈矣。既济《大象》曰:"君子以思患而豫防之。"豫防者,上医医未病也。又以佛教之三世言,《彖》者过去也,《大象》者现在也,《小象》者未来也,三世因果之不可思议,《易》犹卦爻变之谓也。《金刚经》曰:"过去心不可得,现在心不可得,未来心不可得。"则三世悉破,太极乾元显矣。

夫《彖》、《象》四翼,皆准卦爻辞而赞之,其分章自然本二篇。凡《彖》上《象》上皆依上篇三十卦而为三十章,《彖》下《象》下皆依下篇三十四卦而为三十四章。又《大象》、《小象》之文体不同,读《易》者莫不可知。惟其同赞九六之用,且须相互而观之,故而当三、四二翼,固其宜焉。或录出《大象》以当处世之格言读之,未尝不可。然必以《大象》为一翼,则失以《象》赞爻之体例矣。

《系辞》——《系辞》者,观伏羲之卦象而系以卦爻辞之谓。既以《彖》、《象》赞之,乃更通赞易道而申论所系之辞,故其篇名亦以《系辞》名之,凡分上下,当十翼之五六。所以分上下者,犹经之分二篇。虞翻曰:"上经终坎离,则下经终既济未济。上《系》终乾坤,则下《系》终六子,此《易》之大义也。"按上《系》末章曰"乾坤其《易》之蕴邪",即承首章首句曰"天尊地卑,乾坤定矣"。下《系》末章,起于乾坤之至健至顺以知险知阻,而终于六子之辞,即承首章首句曰"八卦成列,象在其中矣"。若六子之辞者,"将叛者其辞惭",坎人之辞也。"中心疑者其辞枝",离人之辞也。"吉人之辞寡",艮人之辞也。"躁人之辞多",震人之辞也。"诬善之人其辞游",兑人之辞也。"失其守者其辞屈",巽人之辞也。玩诸卦爻辞,自然有其象而有其辞。虞氏悟及上下《系辞》之终乾坤、终六子,所见极是,故当分上下,有其义焉,非因卷帙重大而分者也。且详玩上下《系辞》之全篇,上《系》之主旨,盖明"易有圣人之道四焉",四者谓"以言者尚其辞,以动者尚其变,以制器者尚其象,以卜筮者尚其占",是即"君子居则观其象而玩其辞,动则观其变而玩其占",是乃《易》之理,体也。又下《系》之主旨,盖明易道之史迹,易书之纲要,由伏羲神农黄帝尧舜以及后世圣人,又明文王与纣之事,乃伏羲兴《易》于中古而文王忧患作《易》,易书之广大悉备乃《易》之性情,用也。故《系辞》之当分上下,犹体用之谓乎。至于《系辞》之分章,历代之注颇多不同。今上《系》从姚配中,分为十章,下系从朱子《本义》之分为十二章。凡分章者,以自成一义之段落为主,非若分卷之当使字数相似云。

《文言》——《文言》者,特赞乾坤卦爻及二用之义,当十翼之七。盖物相杂曰文,文之质,阴阳物而已矣。乾阳物也,坤阴物也,乾坤者,阴阳之质而文生焉。故唯乾坤二卦而以文言,分章从王弼及何妥,皆以《乾文言》为四章,《坤文言》为一章,共五章云。

《说卦》——《说卦》者,赞卦之大义,当十翼之八,凡《易》之原皆在其中,较《系辞》尤易简而重要,盖辞之本在卦也。全篇可以"卦理"、"卦位"、"卦象"三者概括之,各分二章,故当为六章。此从项安世之分章云。

《序卦》——《序卦》者,序六十四卦之次也,当十翼之九。分二章者,即上下篇也。此六十四卦之序,先儒皆以文王所定,孔子读《易》而韦编三绝,乃惧其次之或紊,故作此以定之。其间皆以综卦为序,故六十四卦合成三十六综卦,上下经各取十八综卦,以方列之,当六六之数,是犹六佾。见"《序卦》六佾图"。六佾者,诸侯所用,盖见文王之德之纯,为臣敬止之象也。然自定序以后,其次之有否变动,未可知也,今则准《序卦》之言也。惟二篇之必以综卦为次,于卦爻辞中,殊多例子可循。如损综益,故损五益二皆曰"或益之十朋之龟,弗克违"等等是也。

《序卦》六佾图

《杂卦》——《序卦》之外,更言《杂卦》者,乃杂糅六十四卦相序之次,而另成一序,当十翼之十,全篇唯一章。此《杂卦》之次,其几在大过以下八卦,盖由"乾刚坤柔"至"需不进也,讼不亲也",其以综卦相次之例与《序卦》同,而于大过起则不用综卦为次,盖以旋互为次。且大过以下八卦,即十六互卦之半。故《杂卦》者,实以互卦为次。凡互卦十六,以方列之,当四四之数,是犹四佾。见"《杂卦》四佾图"。四佾者大夫所用,孔子为大夫之后,故以互卦明之。五十无大过而归诸养正,此孔子之微言乎。其详另见《〈杂卦〉释义》。

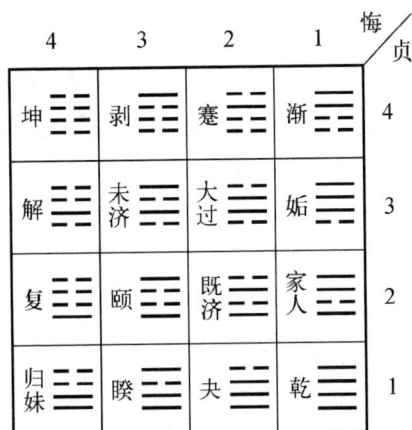

	4	3	2	1	悔 / 贞
4	坤 ☷☷	剥 ☶☷	蹇 ☵☶	渐 ☴☶	
3	解 ☳☵	未济 ☵☲	大过 ☱☴	姤 ☰☴	
2	复 ☷☳	颐 ☶☳	既济 ☵☲	家人 ☴☲	
1	归妹 ☳☱	睽 ☲☱	夬 ☱☰	乾 ☰☰	

《杂卦》四佾图

至于必以十篇赞《易》者,准河图之十数也。此十篇之合河图数,有自然之理焉,即阴阳而已。凡《彖》上、《象》上、《系辞》上、《序卦》为阳,故当一三七九之数。《彖》下、《象》下、《系辞》下、《杂卦》为阴,故当二四六八之数。其中则《说卦》之卦为《易》之本而当五,《文言》则为文乾坤二卦而当十是也。见"十翼与河图"。子曰河不出图者,盖叹易道之不明。夫由五十以文卦,文则卦爻合,合则为太和而三世一,此天命之谓性,太极乾元之谓也。

十翼之篇名	十翼之次序	十翼之章数	十翼配天地数	十翼于河图之位
彖 上 下	一 二	三十 三十四	天一 地二	北之内圈 南之内圈

十翼之篇名	十翼之次序	十翼之章数	十翼配天地数	十翼于河图之位
象〔上 下	三 四	三十 三十四	天三 地四	东之内圈 西之内圈
系辞〔上 下	五 六	十 十二	天七 地六	南之外圈 北之外圈
文言	七	五	地十	中之外圈
说卦	八	六	地五	中之内圈
序卦	九	二	天九	西之外圈
杂卦	十	一	地八	东之外圈

十翼与河图

214

易　赞[*]

广哉大易,弥纶苍穹。范围辅相,函三抱冲。

形质有始,太初御风。精气为物,至神蕴衷。

天地之数,十图九宫。继天立极,人代天工。

以开万物,大衍鸿蒙。象数生著,参两无穷。

《易》有太极,成位乎中。生生八卦,情类德通。

先天对待,阴阳所钟。后天三索,妙言归功。

四营变化,贞一于冬。玄黄主器,帝出乎东。

引伸类长,立本因重。六十四卦,三才时雍。

专直翕辟,象静爻动。用九用六,体有体空。

设卦观象,拟诸形容。典礼系辞,圣情惟公。

旁通应比,爱恶相攻。乘承施受,悔吝吉凶。

杂物撰德,周流错综。慎辨居方,其人道同。

发挥所之,二气交融。守仁由义,大宝是崇。

＊　本文写于 1960 年,二观二玩斋主是作者用于易学著作的别号。

各正性命，言行庸庸。进德修业，太和要终。

终始消息，时乘六龙。天心复见，知几反躬。

诚存诚立，既恕既忠。二观二玩，左右咸逢。

岁次庚子季冬二观二玩斋主撰

自注

广哉大易，

《易·系上》："夫《易》广矣大矣。"又："广大配天地。"荀爽曰："阴广阳大配天地。"《易·系下》："《易》之为书也，广大悉备。"荀爽曰："以阴易阳谓之广，以阳易阴谓之大。"《易纬·乾凿度》："太易者，未见气也。"郑玄曰："以其寂然无物，故名之谓太易。"

大、太古同，大易即太易，当大哉乾元之大。谓未见气之太易，由大而广，又由广大易而配天地。

弥纶苍穹。

《易·系上》："《易》与天地准，故能弥纶天地之道。"京房曰："弥，遍；纶，知也。"荀爽曰："弥，终也。纶，迹也。"虞翻曰："弥，大。纶，终。"《诗·大雅·荡之什·桑柔》："靡有旅力，以念穹苍。"《尔雅·释天》："穹苍，苍天也。"《庄子·逍遥游》："天之苍苍，其正色邪。"《太玄经·玄告》："天穹隆而周乎下。"

苍言天色，穹言天体。正色当乾为大赤而天色玄。正体当乾为圆，《说文》："圜，天体也。"谓《易》能弥纶之，曰苍穹者，天可兼地。盖圜与玄，苍与穹，圜玄与苍穹，已备天地相对之道。若以卦象像弥纶之义，凡睽、晋、鼎、蒙、讼、解六卦当弥，蹇、需、屯、革、明夷、家人六卦当纶。此十二卦为一爻得失，位之消息所由起，统于既济未济者也。

弥 卦

睽 鼎 讼 晋 蒙 解

一爻得位

纶 卦

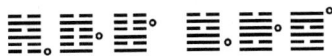

蹇 屯 明夷 需 革 家人

一爻失位

范围辅相，

《易·系上》："范围天地之化而不过。"九家易曰："范者法也，围者周也，言乾坤消息法周天地。"《易·象上·泰大象》："辅相天地之宜。"郑玄曰："辅相，左右助也。"谓《易》能弥纶之而又能范围之，能弥纶范围之而更能辅相之。

若以卦象像范围之义，凡复、同人、谦、小畜、比、夬六卦当范，姤、师、履、豫、大有、剥六卦当围，此十二卦为一阴一阳，时之消息所由起，统于乾坤者也。辅相云者，象当助未济之既济，助坤之乾。

范 卦

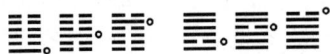

复 谦 比 同人 小畜 夬

一阳 一阴

围 卦

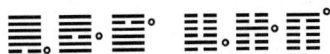

姤 履 大有 师 豫 剥

一阴 一阳

函三抱冲。

郑玄《易赞·易论》曰："《易》一名而函三义，易简一也，变易二也，不易三也。"老子《道德经·四十二章》曰："道生一，一生二，二生三，三生万物。万物负阴而抱阳，冲气以为和。"

大易犹不易之义，当道生一。广大犹易简之义，当一生二。广大易而配天地，犹变易之义，当二生三。由是而弥纶之、范围之、辅相之当三生万物，《序卦》曰"有天地，然后有万物生焉"是其义。又万物负阴者，阴当变易。抱阳者，阳当不易。冲气以为和者，和当易简。亦犹《易》之三义。

形质有始，太初御风。

《易·彖上·乾彖》："大哉乾元，万物资始。"《易·系上》："乾知大始，坤作成物。"九家易曰："始谓乾禀元气，万物资始也。"《易》二篇"初九"、"初六"，《易·系下》："其初难知。"《易纬·乾凿度》："太初者，气之始也。太始者，形之始也。太素者，质之始也。炁形质具而未离，故曰浑沦。浑沦者，言万物相浑成而未相离。视之不见，听之不闻，循之不得，故曰易也。《易》无形畔(畔或作埒)。"(亦见《列子·天瑞篇》)庄子《逍遥游》："夫列子御风而行，泠然善也，旬有五日而后反。彼于致福者，未数数然也。此虽免乎行，犹有所待者也。"

承首句，言谓万物资始于太易。乾元者，即气始太初，形始太始，质始太素。太初者，初九、初六之本，阴阳动静未判而难知，然已如御风之犹有所待，未若太易之未见气也。太始即乾，太素即坤，盖气始难知，宜由乾一形始、坤二质始以知之，三始一也。

精气为物，

《易·系上》："精气为物，游魂为变。"郑玄曰："精气谓七八也，游魂谓九六也。"虞翻曰："魂阳物，谓乾神也，变谓坤鬼。乾纯粹精，故主为物。乾流坤体，变成万物，故游魂为变也。"庄子《应帝王》："南海之帝为儵，北海之帝为忽，中央之帝为浑沌。儵与忽时相与遇于浑沌之地，浑沌待之甚善。儵与忽谋报浑沌之德，曰人皆有七窍，以视听食息，此独无有，尝试凿之。日凿一窍，七日而浑沌死。"

精犹太始太素，气犹太初，为物者浑沌也。然数已由一二而变，郑注以七八象当之。虞注更限乎乾，其数为七。曰乾流犹游魂，则由七而九。及坤体者，九变而八也。即乾知太始，而坤作成物。若七窍之或凿或否，浑沌之或死或生，此鬼神之情状也，不可不知。郑氏以象爻知之，虞氏以阴阳知之，各有所当，宜并存焉。

至神蕴衷。

《易·彖上·坤彖》："至哉坤元，万物资生。"《易·系上》："易无思也,无为也,寂然不动,感而遂通天下之故。非天下之至神,其孰能与于此。"虞翻曰:"至神谓易,隐初入微,知几其神乎?"《易·系上》:"乾坤其《易》之蕴邪。"虞翻曰:"蕴,藏也。易丽乾藏坤,故为《易》之蕴也。"《书·汤诰》:"惟皇上帝,降衷于下民。"

至神犹太易而隐太初,因阴阳物之感通而降衷焉,故蕴于乾坤。

天地之数,

《易·系上》:"天数二十有五,地数三十,凡天地之数五十有五,此所以成变化而行鬼神也。"

天数奇当阳物,地数偶当阴物。阴阳物各五当五行,故天数一、三、五、七、九为二十有五,地数二、四、六、八、十为三十。凡天地之数五十有五,所以当阴阳物感通而成变化,为物为变,知鬼神之情状,故至神降衷以行之也。

十图九宫。

《易·系上》:"河出图,洛出书,圣人则之。"《书·顾命》:"天球河图在东序。"《论语·子罕》:"子曰:凤鸟不至,河不出图,吾已矣夫。"《易·系上》:"天数五,地数五,五位相得而各有合。"郑玄曰:"天地之气各有五。五行之次,一曰水,天数也。二曰火,地数也。三曰木,天数也。四曰金,地数也。五曰土,天数也。此五者阴无匹阳无耦,故又合之。地六为天一匹也,天七为地二耦也,地八为天三匹也,天九为地四耦也,地十为天五匹也。二五阴阳各有合,然后气相得施化行也。"又曰:"天一生水北方,地二生火南方,天三生木东方,地四生金西方,天五生土中央,是谓阳无匹阴无耦。又地六成水北方,天七成火南方,地八成木东方,天九成金西方,地十成土中央,是谓阳有匹阴有耦。"《太玄经·玄图》:"一与六共宗,二与七共朋,三与八成友,四与九同道,五与五相守。"《书·洪范》:"天乃锡禹洪范九畴,彝伦攸叙。"《易·系上》:"参五以变。"《易纬·乾凿度》:"阳动而进,阴动而退,故阳以七,阴以八为象。《易》一阴一阳,合而为十五之谓道。阳变七之九,阴变八之六,亦合于十五,则象变之数若一。阳动而进,变七之九,象其气之息也。阴动而退,变八之六,象其气之消也。故太一取其数以行九宫,四正四维,皆合于十五。"郑玄曰:"太一者,北辰之神名也。居其所曰太一,常行于八卦日辰之间曰天一。或曰太一出入所游息于紫宫之内外,其星因以为名焉。故经曰:天一太一,主气之神,行犹待也。四正四维以八卦神所居,故亦名之曰宫。天一下行,犹天子出巡狩省方岳之事。每率则复太一,下行八卦之宫,每四乃还于中央。中央者,北神之所居,故因谓之九宫。天数大分,以阳出,以阴入。阳起于子,阴起于午。是以太一下九宫,以坎宫始,坎中男,始亦言无适也。自此而从于坤宫,坤,母也。又自此而从震宫,震,长男也。又自此而从巽宫,巽,长女也。所行者半矣,还息于中央之宫。既又自此而从乾宫,乾,父也。自此而从兑宫,兑,少女也。又自此从于艮宫,艮,少男也。又自此从于离宫,离,中女也。行则周矣,上游息于太一、天一之宫,而返于紫宫。行于坎宫始,终于离宫。数自太一行之,坎为名耳。出从中男,入从中女,亦因阴阳男女之偶为终始云。从自坎宫,必先之坤者,母于子养之勤劳者。次之震,又之巽,母从异姓来,此其所以敬为生者。从息中而复之乾者,父于子教之而已,于事逸也。次之兑,又之艮,父或老,顺其心所爱以为长育,多少大小之行,己亦为施。此数者合十五,言有法也。"孔安国曰:"河图者,伏羲氏王天下,龙马出河,遂则其文以画八卦。洛书者,禹治水时,神龟负文而列于背,有数至九,禹遂因而第之,以成九类。"

十图,谓河图象数当天地之数,五位相得而各有合。九宫谓洛书参伍以变也,参伍者十五,其变七八九六爻象之合仍为十五。象即太一下行九宫,亦即天以锡禹之洪范九畴。若图书二者,当并出于伏羲之世,盖相为表里者也。然伏羲易尚消息,以河图为主。文王易增爻尚之正,以洛书为主。

继天立极，

《穀梁传》宣公十五年："继天者君也。"刘歆曰："伏羲氏继天而王。"《易·说卦》："立天之道曰阴与阳，立地之道曰柔与刚，立人之道曰仁与义。"《易·系上》："六爻之动，三极之道也。"《书·洪范》："皇建其有极。"

谓伏羲氏继天而王，感通至神而出图书，乃则之而画卦以人参天地，立三才极至之道。其后历代圣王皆继之，至孔子而集其大成。

人代天工。

《书·皋陶谟》："无教逸欲，有邦兢兢业业，一日二日万几。无旷庶官，天工人其代之。"人参天地，有极而以代天工。天工者，其犹函三抱冲乎。

以开万物，

《易·系上》："天一，地二，天三，地四，天五，地六，天七，地八，天九，地十。子曰：夫《易》何为者也？夫《易》开物成务，冒天下之道，如斯而已者也。"《易·系下》："其道甚大，万物不废。"《周易折中》："河图之数五十有五，洛书之数四十有五，合为一百，此天地之全数也。以一百之全数，为斜而中分之，则自一至十者，积数五十有五，自一至九者，积数四十有五，二者相交而成河洛数之两三角形矣。"

天地数十，其方为百。百物者，五行生成，以当阴阳十物之互交，故其道甚大。开物者，开此百物耳。若斜界以开之，乃成河洛数之两三角形。或对开之，则为大衍之数五十。此河洛大衍之数，盖研几开物，将以成务者也。

大衍鸿蒙。

《易·系上》："大衍之数五十，其用四十有九。"《庄子·在宥》："云将东游，过扶摇之枝而适遭鸿蒙……鸿蒙曰：意，心养。汝徒处无为而物自化。堕尔形体，吐尔聪明，伦与物忘，大同乎涬溟。解心释神，莫然无魂。万物云云,各复其根。各复其根而不知,浑浑沌沌,终身不离。若彼知之,乃是离之。无问其名,无窥其情,物固自生。"司马彪曰:"鸿蒙,自然元气也。"《淮南子·俶真训》:"提挈天地而委万物,以鸿蒙为景柱,而浮扬乎无畛崖之际。"

开百物而大衍之数,得河洛之中。若《太玄》明河图,而曰五五相守者,数乃同此。其一不用,鸿蒙当之,犹至神之衷几也,用者皆准诸。

象数生蓍,

《易·系下》:"是故《易》者象也,象也者像也。"《易·系上》:"极其数,遂定天下之象。"虞翻曰:"数,六画之数。六爻之动,三极之道,故定天下吉凶之象也。"《左传》僖公十五年:"龟,象也,筮,数也。物生而后有象,象而后有滋,滋而后有数。"《易·系上》:"极数知来之谓占。"《易·说卦》:"幽赞于神明而生蓍。"《易·系上》:"蓍之德圆而神,卦之德方以知。"崔憬曰:"蓍之数,七七四十九象阳圆。其为用也,变通不定,因之以知来物,是蓍之德圆而神也。卦之数,八八六十四象阴方。其为用也,爻位以分,因之以藏往知事,是卦之德方以知也。"

由太易以至天下之赜,皆易象。若龟象者,物生而后有,物即精气为物之物,颐初灵龟象之,盖以灵龟当浑沌之象。卜之者,象而后滋多,犹游魂为变。筮数理同,谓鸿蒙处勿用之用,生七七四十九蓍,然后知八八六十四卦之来而占之,所以极数定象。象者,六画六爻之卦象也。

参两无穷。

《易·说卦》:"参天两地而倚数。"马融曰:"倚,依也。"郑玄曰:"天地之数备于十,乃三之以天,两之以地,而倚托大衍之数五十也。必三之以天,两之以地者,天三覆,地二载,必极于数,庶几得吉凶之审也。"虞翻曰:"倚,立也。"韩康伯曰:"参,奇也。两,耦也。"张氏曰:"以三中含两,有一以包两之义,明天有包地之德,阳有包阴之道。故天举其多,地言其少也。"《易·系下》:"易穷则变,变则通,通则久。"陆绩曰:"阴穷则变为阳,阳穷则变为阴,天之道也。……穷则变,变则通,与天终始,故可久。"《易·象上·临大象》:"君子以教思无穷。"

谓生蓍倚数与大衍,得参两而极阴阳变化之数。由穷变而通,故教思无穷而可久,即能成天下之务。

易有太极,

《易·系上》:"是故《易》有太极,是生两仪,两仪生四象,四象生八卦。"郑玄曰:"极中之道,淳和未分之道也。"虞翻曰:"太极,太乙也。"

太极生卦之次,即大衍之生蓍倚数,其道极中而淳和未分,故能下行九宫。

成位乎中。

《易·系上》:"易简而天下之理得矣,天下之理得而《易》成位乎其中矣。"

《易》成位乎其中者,太极也,即冒天下之道。

生生八卦,情类德通。

《易·系上》:"生生之谓易。"荀爽曰:"阴阳相易,转相生也。"《易·系下》:"古者庖犠氏之王天下也,仰则观象于天,俯则观法于地,观鸟兽之文,与地之宜,近取诸身,远取诸物。于是始作八卦,以通神明之德,以类万物之情。"

谓庖犠氏由仰观俯察近取远取而始作八卦。若八卦之成,即本太极之生生,故能上通神明之德,下类万物之情,是所谓继天立极也。

先天对待,

《易·文言》:"先天而天弗违。"庄氏曰:"若在天时之先行事,天乃在后不违,是天合大人也。"《易·说卦》:"天地定位,山泽通气,雷风相薄,水火不相射,八卦相错。"朱熹曰:"所谓先天之学也。"《易·象上·

无安大象》:"先王以茂对时育万物。"马融曰:"对,配也。"《易·系下》:"待时而动。"《说文》:"待,俟也。"来知德曰:"伏羲之图《易》之对待,文王之图《易》之流行。"

先天之象,八卦相错而对待。对待者,相当而俟之耳。然相当者当于时,对时是也。俟之者俟乎时,待时是也。其惟有得乎时,故先天而天弗违。

阴阳所钟。

《易·系上》:"一阴一阳之谓道。"《庄子·天下》:"《易》以道阴阳。"《左传》昭公二十一年:"天子省风以作乐,器以钟之。"杜预曰:"钟,聚也。"

谓先天八卦对待而阴阳钟焉,其惟有钟,始有后天之流行。

后天三索,

《易·文言》:"后天而奉天时。"庄氏曰:"若在天时之后行事,能奉顺上天,是大人合天也。"《易·说卦》:"帝出乎震,齐乎巽,相见乎离,致役乎坤,说言乎兑,战乎乾,劳乎坎,成言乎艮。"朱熹曰:"所谓后天之学也。"《易·说卦》:"乾天也,故称乎父。坤地也,故称乎母。震一索而得男,故谓之长男。巽一索而得女,故谓之长女。坎再索而得男,故谓之中男。离再索而得女,故谓之中女。艮三索而得男,故谓之少男。兑三索而得女,故谓之少女。"

乾坤对待,三索生焉。法太乙下行九宫而命之,后天行焉。

妙言归功。

《易·说卦》:"神也者,妙万物而为言者也。"《易·说卦》;"坎者水也,正北方之卦也,劳卦也。万物之所归也,故曰劳乎坎。"《易·系下》:"五多功。"《书·大禹谟》:"帝曰:俞。地平天成,六府三事允治,万世永赖,时乃功。"

谓三索之六子,宜万物而为言,然后能变化既成万物,是即神。神也者,天地父母当之。若天一生水,万物所归,然坎劳正位于五,仍归功于神,天乃锡禹洪范九畴是也,所谓后天而奉天时。

四营变化,

《易·系上》:"是故四营而成《易》。"荀爽曰:"营者,谓七八九六。"《易·系上》:"子曰:知变化之道者,其知神之所为乎。"朱熹曰:"变者化之渐,化者变之成。"《易·系上》:"通变之谓事。"虞翻曰:"事谓变通,趋时以尽利。"韩康伯曰:"物穷则变,变而通之,事之所由生也。"《易·系上》:"化而裁之谓之变,推而行之谓之通。"又:"化而裁之存乎变,推而行之存乎通。"瞿元曰:"化变刚柔而则之,故谓之变也。推行阴阳,故谓之通也。"

变兼变通言,化谓化裁,亦兼推行言,谓七八九六四营之事。凡七与九、八与六曰通,九而八、六而七曰变,既通既变曰化。

贞一于冬。

《易·系下》:"天下之动,贞夫一者也。"虞翻曰:"一谓乾元。万物之动,各资天一阳气以生。"《礼记·乡饮酒义》:"北方者冬,冬之为言中也,中者藏也。"《易·说卦》:"坤以藏之。"

后天之坎,即先天之坤,谓天一阳气藏焉,《系上》曰"藏诸用"当之。

玄黄主器,

《易·上篇·坤》:"上六,龙战于野,其血玄黄。"《易·文言》:"夫玄黄者,天地之杂也,天玄而地黄。"荀爽曰:"消息之卦,坤位在玄,下有伏乾,阴阳相和,故言天地之杂也。"《易·说卦》:"震为玄黄。"虞翻曰:"天玄地黄,震天地之杂物,故为玄黄。"《易·序卦》:"主器者莫若长子,故受之以震。"郑玄曰:"谓父退居田里,不能备祭宗庙,长子当亲视涤濯鼎俎。"崔憬曰:"鼎所烹饪,享于上帝,主器者莫若冢嫡,以为其祭主也,故言主器者莫若长子。"

坤凝乾出,震为玄黄,当长子代父以主器,此谓后天也。

帝出乎东。

《易·说卦》:"帝出乎震。"又:"万物出乎震,震东方也。"郑玄曰:"雷发声以生之也。"崔憬曰:"帝者天之王气也,至春分则震王而万物出生。"《说文》:"东,动也,以木。官溥说,从日在木中。"

先天之离,即后天之震,故离日在震木中而万物出焉,《系上》曰"显诸仁"当之。

引伸类长,

《易·系上》:"引而伸之,触类而长之,天下之能事毕矣。"虞翻曰:"引谓庖犠引伸三才而两之为六画。触,动也,谓六画以成六十四卦也。故引而伸之,触类而长之。其取类也大,则发挥刚柔而生爻也。"

谓引伸小成之八卦为大成之六十四卦,当先天一极,《说卦》所谓"观变于阴阳而立卦","故易六画而成卦"。更触类而长之,则为后天十有八变而成卦,即六爻之动,三极之道也,当《说卦》所谓"发挥于刚柔而生爻","故《易》六位而成章"。

立本因重。

《易·系下》:"因而重之,爻在其中矣,刚柔相推,变在其中矣。"又:"刚柔者,立本者也。"虞翻曰:"谓参重三才,为六爻发挥刚柔,则爻在其中。六画称爻,六爻之动,三极之道也。"又曰:"乾刚坤柔为六子之父母,乾天称父,坤地称母,本天亲上,本地亲下,故立本者也。"姚配中曰:"刚柔画也,画者爻之本。九、六,自画变来者。所谓六爻之动,三极之道也。"又曰:"六画为三才,天地人之始也。六画变为爻,是为三极,天地人之极也。观变于阴阳而立卦,故曰立本。由画之爻,由爻之化,皆谓之动。动以渐也,已成九、六则谓之变,阴阳已易置名为化,体成也。"

由八卦,而六十四卦,而三百八十四爻。以八卦言,立本于乾坤。以六十四卦言,立本于八卦。立本即立卦,前者谓三索,后者谓卦变。因重者立大八卦,为变卦之原。刚柔发挥,三百八十四爻生焉。

六十四卦,

《周礼·春官》:"太卜……掌三易之法,一曰《连山》,二曰《归藏》,三曰《周易》。其经卦皆八,其别皆六十有四。"《管子·轻重戊篇》:"虙戏作造六峜以迎阴阳,作九九之数合天道,而天下化之。"又曰:"周人之王,循六峜合阴阳,而天下化之。"《淮南子·要略》:"伏羲为之六十四变,周室增以六爻。"《书·洪范》:"七稽疑……曰贞曰悔……占用二,衍忒。"

谓一贞八悔,由八经卦成六十四别卦,是为六十四变,皆为六画。凡合阴阳画为峜,故六峜犹六十四卦。周室增以六爻者,变其阴阳画成阴阳爻,乃一贞六十四悔,由三百八十四爻变成四千有九十六卦,观变玩占之道备矣。

三才时雍。

《易·系下》:"有天道焉,有人道焉,有地道焉。兼三才而两之故六,六者非它也,三才之道也。"《书·尧典》:"黎民于变时雍。"

谓三极之动,即三才之变,衍忒以归于善时雍而王矣。

专直翕辟,

《易·系上》:"夫乾其静也专,其动也直,是以大生焉。夫坤其静也翕,其动也辟,是以广生焉。"宋衷曰:"乾静不用事,则清静专一含养万物矣。动而用事,则直道而行导出万物矣。一专一直,动静有时,而物无夭瘵,是以大生也。翕犹闭也,坤静不用事,闭藏微伏应育万物矣。动而用事,则开辟群蛰敬导沉滞矣。一翕一辟,动静不失时,而物无灾害,是以广生也。"《参同契》:"乾动而直,气布精流。坤静而翕,为道舍庐。刚施而退,柔化以滋。九还七返,八归六居。"

专当七返,直当九还,翕当八归,辟当六居。数当九而八,八而六,六而七,七而九,四营相周流而生生不已,是之谓易。夫此句为全赞下半,遥应首句,以阐明广大之义。

彖静爻动（叶平）。

《易·系下》:"彖者,材也。爻也者,效天下之动者也。"韩康伯曰:"材,才德也。彖言成卦之材,以统卦义也。"王弼《略例·明彖》:"夫动不能制动,制天下之动者,贞夫一也。"《易纬·乾凿度》:"易变而为一,一变而为七,七变而为九。九者气变之究也,乃复变而为一。一者形变之始,清轻上为天,浊重下为地。物有始有壮有究,故三画而成乾,乾坤相并俱生。"郑玄曰:"象一七九也,夫阳则言乾成者,阴则坤成可知矣。"张惠言曰:"谓二与一并生,七与八并变,六与九并成。"郑玄言:"《连山》、《归藏》占象,本其质性也。《周易》占变者,效其流动也。"又曰:"夏殷易以七八不变为占,《周易》以九六变者为占。"又曰:"卦画七八,爻称九六。"《新唐书·历志》载僧一行议曰:"坎以阴包阳,故自北正,微阳动于下,升而未达。极于二月凝涸之气消,坎运终焉。春分出于震,始据万物之元为主于内,则群阴化而从之,极于南正而丰大之变穷,震功究焉。离以阳包阴,故自南正,微阴生于地下,积而未章。至于八月文明之质衰,离运终焉。仲秋阴形于兑,始循万物之末为主于内,群阳降而承之,极于北正而天泽之施穷,兑功究焉。故阳七之静始于坎,阳九之动始于震,阴八之静始于离,阴六之动始于兑。故四象之变,皆兼六爻,而中节之应备矣。"

彖静谓专翕当画,爻动谓直辟当变。数之生生,即十二辟卦。僧一行议,盖本孟氏卦气。王氏以贞一当彖者,即形变之始,故能观象而思过半。若由始而壮,数当一变为七,且乾坤相并俱生,二亦变为八。又由壮而究,则七而九,八而六,故占象之质性壮也,占变之流动究也。合此二句,图以示之(图见下页)。

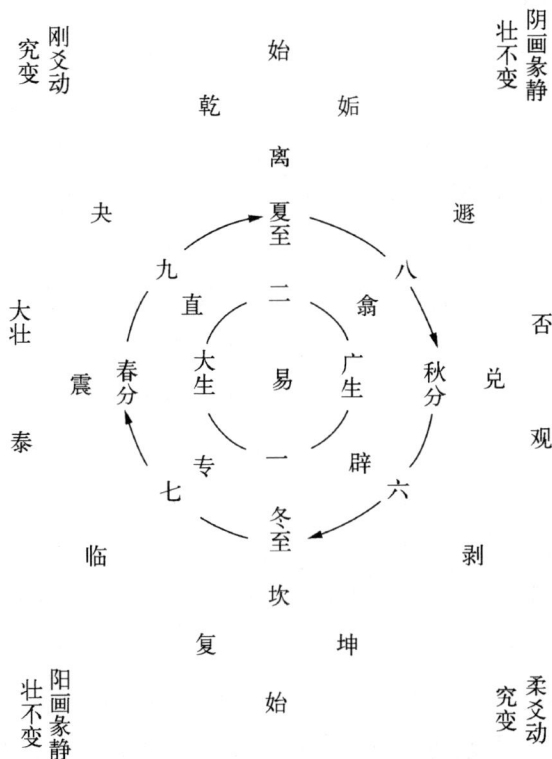

用九用六，

《易·上篇·乾》："用九，见群龙无首，吉。"《易·上篇·坤》："用六，利永贞。"朱熹曰："用九言凡筮得阳爻者，皆用九而不用七，盖诸卦一百九十二阳爻之通例也。用六言凡筮得阴爻者，皆用六而不用八，亦通例也。"《易·系上》："六爻之义易以贡。"王弼曰："贡，告也。六爻变易以告吉凶。"姚配中曰："易不可见，六爻之义明而易道著，故易以贡。谓简易变易不易之道，以爻明也。《书》曰：尔无以钊冒贡于非几兹。"

卦各六爻，六十四卦共三百八十四爻，而刚柔各半，故用九用六皆一百九十二爻。若用之之道，宜本简易变易不易三义，一言以蔽之，知几而已矣。或仅以变易告者，犹筮得九六，其间兼涉吉凶，非若几之有吉而无凶，此玩辞玩占之各当其用也。

229

体有体空。

《易·系下》："乾阳物也，坤阴物也，阴阳合德而刚柔有体。"虞翻曰："合德谓天地杂，保合太和日月战，乾刚以体天，坤柔以体地也。"《易·系上》："神无方而易无体。"干宝曰："神之鼓万物无常方，《易》之应变化无定体也。"韩康伯曰："方体者，皆系于形器者也。神则阴阳不测，《易》则惟变所适，不可以一方一体明。"又曰："道者何，无之称也，无不通也，无不由也，况之曰道。寂然无体，不可为象，必有之用极而无之功显，故至乎神无方而易无体，而道可见矣。"《论语·子罕》："子曰：吾有知乎哉，无知也。有鄙夫问于我，空空如也，我叩其两端而竭焉。"《成唯识论》："外境随情而施设故，非有如识。内识必依因缘生故，非无如境。由此便遮增减二执。"又曰："我法非有，空识非无，离有离无，故契中道。"

有爻之用，自然有象之体。用数九六，体数七八。体有当七，七日来复之不可不有。体空当八，八月有凶之不可不空。或于易道偏执有体无体者未是。空空如也者，体空以显仁，然仁即为有。叩其两端而竭焉者，本阴阳两端体有而生其知，然知即为无。故宜有内识而空外境，便遮增减二执以契中道，是即保合太和。又七即蓍之德圆而神，八即卦之德方以知，合前用九用六，当六爻之义易以贡。圣人以此洗心者，盖本此四营之变化而知生生之易道。退藏于密者，当贞一藏用，实即中道，密字与释教中密宗之密可会通。此二句亦以图示之：

设卦观象，

《易·系上》："圣人设卦观象。"李鼎祚曰："按圣人谓伏羲也，始作八卦，重为六十四卦矣。"《易纬·乾凿度》："卦者掛也，掛万物视而见之。"《周礼·天官·太宰》："正月之吉始和，布治于邦国都鄙，乃悬治象之法于象魏，使万民观治象，挟日而敛之。"《周礼·地官·大司徒》："正月之吉始和，布教于邦国都鄙，乃悬教象之法于象魏，使万民观教象，挟日而敛之。"《周礼·夏官·大司马》："正月之吉始和，布政于邦

用九　遮增执　六爻之义易以贡

九　八　七　六

中道

保合太和

密

体空　知　外境

卦之德方以知

空空如也

体有

仁

内识

两端而竭

著之德圆而神

用六　遮减执　六爻之义易以贡

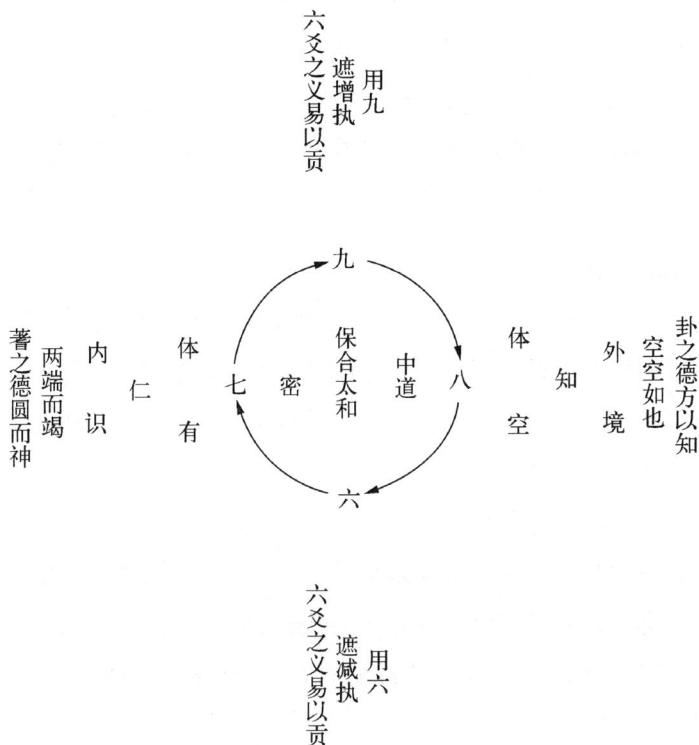

国都鄙,乃悬政象之法于象魏,使万民观政象,挟日而敛之。"《周礼·秋官·大司寇》:"正月之吉始和,布刑于邦国都鄙,乃悬刑象之法于象魏,使万民观刑象,挟日而敛之。"郑玄曰:"言始和者,若改造云尔。"

谓伏羲氏始作八卦,卦者挂也,即八卦以象告。重为六十四卦,即象者言乎象者也。始和以布治教政刑,万民观其象焉。若始和者,犹大人造,盖大人本天造之卦象,以时和之布以示民云。《系上》曰"举而措之天下之民谓之事业"是也。

拟诸形容。

《易·系上》:"圣人有以见天下之赜,而拟诸其形容,象其物宜,是故谓之象。"京房曰:"赜,精也。"虞翻曰:"乾称圣人,谓庖羲也。赜谓初。自上议下称拟,形容谓阴,在地成形者也。物宜谓阳,远取诸物,在天成象,故象其物宜。象谓三才,八卦在天也,庖犠重为六画也。"

见天下之赜者,犹见形始质始之精,乃以有形有质者拟之。且本其形容,以明其物宜。物宜当精气为物,盖象者以形象赜,所以变化在地。成形者以归于在天成象,则天下之赜人皆可见,《系上》曰"立象以尽意"是其义。

典礼系辞,

《易·系上》:"圣人有以见天下之动,而观其会通以行其典礼,系辞焉以断其吉凶,是故谓之爻。"虞翻曰:"重言圣人,谓文王也,动谓六爻矣。"《周礼·春官·大宗伯》:"大宗伯之职,掌建邦之天神人鬼地示之礼,以佐王建保邦国。"

谓文王增六爻而会通八卦之象,于会通之道宜行其典礼,象当帝出乎震以行之,故礼由春官大宗伯掌之。夫爻效天下之动,凡行典礼而不乱,即系辞断以吉,乱则凶矣。若赜而不可恶者,恶则游魂为变,何能遂知来物耶。故惟不恶不乱而有礼,庶几爻动象赜而同归既济,此观象系辞之鹄的也。

圣情惟公。

《易·系下》:"圣人之情见乎辞。"崔憬曰:"言文王作八卦之辞,所以明圣人之情倚于易象。"《礼记·礼运》:"大道之行也,天下为公。"

文王系二篇之辞,惟公而无容心焉。断以吉凶者,望民之知几而免凶,此圣人之情也。推而观孔子之十翼亦然,且凡六艺之典籍莫不然也。

旁通应比,

《易·文言》:"六爻发挥,旁通情也。"陆绩曰:"乾六爻发挥变动,旁通于坤,坤来入乾,以成六十四卦,故曰旁通情也。"《易纬·乾凿度》:"三画以下为地,四画以上为天,物感以动,类相应也。阳气从下生动于地之下,则应于天之下。动于地之中,则应于天之中。动于地之上,则应于天之上。故初以四,二以五,三以上,此谓之应。"《周易折中》:"应者,上下体相对应之爻也。比者,逐位相比连之爻也。"

凡六爻之变动,可以旁通应比尽之。旁通者,错卦之应比也。应比者,本卦之旁通也。旁当比,通当应。《说文》"旁,溥也",犹内本爻而溥及内外比爻。又以例观之,初上爻亦为旁为比。《说文》"通,达也",犹内天地相应而交通也。

爱恶相攻。

《易·系下》:"变动以利言,吉凶以情迁。是故爱恶相攻而吉凶生,远近相取而悔吝生,情伪相感而利害生。凡《易》之情,近而不相得,则凶或害之悔且吝。"虞翻曰:"攻,摩也。乾为爱,坤为恶,谓刚柔相摩,以爱攻恶生吉,以恶攻爱生凶,故吉凶生也。"又曰:"远阳谓乾,近阴谓坤,阳取阴生悔,阴取阳生吝,悔吝言小疵。"又曰:"情阳,伪阴也。情感伪生利,伪感情生害。乾为利,坤为害。"崔憬曰:"远谓应与不应,近谓比与不比,或取远应而舍近比,或取近比而舍远应。由此远近相取,所以生悔吝于系辞矣。"

谓人情或未能如圣情之公,则情伪相感而利害生,象当六爻变动以相取于旁通应比间,由兼及利害而悔吝生,其极则爱恶相攻情迁而吉凶生。故易情以相得为贵,相得者阴阳和合也。

乘承施受,

《易·象上·乾象》:"时乘六龙以御天。"《易·文言》:"时乘六龙,以御天也。"《易·象上·坤象》:"乃顺承天。"《易·文言》:"坤道其顺乎,承天而时行。"王弼《略例》曰:"承乘,逆顺之象也。"《易·象上·乾象》:"云行雨施,品物流形。"《易·文言》:"云行雨施,天下平也。"《易·象下·益象》:"天施地生,其益无方。"《易·系上》:"问焉而以言,其受命也如响。"《左传》成公十三年:"刘子曰:吾闻之,民受天地之中以生,所谓命也。"《孝经》:"身体发肤,受之父母。"

乾乘坤承,阳施阴受,为情之正。若问焉以言,受命如响,盖圣人之辞,至精者也。推而及本,凡人受天地父母之中以生,宜知乘承施受,明其顺逆之正,所谓命也。知命者,庶能变动皆利而无害,情则迁吉而无凶矣。以象言,乘承当比爻,施受兼应比。

悔吝吉凶。

《易·系上》:"吉凶者,言乎其失得也。悔吝者,言乎其小疵也。无咎者,善补过也。"虞翻曰:"得正言吉,失位言凶也。"又言:"失位乃咎,悔变而之正,故善补过。孔子曰,退思补过者也。"朱熹曰:"盖吉凶相对,而悔吝居其中间,悔自凶而趋吉,吝自吉而向凶也。"

由六爻发挥旁通应比成六十四卦三百八十四爻,其位之失得各半,而吉凶相对且或悔或吝,乃情迁纷纷,若世事之繁杂皆此象。能善补过以归于无咎,即受命也。

杂物撰德,

《易·系下》:"若夫杂物撰德,辩是与非,则非其中爻不备。"荀九家曰:"撰,数也。"姚配中曰:"杂物,谓阴阳也。撰德,天地之撰,神明之德也。"

六爻之阴阳物得失位相杂,当撰数其时位之德,以辩其是非。然别卦内各含四参、三互、二伍,除初上外是非又错杂而异,故是非之辩,非其中爻不备。

周流错综(叶平)。

《易·系下》:"变动不居,周流六虚。上下无常,刚柔相易。"虞翻曰:"六虚,六位也。"又曰:"刚柔者,昼夜之象也。在天称上,入地为下,故上下无常也。"姚配中曰:"六虚者,太极六爻,一阴一阳之虚位也。终而复始,升降于六虚,所谓周也。阴阳上下,互相易位,故上下无常。"《易·系上》:"错综其数。"来知德曰:"错者阴阳相对,阳错其阴,阴错其阳也。如伏羲圆图乾错坤,坎错离,八卦相错是也。综即今织布帛之综,一上一下者也。如屯、蒙之类,本是一卦,在下则为屯,在上则为蒙,载之文王《序卦》者是也。"

周流六虚,犹六爻上下相旋,周以一爻言,流合三爻言,故流当上下无常,即八卦相荡,两象易是也。凡周可兼流,其例本诸孔子《杂卦》,计六十四卦周成十四卦,流、综皆成三十六卦,错成三十二卦。合此四者则卦成八类,盖三圣观象之大法也。

慎辨居方,

《易·象下·未济大象》:"慎辨物居方。"王弼曰:"辨物居方,令物各得其所也。"

卦名未济者,六爻之阴阳物皆未得其所,宜慎辨以居之,所以济未济为既济。当未济而济,其他未及六爻失位者,自然皆济。若慎辨其法,共三十有六,之正居方之道备矣。

其人道同。

《易·系上》:"神而明之,存乎其人。默而成之,不言而信,存乎德行。"荀九家曰:"默而成,谓阴阳相处也。不言而信,谓阴阳相应也。德者有实,行者相应也。"《易·系下》:"初率其辞而揆其方。既有典常,苟非其人,道不虚行。"《易·系下》:"天下同归而殊途,一致而百虑。"

本观象而玩辞,由揆方以居方,则同归既济,一阴一阳之道而有典常矣。然苟非其人,道不虚行,故宜神而明之。默而成之者,已有实德,犹当位之一百九十二爻。不言而信者,由行以成正应,犹失位之一百九十二爻以之正也。

发挥所之,

《易·文言》:"六爻发挥。"《易·说卦》:"发挥于刚柔而生爻。"虞翻曰:"发动挥变,变刚生柔爻,变柔生刚爻。"《易·系上》:"辞也者,各指其所之。"

挥当卦变生六十四卦,三百八十四爻,此博文之事。发当六爻之动,三极之道,之正成既济,此约礼之事。凡发挥之道,皆准辞之所指,盖玩辞之义。

二气交融。

《易·彖下·咸彖》:"二气感应以相与。"《易·彖上·泰彖》:"天地交而万物通也。"《易·彖上·否彖》:"天地不交而万物不通也。"《诗·大雅·生民之什·既醉》:"昭明有融,高朗令终。"《说文》:"融,炊气上出也。"

谓否象天地不交,倾否而咸,乃二气感应以相与,则反泰以交天地,炊气上出而昭明有融,泰其济矣。所以明阴阳感通万物化生之理,此天地之大德也。

守仁由义,

《易·系下》:"何以守位曰仁,何以聚人曰财,理财正辞禁民为非曰义。"《孟子·告子上》:"孟子曰:仁人心也,义人路也,舍其路而弗由,放其心而不知求,哀哉。"《孟子·尽心上》:"居仁由义,大人之事备矣。"

居仁以守位,犹默而成之。由义以禁非,犹不言而信。理财者,慎辨居方当之正。辞者,发挥所之当之。凡此皆存乎德行者也。

大宝是崇。

《易·系下》:"圣人之大宝曰位。"韩康伯曰:"位所以一天下之动,而济万物。"《易·文言》:"不见是而无闷。"《易·下篇·未济》:"有孚失是。"端木国瑚曰:"上易知,知其失,以知其是。知未济上之失是,则知乾初之不见是,为初难知矣。天地终始,辨是与非中爻,而初终则中爻之首尾。不见是之乾初,初不为首,而失是之未济终,终乃其首。是乃终乱之由,有孚失是者也。"《易·系上》:"崇高莫大乎富贵。"《书·牧誓》:"乃惟四方之多罪逋逃,是崇是长是信是使。"《左传》僖公二十一年:"若封须句,是崇皞、济而修祀,纾祸也。"

既济正位为是,当崇之,所以感憧憧往来之念而定于一。然乾初难知,是而未见,未济上易知,又未正而失是。此二爻当三百八十四爻之始终,亦当六爻之初上,为是非之本。若中四爻宜慎辨焉,观纣之所崇与封须句之崇睢济,可同日而语哉。故孟子以纣当一夫,深明乎圣人之大宝也。夫崇而富贵之,象成既济,必守以仁者,义当富以其邻,而以贵下贱。不然,终止则乱,岂大宝之过耶。

各正性命,

《易·象上·乾象》:“乾道变化,各正性命。”惠栋曰:“乾为性,巽为命,乾变坤化,成既济定。刚柔位当,故各正性命。”曹元弼曰:“阴阳各有性各有命,阳欲升,阴欲承,性也。阳当升,阴当承,命也。当升未升,当承未承,未正也。乾道变化,未升者升,未承者承,各正也。君子变化气质,尽其性,以尽人物之性,致中和赞化育,由此道也。”

阴阳性命各正,而六十四卦皆之正成既济,此爻变之极致也。

言行庸庸。

《易·文言》:“庸言之信,庸行之谨。”荀九家曰:“庸,常也。谓言常以信,行常以谨矣。”朱熹曰:“常言亦信,常行亦谨,感德之至也。”《易·系上》:“言出乎身加乎民,行发乎迩见乎远。言行君子之枢机,枢机之发,荣辱之主也。言行,君子之所以动天地也,可不慎乎。”

谓言行能动天地,故常言常行亦宜信且谨,则于尽性庶几乎。

进德修业,

《易·文言》:“君子进德修业。忠信,所以进德也。修辞立其诚,所以居业也。”又:“君子进德修业,欲及时也。”虞翻曰:“乾为德,坤为业,以乾通坤,谓为进德修业。”姚配中曰:“进德谓息至三,修业谓居三之业。”《易·系上》:“乾以易知,坤以简能。易则易知,简则易从。易知则有亲,易从则有功。有亲则可久,有功则可大。可久则贤人之德,可大则贤人之业。”《易·系上》:“富有之谓大业,日新之谓盛德。”

《易·系上》:"夫《易》圣人之所以崇德而广业也。"

息阳与刚成乾德为进德,旁通坤业成既济为修业,此人道之天职,故当乾卦三四爻。久而大之,崇而广之,以言乎天地之间则备矣。卦象凡乾坤阴阳类之三十二卦当进德,既济未济得失类之三十二卦当修业。盖自觉以觉他,理极易简,然阴阳在焉。故忠信以化险,所以进德。修辞立其诚以通阻,所以居业。此化险通阻,可不及时乎。

太和要终。

《易·象上·乾彖》:"保合太和,乃利贞。"姚配中曰:"成既济定阴阳和,复太极之体,故曰保合太和,乃利贞。太极者,阴阳合德。合和之气生万物者也,六爻变化,发而皆中谓之和,故保合太和也。"《易·系下》:"原始要终,以为质也。"虞翻曰:"质,本也。以乾原始,以坤要终,谓原始及终,以知生死之说。"

当保合太和成既济为要终,即以乾通坤,进德修业,而要终于坤也。若原始者,犹乾知大始,太极当之。故太极始太和终为易之质,精气为物是也。

终始消息,

《易·象上·乾彖》:"大明终始。"荀爽曰:"乾起坎而终于离,坤起于离而终于坎。离坎者,乾坤之家,而阴阳之府。故曰大明终始也。"姚配中曰:"一阳生当坎位,夏至阳终于上当离位,故起坎终离。一阴生当离位,冬至阴终于上当坎位,故起离终坎。此所以日月为易,卦成既济,经终坎离既济未济也。阳明阴闇,阴阳不交,则其明不显。交成既济,其明乃彰。故坎离为乾坤之家,阴阳之府也。坎离中宫,阴阳所出入者也。"又曰:"终谓上,始谓初,谓乾元周流于六位之中,与坤交而成坎离,坎离互而成既济未济。经之终始,莫非元也。日月为易,亦元之用耳。故曰大明终始,谓周流于一卦之终始,而成一经之终始,所谓周易也。"张惠言曰:"坎为月,离为日。"《乾凿度》曰:"日月终始万物,故曰大明终始。”《易·象上·蛊彖》："终则有始,天行也。"虞翻曰："易出震,消息历乾坤象,乾为始坤为终,故终则有始。乾为天,震为行,故天行也。"《易·系上》："原始反终,故知生死之说。"宋衷曰："说,舍也。"惠栋曰："始谓乾初,终谓坤上。"又曰："精气生舍,游魂死舍。"《易·系下》："惧以终始,其要无咎。"虞翻曰："终日乾乾,故无咎。"惠栋曰："知至至之,可与几也,故惧以始。知终终之,可与存义也,故惧以终。"张惠言曰："惧以终始,三百八十四爻皆然,所谓震无咎也。"曹元弼曰："敬胜怠者吉,怠胜敬者灭。盈天地间皆危几,惟惧以终始乃无咎。无咎则各正性命,赞化育之本在此矣。圣人作《易》明吉凶悔吝而归于无咎,圣人学《易》神而明之期于无大过,《易》之道尽于此矣。"《易·象上·剥彖》："君子尚消息盈虚,天行也。"虞翻曰："乾为君子,乾息为盈,坤消为虚。故君子尚消息盈虚,天行也,则出入无疾,反复其道。易亏巽、消艮、出震、息兑、盈乾、虚坤,故于是见之耳。"《易·象下·丰彖》："天地盈虚,与时消息,而况于人乎,况于鬼神乎。"虞翻曰："五息成乾为盈,四消入坤为虚,故天地盈虚也。丰之既济,四时象具。乾为神人,坤为鬼,鬼神与人,亦随时消息。谓人谋鬼谋,百姓与能,与时消息。"

上句明由始而终,主进德修业,使六十四卦之同成既济,当之正之事。此句明由终反始,主天地日月之自然运行,使太和之复反太极,当消息之理。乃贞下起元,全经之终始,生生而不穷者也。故伏羲之教,于八卦外必及消息。凡乾坤消息之三十二卦,当天行终始,以知生死之说者也,即剥穷复反,合成颐养震生,错则夬决姤遇,合成大过为死。既济未济消息之三十二卦,当大明终始,以知幽明之故者也,即否变未济为幽,泰变既济为明。于三百八十四爻中,莫不具此死生幽明,故终始间游魂为变,而鬼神之情状见矣。说死说生,变幽变明,咸其自取。老子曰："出生入死,生之徒十有三,死之徒十有三,人之生动之死地亦十有三",可不鉴诸。故惟惧以终始而日乾夕惕,乃能否泰反类而要终无咎,随时消息而复反震生矣。

时乘六龙。

《易·象上·乾象》："六位时成，时乘六龙以御天。"庄氏曰："六龙即六位之龙也。以所居上下言之，谓之六位也。阳气升降，谓之六龙也。"惠栋曰："九六之变，登降于六体。乾息坤消，以时而成。"又曰："乾六爻称六龙。时乘者，六龙乘时也。御，进也。言六龙皆当进居天位，升降以时，不失其正。"《庄子·逍遥游》："若夫乘天地之正，而御六气之辩，以游无穷者，彼且恶乎待哉。故曰：至人无己，神人无功，圣人无名。"又曰："藐姑射之山，有神人居焉。肌肤若冰雪，淖约若处子，不食五谷，吸风饮露，乘云气，御飞龙，而游乎四海之外。其神凝，使物不疵疠而年谷熟。"曹元弼曰："庄子六气之辩，辩读为变，六气之变即六龙也。云乘云气，御飞龙，其神凝者，盖以喻元。此古易微言，真子夏所传，故取之。"黄元炳曰："天地之正，一年之中央，夏秋之交也。辩，变也。六气之辩，上下四方之风变也。以六月息作六气言之，意在周流六虚之六爻正。谓我羲皇所画八卦，彼此相错，因而重之之先天大象，其递叠二变，阳变阴，阴变阳。至人神人圣人用其变而游之，以至于无有穷极之时，则逍遥在无，何待之有哉。"

乘六龙以御天，有六位六时之变，上云三十六法是也。更生阴阳得失二类，数共七十二，当八卦九畴之合。八卦六龙之顺逆也，纵横也，旁通应比也。九者阴阳位各三龙，而各具三始也。如是以登降六体，其游无穷。惟庄子传易道之真，而有见乎此。逍遥无待者，见群龙无首也，是诚乾元之妙用。若其神凝者，本一时一位一德而定，焦循之易臻其境矣。

天心复见，

《易·象上·复象》："复其见天地之心乎。"虞翻曰："坤为复，谓三复位时，离为见，坎为心，阳息临成泰，乾天坤地，故见天地之心也。"张惠言曰："由坎离为乾坤，故见天地之心也。"惠栋曰："冬至复加坎，坎为极心，乾坤合于一元，故见天地之心。心犹中也，董子以二至为天地之中是也。”

乘六龙以御天，盖要终而反终，则位正起消息，象由坎离为乾坤，故见天地之心。心即太极，生生之神，当天一冬至，地二夏至，二中合一于乾元，河图之中五是也，《乾彖》曰“乃统天”当之。

知几反躬。

《易·系下》：“子曰：知几其神乎。……几者动之微，吉之先见者也。”虞翻曰：“阳吉见初成震，故动之微。复初元吉，吉之先见者也。”《易·系下》：“子曰：颜氏之子，其殆庶几乎。”《孟子·离娄下》：“孟子曰：人之所以异于禽兽者几希，庶民去之，君子存之。舜明于庶物，察于人伦，由仁义行，非行仁义也。”《易·象下·家人小象》：“威如之吉，反身之谓也。”《易·象下·蹇大象》：“君子以反身修德。”《易·象下·艮小象》：“艮其身，止诸躬也。”

上句明天行终始，当复初乾元。此句明大明终始，当睽初元夫。同为消息之几，知与不知，人禽之异。且以反身为贵，艮其身以止诸躬，由仁义行，非行仁义也。象当家人上反蹇初，变成既济。错则解上反睽初，变成未济。失元夫，身无藏器，悲夫。

诚存诚立，

《易·文言》：“闲邪存其诚。”宋衷曰：“闲，防也，防其邪而存诚焉。二在非其位，故以闲邪言之。能处中和，故以存诚言之。”《易·文言》：“修辞立其诚。”姚配中曰：“变之九与阴接，故修辞。言者心声，爻由画变，变至九不化，故立其诚。”《礼记·中庸》：“自诚明谓之性，自明诚谓之教。诚则明矣，明则诚矣。”又：“诚者，物之终始，不诚无物。是故君子诚之为贵，诚者非自成己而已也，所以成物也。成己仁也，成物知也。性之德也，合外内之道也，故时措之宜也。”《孟子·尽心上》：“孟子曰：万物皆备于我矣。反身而诚，乐莫大焉。强恕而行，求仁莫近焉。”

闲邪存诚以自成,修辞立诚以成物,由仁知以合外内之道,本诚明以当物之终始,万物皆备于我矣。若分而言之,自诚明谓之性,犹复见以进德,乾坤属之。自明诚谓之教,犹反躬以修业,既济未济属之。体易简而得天下之理,故诚则明矣,明则诚矣,理穷性尽,乐莫大焉。

既恕既忠。

郑玄曰:"既,已也。"《论语·里仁》:"曾子曰:夫子之道,忠恕而已矣。"

闲邪存诚,犹忠信进德。立诚修业,犹强恕而行。故诚存则既忠,诚立则既恕。忠恕一贯,乃充塞于宇宙,是即广大之易道。盖十翼所赞之《周易》,与一以贯之之忠恕,岂有二哉。

二观二玩,

《易·系上》:"是故君子居则观其象而玩其辞,动则观其变而玩其占。"《易·系上》:"易有圣人之道四焉,以言者尚其辞,以动者尚其变,以制器者尚其象,以卜筮者尚其占。"

尚变尚象当二观,尚辞尚占当二玩,易道之大别,唯此四者。又尚辞犹元,尚变犹亨,尚象犹利,尚占犹贞,故四道即四德。

左右咸逢。

《孟子·离娄下》:"孟子曰:君子深造之以道,欲其自得之也。自得之则居之安,居之安则资之深,资之深则取之左右逢其原,故君子欲其自得之也。"《易·象上·乾象》:"万国咸宁。"《易·象上·坤象》:"品物咸亨。"

能自得于辞变象占,则于易道将感通其左右而逢其原。又感者人道之本,上感天地,下感人心,若国宁物亨而天下和平,皆感之功。故咸位下篇之首,以对上篇之乾坤,即人参天地之大义也。

《繻爻》讲解[*]

六十四卦,总共有三百八十四爻。三百八十四爻分十二个部分: 初九,九二,九三,九四,九五,上九;初六,六二,六三,六四,六五, 上六。

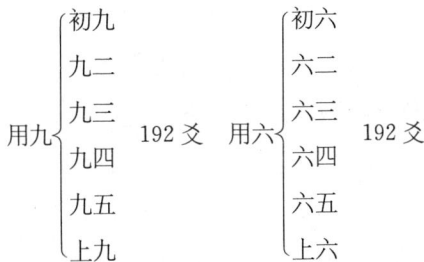

$$
\text{用九}\begin{cases}\text{初九}\\\text{九二}\\\text{九三}\\\text{九四}\\\text{九五}\\\text{上九}\end{cases}192\text{爻}\qquad\text{用六}\begin{cases}\text{初六}\\\text{六二}\\\text{六三}\\\text{六四}\\\text{六五}\\\text{上六}\end{cases}192\text{爻}
$$

《周易》可贵在于有爻,而《连山》、《归藏》无爻。研究爻就是研究 变化,变化分为几个等级。

《易》这部书的好处是可以拆。十三经中其他经不可以拆,《易》是 唯一可以拆的经。拆后有分有合,就有东西出来,否则这部书只是活 化石。西方用分析综合的方法拆合至今,科学蔚为大观。

---

* 一九八五年三月三日至三月三十一日讲于家中,张文江记录并整理。

唐先生(文治)云:"积字成句,积句成段,积段成篇。"炼字是炼到字,不是炼一个字。西方讲文法,中国不讲文法,因为中国每个字都是象,每句句子包含许多象。《䜣爻》就是用中国方法体味这段文章。

有三十二个初九爻辞,有三十二个初六爻辞。先讲初九。

初九对卦而言,应付五爻各阴阳二种变化,2^5,共三十二种变化。虽然有三十二种变化,但是初九的原则完全一样。

所有的初九都是不用,即使用也极微。用是以才培能,以先天培后天。初九,大衍之数五十,其一不用,故曰潜。

卦是仁,爻是智,爻是智慧的变化。仁为五十一,智为四十九。仁不可缺,过半,但未全,故必须研究爻智。

十翼共解释三十爻三十九节,占全爻的十二分之一,《䜣爻》依此推广至全书各爻。

☰ 乾。

潜龙勿用。

从初至上,以龙象为主。"潜见飞亢,易地皆然"。乾爻辞有四个龙字,但六位之龙,其数无算。潜龙是无数条潜龙,虽群有一,一化一切,否则拘守。须知神游九畴,六爻发挥之理,旁通之情。坎卦的"唯心亨",太极无首,建立体又破体,得太极。王弼则求绝对的一,误。

☱ 夬。

壮于趾,往不胜为咎。

先天图从上变起,《䜣爻》读完,先天图也可以背出来。

五个君子合力去一小人,小人在上,已无能力,故可决去。柔乘于刚,天下就要抛弃他。秦始皇在上,下面抽空,四面群众起来,空了。阳刚决柔,夬好,但初爻做不到,一动就成☰,前功尽弃,一切恨事从此而来。《易》为补过之书,《易》要无咎。三百八十四爻唯此爻有咎,咎就是变大过。故夬初不可用。

䷍ 大有。

无交害，匪咎，艰则无咎。

大有环境为阴爻得其位，得者得其正，周公摄政之象。

大有为太平盛世，家道富裕，初爻未入乎世，咎从何而来。然而，无敌国外患者国恒亡，条件一好，于是不知生产力的基础。匪咎之咎，其害何及，要做到无咎，走艰苦一条路。

䷡ 大壮。

壮于趾，征凶，有孚。

读《易经》先要成象，大壮为楚霸王的象，戒匹夫之有勇无谋者。

夬之往不胜，此为征凶。孚为信任，如孵蛋。孚为俘虏义和感化义，可兼通，有孚可免征凶。壮于趾，行动不能太快，一触即发，鲁莽灭裂，流弊太多。

䷈ 小畜。

复自道，何其咎，吉。

阴阳相应，与其求外，何如求内。《孟子》曰："物交物，引之而已矣。"不要初爻去凑四爻，要四爻来应内，故自道未复，不能应外物。

䷄ 需。

需于郊，利用恒，无咎。

《论语》当然是基础，此外我最喜欢《庄》、《孟》二书。《孟子》"虽有智慧，不如乘时"等等，语皆精。需为等待，我在解放之后就是需，否则可能就是一个具体人才。当然不是事事等待，大匠只能教人规矩，不能教人巧。今天懂了，明天就用，口耳之间，道听途说，不会好。中国人老法，做了新衣即放进箱子，过了十年二十年拿出来穿，已是老太婆了。可见中国人有此心理。

地点为郊，就是远一点的地方。太近了，不容你需。不在此地，就有咎。郊之境可需，恒之德可需，故能免去违背时代之咎。

☰ 大畜。

有厉。利己。

乾天为动,艮止则静。初爻躁动,躁则烦乱,止则静明,明可畜德。躁,人人有,生物就是躁,躁不一定坏,制躁可畜其大。

小畜是文学,大畜是史学。

☷ 泰。

拔其茹,以其汇,征吉。

这是初爻唯一可动的环境。征吉,叫你去。泰是改革交流。否卦相反,初爻贞吉,不要动。

以上共八卦,乾、夬、大有、大壮、小畜、需、大畜、泰。

☱ 履。

素履,往无咎。

照本分去做,人的本分是命。不知命,无以为君子。

下兑为走,走要根据天。

中心有主,就是知命。履者礼也,礼之本在此。

☱ 兑。

和兑。吉。

和兑,快活,不是来自外面刺激,无我无执,乐在其中。老子云"冲气以为和",要顾外,不要慕外,热中就会慕外。

☲ 睽。

悔亡。丧马勿逐自复。见恶人,无咎。

米,矛盾。丧马,行动不便。不要去找马,马会自己跑回来。去找马,上当。自以为善人,去不利恶人,睽。故明知是恶人,也要见他。不要卜,要知道转化的道路。

睽初还没有到绝对矛盾的地步,和其余诸爻处理方针不同。

战国极乱,纷纷逐丧马。亦有人跳出事外,研究其结果。

☰☰ 归妹。

归妹以娣,跛能履,贞吉。

着重时间。震兄兑妹,父死,长兄代父嫁妹,已略过时。跛脚仍要走,不要失时。

睽为中女少女两个孩子吵架,此为震兄兑妹合作。

☰☰ 中孚。

虞吉。有它不燕。

中孚是定力,要定就要信。

孚训信,新说为俘虏,如果执其一端,中国学问就没有了。新的解释也未尝不好,从俘虏到相互信任,是一种进步。

孚于中,孚于一,有它则不孚。

☰☰ 节。

不出户庭,无咎。

上坎是流水,下兑是止水,节制流水,有水库之象。如下坎上兑,则水全流完,为困卦。生命本身是节制。

不出户庭,在阴阳两方面都要有所密,两仪既判,消息无穷。无此不出户庭无咎之象,则一事无成,永远跟着别人走。

故一方面秘而藏之,以待来兹。另一方面则无一事不可对人言。

☰☰ 损。

已事遄往,无咎,酌损之。

损益二卦,或损下益上,或是损上益下,总是摆不平。注意此中,可悟大理。以损下益上为损,以损上益下为益,定卦名者有倾向性。

已经如此了,赶快去做,无咎。抓住时间,在损的条件下,适当损一点,就益。

在士农工商间损益,孟子主张十取三,二十取一为野蛮人,五取一是剥削。适当其中,不是剥削,如增加教育经费等。现在十取九也不止。损下益上,不是绝下益上。

䷒　临。

咸临。贞吉。

从复开始,相对的象。一面复一面姤,一面临一面遯,临至泰,遯则至否。咸临,就是一面临至泰,一面遯不至否,成咸䷞。自然界是消息,必变否,加上人事就有所不同。

《易经》要在观象玩辞。玩是弄玉,看清楚玉中的理,读《易》不能呆看。

以上为履、兑、睽、归妹、中孚、节、损、临八卦。

䷌　同人。

同人于门,无咎。

卦名䷌ᐕ天上行\ᐕ火炎上,故同人。反之䷅ᐕ天上行\ᐕ水流下,故讼。同人亲也,不亲故讼。人之间重视同,初九从门开始,一直到上九的郊。整个的卦象同人于野,没有地方不同。同人的概念由小到大,故齐家治国平天下。门给你一个等级,不是以为限。虽同人于门,等不胜等,但同人于野的志不可折。从这个意思反过来看,同人于门是有咎的,即家族宗派。要从有咎化为无咎,故同人于门,意思不能差一点点。比如同位素,差一点就不等了。分子里电子多一点点,半衰期相差多少。

䷰　革。

巩用黄牛之革。

火烧水,水必干,水浇火,火必灭,水火之争必用革,有张生煮海之象。初爻坚持火的立场,目的是加火力。巩为坚韧不拔,历来革命要立场坚定。《大象》指出革要治历明时,革就是要知道时间坐标,因为旧的标准不合乎时代了。上层领导专搞生产关系,不搞生产力。朝代改了,就要正朔。今天最重要的坐标,是一九六九年人到月亮上去。

过去知道理论上可以，人是否有完成的能力，不知道。一九六九年中国文化革命时，人竟然上了月亮，当时我和薛先生最后一次见面尚谈及。此是人类的大事，文革与之相比已不足道。在两样都是动之间，必须看一样为不动。此即相对的坐标，行止动静，动量与坐标，此为阴阳。调整生产关系，改变标准，就是革，否则为暴乱。在革之时，初爻越坚强越好。

线性方程，规矩，直道而行。非线性方程，曲成万物，这是数学最重要的分别。有思维实验，具体实验做不出，可思考多维空间形象，今云坐标。

☲ 离。

履错然，敬之无咎。

从东西周至今，已经历几个大时代，情况极复杂。明末至今，为未完的一个阶段。人处此时代，非把自己一生扔掉不可，试图一个人解决必然碰壁。人有继天之明，就要适应并处理此时代。履是实践，错然是复杂的时代、复杂的思想。思想不复杂，时代大变化一来全部冲掉。辛亥革命，冲掉了多少人。错然，是把各种不同的观点摆在一起看。比如东西周，把周幽王的观点，平王的观点，犬戎的观点摆在一起，就出来了。对待错然，敬之方能明。思想和行动合一。对待错然，咎在固执，我讲的时候，客观情况一爻一爻不知变了多少。破本体，要积几个本体。

☲ 丰。

遇其配主，虽旬无咎，往有尚。

这是阴阳相合的象，阴阳充实才能合。丰四到五一变，即成既济。端木国瑚以为"畴离趾"为洛书，泰"用冯河"为河图，此处为太极之象，故虽旬无咎，往有尚。玩辞玩到如此，从固定化到没有固定，触类旁通。于佛教当《方等经》，佛初说《华严》不懂，再讲小乘做好事等，再转大讲方等。方等者,佛同样说,而大乘听之得大乘义,小乘听之得小乘义,各人随程度不同,各有所得。玩辞玩到什么地方,看的人程度不同。要"今者吾丧我"之后,才可以研究学问。

☲ 家人。

闲有家,悔亡。

同一离卦的初爻,上乾兑离震不同,下亦不同,有化学作用。邵康节言先天图:"吾尝终日言,未尝离于是。"宋人发明此图,是不得了的大事。现在时代以宋学为主,汉学过去了。佛教讲方等对机,仁者见仁,智者见智。有了象数这套东西,唯物唯心自然淘汰,唯物不好,唯心亦未必好。在汉不能汉下去的时候,有王莽曹操出,二人利用禅让,莽败操胜。王莽没变好,曹操一变,魏晋时代不一样了。司马相如捧汉武帝,扬雄捧王莽,都有自己的东西。

家为情之所凝,人伦之本。性情是治家的方法。

☵ 既济。

曳其轮,濡其尾,无咎。

任何事物一个阶段的解决,总要停一停。阶段未完,安于初位之本,庶免有涯随无涯之患。不游到底是小乘的象,止于至善也在这地方。

☶ 贲。

贲其趾,舍车而徒。

贲卦为画图,属美术理论,其实任何一卦都是美术理论。三棱镜分光,即贲。有车无车是阶级的标志。孔子没有做到此爻,"我从大夫之后,不能出无车"。从大夫之后是孔子的束缚,故齐陈恒弑君,孔子必沐浴而朝告鲁君。贲初贲趾为行动,贲于丘园是隐者之贲。安步当车,何必长铗而歌。关键在你的行动不能被车之类的其他东西束缚了。

䷣　明夷。

明夷于飞，垂其翼。君子于行，三日不食，主人有言。

日薄西山，鸟飞回去。君子于行，三日不食，故孔子绝粮于陈蔡。遇乱世，何必为五斗米折腰。好似有条路，但主人讲不要去。故既济象好，此象不好。

以上同人、革、离、丰、家人、既济、贲、明夷八卦。

䷘　无妄。

无妄，往吉。

震动要合乎天，无妄方能往。万物皆备于我，隐显相合了。佛法是小乘结束了，大乘开始。

《易经》是具体事实不谈，现在人读《易》都在里面找具体事实，完全错了。要看事实，还不如去看《春秋》，或直接去看报纸。《春秋》是评论，《公羊》、《谷梁》、《左传》是事实。

现在的毛病是知今不知古。研究现代的人是否能推到隐，然后抓住一点，再推出来完全符合，就是现代的《易》。《易》隐成一个符号，再到太极。符号具体指什么，要看《春秋》，象全部是隐的。一定要看《易》与《春秋》的关系。

到了东周，《诗》亡，雅降为风，贬周极厉害，一面就摆《鲁颂》，所谓黜周王鲁。因平王四十八年已见出无反攻力量，故不尊周。孔子绝笔获麟，因齐出了弑君之事。此无法王鲁，故《书经》最后放了一篇《秦誓》。谶纬家认为孔子已看出来，因为秦在西周故地，有希望。

孔子谓"天下有道，丘不与易也"，故建立尧舜理想。他因材施教，未知事人，焉能事鬼，性与天道不可得与闻。因为学生程度不够，讲讲算了，不再深入。

现在技术上的事，机器人已能做。但人就是要思想，美术、音乐……

䷐　随。

官有渝,贞吉,出门交有功。

兑为悦,处处吸引。震为动,自己有东西,就不怕吸引。

心君为思想,五官感物而变。心君得其主,即可出门交有功。

䷔　噬嗑。

履校灭趾,无咎。

履,小鞋,给小警戒,得大福。《系辞》有解释。必以圣人望乎人,其自处为何如也。

学会《系辞》的玩辞,一部分《易经》懂了。

䷲　震。

震来虩虩,后笑言哑哑。吉。

洊雷,震。帝出乎震,始动。孔子迅雷风烈必变,大舜不为烈风雷雨所迷。

䷩　益。

利用为大作。元吉。无咎。

三十二爻全部一翻,初九基本上是好的。有所自守,守一好,不过只怕执一。

益刚柔皆应,故可大作。大作是创造精神,也就是改进生产力。当时大作是农业。三上一变,即成既济。

大作必本元气,故元吉。

䷂　屯。

盘桓。利居贞,利建侯。

盘桓,徘徊。利居贞,立定脚跟。

䷚　颐。

舍尔灵龟,观我朵颐。

上艮是定,下震是动,完全是嘴巴的形象。龟息,胎息,养生有道。

其气和,其食节。《易》初九很少有咎。性是天给你的,客观条件是否相合是命。理应该问到底,命不可问到底,就是要安。尽性安命,穷理达情。

䷗ 复。

不远复,无祇悔,无咎。

从乾到复,上五爻全变。复恢复初九潜龙勿用。不用远来恢复,就在我心里。复可贵,就在此处。得了以后,不要走到懊悔的地方。来也来了,就是了。复为孔颜乐处。

知道复后,就是这点东西。用颜渊来讲,有不善未尝不知,知之未尝复行也。顿悟无用,要一直悟下去。

仁远乎哉,我欲仁,斯仁至矣。仁为二人,范围扩大,一直到人与宇宙相应。西方极乐国土就是相应。孔子无体,颜子当作体来求。后来化了,颜子的体也没有了,故具体而微。初九要得颜渊的复,永远不用,永远有复。

九二。

䷀ 乾。

见龙在田,利见大人。

元代许衡有《读易私言》,讲六个位置的变化。

九二完全着重现,现要现得平淡。现要有基础,就是《文言》"学以聚之,问以辨之,宽以居之,仁以行之"。承上以究君德,启下化世俗之愚,此即自觉觉他。三教合一,修炼途径总归有点不同,不同到最后,同不同值得研究。要兢兢业业,忘己从道,如太极拳,完全舍己从人。不如此,龙只可潜,不可现,己事不明,不可以救世。

䷪ 夬。

惕号,莫夜有戎,勿恤。

九二逃不出阴爻上六的控制。惕号防上六,九二必须与五刚合,才可夬。敌虽弱,不惕敌将强。此不同于乾卦,不能舍己从人,不能太老实。

爻辞意思是否如此,我都不相信,但是卦象如此,所谓神而明之。

☲☰ 大有。

大车以载,有攸往,无咎。

具体的行动全靠九二,阴阳相应。大车到底是什么,要看现在的大车。伏羲的车简单,庄子气功北冥徙于南冥。人人心中有的大车,且有方向,故无咎。车行动,《离骚》有乘车出去的精神境界。

☳☰ 大壮。

贞吉。

这段没有象辞,只有象辞。大壮是阳息。

怎样的象已明显,不用讲,是好时代。伤在过分发散阳气,壮变伤。从训诂看,任何贞吉都是一样,但学会观象,则知每一段有每一段的贞吉。看辞,要与象合起来,又要与自己的具体事实合起来,才会读《易》。《周易》的根源是数,不是象,用数表示阴阳变化。辞是玩的,象是固定的,玩辞就是要你根据象而穿凿出深意。

☴☰ 小畜。

牵复,吉。

虞翻。☰\☲,故牵复。复无穷,牵亦无穷。有了象,卦爻辞容易懂。《诗经》的小序是象,辞可以随便读。《诗》容易读是因为有一个意思,《易经》不是如此。

☵☰ 需。

需于沙,小有言,贞吉。

需于沙,已经碰着了,但是有路可走。

与初九对看,就完全看出来。整个环境相当,自己地位不同,应付之道就不同。

☶ 大畜。

舆脱輹。

车由两部分组成,舆与轮(《说文》:舆,轮之总名也),上载下行。輹,轮与舆之间。要大畜,不要行。学与仕,互为因果,大畜讲的不是学不是仕,讲的是优。做了几十年事,退下来学一学,然后教你东山再起。舆体轮用,脱輹而仕,为什么,脱輹而学,为什么。

☷ 泰。

包荒,用冯河,不退遗,朋亡,得尚于中行。

《易经》多涉大川,冯河仅此一处。此处点明是黄河,清人讲是河图。荒是大川,大川为河图所出,包以十数,用此任何河都可以过。

人同自然界一比,同人类一比,一生不过是一卦一爻。

论吾国文化中包含的自然科学理论

论吾国文化中包含的
自然科学理论

一、引论

地球上开化较早的文明古国有四,即吾国与印度、巴比伦、埃及。巴比伦、埃及的文化本身未能保存,已传于希腊,由希腊、罗马经文艺复兴而产生欧洲现代的自然科学。如推究现代自然科学理论的根源,于西方只能上溯至希腊,其理本诸几何学,而几何学实由希腊第一个自然哲学家米利都的泰勒斯(Thales,约公元前 625—前 545)学自埃及。

反观吾国文明的发生与发展,自有其历史环境。四大古国中唯有吾国能代代相承,迄今流传,此一事件决非偶然,有其合乎自然科学理论的原理。惜年深月久,吾国历代学者已多知其然而不知其所以然,乃因循苟且,与西方日新月异的自然科学理论似不足为敌,实则并不如此。今宜一一阐明吾国古代文化中所包含的自然科学理论,与西方现代化的自然科学理论相比,庶可相互借鉴,以开人类知识的新纪元。

爱因斯坦于 1953 年复信给美国加利福尼亚州圣马托的 J. E. 斯威策,内容有关吾国文化,全信录于下:

> 西方科学的发展是以两个伟大的成就为基础,那就是:希腊哲学家发明形式逻辑体系(在欧几里得几何学中),以及通过系统的实验发现有可能找出因果关系(在文艺复兴时期)。在我看来,中国的贤哲没有走上这两步,那是用不着惊奇的。令人惊奇的倒是这些发现[在中国]全都做出来了。(《爱因斯坦文集》第一卷,574 页)

爱因斯坦论西方科学的二大基础极是,而谓吾国贤哲没有走上这两步则非,盖未深究吾国先秦的科学理论。然此非爱因斯坦之失,即吾国学者亦鲜能知之,且非今日为然。当明末徐光启(1562—1633)翻译《几何原本》,其序已谓"吾国三代而上当能知之,秦始皇焚书失其传",可知吾国自然科学理论之失传,由来已久。然深入体味,今日尚存之古代文化中,不乏极丰富之自然科学理论。

至于现代的自然科学理论,于所认识最后归结成三大类,一曰宇宙演化,二曰物质结构,三曰生命起源。西方人于此三大问题之认识,由科学知识之积累,已极深邃,尤以二十世纪起有突变之趋势。唯彻底解决困难尚多,仅知准科学研究道路前进,定有可观。

若能认识之方法,归结成六大类,一曰天文,二曰地质,三曰物理,四曰化学,五曰生物,六曰数学。每大类又有极细之分科,每分科足以穷大量学者毕生之力,宜诺伯特·维纳(Norbert Wiener)有感乎此,其言曰:"莱布尼茨以后,似乎再没有一个人能够充分地掌握当代的全部知识活动了。"(见《控制论》)盖分类不可不细,唯细方能有独到之见,然于整个科学之全貌,又不可不知,否则势将有孜孜于本科中之一点,而此点于其他分科中早已解决,因术语不同而互不通气,枉用精力,殊觉可惜。此以逻辑言,当兼顾演绎与归纳,庶能分合相应。

更合能认识之方法于所认识,则主要以天文、地质明宇宙演化,以物理、化学明物质结构,以生物明生命起源及其进化,数学者盖为能认识之工具。再者,于所认识之三大问题中,莫不以物质为基础,宜物理理论尤为一切自然科学理论之基础。曰现代化者,实因物理理论之发展而起。

于1704年牛顿《光学》一书出版,物理学始有整体之理论,遍及一切自然科学。于1859年达尔文发表《物种起源》,始有生物之进化论。然于生命起源问题尚未足以论,盖生物与非生物之精微界限,非当时自然科学理论所可喻。若达尔文之进化论相称于牛顿之力学,未久法拉第(Faraday)、麦克斯韦(Maxwell)发表电和磁(1873),虽仍遵循牛

顿理论,实已为现代化物理之序幕。自 1900 年普朗克提出量子理论,
1906 年及 1916 年爱因斯坦建立狭义与广义相对论,整个自然科学理
论有划时代之变化。以生物而言,1866 年孟德尔提出遗传学之两基
本定律,惜未引起同时人之注意,必于 1900 年由德弗里斯、柯伦斯、丘
歇马克三人重新发现,始为世人重视。于 1900 年由托·摩尔根研究
果蝇而确立生物之遗传规律,又于 1926 年发表基因论,可谓现代化生
物之序幕。继之,现代原子模型创立者玻尔于 1932 年讲演"光和生
命",盖以原子物理学之概念移入生物学,听众中有德尔布鲁克极受影
响。又有现代波动力学创立者薛定谔于 1944 年出版《生命是什么》一
小册子,以量子原理明遗传基因之变化,与玻尔不约而同,皆亲见现代
物理概念之微妙,必宜通于生物学。当时有芝加哥大学学生华生受此
书之启发,即同德尔布鲁克共同研究噬菌体,以期建立现代化之生物
学。后于 1953 年华生与克里克根据 X 光衍射资料,提出 DNA 双螺
旋结构模型,为现代分子生物学之重要里程碑。А. И. 奥巴林于 1957
年再版本之《地球上生命的起源》一书,内容亦相应提高。当 1970 年
始有量子生物学之国际性组织,则可使现代生物学相应于现代物理
学。若现代物理理论,早已深入于原子核以观基本粒子之变化,此于
生物体内尚无相应之理论。且生物理论之发展,每在物理理论之后,
故研究物理理论者,仍以之为一切自然科学之本,实则并不如此。此
盖仅视生物之物质基础,而忽乎物质已由突变而成有生命之生物,此
有生命之物质,决非物理理论所可尽。

若分子生物学能见 DNA 之分子结构,及 DNA 与 RNA 之转录、
RNA 与氨基酸之翻译,由是合成各种蛋白质而成生物体。又有遗传
突变以应乎生物进化,由量子生物学更能深入讨论。因量子跃迁而使
化学键变化,以观其与遗传密码之关系,近则医药将有划时代之进步,
远则将可掌握生物种族之变化规律。凡此等等,于生物体中主要属生
殖细胞之作用,而生物体中尚有更重要之神经细胞。凡生物愈进化,

神经细胞与生殖细胞之不同愈明显。如上推至单细胞生物,当然无神经细胞与生殖细胞之辨,况细胞膜尚未完备之病毒等。然既成生物,即于生命起源之际已有此神经细胞之独特作用,故必变物理理论以成生物理论,方能观不同于无生物之生物。若德尔布鲁克早见及此,故研究噬菌体后即专研神经细胞。然神经细胞之精微复杂甚于生殖细胞,且宜与心理学联系,今尚未闻有特殊创见者。

A. И. 奥巴林提出生物之特征三:一能新陈代谢,二能自我繁殖,三能突变。此三点中,其一盖能维持本身之空间,其二盖能维持本身之时间,其三盖能进化本身之"四维模式"。合而言之,凡生物者皆有能认识之能,此能进化至人类,即在人脑中枢神经中之神经细胞核内。凡一切人类文化皆始于此能,故今后自然科学理论之发展似可由高能物理以及高能生物,当致力于研究生命起源之生物能。此能自有生物量之量子,决非物理量之量子所可尽。下当以数学明之,则所认识之三大问题,或可得间而了解。玻尔有感乎既是观众又是演员之古喻,薛定谔欣赏乎梵我之一体,其然乎否乎,心乎物乎,仍不可不明辨之。更有甚者,且谓电子有自由意志,怎能不令人大噱以解颐。若能认识与所认识之相应提高,以使人类文化之发展,又为人类历史之客观事实,故有所认识之问题,必当深入能认识之了解,此为生物学家之任务,不亦重乎。莫诺有言:"回到知识本身的源泉时,才为科学的第二个时期。"(见《偶然性和必然性》,1977,上海人民出版社)极有见地,是即能认识。

以上概述西方现代化之自然科学理论,及将由物理理论转向生物理论之趋势,于能认识之工具——数学尚未提及。以下概述吾国古代文化中所包含的自然科学理论,即从现代化之数学谈起。

观数学之大别有二,一曰形是谓几何,二曰数是谓代数,形、数两者贵在一致。西方笛卡尔(1596—1650)于1637年创立几何坐标,形、数可一一相应。其后于几何之形有多维非欧之发展,于代数之数有复数、超复数之多元系统，及群、格、体等演算规律。虽多维空间概念，本由格拉斯曼因研究多元代数而提出，然迄今百有余年，因形、数各自发展，犹未见整个之结合。希尔伯特空间相应于富里埃级数，可云最为完善，实现代化之笛卡尔坐标。唯点集实属零维空间，而数元以生，曰多元之代数系统，理当多点之变化，其与多维几何之形象，犹无确然之对应关系。至于分析数学之发展于西方物质文明，有决定性作用。自牛顿与莱布尼茨建立微积分算法后，用已显而理仍恍惚，即徘徊于形、数两者，迄今未已。哥西之严格定义极限，由极限而有连续性概念，以及导数、微分、积分等定义，始建立较完备之微积分理论。其后经魏尔斯特拉斯、戴德金、康托尔三人之努力，由戴德金定义无限集合以完成实数定义。康托尔集合论，立符号 ω 代表正整数之实无限集合，又得大于 ω 的超限数，名之曰 C。若高于 C 之数仍可发现，而连续变量之定义及由此产生的微积分概念，只需无限集合 C 已足。然此以纯代数系统明分析数学之究竟，不同意者如布劳威尔企图使连续与离散的融合直观化，克罗内克亦以戴德金与康托尔等所"构造"之数为不自然而不可能存在，乃建议把一切基础放在仅含有整数的方程上。

若布劳威尔之彻底直观主义，当其以多维空间结构观之，自然可观连续与离散的融合。又各种多维空间形象，可不期而相应于各种所"构造"的数。唯象数相应之理未明，乃各自偏执而有碍于纯数学发展。至于克罗内克之建议似乎不可能，实则整数自有其妙用。盖由分析数学以建立种种方程，因科学进步，方程自然而复杂。于解方程时，当用矩阵之算，且无电子计算机应用，绝不能成今日现代化情况。而电子计算机基本原理，在二进位整数之变，其用循环进位法，于任何奇零皆可在允许误差之内解决而丝毫不误，则于极限之理，又得一明确的直观概念，且知整数实有其大用。更合以多维空间形象，即吾国古代文化中所重视者。

　　究夫吾国古代文化,首当注意有三个极重要、极根本的概念,一为空间概念,即四方上下曰宇,二为时间概念,即古往今来曰宙,三为人的概念,即人受天地之中以生。凡"有实而无乎处者宇也,有长而无本剽者宙也"(《庄子·庚桑楚》),即空与时各一无限,唯时空相合乃成一切。再者宇宙者犹天地,天为宙为时间,地为宇为空间,当天地合而得乎中,乃有生物,乃有人。

　　若时空相合之情况,宜以六艺之"四始"论之。四始者,《春秋》始于鲁隐公元年,即周平王四十九年(公元前 722 年)。《诗》始于二南,约当公元前八世纪。《书》始于二典,约当公元前二千一百年至二千四百年。《易》始于伏羲,约当公元前五十余世纪。以今日之考古观之,《春秋》迄今二千六百年,书籍当可考见,从未间断,此已为人类文化史上光辉之一页。《诗》之正风、正雅及豳风七篇、商颂五篇等虽未能正确考定其著作年代,然实为商周际之史实及西周开国时之情状。考甲骨文尚早于《诗》,故《诗》始之时有此文化亦可深信。至于尧舜之《书》始,今宜以仰韶文化当之,是时已进入农业社会。《易》始伏羲者,盖尚在畜牧时代,唯畜牧之流动乃见变化,于变化中探索其规律方成易卦。易卦以变化为主,此为吾国古代文化之特点。若易书二篇之成,以甲骨卜辞并观之,颇多相似。《传》曰文王系辞,亦有可能,与箕子《洪范》确可相应,所谓八卦九畴相为表里是其义。

　　此"四始"者,所以划时代,盖时本无剽,不可不划,划其时乃能见其空。《春秋》者其时仅二百四十二年,为当时现代史,鲁史所记录者,皆鲁人一生所遇之事实及父祖辈之传闻。吾国以三十年为一世,本人类生殖之天性。凡人类亲属关系,极于九世(由高祖至玄孙),其时以二百七十年为准,《春秋》所划之时正与之相应,乃明家与国之变化。《诗》者其时约六七百年,以见周朝一代兴衰之事实,乃明家与天下之变化。《书》者其时约二千年,以见夏商周三代兴衰之事实而统于尧舜二帝,乃明家与天下之变化实系于身与天下之变化,传子传贤之辨,即家天下与身天下之异。《易》者其时约五千年,唯划时代较长,乃见由身格物与天下之变化,即由畜牧时代变成农业时代。畜牧者,人之生存主要有赖于其他动物,农业者,人之生存主要有赖于植物。故"四始"之划时代,以今日西方科学观之,《春秋》《诗》《书》三始,属社会科学之范畴,《易》始属自然科学之范畴。而在吾国本诸时空相合之理,此四始者未尝不可同之。惜同之而未能辨之,乃易卦虽存,二千年来本制器尚象之理以发展自然科学者,殊未多见。况农业时代尚停滞不前,故《易》之大用犹郁而难发,而其理实为西方现代化之自然科学理论,宜有所取则云。

《易·系辞下》有言:"昔者伏羲氏之王天下也,仰则观象于天,俯则观法于地,观鸟兽之文,与地之宜,近取诸身,远取诸物。于是始作八卦,以通神明之德,以类万物之情。"又曰:"《易》之为书也,广大悉备,有天道焉,有人道焉,有地道焉。兼三才而两之,故六。六者非它也,三才之道也。"于《说卦》亦曰:"立天之道曰阴与阳,立地之道曰柔与刚,立人之道曰仁与义。兼三才而两之,故易六画而成卦。分阴分阳,迭用刚柔,故易六位而成章。"

今可通释古今中外之名,以见其同属于自然科学理论之概念。

曰"三才"者,指天地人,今于所认识欲明宇宙演化当吾国之天道,欲明物质结构当吾国之地道,欲明生命起源者当吾国之人道。易书广大悉备,即以明自然科学理论之三大课题。且吾国所谓王道之王字,即取以一贯三之义,三即天地人。王天下者,理当究乎宇宙之理而有以贯通之。

曰"兼三才而两之"者,即自然科学之三大课题各一分为二,今能认识之方法当之。曰天文学者当天道之阳,曰地质学者当天道之阴,曰物理学者当地道之刚,曰化学者当地道之柔,曰生物以究生命起源者当人道之仁,以究生物进化者当人道之义。若地质学不属于地道而属于天道之阴者,盖地球之为物,实天体之一耳。广而言之,任一天体

(包括恒星等)皆属天道之阴。曰天文者,盖观乎天象之变,于任一天象之运行聚散,皆属地质学之范畴。由宇宙航行之发展,地质学之内容将有大变,如可分卫星地质学、行星地质学、银河地质学、星云地质学等等,凡此皆属天道之阴。若三才之天地,有阳大阴小之象,乃两之而六,天文地质皆属天道而大,物理化学方属地道而小。小而一之,量子之象当之,是当地道之刚。唯有量子之能,物能相合以成化学键之象,宜化学当地道之柔。观此天地之变,大则天体之运行聚散,小则基本粒子之生灭化合,即时与空之各一无限。其唯天地相合而得中乃有生命,生命起源以当人道之仁者,仁属生物之元,以别于无生物。由生命力之无限,故生物进化亦无限,以当人道之义,义者训宜,得中乎时空之象。

曰"《易》六位而成章"者,即明兼三才而两之以成六爻。《易·文言》曰:"六爻发挥,旁通情也。"盖能认识之方法可各极其情以发挥旁通,此宜以能认识之工具数学明之。

《系辞上》曰:"河出图,洛出书,圣人则之。"又曰:"天一地二,天三地四,天五地六,天七地八,天九地十。子曰:'夫《易》何为者也,夫《易》开物成务,冒天下之道,如斯而已者也。'"又曰:"天数五,地数五,五位相得而各有合。天数二十有五,地数三十,凡天地之数五十有五,此所以成变化而行鬼神也。"盖重视天地十数可喻,此十数组合即成河图。又洛书者,戴九履一,左三右七,二四为肩,六八为足,以五居中之象,古之明堂位取之,《洪范》则之。此河图洛书即吾国象数之本,合诸现代数学,盖属五维空间。凡五维正则空间唯三,一曰五维—六胞腔,二曰五维—十胞腔,三曰五维—三十二胞腔。二三两者互为对偶,可通而为一。五维—六胞腔则自为对偶。故合对偶论,五维正则空间之类型唯二。其一五维—六胞腔,即吾国易卦之六爻当其象。其二五维—十胞腔(包括五维—三十二胞腔),即吾国之河图洛书当其象。河图为开放性之五维—十胞腔,其维数可无限增加。洛书为封闭性之五

维一十胞腔,因十数已永远不能达到,须中五与其他八畴相合而一之,
庶能完成一五维一十胞腔之象。

至于河图与八卦之关系,由生蓍之法当之,其数之变化皆可以几
何图形示其理。因五维空间必有正交轴五,乃有五行之说。轴二端以
分阴阳凡十,其于五维一十胞腔,每一端点即一四维一八胞腔。其于
五维一三十二胞腔,则实当一端点。今于微观世界,或视之为一点者,
或竟有其结构与生灭,是即五维一十胞腔与五维一三十二胞腔之辨。
然非立河图五维标中心,何能合于对偶之理。再者多维空间自五维起
虽可无限上推,其正则空间仅三,而类型唯二。究此分辨之几,在一维
线之曲与直,在二维面之圆与方。其应于数在零维点之二与三,凡二
点必直,三点生曲。直无曲率,故点点延长,以当直线两端之二点。曲
线有曲率,故三点延长。如曲率之正负相间,则成波线两端之二点。
如曲率之正负相同,则波线两端之点必相遇而成圆周。观此点动成
线,于延长二点之直线段中,已包含无穷之点。于延长三点之一波段,
或一圆周中,亦包含无穷之点。唯直则以二点为一单元,曲则以三点
为一单元,多一点者,所以示曲率。由曲率而成圆周,则已由一维之线
成二维之面。至于无曲率之直线段,以五维起之正则空间论,其二维
平面之形唯三角形与正方形二种,三角形可通于圆。由是上推,数据
如下:

$$\begin{array}{l}\text{维数} \quad 0 \quad 1 \quad 2 \quad 3 \quad 4 \quad 5 \quad \cdots\cdots n(n\geqslant 0) \\ \text{顶点数}\begin{cases} 1(3)2 \quad 3 \quad 4 \quad 5 \quad 6 \quad \cdots\cdots n+1 \\ 0 \quad 2 \quad 4 \quad 6 \quad 8 \quad 10 \quad \cdots\cdots 2n \\ 1(2)2 \quad 4 \quad 8 \quad 16 \quad 32 \quad \cdots\cdots 2^n \end{cases}\end{array}$$

上述数据吾国古代定已知之,惜今仅存五维之象数而未能穷其
故,乃汉后有无极、太极、有体、无体之争,殊无谓云。盖《易》有太极而
刚柔有体者,指 2^n 之 0 维空间为 1。复归无极而《易》无体者,指 2n 之

0 维空间为 0。1 为太极有体，0 为无极、无体。有无犹阴阳之象，实对偶并存，何可偏废，且本之可论现代数学之形、数关系。考戴德金之切，其思精微。合诸形，属一维空间之线，其切点实可发现种种数系。盖一维线段中其点连续，故可包含无穷之点，其与零维空间中不连续之点，实未可并论。凡连续与否，宜与维数确定其对应关系。即零维为点，于各点之间不连续，一维为线，于各线之间不连续。而以一维线观零维点，则已连续。理可上推至 n 维，定义如下：

以 n 维观 n 维之元素为不连续。

以 n 维观 n−1 维以下之元素为连续。

由是可知吾国古代重视正整数之点集者，以现代之数学名词言，盖取不连续之非阿几何。《说卦》曰"参天两地而倚数"，义谓易卦之倚数本诸阳三阴二，即于零维点集中，于 n+1 类型中取三点为单元，于 2^n 类型中取二点为单元。因有三、二之别，故于一维之线有波直之异，于二维之面有方圆之分。若方圆之数，自然生圆三方四之规矩，三、四指点言，非指周长。凡三点必在同一平面，三点正则，规而圆之，故三角形之三点等分圆周为三，直线垂直而围成平面，必取四线之八端点相接而四。此参、两与三、四之数皆本有体，以无体言，则四点之方，两对平行线或可相交而一之。此所以有 2^n 与 2n 之对偶，而非欧几何生焉，象当生曲率而方而圆。更以 n+1 与 2n 并观之，象当曲率可直而圆而方，故无体之 2n 型当方圆之间而可方可圆，其与 2^n 对偶顶点皆为偶数，若奇数则在各维之间。因零维无体，于一维之线已有二端，其有体之一实在零维与一维之间，此一加于两地即成参天，参天而减此一即成两地。然则天地阴阳之变，非本此无体之一乎。故任一直线段虽同有两段，其内含之点，实已有(1)与(3)(2)之不同。(3)则必成三角，已有曲率，故可通于圆而成 n+1 类空间。(2)则必直，绝无曲率，故可通于方而成 2^n 类空间。且有无体之(1)，则可曲可直可圆可方而成 2n 类空间。其于二维间之三点，即为三角函数。以下二、三维间之五点,即摩比斯带。五点者,二边四点相接及中心一点,当易象错综。三、四维间之七点,即克莱因瓶。七点者,圆柱二端之二圆周六点及中心一点,庄子《齐物论》曰"注焉而不满,酌焉而不竭"是其象。四、五维间之九点即洛书之象,九点当九畴之象。若 2n 类之五维空间十顶点,对偶成 2n 类之五维—十胞腔,此十数即吾国十天干之象。于 n+1 类之五维—六胞腔,自对偶成六顶点,即吾国之六爻。爻二端九六,以当十二地支之象。十胞腔取五行者,有过中心以连相对二胞腔之五轴。六胞腔取十二地支者,过中心以连相对二端,一端指六顶点,一端指六胞腔,故知用九指四维—五胞腔共六,用六指五维—六胞腔之六顶点。凡五维—六胞腔之六个四维—五胞腔与五维—十胞腔之十个四维—八胞腔,又五维—六胞腔之六顶点与五维—三十二胞腔之十顶点相交,计胞腔与顶点各三甲,是谓六甲。凡五维—六胞腔之六个四维—五胞腔及六顶点,与五维—十胞腔过中心与相对二胞腔之五轴,或五维—三十二胞腔过中心与相对二顶点之五轴相交,是谓五子。曰六甲五子者,其实同为花甲,唯前者以天干为主,后者以地支为主,且不论干支,皆以胞腔为阳顶点为阴。

考吾国传说,黄帝臣大挠造甲子,距今约近五千年。迨殷墟甲骨文出,确知六十花甲已极盛行于商,商帝之名皆用之,距今约三千数百年。然则甲子之造必早于商,或信大挠所造,亦未始不可,或信来自巴比伦、埃及,尚无明证。即信外来,巴比伦、埃及之文化今已失传,而吾国自商代起迄今用之以记人类之时,其数之属五维空间,古人实已知其理。五维者,三维为空间,四维为时间,五维为生物,亦即天地人,其数实基于形。观新石器晚期属龙山文化之陶器,已有各种几何图形,距今约四五千年。解放后在安徽灵璧县蒋庙村和浙江嘉兴县双桥的新石器时代遗址,都发现有几何图案的陶片(见党华《浙江嘉兴双桥发现的新石器时代遗址》,《考古通讯》1951 年第 5 期,科学出版社,第 24 页)。及商代,古器之图案更多几何图形。唯其已能由形而推得五维几何,乃即以河图洛书示其象,以天干地支示其数,且本生蓍之法,由数以得卦爻之形,其理确已备矣。惜骊山烽火,天球河图难觅,咸阳一炬,明堂典籍荡然。易书虽存,悟者已鲜,施、孟、梁丘、焦、京之传不绝如缕,郑玄、荀爽、虞翻之说仅存零星。若伯阳之《参同》,子雄之《太玄》,其存盖幸。曰《参同契》者,属易道之近取诸身,上承《内经》以深入其象数之理,其用纳甲,犹有五维之数。曰《太玄》者,化二而三,上承洛书而明其时。以今之数学名词言,易道阴阳,其卦象即二进位制,《太玄》化三,其方州部家即三进位制。然自王弼扫象,吾国《易》属数学之理全失,遑论五维几何。

及宋河图、洛书、先天图复出,再开易学新生,亦以启宋后之理学。理学者已能兼及印度文化,于自然科学理论皆包含于易学中。于明末《易》之先天图传至欧洲,德国莱布尼茨读之,以启发其发明微积分(见《欧洲哲学史》,北京大学编,商务印书馆出版,1977年)。实则"一尺之捶,日取其半,万世不竭"之说,惠施之言也,确为易象之加一倍法而合乎微积分之理数,然数千年来吾国学士习焉而不察,知其理未能应用之,惜哉。又如卦象阴阳,正合二进位制,与电子计算机原理完全一致,其实用价值不亦大哉。若易象贞悔方图之为方阵,亦已知之数千年,然未见其用,今有海森堡用以算原子核矩阵乃方兴未艾。然《易》方图中尚多变化,为今日矩阵论中所未及者,今亟宜发扬之。

再者,《易》生蓍之属概率论,于1974年1月号之美国杂志 *Scientific American* 上已有 Martin Gardnen 加以介绍,得六七八九之数,实有概率,尚可合诸方阵,而吾国科学工作者每多不知。且由河图洛书成八卦九畴之属于五维空间,象数具在,理可推进。爱因斯坦之四维相对论以通乎五维量子论,由五维非阿几何之中心坐标又可通于生物学。盖《易》之为书,实本象数之变化以示其理,与现代化之自然科学理论必能相互启发,深盼知识界尤其是自然科学工作者加以注意之,研究之。

二、《周易》与几何学

《周易》一书，内容分三部分。其一，卦象之符号，由八卦而六十四卦，图象甚多。《周易本义》辑得九图，名曰"河图图"、"洛书图"、"伏羲八卦次序图"、"伏羲八卦方位图"、"伏羲六十四卦次序图"、"伏羲六十四卦方位图"、"文王八卦次序图"、"文王八卦方位图"、"卦变图"。

其二，名其卦象而系以辞，辞分卦辞与爻辞。凡卦辞六十有四，卦各六爻，而爻辞三百八十有四。且系用九用六两辞，各摄一百九十二爻爻辞。故辞共四百五十节，以分二篇。属上篇者凡三十卦卦辞，一百八十爻爻辞，及用九用六，共二百十二节。属下篇者凡二十四卦卦辞，二百有四爻爻辞，共二百三十八节。

其三，解释卦爻象与卦爻辞之文十篇，篇名为《彖上》、《彖下》、《象上》、《象下》、《系辞上》、《系辞下》、《说卦》、《文言》、《序卦》、《杂卦》，总名曰十翼。故一言以蔽之，《周易》者，盖以二篇、十翼明卦爻之象理数。

《庄子·天下篇》曰"《易》以道阴阳"，殊得易道之本。凡《易》之符号名卦，卦象分阴阳，以—为阳之符号，以--为阴之符号，义当阳一阴二，已具奇偶之理。以比数言，阳一画当三分之三，阴二画仅当三分之二，《说卦》曰"参天两地而倚数"是其义。须积三画方成一卦，故三画之卦共八，三画皆阳其数九，二画阳一画阴其数八，一画阳二画阴其数七，三画皆阴其数六。详以图一示之。

至于阴阳之实，吾国以光为准，当光线射到之处名阳，未能射到之处名阴。唯光线之时时变易，则阴阳亦时时变易，观此卦象及其变易，即吾国独有之几何学。

考欧几里得几何学来自埃及之测地学，吾国"界"字当之。界者以分田界，属空间概念，其元素为点、线、面、体。《周易·系辞上》有曰："《易》有太极，是生两仪，两仪生四象，四象生八卦。"曰太极者，犹点属零

阴＝偶
二偶即两地

阳＝奇
一奇即参天

坤
二三而六

乾
三三而九

兑　　离　　巽
一偶当上 一偶当中 一偶当初

艮　　坎　　震
一奇当上 一奇当中 一奇当初

一二二三而八

一三二二而七

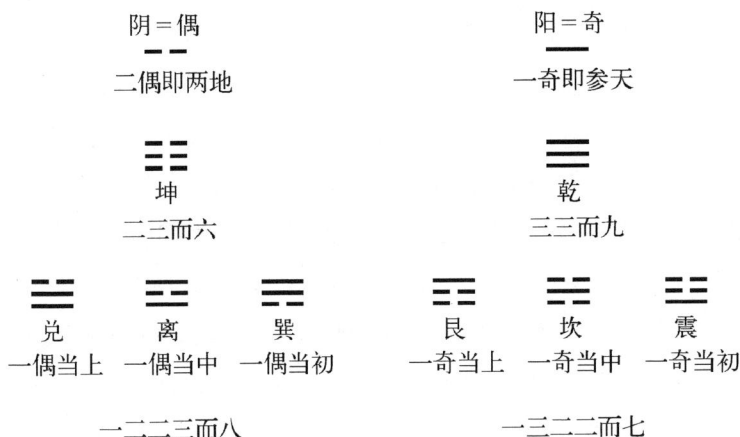

图一　八卦象数

维空间。两仪者,犹线之两端,属一维空间。四象者,犹平方面之四折角,属二维空间。八卦者,犹立方体之八顶角,属三维空间。笛卡尔于1637年制定解析几何,创立几何坐标,其义全同。下以卦象示之,见图二。

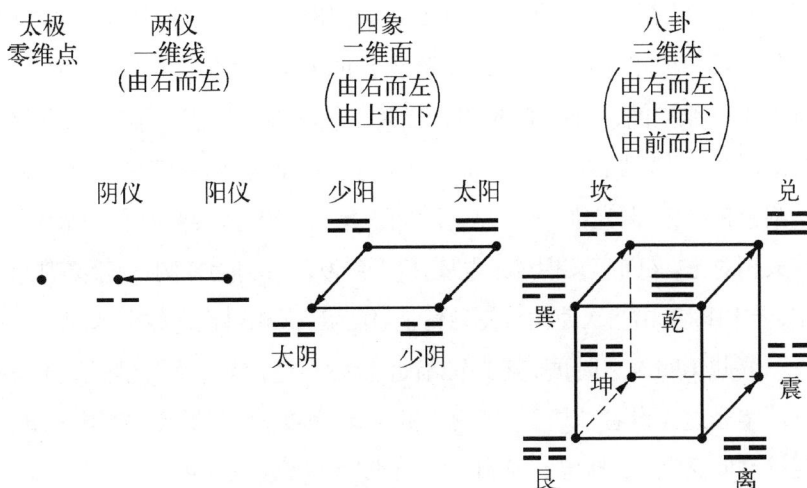

太极
零维点

两仪
一维线
(由右而左)

四象
二维面
(由右而左
由上而下)

八卦
三维体
(由右而左
由上而下
由前而后)

阴仪　阳仪

少阳　太阳

坎　　兑

太阴　少阴

巽　　乾

坤

艮　　离

震

图二　仪象卦当点、线、面、体

凡立体解析几何之X、Y、Z三轴,于卦象即乾及巽、离、兑或坤及震、坎、艮。此立方体之三维,因光线所射之处有右、左、上、下、前、后之次序可变,故任何一卦皆可位于任一顶角。当次序既定,则每一顶角必有固定之卦象。此八卦之象足以示三维空间中之一切变化,理犹笛卡尔之坐标。然《易》之卦象,非仅八卦而已,有八卦即有六十四卦。于生蓍之理,极于六十四卦之六十四卦。故吾国历代通《易》者之思,决不为八卦三维空间所限。而欧氏几何集成于公元前三世纪,直至1816年高斯发现非欧几何,尚因深囿于欧氏几何之权威未敢发表。十年后(1826)始有俄国罗巴切夫斯基与匈牙利波约,首次发表改变几何学中平行公理而提出非欧几何。1844年格拉斯曼(Grassmann,1809—1877)因研究多变元之代数系统,首次提出多维空间概念。1852年瑞士数学家史雷夫里最先讨论多维空间中的正多面体问题,则悬于柏拉图教室门口的五个正多面体,理已保存二千余年,始有所发展。1854年黎曼建立黎曼几何学,并提出多维拓扑流形概念。凡此多维非欧几何之大用,由爱因斯坦于1906年发表狭义相对论始用四维空间,并有闵可夫斯基(Minkowski,1864—1909)于1908年加以阐明。第四维即时间,空、时之关系于平面以双曲线示之,坐标二轴,一轴 X 为一维空间,一轴 t 为时间。若 X 轴外增 Y 轴以当二维空间,则双曲渐近线变为双圆锥面。更增 Z 轴以当三维空间,则双圆锥面又变为双圆锥超面,是谓光锥,不可见之时间由是乃见其象。继之爱因斯坦本狭义相对论,又向广义相对论发展,以四维欧氏几何为特例,一般必有曲率,于1913年第一次使用黎曼几何,以作为广义相对论之数学基础。

究此第四维之时间,其光锥渐近而终不遇,是之谓"光阴",吾国"世"字当之。世者,以三十年为一世,属时间概念。"世界"合用之,即四维空间之义,于卦象犹八卦而六十四卦,其元素由欧氏几何之点、线、面、体外增一四维体。凡四维立方体当有四线互成直角,其边界为立方体八,故名四维—八胞腔,顶角十六,仍以八卦之象分贞悔以当之,图象可移动立方体而得(见图三)。

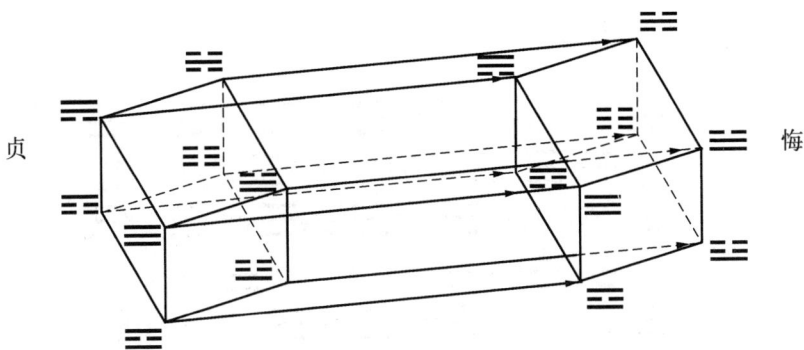

图三　八卦贞悔当四维—八胞腔(移动式)

　　凡本立方体名贞,内卦当之,属三维空间。坤六三爻辞有曰"含章可贞",自古以用"贞"字当空间,象属坤。移动后之立方体名悔,外卦当之。对本立方体言,属第四维空间,即时间。乾上九爻辞有曰"有悔",自古已用"悔"字当时间,象属乾。《尚书·洪范》七稽疑有曰"曰贞"、"曰悔",《左传》僖公十五年有曰"蛊之贞风也,其悔山也"。按僖公十五年当公元前645年,贞悔之义已确然应用,况《周易》、《洪范》尚早于此。能识此时空连续贞悔一如,乃成四维—八胞腔。八胞腔之几何图形,下以贞悔之卦象示之:

1　贞
2　贞　　　　　　　　悔
3　贞　　　　　　　　悔
4　贞　　　　　　　　悔
5　贞　　　　　　　　悔
6　贞　　　　　　　　悔
7　贞　　　　　　　　悔
8　悔

　　凡四维空间之胞腔即三维空间,此三维空间既为四维空间之胞腔,必有另一直线与此三维空间之三直线皆垂直,观此八卦贞悔可一目了然。下以乾坤为主述于下：

1. 贞〔卦〕之四直线为贞〔卦〕之贞〔卦〕之贞〔卦〕之贞〔卦〕之悔〔卦〕于之贞〔卦〕、〔卦〕、〔卦〕当空间三维,之悔〔卦〕当第四维时间

2. 贞〔卦〕之四直线为贞〔卦〕之贞〔卦〕之贞〔卦〕之悔〔卦〕之贞〔卦〕于之贞〔卦〕、〔卦〕与悔〔卦〕当空间三维,之贞〔卦〕当第四维时间

3. 贞〔卦〕之四直线为贞〔卦〕之贞〔卦〕之悔〔卦〕之贞〔卦〕于之贞〔卦〕、〔卦〕与悔〔卦〕当空间三维,之贞〔卦〕当第四维时间

4. 贞〔卦〕之四直线为贞〔卦〕之贞〔卦〕之贞〔卦〕之悔〔卦〕之贞〔卦〕于之贞〔卦〕、〔卦〕与悔〔卦〕当空间三维,之贞〔卦〕当第四维时间

5. 贞〔卦〕之四直线为贞〔卦〕之贞〔卦〕之贞〔卦〕之悔〔卦〕之贞〔卦〕于之贞〔卦〕、〔卦〕与悔〔卦〕当空间三维,之贞〔卦〕当第四维时间

6. 贞〔卦〕之四直线为贞〔卦〕之贞〔卦〕之贞〔卦〕之悔〔卦〕之贞〔卦〕于之贞〔卦〕、〔卦〕与悔〔卦〕当空间三维,之贞〔卦〕当第四维时间

7. 贞〔卦〕之四直线为贞〔卦〕之贞〔卦〕之贞〔卦〕之悔〔卦〕之贞〔卦〕于之贞〔卦〕、〔卦〕与悔〔卦〕当空间三维,之贞〔卦〕当第四维时间

8. 悔〔卦〕之四直线为悔〔卦〕之悔〔卦〕之悔〔卦〕之悔〔卦〕之悔〔卦〕于之悔〔卦〕、〔卦〕、〔卦〕当空间三维,之贞〔卦〕当第四维时间

此外尚可以震、巽为主,以坎、离为主,以艮、兑为主,大义全同,可例推。

至于四维—八胞腔之几何图形,仅有百余年之历史,孰知吾国数千年前已有之,且非徒以卦象求得,其名犹存于古籍《礼记·大学》篇中。凡此四维—八胞腔,吾国古名曰"絜矩之道",原文录于下：

所谓平天下在治其国者,上老老而民兴孝,上长长而民兴弟,上恤孤而民不倍,所以君子有絜矩之道也。所恶于上,毋以使下。所恶于下,毋以事上。所恶于前,毋以先后。所恶于后,毋以从前。所恶于右,毋以交于左。所恶于左,毋以交于右。此之谓絜矩之道。

　　观此絜矩之体，即上下前后左右之三维立方体。此体有道，道者，《周易·系辞上》有明确之定义，其言曰"一阴一阳之谓道"，盖有此空间三维之絜矩体，必合时间而成絜矩道。时间一维应于空间亦将三分，即过去、现在与未来，曰老老兴孝者对上一辈指过去言，长长兴弟者对同辈指现在言，恤孤不倍者对下一辈指未来言。此三时应空间三维，即四维—八胞腔之象。

　　且絜矩之道非四维欧氏几何所可尽，因八卦而六十四卦非仅本卦相重之八纯卦，于八纯卦外尚有贞悔卦象不同之五十六卦。此五十六卦皆相应于四维非欧几何，于易理名消息。消息者，卦象之阴阳变化，凡阳变阴名消，阴变阳名息。汉郑玄尚知伏羲有十言之教，即"乾、坤、震、巽、坎、离、艮、兑、消、息"。盖当卦象由贞而悔，于前、后、上、下、左、右之阴阳消息，乃见易道，乃见曲率。如贞之次定位于前而后，上而下，左而右，悔之次同贞，即上述之四维欧氏几何。尚有七种皆变化悔之次，理当易道消息而现其曲率，详示卦象如下：

　　其一　后而前，上而下，左而右

1	贞								
2	贞				悔				
3	贞				悔				
4	贞				悔				
5	贞				悔				
6	贞				悔				
7	贞				悔				
8	悔								

　　其二　后而前，下而上，左而右

1	贞								

2	贞					悔			
3	贞					悔			
4	贞					悔			
5	贞					悔			
6	贞					悔			
7	贞					悔			
8	悔								

其三　后而前,下而上,右而左

1	贞								
2	贞					悔			
3	贞					悔			
4	贞					悔			
5	贞					悔			
6	贞					悔			
7	贞					悔			
8	悔								

其四　前而后,下而上,右而左

1	贞								
2	贞					悔			
3	贞					悔			
4	贞					悔			
5	贞					悔			
6	贞					悔			
7	贞					悔			
8	悔								

其五　前而后,上而下,右而左

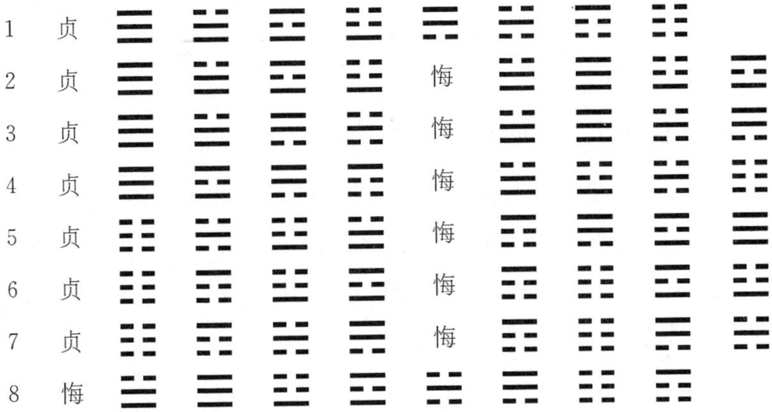

1　贞
2　贞　　　　　　　　悔
3　贞　　　　　　　　悔
4　贞　　　　　　　　悔
5　贞　　　　　　　　悔
6　贞　　　　　　　　悔
7　贞　　　　　　　　悔
8　悔

其六　后而前,上而下,右而左

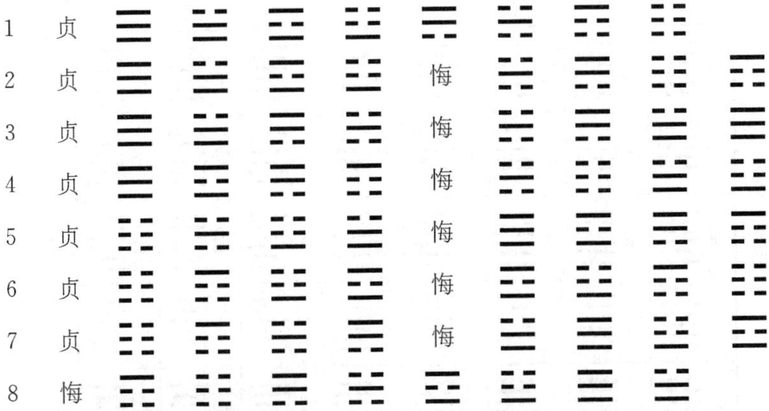

1　贞
2　贞　　　　　　　　悔
3　贞　　　　　　　　悔
4　贞　　　　　　　　悔
5　贞　　　　　　　　悔
6　贞　　　　　　　　悔
7　贞　　　　　　　　悔
8　悔

其七　前而后,下而上,左而右

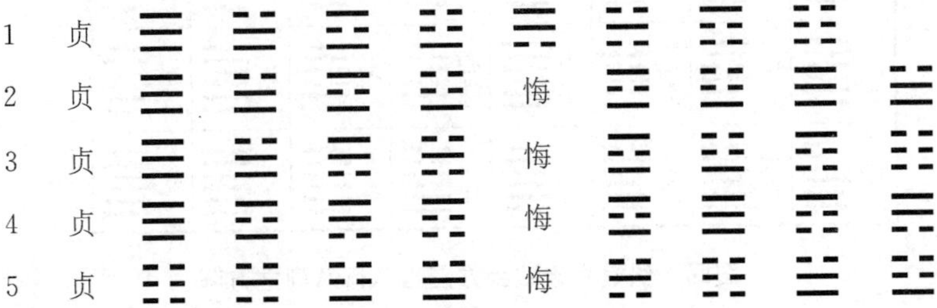

1　贞
2　贞　　　　　　　　悔
3　贞　　　　　　　　悔
4　贞　　　　　　　　悔
5　贞　　　　　　　　悔

279

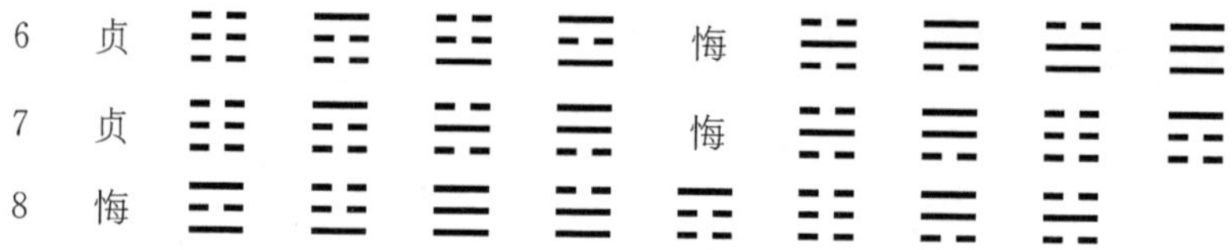

6　贞

7　贞

8　悔

　　上述七种消息之曲率,其一、其五、其七三种曲率仅一轴。其二、其四、其六三种曲率有二轴,其三一种三轴皆有曲率。由其曲率庶见平行线可相交,光线可弯曲,此可以八贞八悔之六十四卦方阵示之。

　　观"伏羲六十四卦方位图",实可分为二图,其一外圆,其二内方。今先以内方论之,犹今之方阵(matrix),贞悔指的是数。其数由乾一至坤八,故伏羲六十四卦方图,当八行八列之方阵。于原图旁加贞悔数,示如下,见图四:

图四　伏羲六十四卦方图当八行八列之方阵

280

由图四以观四维—八胞腔之卦象，其贞悔数同者，即当无曲率之欧氏几何，位当第一对角线之八卦。其他七种贞悔数不同而各有曲率，分示其卦位如下，见图五至图十二。

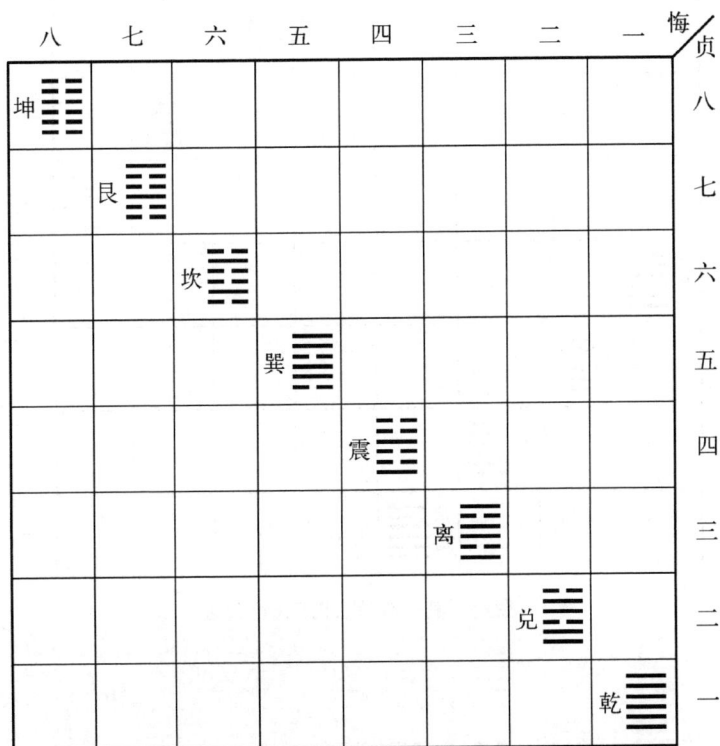

图五　贞悔数相同之卦位，即京氏本宫卦位

悔\贞	八	七	六	五	四	三	二	一
八					豫䷏			
七						旅䷷		
六							困䷮	
五								姤䷫
四	复䷗							
三		贲䷕						
二			节䷻					
一				小畜䷈				

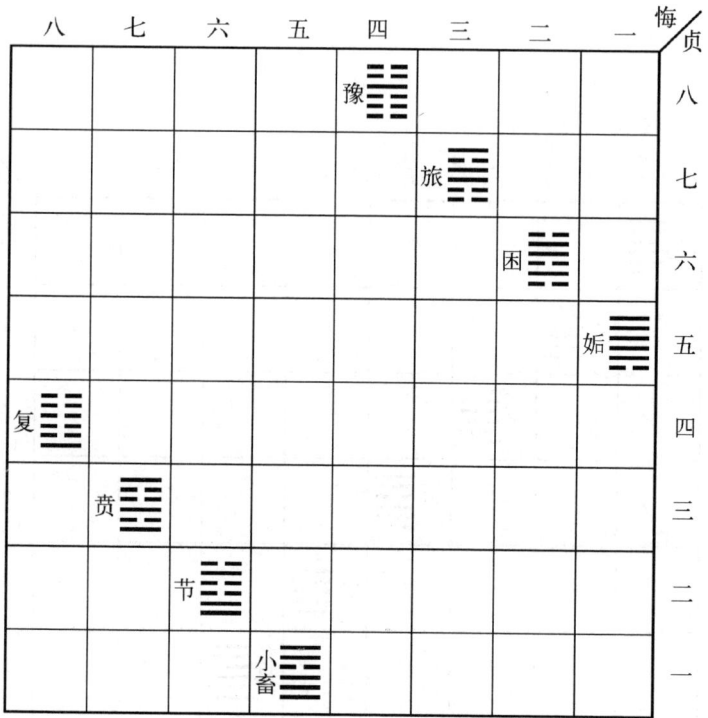

图六　其一卦位，即京氏世卦位

八	七	六	五	四	三	二	一	悔/贞
						萃		八
							遯	七
			解					六
				鼎				五
		屯						四
			家人					三
	临							二
	大畜							一

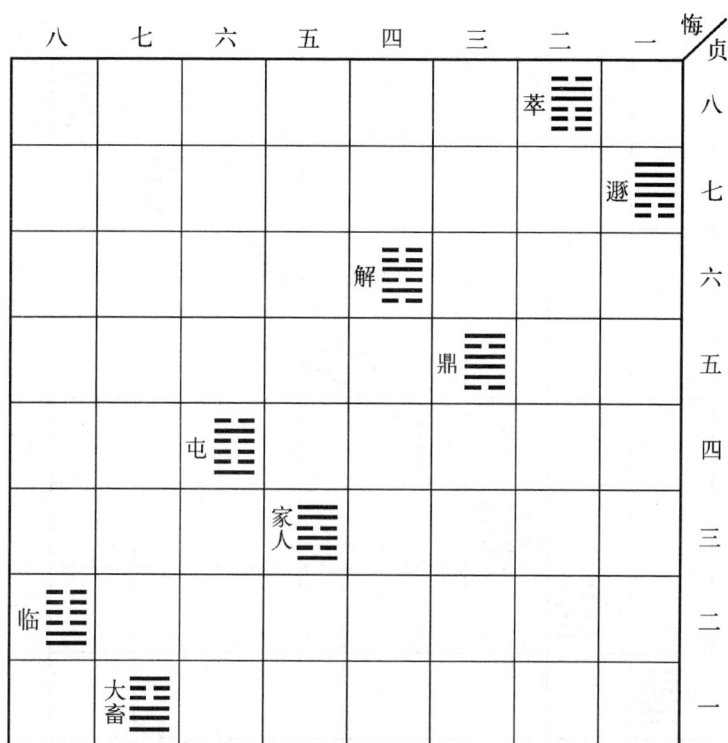

图七　其二卦位,即京氏二世卦位

283

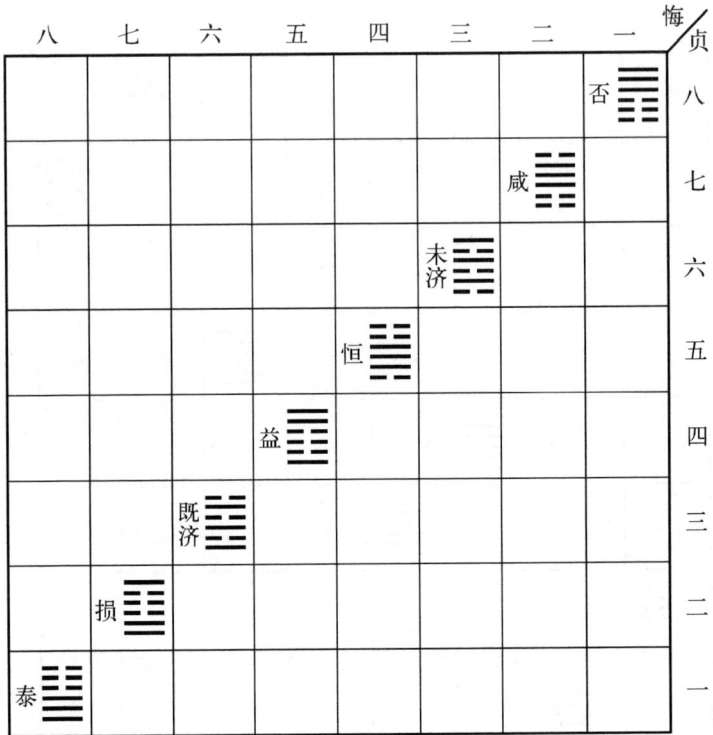

图八　其三卦位,即京氏三世卦位

	八	七	六	五	四	三	二	一	悔
八				观					
七			蹇						
六		蒙							
五	升								
四								无妄	
三							革		
二						睽			
一					大壮				

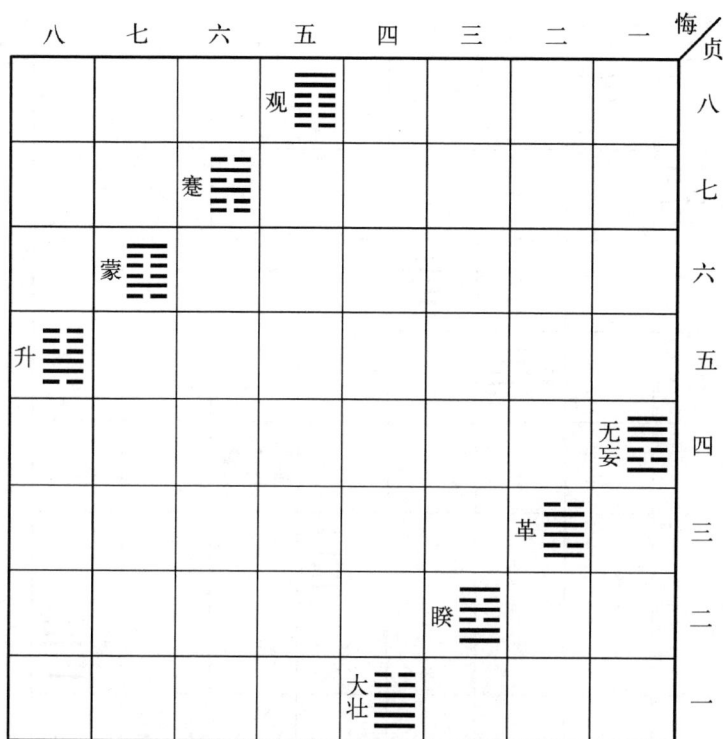

图九　其四卦位，即京氏四世卦位

285

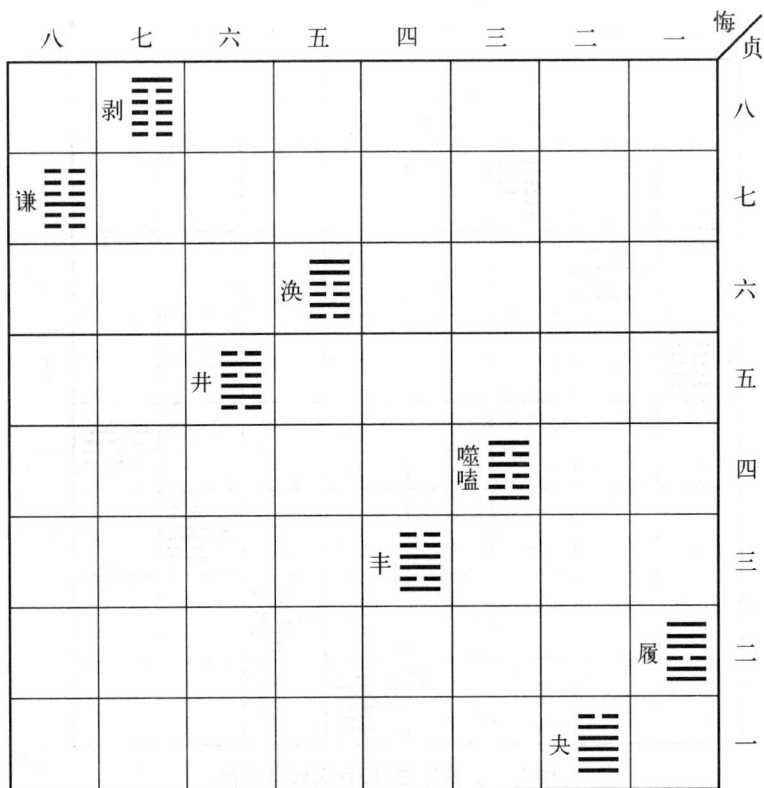

图十　其五卦位,即京氏五世卦位

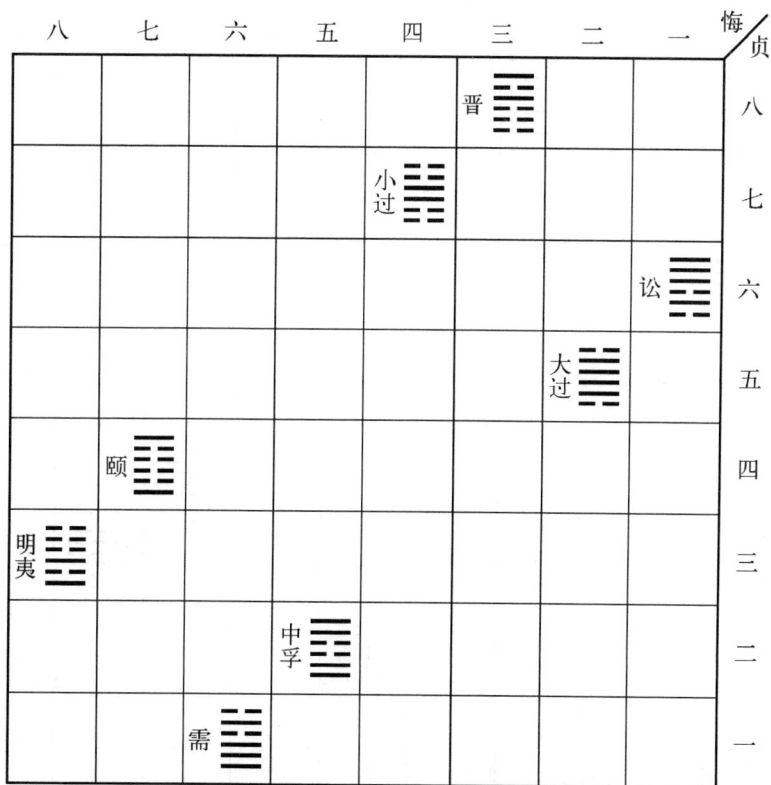

图十一　其六卦位，即京氏游魂卦位

	八	七	六	五	四	三	二	一	悔/贞
八			比						
七				渐					
六	师								
五		蛊							
四							随		
三								同人	
二					归妹				
一						大有			

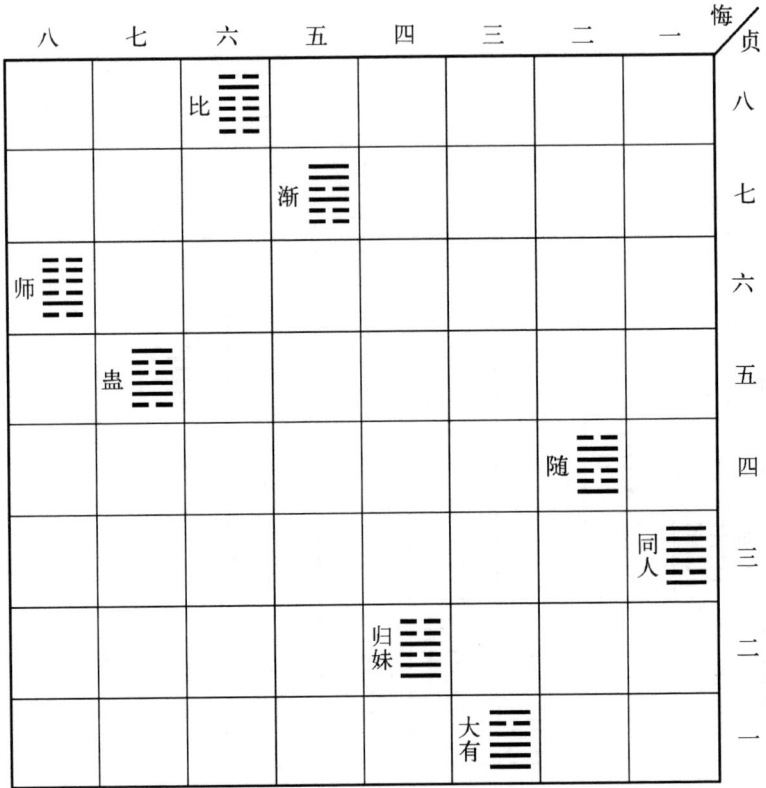

图十二　其七卦位,即京氏归魂卦位

八坤卦宫							
	八艮卦宫						
		八坎卦宫					
			八巽卦宫				
				八震卦宫			
					八离卦宫		
						八兑卦宫	
							八乾卦宫

　　合上八图,即伏羲六十四卦方位图。故此八行八列之方阵,盖指四维—八胞腔内之一切时空事件。若此卦象之变,汉京房已用之(公元前 77—前 37),是名八宫世魂,对比如下,并见图十三"京氏八宫世魂消息图"(图见下页)。

　　考吾国用此八宫世魂之卦象,即以京氏论已有二千年之历史,况其理决非京氏首创,唯无四维—八胞腔之名,实则全同。且本八宫世魂观之,八胞腔之象由消息而相反者贯通,则已及四维空间之中心,其中心即时空之谓。

　　或更移动四维—八胞腔,则得五维—十胞腔。义谓有四维—八胞腔十,以围成一五维空间。

　　先宜说明《周易》之专用名词,于四维空间中已用贞悔,义当内卦与外卦。内外卦皆三画,合内外卦而成六画卦,是名"本卦"。本卦或

贞悔同	八宫
其一	一世
其二	二世
其三	三世
其四	四世
其五	五世
其六	游魂
其七	归魂

								世魂消息	八宫
归妹	渐	同人	师	蛊	随	比	大有	归魂	离
小过	中孚	讼	明夷	颐	大过	需	晋	游魂	坎
谦	履	涣	丰	噬嗑	井	夬	剥	五世	兑
蹇	睽	蒙	革	无妄	升	大壮	观	四世	震
咸	损	未济	既济	益	恒	泰	否	三世	坤
萃	大畜	鼎	屯	家人	解	临	遁	二世	艮
困	贲	旅	节	小畜	豫	复	姤	一世	巽
兑	艮	离	坎	巽	震	坤	乾	本宫	乾
兑	艮	离	坎	巽	震	坤	乾	八宫	

图十三　京氏八宫世魂消息图

变或不变而又成一卦，是谓"之卦"。如《左传》庄公二十二年有曰："周史有以《周易》见陈侯者，陈侯使筮之，遇观之否。"凡观即"本卦"，由观之否，否为"之卦"。《周易·系辞上》有曰："辞也者，各指其所之。""之"即谓"之卦"。又《系辞下》有曰："刚柔者，立本者也。变通者，趣时者也。"凡"本"有二义,一指爻,一指卦,是名"本爻"、"本卦"。须成六十四卦方有六爻,当八卦时尚未用三爻,故"本卦"皆指任一六画卦。于本卦中有变不变之变化,经变化后另成一六画卦,即名"之卦"。以生蓍之理,有"本卦"自然有"之卦",凡每爻之变通,是谓趣时。"本卦"与"之卦"各有六十四种变化,正合五维—十胞腔之几何图形。若贞悔之义,有对内外之三画卦言,亦有对本、之卦之六画卦言,《国语》中《晋语》述及其言曰"晋公子筮返国,得贞屯悔豫"是其义。故本、之卦之贞悔各含有内外卦之贞悔,详以下表示之:

$$
五维—十胞腔
\begin{cases}
本卦——贞
\begin{cases}
内卦——贞——三维立方体 \\
外卦——悔——三维立方体
\end{cases}
四维—八胞腔 \\
之卦——悔
\begin{cases}
内卦——贞——三维立方体 \\
外卦——悔——三维立方体
\end{cases}
四维—八胞腔
\end{cases}
$$

至于移动四维—八胞腔以得五维—十胞腔之几何图形,先宜以投影法另得一种四维—八胞腔之图形,见图十四。或更移动之,即得五维—十胞腔之几何图形,见图十五。

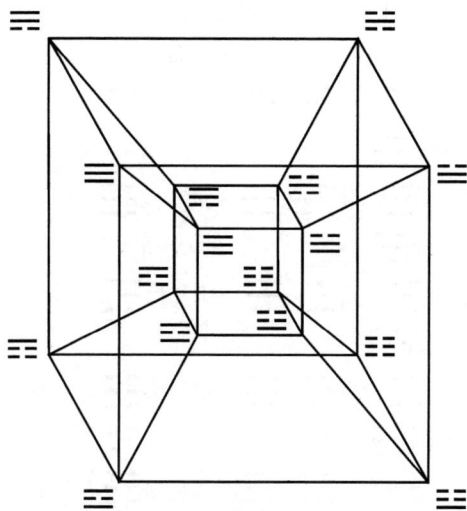

图十四　八卦贞悔当四维—八胞腔(投影式)

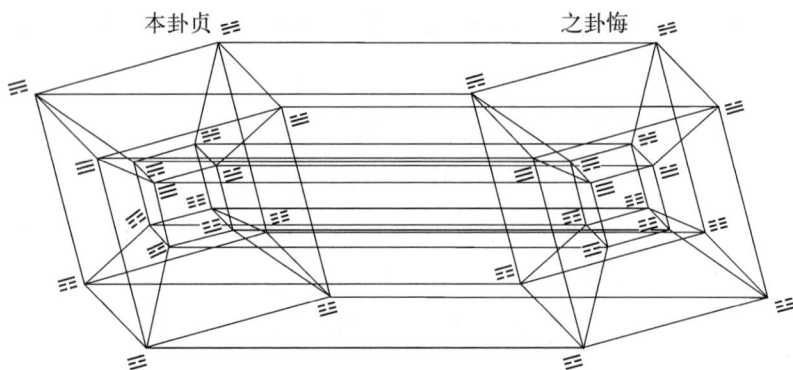

图十五　六十四卦贞悔当五维—十胞腔

　　观图十四与图四,其象全同,皆示欧氏几何之四维—八胞腔。图十五之几何图形兼用投影法及移动法,所示者当欧氏几何之五维—十胞腔。

　　且由上表可喻卦象与几何图形之关系,《易》幸有专门名词之古义尚存,庶可以求得五维几何图形。下示五维—十胞腔图形中之十胞腔:

1. 本卦贞。

2. 之卦悔。

3. 本卦贞中之内卦贞及之卦悔中之内卦贞。

4. 本卦贞中之外卦悔及之卦悔中之外卦悔。

5. 本卦贞中之贞☰合贞☷、☶二维与悔☴一维及之卦悔中之贞☰合贞☷、☶二维与悔☴一维。

6. 本卦贞中之贞☰合贞☷、☵二维与悔☲一维及之卦悔中之贞☰合贞☷、☵二维与悔☲一维。

7. 本卦贞中之贞☰合贞☳、☱二维与悔☲一维及之卦悔中之贞☰合贞☳、☱二维与悔☲一维。

8. 本卦贞中之贞☷合贞☰、☴二维与悔☶一维及之卦悔中之贞☷合贞☰、☴二维与悔☶一维。

9. 本卦贞中之贞☷合贞☰、☲二维与悔☵一维及之卦悔中之贞☷合贞☰、☲二维与悔☵一维。

10. 本卦贞中之贞 ䷀ 合贞 ䷀、䷁ 二维与悔 ䷁ 一维及之卦悔中之贞 ䷁ 合贞 ䷁、䷀ 二维与悔 ䷀ 一维。

相应于以上十胞腔,各有第五维与之垂直,示如下:

      1. 本卦乾与之卦乾之直线为第五维。

      2. 之卦坤与本卦坤之直线为第五维。

      3. 本卦中之内卦乾与外卦乾之直线为第五维。

      4. 之卦中之外卦坤与内卦坤之直线为第五维。

      5. 本卦中之乾、巽直线为第五维。

      6. 本卦中之乾、离直线为第五维。

      7. 本卦中之乾、兑直线为第五维。

      8. 之卦中之坤、艮直线为第五维。

      9. 之卦中之坤、坎直线为第五维。

      10. 之卦中之坤、震直线为第五维。

此十胞腔中十条第五维直线吾国即以十天干名之,是谓纳甲,象见下:

☰壬　☷癸　☳丙　☲丁　☵戊　☱己　☶庚　☴辛

☰甲　☷乙　☳丙　☲丁　☵戊　☱己　☶庚　☴辛

以纳甲合于十胞腔,于乾之巽、离、兑、坤之震、坎、艮极自然,即:

      5. 乾巽直线——辛。

      6. 乾离直线——己。

      7. 乾兑直线——丁。

      8. 坤艮直线——丙。

      9. 坤坎直线——戊。

      10. 坤震直线——庚。

若以甲、乙、壬、癸同纳乾坤二卦,不知者盖谓以十合八,不得不然,实则有贞悔之深义焉,盖已兼内外卦及本之卦之贞悔。且内外卦之贞悔已兼及本之卦中之内外卦,本之卦之贞悔中又各有内外卦之贞悔。由二仪而四象,宜乾坤之兼甲、乙、壬、癸四天干。其法如下:

1. 本卦贞——壬(兼内外卦之贞悔)。
2. 之卦悔——癸(兼内外卦之贞悔)。
3. 内卦贞——甲(兼本之卦中之内卦贞)。
4. 外卦悔——乙(兼本之卦中之外卦悔)。

由是十胞腔之象确然可用纳甲之理,以本之卦与内外卦之贞悔示之。下以乾之乾为例以明其卦象:

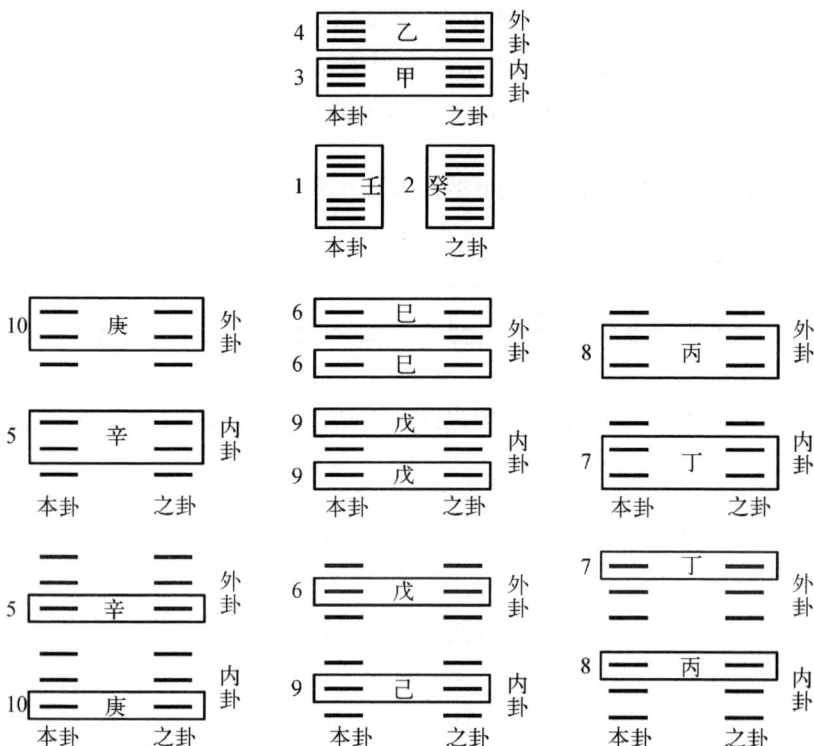

4 乙 外卦
3 甲 内卦
本卦 之卦

1 壬 2 癸
本卦 之卦

10 庚 外卦
5 辛 内卦
本卦 之卦

6 巳 外卦
6 巳
9 戊 内卦
9 戊
本卦 之卦

8 丙 外卦
7 丁 内卦
本卦 之卦

5 辛 外卦
10 庚 内卦
本卦 之卦

6 戊 外卦
9 己 内卦
本卦 之卦

7 丁 外卦
8 丙 内卦
本卦 之卦

上所示乾之乾之纳甲,合而观之,更示如下:

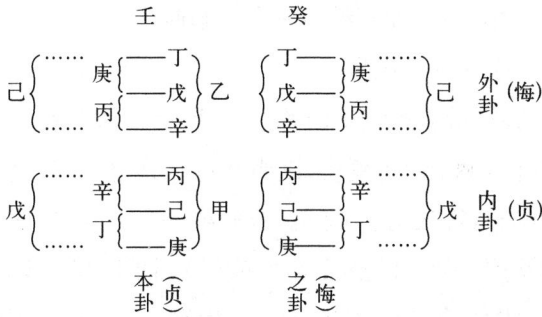

至于纳甲之象,其指有二,其一指十个四维—八胞腔,其二指通过五维坐标中心有互交直角五线之两端,凡五线十端。更以对偶之象观之,每端即当四维—八胞腔之坐标中心,故其指有二,其实仍一。凡与五维—十胞腔对偶者,名五维—三十二胞腔。观五维—三十二胞腔有端点十,即对偶于五维—十胞腔中之十个四维—八胞腔,而纳甲者盖指此。下以图十六示之:

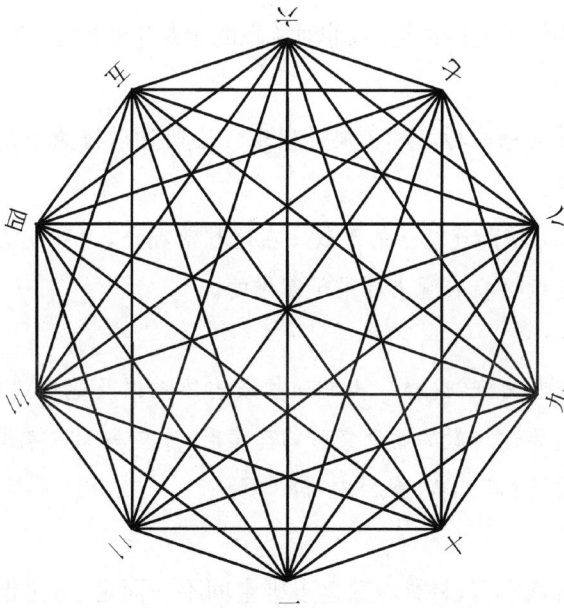

图十六　天地十数成行五十五数图

观图十六中十点,即五维—三十二胞腔中之十端点,亦即五维—十胞腔中之十个四维—八胞腔之坐标中心。以四维—八胞腔论,即当八行八列之方阵,故五维纳甲曰乾之乾者,盖当四千有九十六种变化之一。凡本卦有六十四种变化,以当八行八列之方阵,之卦亦有六十四种变化,亦当八行八列之方阵。故五维—十胞腔者,理当八行八列方阵之八行八列方阵。以卦象示之,实当六十四行六十四列方阵中之一切变化。吾国生蓍之法数极于此,故确然可证易理明五维空间。汉焦赣(生卒年未可考,系京房之师,当早于京房数十年)著《易林》,宋朱熹(公元 1130—1200)著《启蒙》,大义全同,皆示此行列,皆六十四之方阵。所不同者,《易林》用《序卦》之次,《启蒙》用先天图之次,原书具在,当可参阅。凡此方阵,其第一对角线之六十四卦即五维欧氏几何,对称于二旁者即五维空间中之一切曲率。凡此四千有九十六卦之象,在吾国自古用之,而在西方上已述及有多维空间之名始于格拉斯曼(1844)。多维空间之具体应用始于爱因斯坦(1906),且终爱因斯坦一生仅限于四维。爱因斯坦于《非对称场的相对论性理论》一文中曰:

更复杂的场论时常被提出来。他们可以按照下列的特征加以分类:

(a) 增加连续区的维数。在这种情况下,人们就必须解释为什么连续区在表观上要限于四维的。

……

依我看来,这样一些更加复杂的体系以及他们的组合,只有存在着要这样做的物理经验的理由时,才应当加以考虑。(《爱因斯坦文集》第二卷,第 582—583 页)

而以纯数学言,种种函数之多维空间不一而足,每可推至无穷维空间。吾国易象所成之多维空间,今名希尔伯特空间,其必本诸基本方阵即八卦之象,而生蓍法止于五维。若卦象之一分为二,亦可无限上推。更以天地十数之五位相合成河图观之,盖以五维为基础。以下更以天地数,明河图之象。

《系辞上》曰:"天一地二,天三地四,天五地六,天七地八,天九地十。"又曰:"天数五,地数五,五位相得而各有合。天数二十有五,地数三十,凡天地之数五十有五,此所以成变化而行鬼神也。"今即以图十六明之。凡十点即天地十数,十数之和为五十五者,以五维—十胞腔言,即十个四维—八胞腔间之关系。设十个四维—八胞腔顺次以一至十名之,即天一至地十之十数。曰天一者,指此四维—八胞腔中之一切变化。曰地二者,指本四维—八胞腔中之一切变化又及与天一之一切变化。曰天三者,指本四维—八胞腔中之一切变化又及与天一地二之一切变化。如是至地十者,指本四维—八胞腔中之一切变化又及与天一地二天三地四天五地六天七地八天九之一切变化。合而计之,十个四维—八胞腔间之一切关系共五十五种,即图十六中之十点及四十五线。若二个四维—八胞腔间之关系更取其向量,则五维—十胞腔间之胞腔关系,宜以十行十列之方阵示之,见图十七。

图十七中分辨天地十数之向量,亦借用贞悔之名。或同其向量,即天地之数五十有五,象当对角剖分十行十列之方阵,见图十八。

观图十八成二三角方阵,其一一至九之九数,其二一至十之十数,今先观其天地十数之组合关系。吾国先分成奇偶各五位,且使五位相得而各有合,则其合凡五,是即五维空间中当有五直线互交成直角,亦即十个四维—八胞腔间之五十五种关系,仅五种关系方能通过五维坐标中心,示如图十九。

又使偶以从奇,象见图二十。对偶于奇以从偶,象见图二十一。

《说卦》曰"参天两地而倚数",于三二之比,至此方得其最根本之原理。参天者即一六、三八、五十,两地者即二七、四九,唯此五者始能贯乎五维坐标中心,吾国即以五行名之。《洪范》曰"一、五行,一曰水,

十	九	八	七	六	五	四	三	二	一	悔／貞
十十	九十	八十	七十	六十	五十	四十	三十	二十	一十	十
十九	九九	八九	七九	六九	五九	四九	三九	二九	一九	九
十八	九八	八八	七八	六八	五八	四八	三八	二八	一八	八
十七	九七	八七	七七	六七	五七	四七	三七	二七	一七	七
十六	九六	八六	七六	六六	五六	四六	三六	二六	一六	六
十五	九五	八五	七五	六五	五五	四五	三五	二五	一五	五
十四	九四	八四	七四	六四	五四	四四	三四	二四	一四	四
十三	九三	八三	七三	六三	五三	四三	三三	二三	一三	三
十二	九二	八二	七二	六二	五二	四二	三二	二二	一二	二
十一	九一	八一	七一	六一	五一	四一	三一	二一	一一	一

图十七

图十八

298

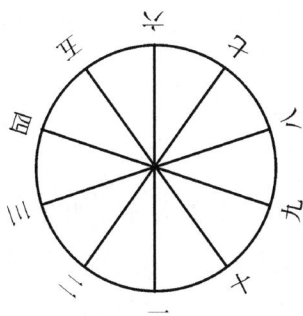

图十九　通过五维中心之五种关系

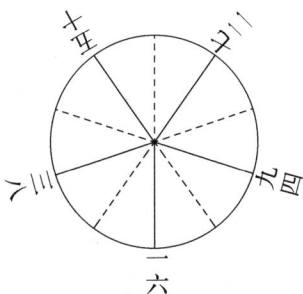

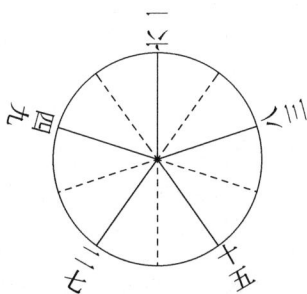

图二十　偶以从奇　　　　图二十一　奇以从偶

二曰火,三曰木,四曰金,五曰土"是其象,又曰"七稽疑……曰雨,曰霁,曰蒙,曰驿,曰克,曰贞,曰悔"。曰雨、霁、蒙、驿、克者,即顺次为水、火、木、金、土,加贞、悔者,即阴阳之象。故阴阳五行者,即贯通五维坐标中心五直线之两端,其端点以五维—三十二胞腔视之实当十点,以五维—十胞腔视之则各当一四维—八胞腔。若阴阳五行于十天干之配合,凡甲、丙、戊、庚、壬为阳犹奇数,乙、丁、己、辛、癸为阴犹偶数。其于五行之关系,因五行尚有相生相克之理,且于五行中吾国视水、火为自然现象中之变动者,视金、土为自然现象中之稳定者,唯木以自然现象中之生物当之。《系辞上》曰"生生之谓易",盖易道贵生,即吾国之基本认识论。以生物为本,故取十天干中所指之甲乙以当木,其次以相生之序示如下:

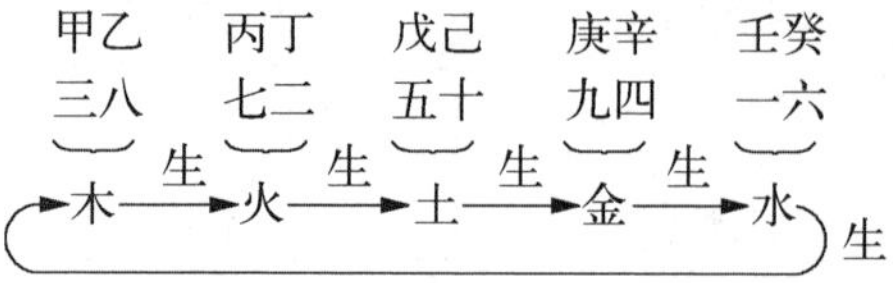

由是十天干与天地数配合之次有二,此指五行言。若甲至癸以当天一至地十,指自然之相应云。再者阴阳有相对之理,犹向量之异(如图二十与二十一所示),故一六之壬癸当由一之六以壬为主,六一之癸壬当由六之一以癸为主。其他四线同理,即图二十当阳天干五,图二十一当阴天干五。合诸几何图形,图二十当五维—十胞腔,图二十一当五维—三十二胞腔,即阳干五当对称于五维—十胞腔坐标中心之四维—八胞腔二,阴干五当对称于五维—三十二胞腔坐标中心之顶点二。见图二十二。

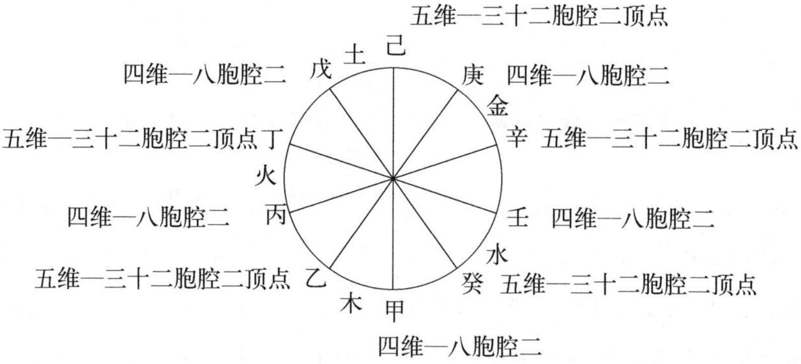

图二十二　十天干之几何形象

若十天干之相对而五,因有参天两地之义。以生蓍言,凡三变成一爻,策数四,故刚爻用九(以参天乘三变)而策数三十六,柔爻用六(以两地乘三变)而策数二十四。六十四卦各六爻,而乘以六则乾用九而二百十六,坤用六而百四十四,合之凡三百六十。我国分圆周为三百六十度即准此义,《系辞上》曰"乾之策二百一十有六,坤之策百四十有四,凡三百有六十,当期之日"是其义。因之知圆周十分而三十六度,五之而七十二度,故参天两地而倚数于圆周。乾坤之策数即阴阳之度数,然又不可忽乎一阴一阳各 180° 相对之理。盖一二三四五中既为参天两地,六七八九十中实为两天参地。示此天地相对之象,宜置五十于中,则四方各为 90° 直角以当一天一地,而对称于中央之一天一地,是即吾国自古已有之河图。象见图二十三。

观河图之象,凡四方与中央为五,即五维空间中五直线互交直角之象,吾国以五行名之,理当东、南、西、北四方与中央,又当春分、夏至、秋分、冬至四时与中央。合时空而成四维空间,即天地十数中之一数。凡及五维坐标中心而两对称之四维空间,即五位相合之象。必使五与十居中央者,唯中五可包含一、二、三、四,唯中十又可包含六、七、八、九,下以图十六准河图而析成五以示其理,象见图二十四。

图二十三　河图　　　　**图二十四**

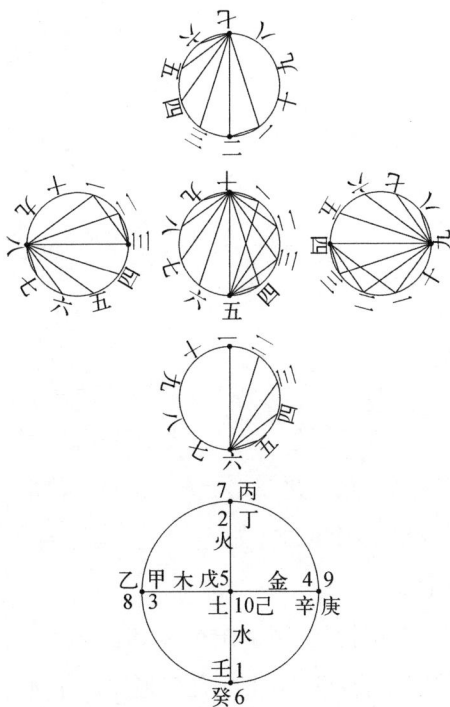

301

观图二十四,可喻河图之象,已五位相合。于过五维坐标中心之五轴,已两两相对称于第五维轴。若不过中心点之各轴关系,其数犹未对称。如使二、七与四、九易位,则相对者数皆互补。象见图二十五。

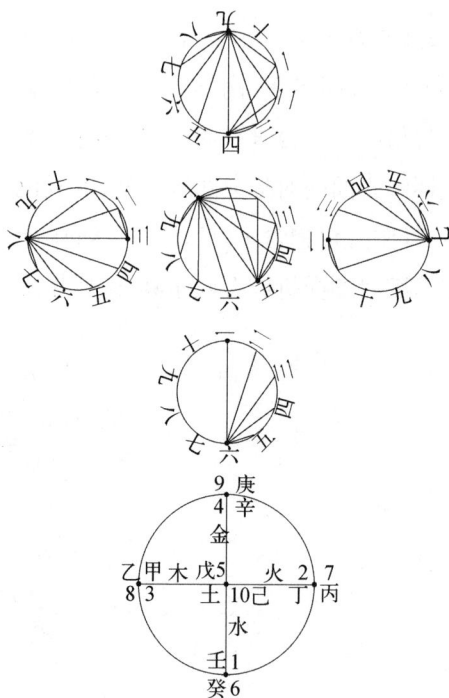

图二十五

至于互补之数,又宜分观之,示如图二十六。唯中五十之象未分,十数以虚线示之,如不计之,是即吾国自古流传之洛书,象见图二十七。

考甲骨文,甲字作十,癸字作XX。凡此十天干之始终二字,或加以数,正合河图洛书之几何形象。示如下:

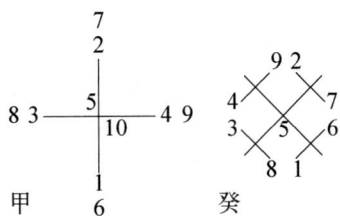

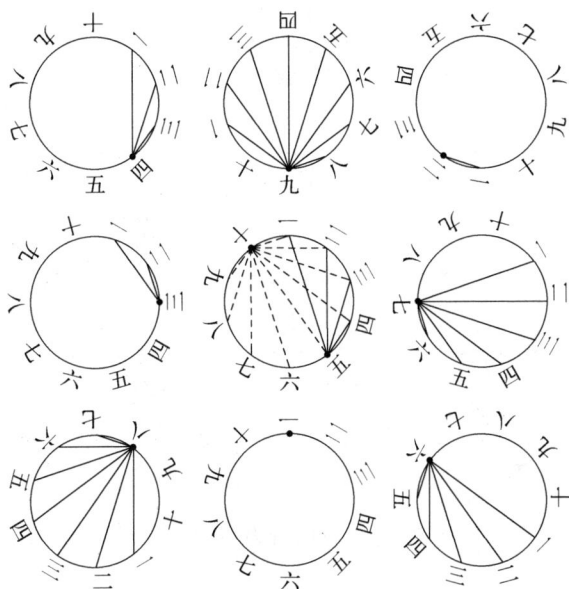

图二十六

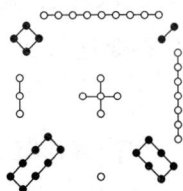

图二十七　洛书图

且图二十六中，如分五与十，则五当五位相合之差数，恰如癸字所示，十当对称于中五之两奇或两偶之和数。更取图十八观之，此洛书者实当另一三角形，勿用十而易其贞悔，于洛书犹以五为中心，而旋转180°则由图二十六以成图二十八。

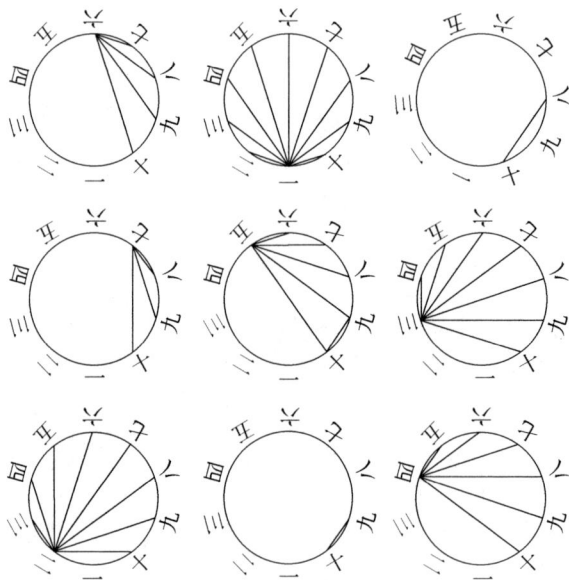

图二十八

观图二十八，十虽勿用，而通过五维坐标中心之五轴仍在。若河图对称中心之十五，于洛书盖合三数而成，凡有三纵（八、三、四）（一、五、九）（六、七、二）三横（六、一、八）（七、五、三）（二、九、四）及二对角线（四、五、六）（二、五、八）八种变化云。故洛书者，犹用河图之中心五十。

由上以观，天地十数之几何内容，图二十二已备。更观图二十四所示之河图，因十数之关系，为愈多愈复杂，乃能总于中数五与十。故取以五与十为半径之大小两同心圆，则一、二、三、四皆在小圆中，六、七、八、九皆在小圆外之大圆中。或使奇偶数各自相连成螺旋线二，奇数为一、三、七、九之次,偶数为二、四、六、八之次,见图二十九。如是螺旋可上出无已,奇数为 11、13、17、19、21……偶数为 12、14、16、18、22……然于 11 至 14 外围有 15,于 16 至 19 外围有 20……必由 10 成 20,则增加五维。维数虽可无限增加,宜以五维为基,是为吾国本诸参天两地与一阴一阳之理而求得。于不同维数间决不可并论,未及五维亦未足以喻吾国古有之自然科学理论。今以五维为准,更取五位相合之中数,则水数为 3.5,木数为 5.5,火数为 4.5,金数为 6.5,土数为 7.5。即以 7.5 为半径作圆,则四方之数皆在其中。由水、木而土,由火、金而土,仍为两螺旋以及圆周,盖当五维各胞腔之中心,示如图三十,实与图二十九同型。若由河图而洛书,则由螺旋曲线而成周流循环。

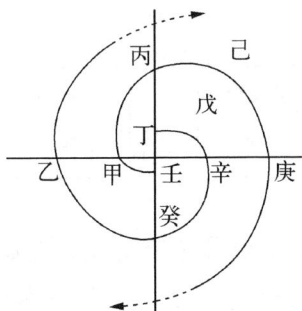

图二十九

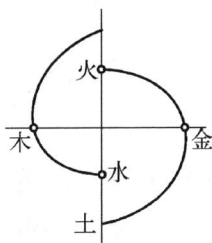

图三十

　　观图十七之成图十八,一至十之三角形为天地十数以成河图,另一仅四十五数之三角形即为洛书。盖十胞腔间不计本身而所及之胞腔唯九,义指两胞腔之相应关系,其多寡有九种不同,已见图二十八。若相应关系继之不已,则所及之胞腔数即各数之平方。然数极于十,故大于十数者皆辗转于此十胞腔,视其个位数可定其所属之胞腔。下示 1 至 9 平方之个位数,以见其周流循环。

n	1	2	3	4	5
1^n	1	1	1	1	1
2^n	2	4	8	6	2
3^n	3	9	7	1	3
4^n	4	6	4	6	4
5^n	5	5	5	5	5
6^n	6	6	6	6	6
7^n	7	9	3	1	7
8^n	8	4	2	6	8
9^n	9	1	9	1	9

合诸洛书之位,分示如下:

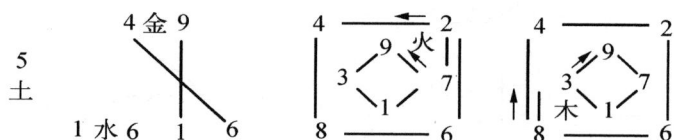

义谓土与水不变其所属之胞腔,金则往来于金、水,火则辗转于火、金、木、水之次,木则辗转于木、金、火、水之次。凡火、木相同,仅倒其序。合而观之,依图二十九之例成图三十一。凡河图四方之点以曲线相连乃成二螺旋线,洛书四正四隅之点以直线相连乃成二方。观河图之螺旋线,势将越出五十之圆,故知维数可无限。观洛书二方之连于中五而不及中十,故知洛书盖以五维为体而用之,是犹以四维为体而用之,决不能有超光速之速度。若吾国古有之自然科学理论,实以五维为体,今本河图洛书,确可以直观几何法见其象。既得其体,乃有其用。观洛书之八种组合,见图三十二,即五维空间之用。其数十五当河图之中心,洛书详其组合变化,犹当 15 个参量之变换群,盖五维空间中二点间距离平方表达式之变换群。凡欧氏空间(包括赝欧氏空

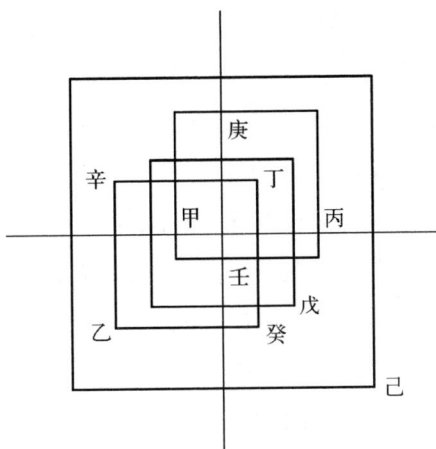

图三十一

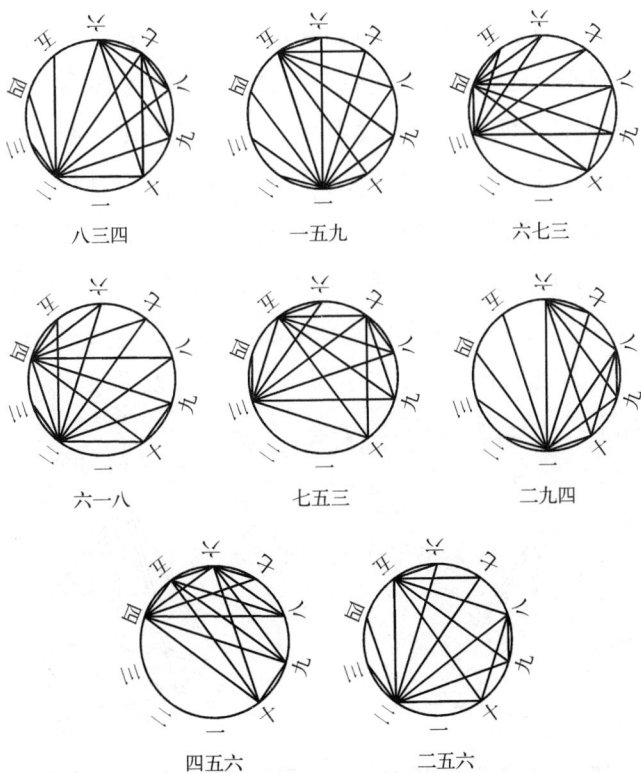

八三四   一五九   六七三

六一八   七五三   二九四

四五六   二五六

图三十二

间)恒定曲率空间,其参量不多于 15 个,是即洛书之象。于详述洛书组合变化之前,宜介绍《周易》之另一专门名词"爻"。

总上所述,易理之几何,凡八卦当三维空间,八卦分贞悔当四维空间,由消息可示四维空间中之种种曲率,总于八行八列之六十四卦方图。又示本、之卦之贞悔以当五维空间,是名纳甲。以纳甲合诸河图,观河图之两螺旋线,盖见维数可无限增加,然宜以五维为基。若由河图而洛书,已限于五维空间。更论五维空间中之曲率,是之谓爻。《系辞上》曰:"爻者言乎变者也。"《系辞下》曰:"八卦成列,象在其中矣。因而重之,爻在其中矣。"又曰:"爻也者,效天下之动者也。"义谓爻言变,盖效天下之动。动者,以动八卦之象,故爻犹消息。然八卦已有三画之消息,尚未立爻之名。爻者由八卦因重而变,故不指内外卦贞悔之消息,而指本、之卦贞悔之消息,象当六十四卦各可变六十四卦,故行列皆六十四方阵之第一对角线,当五维欧氏几何。对称于两旁者始名为爻,爻乃六十四卦中分六爻而变,与六十四卦中分两三画八卦之变截然不同。以多维空间之几何图形观之,六爻之变实属五维—六胞腔。此五维—六胞腔由三维空间中之正四面体上推而成,于四维空间中为四维—五胞腔。彭加勒曾研究此四维—五胞腔,因有彭加勒体之名,当拓扑学中之三角剖分。若六爻变化之五维—六胞腔,即有六个彭加勒体所围成。下以投影法示四维—五胞腔及五维—六胞腔之几何图形如下(见图三十三、三十四)。

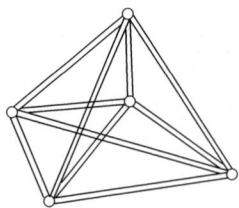

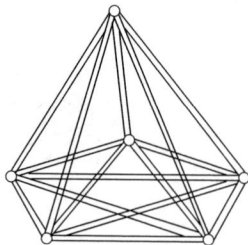

图三十三 四维—五胞腔之几何形象　图三十四 五维—六胞腔之几何形象

观图三十四,其顶点六即六爻之象。《周易》有初、二、三、四、五、上之名,今用之。又使图三十四投影于平面以成六边形及六点间所有直线,见图三十五。凡六十四卦各有六爻,爻摄于用九用六,即阴阳之象。观其爻用之变十二,即初、二、三、四、五、上各有九、六之辨,吾国盖以地支当之。以地支合诸九、六十二爻,是为爻辰。计六爻之变化数与本、之卦之变化数,同为四千有九十六种,而卦当纳甲为五维—十胞腔,此爻当爻辰为五维—六胞腔。观五维—六胞腔之象为自对偶,通过坐标中心之轴凡六。轴两端之象,一端当一点,一端当一四维—五胞腔。故十二地支者,其阳支六,子、寅、辰、午、申、戌,即用九以当五维—六胞腔中之六个四维—五胞腔,其阴支六,丑、卯、巳、未、酉、亥,即用六以当五维—六胞腔中之六个顶点,示如图三十六。

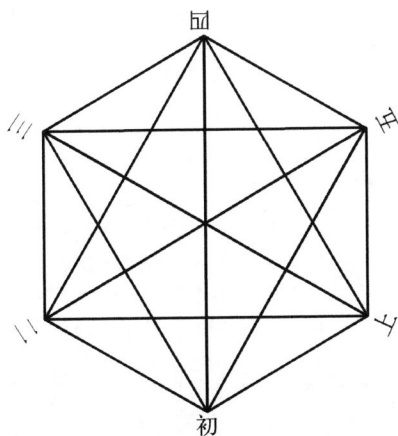

图三十五　六爻当五维—六胞腔

考五维空间之正则图形唯三,五维—十胞腔与五维—三十二胞腔互为对偶,为天干之象,五维—六胞腔则自为对偶,为地支之象。更观五维—十胞腔(包括五维—三十二胞腔)与五维—六胞腔之组合关系,是即吾国六十花甲之象。阳干唯及阳支,象指四维—八胞腔与四维—五胞腔之组合关系。阴干唯及阴支,象指五维—三十二胞腔之五轴与

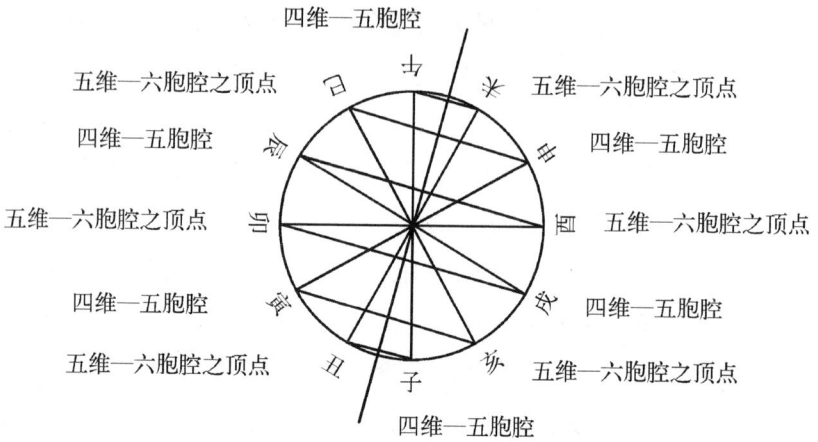

图三十六　十二地支之几何形象

五维—六胞腔之六顶点之组合关系。前者当四维空间,后者当零维空间,计其组合变化各三十而合成六十花甲。或以五维—十胞腔及五维—三十二胞腔为主,其周六是谓六甲,或以五维—六胞腔为主,其周五是谓五子。以下表示之。

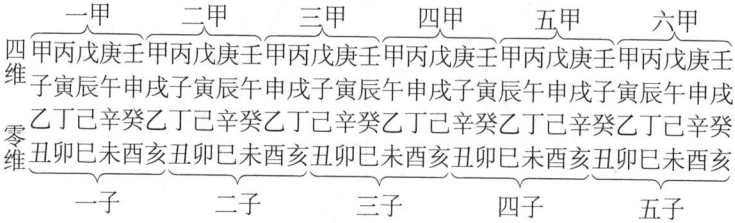

```
        一甲        二甲        三甲        四甲        五甲        六甲
四    甲丙戊庚壬 甲丙戊庚壬 甲丙戊庚壬 甲丙戊庚壬 甲丙戊庚壬 甲丙戊庚壬
维    子寅辰午申 子寅辰午申 戌寅辰午申 戌寅辰午申 戌寅辰午申 戌寅辰午申 戌
零    乙丁己辛癸 乙丁己辛癸 乙丁己辛癸 乙丁己辛癸 乙丁己辛癸 乙丁己辛癸
维    丑卯巳未酉 丑卯巳未酉 丑卯巳未酉 丑卯巳未酉亥 丑卯巳未酉亥 丑卯巳未酉亥
          一子        二子        三子        四子        五子
```

曰五子者,指五维—六胞腔中用九阳支、用六阴支各五周,五周者即五行之象。曰六甲者,指五维—十胞腔与五维—三十二胞腔中四维阳干、零维阴干各三周,凡六周,即六爻之象。

若六爻之用,理当六行六列之方阵,即图三十四中六点间之一切关系。凡行、列当用九用六爻名十二,今宜阐明之。

易卦六十四,因卦分之当内外两卦,每卦三画,故合内外两卦成六十四卦,卦皆六画。今观六十四卦之变化,非限于三画卦之变,任一画莫不可变,故六十四卦分六画以观其变,是谓六爻。至于爻之不同,唯阴阳二者。或明辨其阴阳之名,则卦名阴阳即阳卦乾、阴卦坤,爻名阴阳是谓柔刚,《说卦》曰"立天之道曰阴与阳,立地之道曰柔与刚"是其义。盖卦爻并论,取卦为阳而爻为阴,故爻者指乾卦阳刚用九,坤卦阴柔用六。以九六合于初、二、三、四、五、上六位即成十二爻名,示如下:

乾卦阳刚用九——初九　九二　九三　九四　九五　上九

坤卦阴柔用六——初六　六二　六三　六四　六五　上六

详观十二爻名之义,已具五维空间之理。盖六画如仅以数名之,即当一、二、三、四、五、六,今一、六不言而用初、上。初对终指时间言,既济卦辞曰"初吉终乱",暌三巽五皆曰"无初有终"是也。上对下指空间言,小过卦辞曰"不宜上宜下"是也。又时间以知初为几,空间以居上为尊,故取初、上二字以喻四维时空连续区。由四维而五维,本生蓍之理必三变而得六、七、八、九四数之一。七、八不变而九、六变,爻者言变,是谓用九用六。故由初、上而及九、六,当四维而五维,由九、六而及二、三、四、五,当五维空间中之等次。凡此用九用六十二爻位之一切变化,即当五维一六胞腔之象。《文言》曰"六爻发挥旁通情也",今分辨其义,以发、挥、旁、通、应、比、索、功八图示之,见图三十七至四十四。其变化之法皆在六爻方阵之中,见图四十五。

上六	六五	六四	六三	六二	初六	用六 / 用九
	爻5/爻6		爻3/爻6		爻1/爻6	上九
爻6/爻5		爻4/爻5		爻2/爻5		九五
	爻5/爻4		爻3/爻4		爻1/爻4	九四
爻6/爻3		爻4/爻3		爻2/爻3		九三
	爻5/爻2		爻3/爻2		爻1/爻2	九二
爻6/爻1		爻4/爻1		爻2/爻1		初九

六爻发

图三十七

上六	六五	六四	六三	六二	初六	用六 / 用九
爻6/爻6		爻4/爻6		爻2/爻6		上九
	爻5/爻5		爻3/爻5		爻1/爻5	九五
爻6/爻4		爻4/爻4		爻2/爻4		九四
	爻5/爻3		爻3/爻3		爻1/爻3	九三
爻6/爻2		爻4/爻2		爻2/爻2		九二
	爻5/爻1		爻3/爻1		爻1/爻1	初九

六爻挥

图三十八

图三十九　六爻旁

	上六	六五	六四	六三	六二	初六
用九上九		乂5/乂6	乂4/乂6		乂2/乂6	乂1/乂6
九五	乂6/乂5		乂4/乂5	乂3/乂5		乂1/乂5
九四	乂6/乂4	乂5/乂4		乂3/乂4	乂2/乂4	
九三		乂5/乂3	乂4/乂3		乂2/乂3	乂1/乂3
九二	乂6/乂2		乂4/乂2	乂3/乂2		乂1/乂2
初九	乂6/乂1	乂5/乂1		乂3/乂1	乂2/乂1	

图四十　六爻通

	上六	六五	六四	六三	六二	初六
用九上九	乂6/乂6			乂3/乂6		
九五		乂5/乂5			乂2/乂5	
九四			乂4/乂4			乂1/乂4
九三	乂6/乂3			乂3/乂3		
九二		乂5/乂2			乂2/乂2	
初九			乂4/乂1			乂1/乂1

六爻发挥旁通图　凡四

图四十一　六爻应

	上六	六五	六四	六三	六二	初六
用九上九				乂3/乂6		
九五					乂2/乂5	
九四						乂1/乂4
九三	乂6/乂3					
九二		乂5/乂2				
初九				乂4/乂1		

图四十二　六爻比

	上六	六五	六四	六三	六二	初六
用九上九		乂5/乂6				乂1/乂6
九五	乂6/乂5		乂4/乂5			
九四		乂5/乂4		乂3/乂4		
九三			乂4/乂3		乂2/乂3	
九二				乂3/乂2		乂1/乂2
初九	乂6/乂1				乂2/乂1	

图四十三　六爻索

	上六	六五	六四	六三	六二	初六
用九上九	乂6/乂6					
九五		乂5/乂5				
九四			乂4/乂4			
九三				乂3/乂3		
九二					乂2/乂2	
初九						乂1/乂1

图四十四　六爻功

	上六	六五	六四	六三	六二	初六
用九上九			乂4/乂6		乂2/乂6	
九五				乂3/乂5		乂1/乂5
九四	乂6/乂4				乂2/乂4	
九三			乂5/乂3			乂1/乂3
九二	乂6/乂2		乂4/乂2			
初九		乂5/乂1		乂3/乂1		

六爻应比索功图　凡四

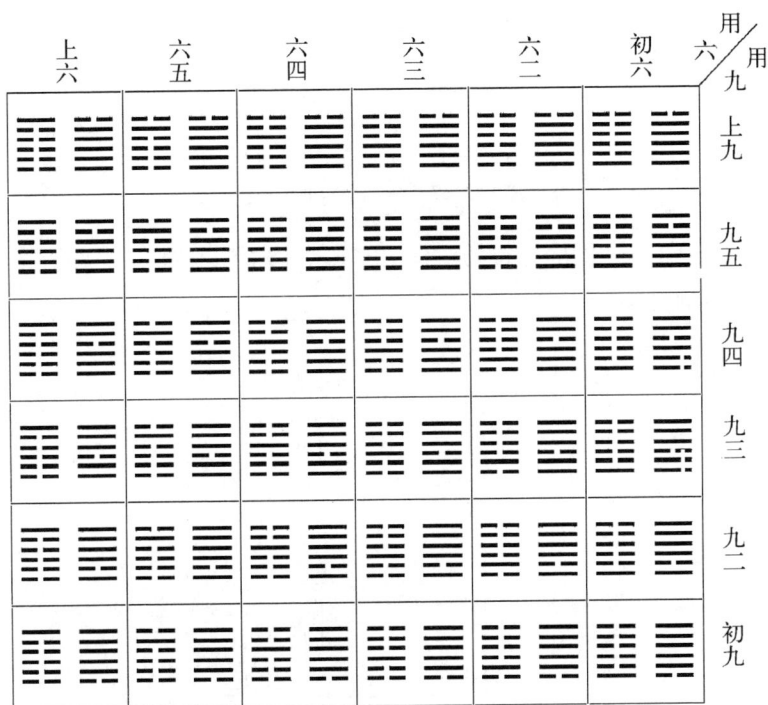

图四十五　六爻方阵

考爻字从二乂，犹指九六二用之相交。今以下乂当用九，上乂当用六，二用各有六种不同。记以 1 至 6，如爻$\frac{2}{5}$者谓九五与六二相交而变，他可例推。清焦循善《易》，盖用六爻发中之应，其变能以几何逻辑之理贯穿全书，可谓别开生面，实略见《周易》爻变之本来面目。然于六爻之变化尚未兼备，故犹未见爻变以当五维一六胞腔之象。于易理各卦之六爻中，当有一爻为主，以卦视之名卦主，无妄《彖》曰"刚自外来，而为主于内"是其义。以爻名之曰世爻，谓六爻中以是爻当其时。于几何形象指五维一六胞腔中之一点，此点对应于一四维一五胞腔，犹各卦之其他五爻，观图三十三及三十四可见其象。下示世爻与其他五爻之相应关系：

```
初——二  三  四  五  上
二——三  四  五  上  初
三——四  五  上  初  二
四——五  上  初  二  三
五——上  初  二  三  四
上——初  二  三  四  五
```

　　唯五维一六胞腔之自为对偶,更须以九六辨之,十二支亦可自然配合,示如下:

```
   零维点              四维一五胞腔
子  初九 }一{ 六二  六三  六四  六五  上六
丑  初六      九二  九三  九四  九五  上九
寅  九二 }一{ 六三  六四  六五  上六  初六
卯  六二      九三  九四  九五  上九  初九
辰  九三 }一{ 六四  六五  上六  初六  六二
巳  六三      九四  九五  上九  初九  九二
午  九四 }一{ 六五  上六  初六  六二  六三
未  六四      九五  上九  初九  九二  九三
申  九五 }一{ 上六  初六  六二  六三  六四
酉  六五      上九  初九  九二  九三  九四
戌  上九 }一{ 初六  六二  六三  六四  六五
亥  上六      初九  九二  九三  九四  九五
```

　　至于爻辰之象,尚有京房与郑玄之异,各有物理内容。吾国之音律理论基于此,即三分损益与隔八相生,以图四十六示之。

　　若宫、商、角、徵、羽五声之取,盖属参天两地之象,当五维一十胞腔,见图四十七。

　　故以十二律吕旋相为宫之理,即干支之配合,亦即三种五维正则胞腔之组合关系,吾国即以之为一切坐标之基。今准图二十二与图三十六论之,盖天干者过五维坐标中心之五轴,其交点在图二十二之圆心,是即五维坐标中心。地支者过五维坐标中心之轴凡六,六轴之交点即五维一六胞腔之坐标中心,然不在图三十六之圆心而六点分数在十二地支间之轴上。其轴凡六,每轴六点,即六爻方阵之象。今以子丑与午未间之轴为主,则过五维坐标中心之六点在子丑、寅亥、卯戌、

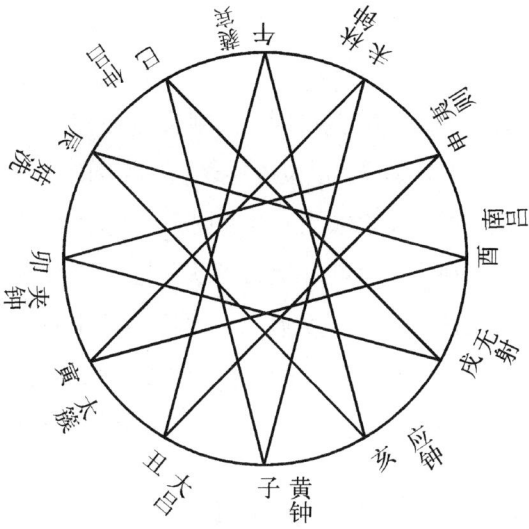

图四十六　地支以当十二律吕图

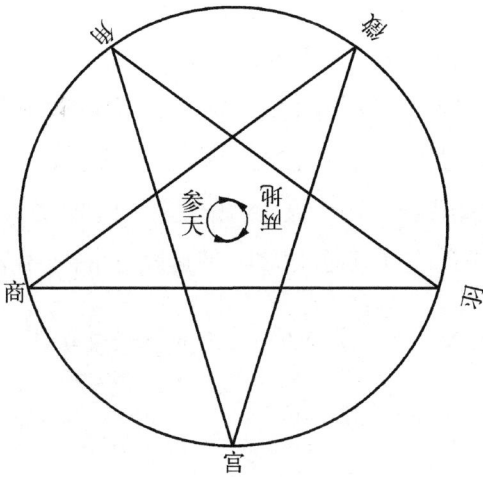

图四十七　参天两地当五声图

315

辰酉、巳申、午未之间,是当一虚,《系辞下》曰:"《易》之为书也不可远,为道也屡迁,变动不居,周流六虚,上下无常,刚柔相易,不可为典要,唯变所适"是其义。继之又曰"其出入以度,外内使知惧",盖六爻之唯变所适,不可不知惧于外内之度,其度即六爻刚柔之位。位之得失以当既济、未济之象,其出入之变,即以六爻发挥尽之。发以变既济、未济得失之位,挥以求变位之时,时之本在索,当六虚之周流。索者六,即通过五维—六胞腔坐标中心任一轴上之六点,取其二点以当九六之变,犹取六爻方阵中之二行二列之子方阵,则所及之象凡二十,须三变六十而成六爻方阵,《系辞上》曰"六爻之动,三极之道也"是其义。凡取二行二列子方阵之组合变化,以 1、2、3 名其三变,必可化成如下形式,乃可合成三行三列之方阵:

3	3	23	23	13	13				
3	3	23	23	13	13				
32	32	2	2	12	12				
32	32	2	2	12	12		3	23	13
31	31	21	21	1	1		32	2	12
31	31	21	21	1	1		31	21	1

故六十之数,即四九三十六而益以四六二十四。本此六十花甲之数,方能遍及通过五维—六胞腔中心之六轴,而达五维—六胞腔中心之一点。盖爻变而分发挥,又经三变犹六爻已成两三画八卦,故象数可通于五维—十胞腔及其对偶五维—三十二胞腔,由是宜合于洛书之八种组合。观图三十二之八种组合,先示其通过五维—十胞腔坐标中心五轴之情况:

9—5—1	16	510		8—3—4	27
3—5—7	38	510		4—9—2	16
4—5—6	49	510		2—7—6	38 49
2—5—8	27	510		6—1—8	49 27

水	火	木	金	土
16	27	38	49	510

而吾国对此八种组合已分为二,名之曰先天、后天。以八卦之方位及洛书之组合图示如下:

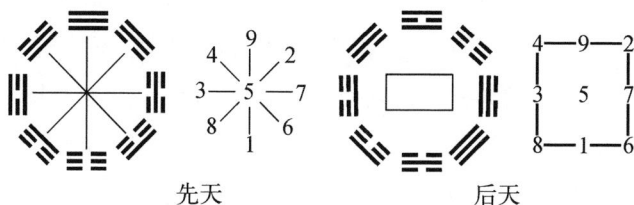

先天　　　　　　　　　后天

图四十八　先后天方位象数图

《说卦》曰:"天地定位,山泽通气,雷风相薄,水火不相射,八卦相错。"指先天方位。又曰:"帝出乎震,齐乎巽,相见乎离,致役乎坤,说言乎兑,战乎乾,劳乎坎,成言乎艮。"指后天方位。今合诸洛书之八种组合,对示如下:

天地定位——9+5+1=15　　　成艮出震齐巽——8+3+4=15
山泽通气——6+5+4=15　　　齐巽见离役坤——4+9+2=15
雷风相薄——8+5+2=15　　　杀坤说兑战乾——2+7+6=15
水火不相射——7+5+3=15　　战乾劳坎成艮——6+1+8=15

先天=60　　　　　　　　　　　　　　后天=60

盖河图变洛书而三分,又相错及流行各四之,则亦成六十花甲之数,即五维—十胞腔及其对偶五维—三十二胞腔之象数,亦可通于五维—六胞腔。更观纳甲五轴之组合情况凡十四,实通于爻辰六轴之组合,其数亦十四,此十四之象焦循名之曰旋卦者是。惜焦循得此十四旋卦而未究其深义,乃置之而勿用,安知以六十四卦之卦象周流于五维—六胞腔即此十四旋卦云。若旋卦之理,《杂卦》末节之次用之,故吾国分六十四卦成十四旋卦古已知之。且旋卦又可来自六十四卦消息,盖由卦爻之或分或合,庶见五维—十胞腔与五维—六胞腔之可同可异。而五维—三十二胞腔实介于其间,以变其曲直。通此三者以确立五维坐标中心,是即吾国数千年代代相承之几何学。究乎希腊之几何学,自泰勒斯学自埃及而发展之,约经二百年而有柏拉图(公元前427—前347)。若柏拉图之哲理,莫不基于几何学,其一切思想归诸正多面体五,实非偶然。数十年后有欧几里得(公元前330—前275)总结成欧氏几何,不可谓无柏拉图之功。直至康德(公元1724—1804)哲学,其数理基础仍归诸欧氏几何。虽然是时非欧多维之几何萌芽已兴,惜康德犹未及注意,故康德论人之认识犹囿于欧氏几何。所谓先验者,以今日观之,未尝不可以非欧多维之象验之,即能认识加深,所认识亦自然相应而加深。希尔伯特(1862—1943)既经非欧多维空间之思,复整理欧氏几何,乃得《几何原本》之逻辑结构,凡得公理二十,分五类:

  Ⅰ. 并联公理(又名从属公理) 包括公理8
  Ⅱ. 次序公理 包括公理4
  Ⅲ. 全合公理 包括公理5
  Ⅳ. 平行公理(又名欧几里得公理) 包括公理1
  Ⅴ. 连续公理(又名阿基米德公理) 包括公理2

  此五类公理中,重要在Ⅳ、Ⅴ二类。凡不从平行公理者名非欧几何,不从连续公理者名非阿几何。自罗巴切夫斯基起,非欧几何已极盛行,非阿几何迄今犹未大兴,实则量子之象即宜以非阿几何示之。而吾国河图洛书、卦象生著及六爻之二用、五行之生克等,莫不有确乎独立之象数。其象数皆有相通之理,如不依其理通之,则各自有象,决不连续,是皆有非阿几何之义。至于连续与否,盖在维数之变。凡同一维数之象为不连续,n维以观n−1维方有连续之理。若时与空,以三维空间视之决不连续,以四维空间视之自然连续。然四维时空连续区有种种不同之情况,其间又皆不连续,必及五维坐标中心,庶可见种种时空连续区之连续,是犹统一场论之义。吾国自古本有之种种象数皆来自五维坐标中心,凡五维坐标中心是谓能认识,种种四维时空连续区是谓所认识。所认识之关系即种种物理定理,然能通过五维坐标中心者方为能认识。故未立五维坐标中心,能认识同所认识亦为两时空连续区之关系。当既立五维坐标中心,则自然有能认识与所认识之不同。此五维坐标中心即生命起源,即能与所、生物与非生物之辨。若五维空间之几何形象宜取正则胞腔者,所以立任何形象之标准,是之谓坐标。

《系辞上》曰:"《易》与天地准,故能弥纶天地之道。"天者即五维—十胞腔对偶于五维—三十二胞腔之十天干,地者即以五维—六胞腔之十二地支为准。凡种种四维时空连续区之天地之道,皆能弥纶之。又曰:"范围天地之化而不过,曲成万物而不遗。""不过"者,犹基于五维。"范围天地之化",天干当之。"曲成万物",地支当之。"不遗"者,以策数尽之。范围曲成而弥纶之,犹以五维正则空间组合成六十花甲为坐标,乃能"言乎天地之间则备矣"。

W. 海森堡于《什么是基本粒子》一文中(原载 *Physics Today* 29 卷 3 期,1976.3,第 32—39 页,译文见《科学译刊》第一辑)有言:"如果想把今天粒子物理学的结果与任一以往的哲学进行比照的话,那柏拉图哲学看来最为相当。量子理论提示道,现代物理学的粒子是对称群的表示,这就(与)柏拉图哲学中的对称体甚为相似。"考柏拉图之用正则多面体五,确可示三维空间之一切变化,五者各自独立亦有取不连续之义。然几何形象今已及多维空间,于五维以上宜为坐标之正则空间唯三种,不期吾国流传数千年之《周易》象数皆可纳入其中,此较柏拉图之思想,尤为精深,于现代化之思维更可相合,且又进于爱因斯坦之四维时空。若五维之旨,生物之能认识当之,此实为吾国古代文化中最重要之自然科学理论。此节《〈周易〉与几何学》仅述其梗概,略示五维非阿几何之轮廓而已。

以下附录一至附录五明易图之几何形象,附录六尤明太极之形象,以见易理之大义。附录七至九明易象当今日之算,其于多维空间之点与胞腔,能有不同之卦象示之。易象于矩阵及极坐标中之种种变化,犹种种多维空间之变化,唯其能一一对应,实较今日仅以 ABCD……示之为优。

故吾国独有之易象几何学,殊能古为今用,未可仅以历史之陈迹视之。

附录一: 平面卦象之标准画法

《易》以道阴阳,有其独特之符号。今据《说卦》之文,以定其平面卦象之标准画法。凡阳之符号为——,阴之符号为－－,《说卦》曰:"昔者圣人之作易也,幽赞于神明而生蓍,参天两地而倚数。"故知阴阳符号有三与二之比较,即——之一画为全体,－－之二画实当——中之三分之二,间断处为三分之一。下示标准之阴阳画法:

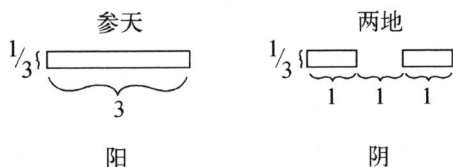

至于卦象,须积三画而成八卦。八卦者,卦象之基本单位。故一画之阔,仅当参天之九分之一,两地之六分之一,间断处之三分之一。化诸整数,长阔比为九比一。若一画之阴阳,经生生而成二画之四象,又成三画之八卦,下示八卦之标准画法:

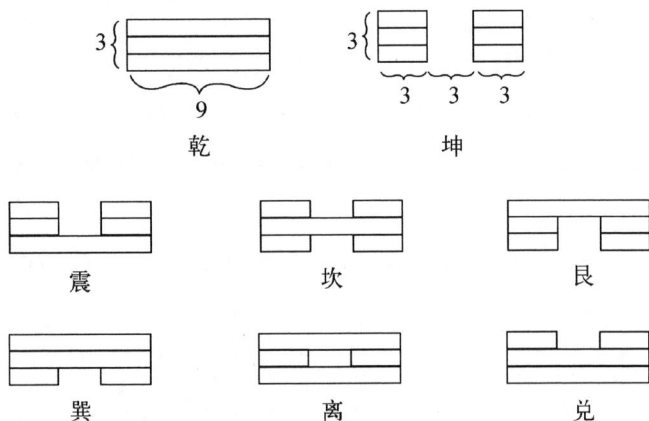

由三画八卦而生生,至六画而成六十四卦,画法之理同。下示乾、坤、既济、未济四卦之画法,其他六十卦可例推:

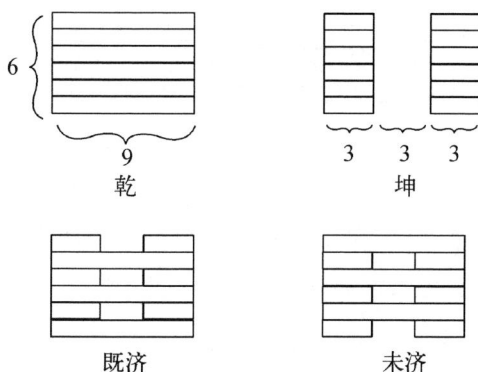

更进而观卦象,宜合以生蓍之理。凡一画之阔既定为一单位,此单位犹策数之义。策数以四为单元,即取 2×2 又乘以 1 比 9 之画数,数成 2 比 18。虽比值未变,然未合策数,画画紧比无缝,合以策数,画间自然分开。因策数之阔为 2,则画间距离必为 3,是亦参天两地之义。下示画间有距离之八卦标准画法:

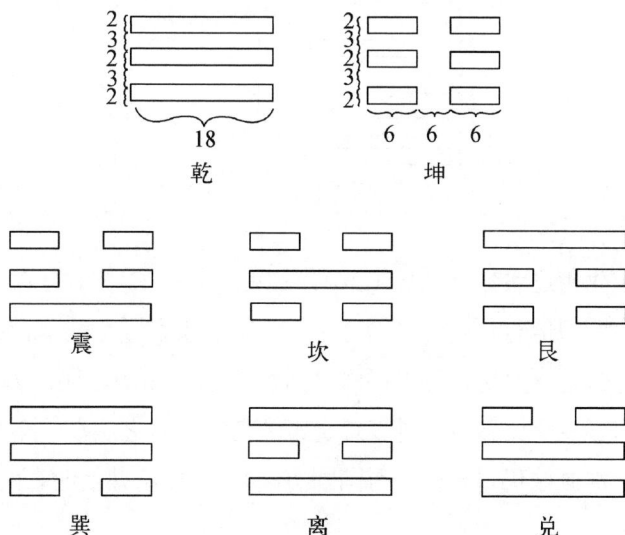

观三画间有距离之八卦,其空隙处恰可更生八卦,尤合生生之理,则有间之八卦两之而生成紧比之六十四卦。下以乾卦为例示之:

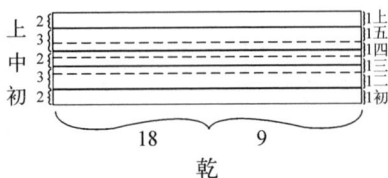

《说卦》曰"兼三才而两之,故易六画而成卦"是其义。而紧比之六十四卦,又将合以策数而分开成有间之六十四卦。下以既济卦为例,以示有间六十四卦之标准画法。究夫卦象之成,因乎生蓍,策数本在其中,故画间当以有间为准。或观长阔之比数,紧比之八卦为三比一,有间之八卦与紧比之六十四卦同为三比二,有间之六十四卦则为二比三,亦可见参天两地之变化云。

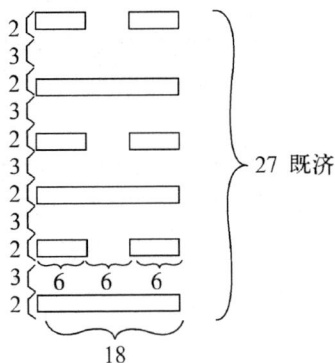

至于生蓍之策数,《系辞上》中曰:"乾之策二百一十有六,坤之策百四十有四,凡三百六十,当期之日。二篇之策数万有一千五百二十,当万物之数也。"今可以标准画法之面积求得之,见"乾坤策数图":

幸有参两之比数及乾坤二篇之策数与夫生蓍之法数千年犹存,则卦象之标准画法仍可求得。吾国固有之几何学,不亦信而有征乎。

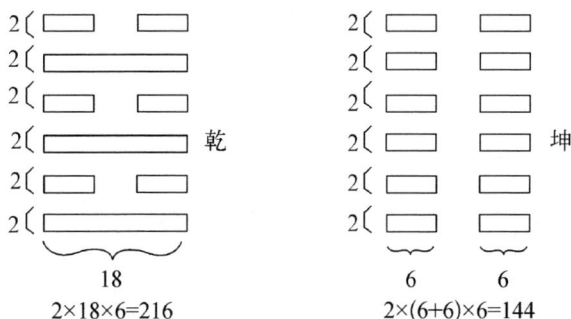

乾坤策数图

附录二： 立体象爻之标准模型

既得平面卦象之标准画法，又可推得立体象爻之标准模型。此模型为一长方阵，两端面积设为 1^2，长为3。凡生蓍三变，计其揲余或过揲数皆可得六七八九之四象。今于长三分之，其中之一两边各三分而九，或取三分之二，或取三分之一，中间之九分之一以对角线剖分，图示如下：

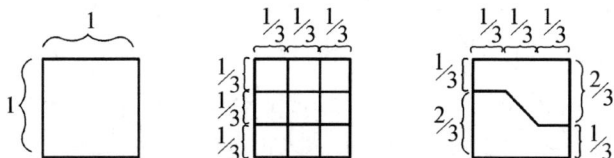

由是此长方体之四面形如下示：

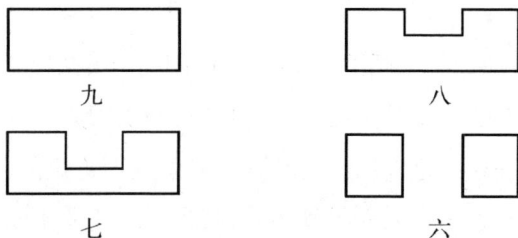

九

八

七

六

凡此四形以当六七八九。下示此模型之立体图：

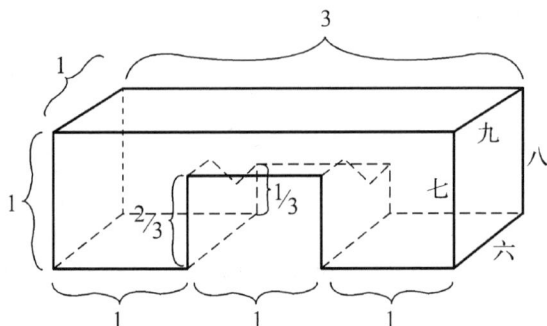

象爻之标准模型

象数七八，爻数九六。七为阳不变，九为阳变，八为阴不变，六为阴变。盖此四数由七八九六之次，辗转无已。合以后天卦位，七为坤、兑、乾，九为乾、坎、艮，八为艮、震、巽，六为巽、离、坤。后天方位之阴阳，亦可见于此模型中。若平面卦象，仅示九六之爻用，未及七八象体，须此立体模型方可尽象爻之情。至于七九八六之变，读《易》者不乏知之者。而此几何模型，先秦学者定能知之，秦后则知数而不知形，今当为恢复之。必准此模型方可识七九八六之次，实即后天流行之象。或须演易，宜用此模型十二根，以示四千有九十六变之一。能合此四千有九十六变，乃当五维一十胞腔之太极空间。昔者圣贤用生蓍法，诚易简之至，而此象爻之模型实不可不知云。

附录三： 一阴一阳卦象之标准画法

《周易》卦象之标准画法，于附录一已阐明参天两地之卦象。然一阴一阳之谓道，更当示其比数为一之卦象，乃阴阳之符号不在画之连续与中断，而在阴阳之性质。盖吾国以光射到与否定阴阳之名，凡有光射到名阳，其色白。无光射到名阴，其色黑。故以阴阳感光性之异色作为阴阳之符号,即以白色示阳,黑色示阴。且阴阳为相对之名,有白即有黑,有黑即有白,有纯阳之白即有纯阴之黑,故黑白相连而不可分。下示阴阳黑白之标准画法:

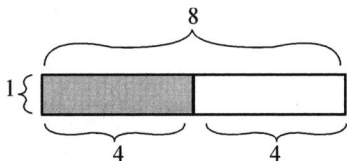

此一画之半黑半白当两仪,白为阳仪,黑为阴仪。由一画而二画,理当两仪中又各分阴阳。示如下:

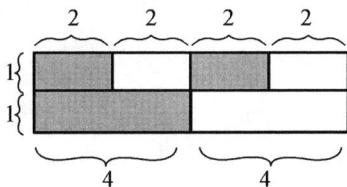

此第二画之半黑半白连第一画当四象,由下而上,白白名太阳,白黑名少阴,黑白名少阳,黑黑名太阴。由二画而三画,理当四象中又各分阴阳。示如下:

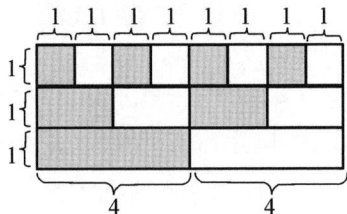

此第三画之半黑半白连一、二两画当八卦,由下而上,白白白名乾,白白黑名兑,白黑白名离,白黑黑名震,黑白白名巽,黑白黑名坎,黑黑白名艮,黑黑黑名坤,是即"伏羲八卦次序图"。《易》以八卦为本,

须及三画而成于第三画,黑白之纵横比数宜为一比一。故知每画之标准画法,其纵横比数当为一比八。更由四画、五画而六画,每画之中分成半黑半白。同理,及六画而成六十四卦,故第六画黑白之纵横比数变为八比一。下示其标准画法,是即"伏羲六十四卦次序图"。若中分阴阳之符号,决不能分开,是之谓"道也,不可须臾离也,可离非道也"。而或分以示之者,其象即以参天两地示之,故一阴一阳之道即合观参天两地之数,参天两地之数即分观一阴一阳之道也。

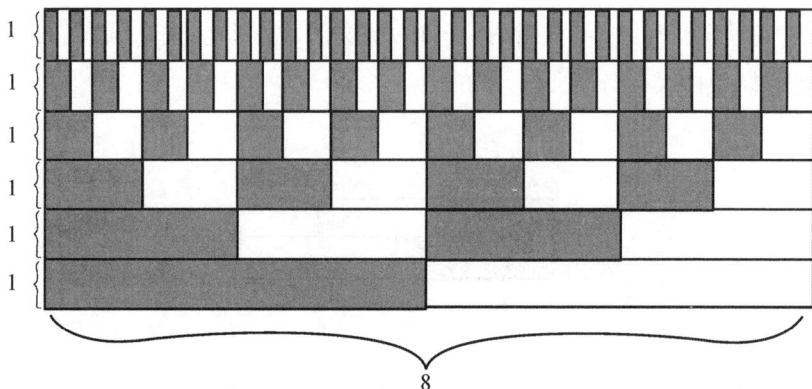

附录四: 先后天八卦方位图之
二种标准画法

《系辞下》曰:"八卦成列,象在其中矣。"曰成列者,约有三义。其一,本一阴一阳生生之次,以黑白成列其象,由八卦而六十四卦,其标准画法已由附录三示之。其二,本参天两地之数,以成列八卦为六七八九之象,其标准画法及六爻模型已由附录一、二示之。其三,以八卦之象成列为方位。凡方位有先后天之不同,每种方位各可以一阴一阳黑白之象及参天两地之数示之,今依次明其标准画法。

一、以一阴一阳黑白之象示先天八卦方位图

其标准画法以 1 作半径画圆为太极,以 $1\frac{1}{3}$、$1\frac{2}{3}$、2 画三个同心圆,示两仪、四象、八卦之象。太极圆中画直径四,各隔 45°,所以定八卦之方位。其外三圈以南偏西 22.5°为 0°,各隔 45°以当一卦。此类卦象之变,宜以极坐标示之。于第一圈之矢径当 $1-1\frac{1}{3}$,辐角 0°当南偏西 22.5°,旋转以 45°为一单元。于第一圈 0°—180°为阳,以白色示之。180°—360°为阴,以黑色示之。于第二圈矢径当 $1\frac{1}{3}-1\frac{2}{3}$,辐角 0°—90°、270°—360°为阳以白色示之,90°—270°为阴以黑色示之。于第三圈矢径当 $1\frac{2}{3}-2$,辐角 0°—45°、90°—135°、225°—270°、315°—360°为阳,以白色示之。45°—90°、135°—225°、270°—315°为阴,以黑色示之。详见图一"圆形先天八卦方位图"。

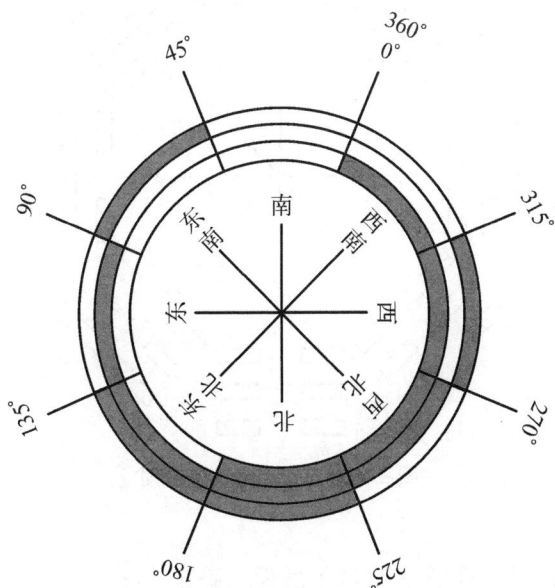

图一　圆形先天八卦方位图

二、以参天两地比数之象示先天八卦方位图

其标准画法以 1 作半径画圆为太极,内作直径四,各隔 45°,所以定八卦之方位。于圆周八点,作外切八边形。更以正八边形之边长为一,依附录一画间有距离之比列数,各边上本先天图之次作一八卦,即成"方形先天八卦方位图",见图二。若外切正八边形之边长与内接圆半径之比数,已非整数而勿用。另作以整八边形边长为半径之圆为太极,义谓既成方形之八卦,即与圆形之太极分离。而太极之圆有四种角度来复动于相错二卦之间,是即先天八卦方位图中有四种消息之象。

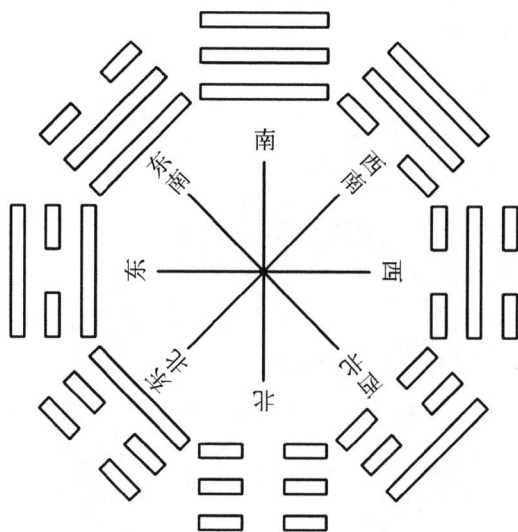

图二　方形先天八卦方位图

三、以一阴一阳黑白之象示后天八卦方位图

其标准画法基本与图一同,唯三圈之阴阳不同,且辐角之 0°起于东偏北 22.5°,而以顺时针方向旋转。于第一圈 0°—45°为阳以白色示

之,45°—90°为阴以黑色示之,90°—135°为阳以白色示之,135°—180°为阴以黑色示之,180°—270°为阳以白色示之,270°—360°为阴以黑色示之。于第二圈0°—90°为阴以黑色示之,45°—90°为阳以白色示之,90°—180°为阴以黑色示之,180°—315°为阳以白色示之,315°—360°为阴以黑色示之。于第三圈0°—45°为阴以黑色示之,45°—135°为阳以白色示之,135°—225°为阴以黑色示之,225°—270°为阳以白色示之,270°—315°为阴以黑色示之,315°—360°为阳以白色示之。详见图三"圆形后天八卦方位图"。

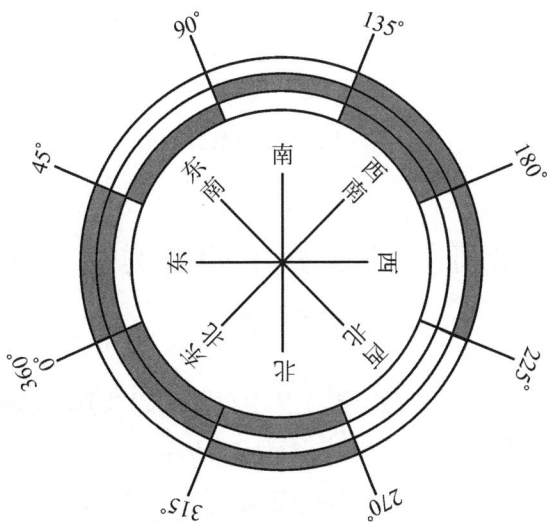

图三　圆形后天八卦方位图

四、以参天两地比数之象示后天八卦方位图

其标准画法基本与图二同,见图四。唯太极之圆,既与方形之八卦分离,于先天图中有四种角度之来复动,于后天方位图仅有南北坎离一种角度之来复动,然又能以顺时针方向辗转于八卦之切点。

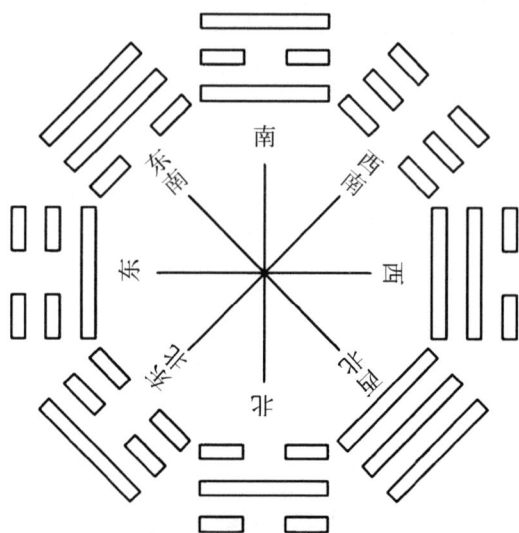

图四　方形后天八卦方位图

附录五：先天六十四卦方位图之 标准画法

《系辞下》继"八卦成列,象在其中矣",又曰"因而重之,爻在其中矣",义指由八卦而六十四卦,观其曲率自然有六爻。六爻盖寓于因重成列之八卦而在六十四卦之中,是即先天六十四卦方位图。若其图有方圆之分,以当天圆地方之象。天围地外,故置方图于圆圈之中。天圆者指流行之象,地方者指有形之象,形虽圆仍属地方,流行即可成圆。故方圆者未可仅以形喻之,当合诸象。凡有形之物皆名方属坤地,形变成象皆名圆属乾天,《系辞上》曰"在天成象,在地成形",方圆之义在其中矣。又天圆者,更有方圆之辨。方当参天两地比数之象,圆当一阴一阳黑白之象。当一阴一阳黑白之象,外圆尚与内圆之太极密合无间,故太极之圆未成方图,名之曰"圆形先天六十四卦方位图"。

其标准画法以1作半径画圆为太极,以$1\frac{1}{6}$、$1\frac{1}{3}$、$1\frac{1}{2}$、$1\frac{2}{3}$、$1\frac{5}{6}$、2

画六个同心圆示两仪、四象、八卦以及十六互卦、三十二伍卦、六十四卦别卦之象。太极圆中画直径三十二,各隔5.625°,所以定六十四卦之方位。其外六圈以南偏西2.8125°为0°,各隔5.625°以当一卦。此类卦系之变与三画八卦同,以极坐标示之。于第一圈之矢径当$1-1\frac{1}{6}$,辐角0°当南偏西2.8125°,旋转以5.625°为一单元。于第一圈0°—180°为阳,以白色示之,180°—360°为阴,以黑色示之。于第二圈矢径当$1\frac{1}{6}-1\frac{1}{3}$,辐角0°—90°、270°—360°为阳以白色示之,90°—270°为阴以黑色示之。第三圈矢径当$1\frac{1}{3}-1\frac{1}{2}$,辐角0°—45°、90°—135°,225°—270°、315°—360°为阳以白色示之,45°—90°、135°—225°、270°—315°为阴以黑色示之。于第四圈矢径当$1\frac{1}{2}-1\frac{2}{3}$,辐角0°—22.5°、45°—67.5°、90°—112.5°、135°—157.5°、202.5°—225°、247.5°—270°、292.5°—315°、337.5°—360°为阳以白色示之,22.5°—45°、67.5°—90°、112.5°—135°、157.5°—202.5°、225°—247.5°、270°—292.5°、315°—337.5°为阴以黑色示之。于第五圈矢径当$1\frac{2}{3}-1\frac{5}{6}$,辐角0°—11.25°、22.5°—33.75°、45°—56.25°、67.5°—78.75°、90°—101.25°、112.5°—123.75°、135°—146.25°、157.5°—168.75°、191.25°—202.5°、213.75°—225°、236.25°—247.5°、258.75°—270°、281.25°—292.5°、303.5°—315°、326.25°—337.5°、348.75°—360°为阳以白色示之,11.25°—22.5°、33.75°—45°、56.25°—67.5°、78.75°—90°、101.25°—112.5°、123.75°—135°、146.25°—157.5°、168.75°—191.25°、202.5°—213.75°、225°—236.25°、247.5°—258.75°、270°—281.25°、292.5°—303.75°、315°—326.25°、337.5°—348.75°为阴以黑色示之。于第六圈矢径当$1\frac{5}{6}-2$,辐角0°—5.625°、11.25°—16.875°、22.5°—28.125°、33.75°—39.375°、45°—50.625°、56.25°—61.875°、67.5°—73.125°、78.75°—84.375°、90°—95.625°、101.25°—106.875°、112.5°—118.125°、123.75°—129.375°、135°—140.625°、146.25°—151.875°、157.5°—163.125°、168.75°—174.375°、185.625°—191.25°、196.875°—202.5°、208.125°—213.75°、219.375°—225°、230.625°—236.25°、241.875°—247.5°、253.125°—258.75°、264.375°—270°、

275. 625°—281. 25°、286. 875°—292. 5°、298. 125°—303. 75°、309. 375°—315°、320. 625°—326. 25°、331. 875°—337. 5°、343. 125°—348. 75°、354. 375°—360°为阳以白色示之，5. 625°—11. 25°、16. 875°—22. 5°、28. 125°—33. 75°、39. 375°—45°、50. 625°—56. 25°、61. 875°—67. 5°、73. 125°—78. 75°、84. 375°—90°、95. 625°—101. 25°、106. 875°—112. 5°、118. 125°—123. 75°、129. 375°—135°、140. 625°—146. 25°、151. 875°—157. 5°、163. 125°—168. 75°、174. 375°—185. 625°、191. 25°—196. 875°、202. 5°—208. 125°、213. 75°—219. 375°、225°—230. 625°、236. 25°—241. 875°、247. 5°—253. 125°、258. 75°—264. 375°、270°—275. 625°、281. 25°—286. 875°、292. 5°—298. 125°、303. 75°—309. 375°、315°—320. 625°、326. 25°—331. 875°、337. 5°—343. 125°、348. 75°—354. 375°为阴以黑色示之。详见图一。

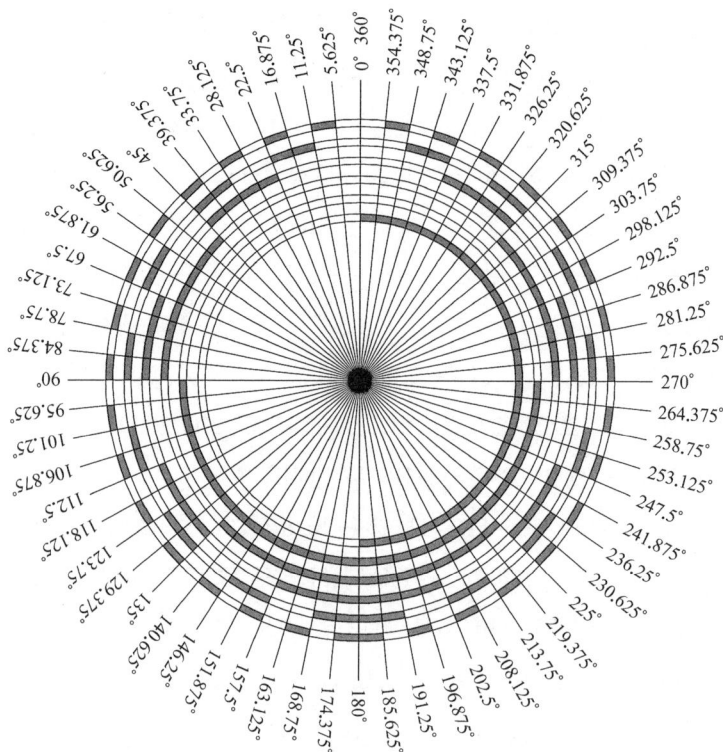

图一　圆形先天六十四卦方位图

　　若天圆地方当参天两地比数之象,则与内圆之太极分离。而内圆之太极亦化为六十四太极,而成八行八列之矩阵图,名之曰"方形先天六十四卦方位图"。其标准画法以 1 为半径画圆为太极,于圆周上各隔 5.625°定六十四点为切点作外接正六十四边形,以边长为 1,依附录一画间有距离之比例数,各边上本先天图之次作六十四卦。又于太极圆中作内接正四边形,四点当东南、西南、西北、东北四隅。连南北、东西二直径以中分为四,于四正方各以 $\frac{1}{2}$ 太极半径作外接圆四。又连四圆之南北、东西二直径而各中分为四,共凡十六,于十六正方各以 $\frac{1}{4}$ 太极半径作外接圆十六。又连十六圆之南北、东西二直径而各中分为四,共凡六十四,于六十四正方各以 $\frac{1}{8}$ 太极半径作外接圆六十四。是即一太极化为六十四太极,每一太极圆中之内接正方形即当六十四卦之一。依先天图贞悔之次,由下之上、由右之左即成八行、八列之矩阵。矩阵之关键盖在两对角线,两端四点所以由地形以通天象云。详见图二。

　　至于 360°之分成 64 个方位,每一方位为 5.625°。此小数可化成分数,当化度为分,今以一度为六十分。然吾国以化成简单之分数为准,如卦气图之六日七分,义指八十分之七,非指一度化成六十分之分。若此 5.625°之小数变化,宜以千分分之,而约成八分。由是六十四卦之方位,每一方位相隔 5 度 5 分,相加之数皆极简单小数凡七,由一分之七分,式如下示:

$$1.125 = \frac{125}{1\,000} = \frac{1}{8} = 1\ 分$$

$$0.25 = \frac{250}{1\,000} = \frac{2}{8} = 2\ 分$$

$$0.375 = \frac{375}{1\,000} = \frac{3}{8} = 3\ 分$$

$$0.5 = \frac{500}{1\,000} = \frac{4}{8} = 4\ 分$$

$$0.625 = \frac{625}{1\,000} = \frac{5}{8} = 5\ 分$$

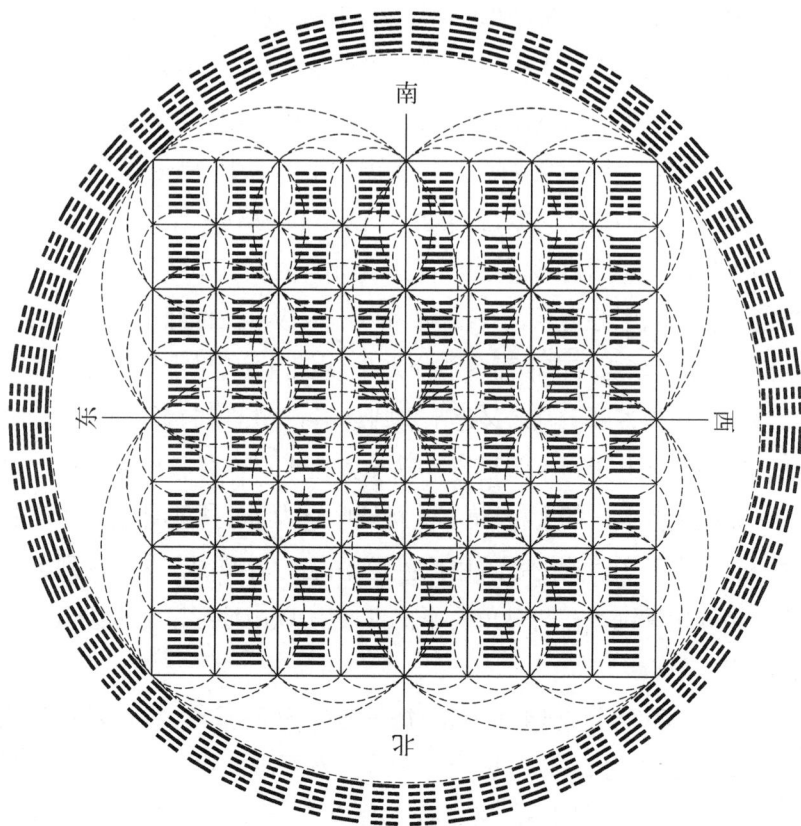

图二　方形先天六十四卦方位图

$$0.75 = \frac{750}{1\,000} = \frac{6}{8} = 6\,\text{分}$$

$$0.875 = \frac{875}{1\,000} = \frac{7}{8} = 7\,\text{分}$$

附录六：总述卦象等与多维
正则空间之关系

　　三维正多面体有五，四维正则空间有六，五维正则空间有三。由五维起正则空间皆三，以五维为基，宜取三种正则空间为准，于各维之边界变化示如下表：

三　维	四　维	五　维	……n 胞腔
正四面体	五胞腔	六胞腔	……n＋1 胞腔
立方体	八胞腔	十胞腔	……2n 胞腔
正八面体	十六胞腔	三十二胞腔	……2^n 胞腔

今以卦象等示上述各种几何图形关系，由三维说起。卦象者分阴阳而三之，其数八，即卦以八卦为基。此八卦之象，犹立方体之八角。凡立方体与正八面体互为对偶，故八卦之象亦为正八面体之八面。当八卦配立方体之八角，有上下、前后、左右之变。或以上、前、左为阳，下、后、右为阴，既定阴阳次序，八角有一固定之卦象。变其阴阳次序，任一卦可当任一角，对偶于正八面体之八面，卦象亦可由阴阳次序而定。若上下、前后、左右三维，即八卦卦象之初、中、上三画，于三维之坐标轴以立方体言，在每角有互成直角之三棱。以正八面体言，在通过六顶点之连线。凡变八卦初、中、上三画之阴阳，于立方体犹使其上下、前后、左右倒置。于正八面体，犹使其上下、前后、左右三轴变其向量。唯其对偶，故立方体八角之卦象，必同于正八面体八面之卦象。

至于正四面体为自对偶，即四面中心之连线六又成一正四面体。今取正四面体二，可复接于立方体。立方体之八点恰当二正四面体之八点，于易象为九一卦、七三卦与六一卦、八三卦，阴阳各四卦分属一正四面体之四点。吾国以人事喻之，即父母三索成三子三女之象，故九七阳与六八阴有九六二点与七八六点之辨，象当一点相应于其他三点所成三角形之中心，犹乾父及震、坎、艮三子之中心，坤母及巽、离、兑三女之中心。曰消息者，即相错二卦之相互变化。若取八卦相错，其相错之卦有四。不限于乾坤之天地定位，其他三种曰山泽通气、雷风相薄、水火不相射，是当八卦之四种消息，即立方体阴阳相错之二点，亦即内接二正四面体中相应之二点。至于二正四面体共十二棱，恰正交于立方体之六面,当立方体中内接正八面体,则又当正八面体之六点。

以对偶言,正八面体八面之中心,恰当二正四面体之八点。凡正四面体之四点,当正八面体一面之中心,及与此面共点不共棱三面之中心。此外之四面,其中心四点亦内接一正四面体。唯正四面体之点与正八面体之点、立方体之面,殊无直接关系。

由是三维之三种正多面体,因其对偶及其相互关系,皆有固定之卦象而为其坐标。

更以下表详示上述多种正则几何图形之数据:

三维	正四面体	点四 线六 面四 (正三角形)	立方体	点八 线十二 面六 (正方形)	正八面体	点六 线十二 面八 (正三角形)
四维	五胞腔	点五 线十 面十 (正三角形) 三维体五 (正四面体)	八胞腔	点十六 线三十三 面二十四 (正方形) 三维体八 (立方体)	十六胞腔	点八 线二十四 面三十二 (正三角形) 三维体十六 (正四面体)
五维	六胞腔	点六 线十五 面二十 (正三角形) 三维体十五 (正四面体) 四维体六 (四维—五胞腔)	十胞腔	点三十二 线八十 面八十 (正方形) 三维体四十 (立方体) 四维体十 (四维—八胞腔)	三十二胞腔	点十 线四十 面八十 (正三角形) 三维体八十 (正四面体) 四维体三十二 (四维—五胞腔)
⋮		⋮		⋮		⋮
n维	n+1胞腔	点n+1 n-1维体n+1 (n-1维—n胞腔)	$2n$胞腔	点2^n n-1维体2n (n-1维—2[n-1]胞腔)	2^n胞腔	点2n n-1维体2^n (n-1维—胞腔)

究夫各种正则空间之几何图形，原于一维之线不外直与曲，于二维之面不外方与圆，于三维之体不外立方体与球。三维以上，其理仍同。凡 $n+1$ 胞腔为圆球，$2n$ 胞腔为方体，2^n 胞腔盖当方体圆球之际，所以增加圆球之数 $2^n-(n+1)$，以对偶于方体。

今使正八面体内接于立方体，立方体中复接二正四面体作三维球，外接于正八面体亦为内接于立方体，则球心通过球面六点之直径三，即三维球坐标之三轴，亦以连接立方体相对二面之中心点。其点即二正四面体中相应二棱之交点，所谓维数者盖指此，即通过球心坐标轴能互成直角之轴数。

又使立方体中复接二正四面体，共同内接于正八面体作三维球，外接于立方体亦为内接于正八面体，则球心通过球面八点之直径四，所以连接正八面体相对二面之中心点，又当立方体对角之四轴，亦为复接二正四面体相对之二点，于易象属八卦相错。若互成直角三轴之坐标点，盖在球面，立方体之连线即测地线，即最短线。以八卦相错为轴而旋转，有四种八卦消息，即坐标中心在圆周之四种变化。此一情况所谓维数之轴，盖在球面，因立方体内可复接二正四面体。由三维上推，其理同，皆属 $n+1$ 胞腔类型之正则空间，即三维坐标中心在球面者比三维坐标中心在球心者增一。故八卦相错之变有维数之限，未可直接通过球心，当由球面消息渐变而及对方，于易象即一画变，渐积三变方成错象。相反相成消息之极致，每种消息卦象各六卦，为轴之二卦隐而不显，合四种消息凡二十四卦，八卦各三见，仍属初、中、上三画以当三维之象。

以四维言，八胞腔之十六点当八卦，分内外卦之贞悔，观其二点间之曲率当京氏八宫世魂。以六十四卦方图观之，皆可化诸对角线。八胞腔盖当八宫之八纯卦，其对偶于十六胞腔属十六互卦，八点当初、二、三、四四画之阴阳。此二对偶之象理当八行八列之矩阵，与四行四列之矩阵，皆可示四维空间。

今合诸四维球坐标言,使十六胞腔内接于八胞腔,八胞腔中复接二五胞腔,作四维球外接于十六胞腔,亦为内接于八胞腔,则四轴互交直角之坐标中心在四维球心。通过四维球心之坐标轴四,其八端即十六胞腔之八顶点。凡取四点当一正四面体,变化共十六而为十六胞腔,亦即八胞腔之八个胞腔中心。此四轴八点之变化即四行四列之矩阵,于易象为十六互卦,对偶于八胞腔中心之变化。每一胞腔为一立方体,其八角具八卦之象,八胞腔为八八六十四卦之象,以当八行八列之矩阵。

又使八胞腔中复接二五胞腔,共同内接于十六胞腔作四维球,外接于八胞腔,亦为内接于十六胞腔,则四轴互交直角之坐标中心在四维球面,而球面有十六点,每点各有球面上其他四点与之互交直角。更以复接之二五胞腔论,即通过球心之轴八,当十六互卦相错,以之为轴而旋转,其变化有八。然为维数所限,错、互卦未可通过四维球心,当由球面十六点消息,渐由一画变经四次而达错、互卦,得互卦象八。为轴之二互卦隐而未显,乘以八种消息变化为六十四互卦。而互卦总数为十六,每一互卦各四见,仍属初、二、三、四四画,以当四维之象。

若四维球面上之十六点,对偶于十六胞腔之胞腔中心,每一胞腔为一正四面体,于四维时尚有一点与之相应,乃成五胞腔。自对偶而二之,以当天地数各五。

以五维言,十胞腔之三十二点当内外卦贞悔及本、之卦贞悔之四类八卦。以六十四卦方图观其二点间之曲率,任一卦可变任一卦,已无八宫之限,故不可化诸对角线,须及六十四行六十四列之矩阵,是当焦赣《易林》、朱熹《启蒙》之象。其对偶于三十二胞腔属三十二伍卦,十点当初、二、三、四、五五画之阴阳,组成五行五列之矩阵,与对偶之六十四行六十四列之矩阵皆可示五维空间。

今合诸五维球坐标言,使三十二胞腔内接于十胞腔,十胞腔中复接二六胞腔作五维球,外接于三十二胞腔,亦为内接于十胞腔,则五轴互交直角之坐标中心在五维球心。通过五维球心之坐标轴五,其十端即三十二胞腔之十顶点,亦即十胞腔之十个胞腔中心,以当十天干。合诸卦象,是谓纳甲。

此五轴十点之变化,即由天一至地十之十行十列矩阵。其数五十有五,犹对角剖分十行十列矩阵以当河图洛书。合诸奇偶当五行五列之矩阵,义犹五行之生克制化,于易象为三十二伍卦。凡取五点当一五胞腔,共三十二以合大衍之数五十。又对偶于十胞腔中心之变化,每一胞腔为一四维一八胞腔,具八宫之变,限于五维,宜上爻不变。京氏合诸人事,上爻以宗庙当之。

又使十胞腔中复接二六胞腔,共同内接于三十二胞腔作五维球,外接于十胞腔,亦为内接于三十二胞腔,则五轴互交直角之坐标中心在五维球面,而球面有三十二点,每点各有球面上其他五点与之互交直角。又合诸六胞腔二即通过五维球心之轴十六,当三十二伍卦相错。以之为轴而旋转,其变化有十六,然为维数所限,错、伍卦未可通过五维球心,当由球面三十二点消息,渐由一画变经五次而达错、伍卦,得伍卦象十。为轴之二伍卦隐而未显,乘以十六种消息变化,共为百有六十伍卦。而伍卦总数为三十二,每一伍卦五见,仍属初、二、三、四、五五画以当五维之象。

若五维球面上之三十二点对偶于三十二胞腔之胞腔中心,每一胞腔为一四维一五胞腔,于五维时尚有一点与之相应,乃成六胞腔。自对偶而二之,以当十二地支。合诸六爻之九、六,是谓爻辰。

此理可上推至 n 维。合诸 n 维球坐标言,球心以零维点为准,通过球心至球面之直径以一维线为准,线之两端亦以零维点为准。故内接之 n 维正则空间,凡 2n 胞腔之类型即 2n 顶点在 n 维球面,每点皆为 n 维坐标轴中心,其通过球心之轴,当分阴阳以通于 n+1 维胞腔,为维数所限未可直接通过球心而达对方,须由消息渐积。而相反相成消息之法即取 n+1 胞腔,于易象以乾坤为之,为特殊坐标系。因消息取二个 n+1 维胞腔,故坐标中心在球面者,当比坐标中心在球心者加一。不见之二点于 n 维为奇数时为坎、离,为偶数时为既济、未济。凡 2^n 胞腔之类型,即 2n 顶点在球面而其坐标中心则在 n 条通过球心之直径,故坐标中心在球心。

更观外接之 n 维正则空间,凡 2n 胞腔之类型,其坐标中心在球心,而 n 轴两端点各当相对二个 2(n−1) 维之中心。2^n 胞腔之类型,其坐标中心在球面,坐标宜比球心坐标加一,而属 n+1 维胞腔之类型。故维数增加无已,其理仍同,且皆为离散而有量子之象,必以 n 维观 n−1 维方得连续之象。

若太极者,属零维之点,本诸一阴一阳及参天两地之倚数,故以五维为基。曰太极图者,犹今之五维球内外接之变化,是之谓"出入无疾"。且至 n 维无以异,必及 ∞ 维则外内一致。虽然,能无疾犹一致,吾国之易理其在此乎,其在此乎。

附录七: 易方图当矩阵之演算

六画卦象六十有四,排成八行八列之矩阵,今以 P 名之,义取太极当零维之点(Point),行列为贞悔各八卦以当空间与时间。以 s 名贞为空间(space),以 t 名悔为时间(time),阶数由 1 至 8 以当乾、兑、离、震、巽、坎、艮、坤。式如下:

$$P=\|Pst\|$$
$$s=1、2、3、4、5、6、7、8$$
$$t=1、2、3、4、5、6、7、8 \qquad \cdots\cdots(1)$$

(1) 式亦可以下式示之:

$$P\begin{bmatrix} t_1 & t_2 & t_3 & t_4 & t_5 & t_6 & t_7 & t_8 \\ S_1 & S_2 & S_3 & S_4 & S_5 & S_6 & S_7 & S_8 \end{bmatrix} \cdots\cdots(2)$$

或变其行列，其象不同。吾国古有专门名词曰"两象易"，今当乘法不可交换。式如下示：

$$\| Pst \| \neq \| Pts \| \cdots\cdots(3)$$

唯主对角之八象仍同。吾国本有八纯卦之名，六画卦之卦名亦同于三画卦之卦名。下式以示八纯卦矩阵：

$$P = \begin{Vmatrix} P_{88} & 0 & 0 & 0 & 0 & 0 & 0 & 0 \\ 0 & P_{77} & 0 & 0 & 0 & 0 & 0 & 0 \\ 0 & 0 & P_{66} & 0 & 0 & 0 & 0 & 0 \\ 0 & 0 & 0 & P_{55} & 0 & 0 & 0 & 0 \\ 0 & 0 & 0 & 0 & P_{44} & 0 & 0 & 0 \\ 0 & 0 & 0 & 0 & 0 & P_{33} & 0 & 0 \\ 0 & 0 & 0 & 0 & 0 & 0 & P_{22} & 0 \\ 0 & 0 & 0 & 0 & 0 & 0 & 0 & P_{11} \end{Vmatrix} \cdots\cdots(4)$$

吾国汉时由京房传出之八宫世魂图，实即由(1)式化成(4)式。合诸几何图形，盖属四维—八胞腔矩阵之变化。由以下诸式示之：

本宫即(4)式

$$一世 \quad P\begin{pmatrix} t_1 & t_2 & t_3 & t_4 & t_5 & t_6 & t_7 & t_8 \\ S_5 & S_6 & S_7 & S_8 & S_1 & S_2 & S_3 & S_4 \end{pmatrix} \cdots\cdots(5)$$

$$二世 \quad P\begin{pmatrix} t_1 & t_2 & t_3 & t_4 & t_5 & t_6 & t_7 & t_8 \\ S_7 & S_8 & S_5 & S_6 & S_3 & S_4 & S_1 & S_2 \end{pmatrix} \cdots\cdots(6)$$

$$三世 \quad P\begin{pmatrix} t_1 & t_2 & t_3 & t_4 & t_5 & t_6 & t_7 & t_8 \\ S_8 & S_7 & S_6 & S_5 & S_4 & S_3 & S_2 & S_1 \end{pmatrix} \cdots\cdots(7)$$

$$四世 \quad P\begin{pmatrix} t_5 & t_6 & t_7 & t_8 & t_1 & t_2 & t_3 & t_4 \\ S_8 & S_7 & S_6 & S_5 & S_4 & S_3 & S_2 & S_1 \end{pmatrix} \cdots\cdots(8)$$

$$五世 \quad P\begin{pmatrix} t_7 & t_8 & t_5 & t_6 & t_3 & t_4 & t_1 & t_2 \\ S_8 & S_7 & S_6 & S_5 & S_4 & S_3 & S_2 & S_1 \end{pmatrix} \cdots\cdots(9)$$

$$游魂 \quad P\begin{pmatrix} t_3 & t_4 & t_1 & t_2 & t_7 & t_8 & t_5 & t_6 \\ S_8 & S_7 & S_6 & S_5 & S_4 & S_3 & S_2 & S_1 \end{pmatrix} \cdots\cdots(10)$$

$$归魂 \quad P\begin{pmatrix} t_3 & t_4 & t_1 & t_2 & t_7 & t_8 & t_5 & t_6 \\ S_1 & S_2 & S_3 & S_4 & S_5 & S_6 & S_7 & S_8 \end{pmatrix} \cdots\cdots(11)$$

至于卦象之变,尚有消息,于一世至五世同,以宫世论决不可有六世,乃逆行而终于游魂、归魂。以消息论,必宜相反相成而及对方,义当用九用六之十二爻。合诸几何图形,盖当自对偶之两个五维—六胞腔。诸式见下:

初爻变同一世
二爻变同二世
三爻变同三世
四爻变同四世
五爻变同五世

上爻变 $\quad P\begin{pmatrix} t_8 & t_7 & t_6 & t_5 & t_4 & t_3 & t_2 & t_1 \\ S_8 & S_7 & S_6 & S_5 & S_4 & S_3 & S_2 & S_1 \end{pmatrix}$ ……(12)

复变初爻 $\quad P\begin{pmatrix} t_8 & t_7 & t_6 & t_5 & t_4 & t_3 & t_2 & t_1 \\ S_4 & S_3 & S_2 & S_1 & S_8 & S_7 & S_6 & S_5 \end{pmatrix}$ ……(13)

复变二爻 $\quad P\begin{pmatrix} t_8 & t_7 & t_6 & t_5 & t_4 & t_3 & t_2 & t_1 \\ S_2 & S_1 & S_4 & S_3 & S_6 & S_5 & S_8 & S_7 \end{pmatrix}$ ……(14)

复变三爻 $\quad P\begin{pmatrix} t_8 & t_7 & t_6 & t_5 & t_4 & t_3 & t_2 & t_1 \\ S_1 & S_2 & S_3 & S_4 & S_5 & S_6 & S_7 & S_8 \end{pmatrix}$ ……(15)

复变四爻 $\quad P\begin{pmatrix} t_4 & t_3 & t_2 & t_1 & t_8 & t_7 & t_6 & t_5 \\ S_1 & S_2 & S_3 & S_4 & S_5 & S_6 & S_7 & S_8 \end{pmatrix}$ ……(16)

复变五爻 $\quad P\begin{pmatrix} t_2 & t_1 & t_4 & t_3 & t_6 & t_5 & t_8 & t_7 \\ S_1 & S_2 & S_3 & S_4 & S_5 & S_6 & S_7 & S_8 \end{pmatrix}$ ……(17)

复变上爻同本宫

上述宫世消息之变皆可化成对角矩阵。若以六爻卦象之变以示种种曲率,殊非对角矩阵所可尽,今曰非线性方程,于卦象一卦可变六十四卦,吾国先秦之"生蓍"法即取其义。汉焦赣成《易林》、宋朱熹成《启蒙》,皆总结其象数以成行列,皆六十四之矩阵。式如下:

$$P= \parallel Pst \parallel (s_{1,2\cdots 64} \quad t_{1,2\cdots 64})……(18)$$

亦可以下式示之:

$$P\begin{pmatrix} t_1\, t_2 \cdots\cdots t_{64} \\ s_1\, s_2 \cdots\cdots s_{64} \end{pmatrix}……(19)$$

至于 1 至 64 之象,即六十四卦,吾国各有专名。由是阶数为 8 之非线性方程,于阶数为 64 时必为线性方程。合诸几何图形,盖属五维—十胞腔。十胞腔之象,吾国以十天干当之,是谓纳甲。若于五维—十胞腔中可复接二五维—六胞腔,是当用九用六之十二爻,吾国以十二地支当之,是谓爻辰。可合于六行六列之矩阵,今以 C 名之,义取"爻者,言乎变者也"(Change)。矩阵之元即用爻字之形,如上下二 X,下 X 当用九,上 X 当用六,阶数为由 1 至 6 以当初、二、三、四、五、上。式如下:

$$C\begin{pmatrix} X_1^6 & X_2^6 & X_3^6 & X_4^6 & X_5^6 & X_6^6 \\ X_1^9 & X_2^9 & X_3^9 & X_4^9 & X_5^9 & X_6^9 \end{pmatrix} \cdots\cdots(20)$$

凡爻数有九六之分,同以策数四乘之。于六爻皆九,策数二百一十有六,六爻皆六,策数百四十有四。其间九六之多寡,策数共有十九种。以之合诸(19)式,成(21)式,阶数由六十四而成七之矩阵,今以 O 名之。O 之形,义当"蓍之德圆而神"。式如下:

$$O=\begin{array}{ccccccc} 1 & 6 & 15 & 20 & 15 & 6 & 1 \\ \hline 192 & 184 & 176 & 168 & 160 & 152 & 144 \\ 196 & 188 & 180 & 172 & 164 & 156 & 148 \\ 200 & 192 & 184 & 176 & 168 & 160 & 152 \\ 204 & 196 & 188 & 180 & 172 & 164 & 156 \\ 208 & 200 & 192 & 184 & 176 & 168 & 160 \\ 212 & 204 & 196 & 188 & 180 & 172 & 164 \\ 216 & 208 & 200 & 192 & 184 & 176 & 168 \end{array} \begin{array}{l} 1 \\ 6 \\ 15 \\ 20 \\ 15 \\ 6 \\ 1 \end{array} \cdots\cdots(21)$$

$$O= \| Ost \| (S_{1,2,3,4,5,6,7} \quad t_{1,2,3,4,5,6,7}) \cdots\cdots(22)$$

《系辞上》曰:"蓍之德圆而神,卦之德方以知,六爻之义易以贡。"实当阶数为七(蓍)八(卦)六(爻)之三种矩阵,其能因策数而由四十九蓍得六十四卦之六爻变化,要在以"大衍之数五十,其用四十有九"。取五十者,象当五维球内接五维—三十二胞腔。其一勿用,所以刺破之，则自然分二，各当一四维空间。此所以须左右揲四挂一象三者，一以应乎勿用之一。合归奇于扐以象闰者，犹以应乎五维之象。

若矩阵之阶数，如各图线性无关，则阶数即维数。七著八卦六爻，犹七维、八维、六维之象。然以正则空间之圆形观之，由五维起皆三，吾国即本一阴一阳及参天两地之数而基于五，且能取刺破五维球，内接五维一三十二胞腔之数。使五维一十胞腔之变化本七阶矩阵，依策数而得八阶中六爻之变，其思可云精微，而吾国一切哲理实基于此。惜秦后学者因几何学之失传，知之者殊鲜。幸西方几何学能保存二千余年，且于百余年前有多维空间之发展，及爱因斯坦用四维，始为世人重视，而吾国精微之哲理亦可由是而复明于世矣。

附录八： 易圆图当极坐标之演算

六画卦象六十有四，于八阶矩阵外围以六十四卦圆图。以今之算法论，是犹极坐标，矢径 P 凡六以当六爻，辐角 Q 以 5.5°为单元。

若八宫消息等，皆可以极坐标示之。

本宫即本图八纯卦之位当：

$0° \rightarrow 5.5°$	（乾）	$50.5° \rightarrow 56.2°$	（兑）
$101.2° \rightarrow 106.7°$	（离）	$151.7° \rightarrow 157.4°$	（震）
$180° \rightarrow 185.5°$	（坤）	$230.5° \rightarrow 236.2°$	（艮）
$281.2° \rightarrow 286.7°$	（坎）	$311.7° \rightarrow 337.4°$	（巽）

以下变化皆旋转本图之 P 与 Q：

一世	P_1	$Q_{180°}$
二世	P_{12}	$Q_{180°}$
三世	P_{123}	$Q_{180°}$
四世	P_{1234}	$Q_{180°}$
五世	P_{12345}	$Q_{180°}$
游魂	P_{12345}	$Q_{180°}$
归魂	P_5	$Q_{180°}$

消息之变,一爻至五爻与一世至五世同。更示消息上爻及六爻之变:

消息上爻	P_{123456}	$Q_{180°}$
变初爻	P_{23456}	$Q_{180°}$
变二爻	P_{3456}	$Q_{180°}$
变三爻	P_{456}	$Q_{180°}$
变四爻	P_{56}	$Q_{180°}$
变五爻	P_6	$Q_{180°}$
变上爻	即本图	

若此极坐标之重要,其间各点之连线能成种种几何空间之图形。此六十四卦位之点即五维—六胞腔之中心,亦因自对偶而为五维—六胞腔六顶点之一,乾、坤、既济、未济四点为其特殊坐标系。以三画卦观之,P 分 P_{123} 及 P_{456},Q 以 $180°$ 为单元,则二点之关系属五维—十胞腔。以二爻名半卦视之,P 分 P_{12}、P_{34} 及 P_{56},Q 以 $180°$ 为单元,则二点之关系属五维—三十二胞腔。

附录九: 卦象与维数之关系

卦象与维数有确然之联系,故以卦象为坐标,尤取乾坤为特殊坐标系,可概括一切事物之变化而象其物宜。今以六十四卦为准,以乾坤为特例而明之。

乾之一爻变六卦,当坐标中心在圆周之六维直角坐标,即六维希尔伯特空间。象如下:

乾之一爻不变六卦,当六维希尔伯特空间,内复接二六维—七胞腔。象如下:

坤之一爻变六卦,当坐标中心在圆周之六维直角坐标,即六维希尔伯特空间。乾坤相对,一当欧氏空间,一当赝欧氏空间。象如下:

坤之一爻不变六卦,当六维希尔伯特空间,内复接二六维一七胞腔。象如下:

二复接之六维一七胞腔,合诸六维希尔伯特空间,变化有三十二,即六十四卦相错成三十二卦卦象,即通过先天六十四卦方位图圆心之直径三十二。

凡相对二卦皆可为轴而旋转,另成减一维之圆球,而为轴之二卦隐而不见。以乾坤为例,象如下:

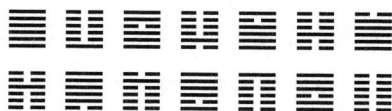

所成减一维之圆球即五维一六胞腔。遍观五维一六胞腔三十二,自然总成二类,以乾坤为一类,其他一类因维数之奇偶而变(以为轴之维数为准),其为奇数为坎、离,其为偶数为既济、未济。由是合成四个五维一六胞腔之消息卦,而为轴之二卦亦在其中。象如下:

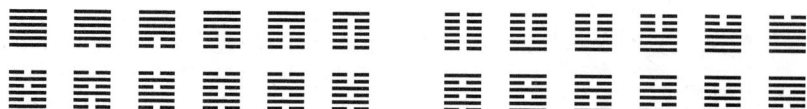

以爻而归诸卦,六画分内外卦及本、之卦之贞悔,而成五维—十胞腔之希尔伯特基本方阵。又对偶于五维—三十二胞腔,是当三十二伍卦,每一伍卦即四维—五胞腔,犹可如上法降维于四维—八胞腔之希尔伯特基本方体。又对偶于四维—十六胞腔,是当十六互卦,每一互卦即正四面体。今于《易》矩阵中可观三十二伍卦及十六互卦之矩阵,式如下:

《易》矩阵:

$$P = \| Pst \| \quad (S=1\cdots\cdots8 \quad t=1\cdots\cdots8)$$

《易》伍卦矩阵:

$$P = \begin{Vmatrix} P_{88} & P_{87} & P_{86} & P_{85} & 0 & 0 & 0 & 0 \\ 0 & 0 & 0 & 0 & P_{74} & P_{73} & P_{72} & P_{71} \\ P_{68} & P_{67} & P_{66} & P_{65} & 0 & 0 & 0 & 0 \\ 0 & 0 & 0 & 0 & P_{54} & P_{53} & P_{52} & P_{51} \\ P_{48} & P_{47} & P_{46} & P_{45} & 0 & 0 & 0 & 0 \\ 0 & 0 & 0 & 0 & P_{34} & P_{33} & P_{32} & P_{31} \\ P_{28} & P_{27} & P_{26} & P_{25} & 0 & 0 & 0 & 0 \\ 0 & 0 & 0 & 0 & P_{14} & P_{13} & P_{12} & P_{11} \end{Vmatrix}$$

$$P \begin{pmatrix} t_{1\,2\,3\,4} & t_{5\,6\,7\,8} \\ s_{1\,2\,5\,7} & s_{2\,4\,6\,8} \end{pmatrix}$$

《易》互卦矩阵:

$$P = \begin{Vmatrix} P_{88} & P_{87} & 0 & 0 & 0 & 0 & 0 & 0 \\ 0 & 0 & P_{76} & P_{75} & 0 & 0 & 0 & 0 \\ 0 & 0 & 0 & 0 & P_{64} & P_{63} & 0 & 0 \\ 0 & 0 & 0 & 0 & 0 & 0 & P_{52} & P_{51} \\ P_{48} & P_{47} & 0 & 0 & 0 & 0 & 0 & 0 \\ 0 & 0 & P_{36} & P_{35} & 0 & 0 & 0 & 0 \\ 0 & 0 & 0 & 0 & P_{24} & P_{23} & 0 & 0 \\ 0 & 0 & 0 & 0 & 0 & 0 & P_{12} & P_{11} \end{Vmatrix}$$

$$P \begin{pmatrix} t_{12}; & t_{34}; & t_{56}; & t_{78} \\ s_{15}; & s_{26}; & s_{37}; & s_{48} \end{pmatrix}$$

由是以下即三维空间之坐标,以当三画八卦。若易象由一画起,既本一阴一阳之理,与今之电子计算机原理完全相同。更取参天两地之比数而为方圆,则今之算法犹未注意。故吾国之易理以五维为基,而止于六十四卦。今知由五维空间起,可为坐标之正则空间唯三,$2n$ 胞腔对偶于 2^n 胞腔以当卦为方,$n+1$ 胞腔自对偶以当爻为圆。故虽上推至 n 维,其理仍同,且仍为离散而有量子之象,属非阿几何,必至 ∞ 维方为连续。实即由消息而增加一维,故以 n 维视 $n-1$ 维始有连续之象。此爱因斯坦之相对论,因本诸四维,始能见三维时与三维空连续而成四维时空连续区。若种种四维时空连续区,如不立五维时,何能得种种四维时空连续区之连续。而吾国自古流传之易理实即五维之象,且可推至 n 维而归诸太极之 ∞ 维。

八卦与絜矩之道

"老者安之，朋友信之，少者怀之"，此孔子之志也。《大学》曰"所谓平天下在治其国者：上老老而民兴孝，上长长而民兴弟，上恤孤而民不倍"，盖准之而云然。老吾老以及人之老，推恩以保四海，瞽瞍底豫而天下化，凡有血气者莫不尊亲，兴孝而父子定，老者尚有不安者乎。《诗》云："刑于寡妻，至于兄弟，以御于家邦。"君子敬而有礼，四海之内，皆为兄弟。同心断金，其言如兰，兴弟而朋友辅仁，尚有不信者乎。幼吾幼以及人之幼，出门同人而于郊野，志通天下，少者不期而怀焉。况老老而及鳏寡独，幼幼而恤孤，发仁政，先斯四者，民戴之恐后，尚有倍之者乎？《书》曰"元恶大憝，矧惟不孝不友"，兴孝而仁，岂有作乱者？是以君子有絜矩之道也。

《大学》明絜矩之道曰："所恶于上，毋以使下。所恶于下，毋以事上。所恶于前，毋以先后。所恶于后，毋以从前。所恶于右，毋以交于左。所恶于左，毋以交于右。此之谓絜矩之道。"郑氏注："絜犹结也，挈也。矩，法也。君子有挈法之道，谓当执而行之，动作不失之。"又注："絜矩之道，善持其所有以恕于人耳，治国之要尽于此。"朱子注："絜，度也。矩，所以为方也。……君子必当因其所同，推以度物，使彼我之间各得分愿,则上下四旁均齐方正,而天下平矣。"又注:"身之所处,上下四旁,长短广狭,彼此如一,而无不方矣。彼同有是心而兴起焉者,又岂有一夫之不获哉。所操者约,而所及者广,此平天下之要道也。"夫絜为絜齐,《说卦》曰:"齐乎巽,巽东南也。齐也者,言万物之絜齐也。"又巽为绳,直当矩。故絜矩也者,以矩为方之长阔厚,皆絜齐而等,其立方体之谓也。《序卦》曰:"有天地,然后万物生焉。盈天地之间唯万物。"盖万物资取乾元坤元而始生,故盈乎乾天坤地之间者,万物而已矣。观万物之形各不相同,然必具长阔厚而成形,则莫不皆同,是以絜矩之象,殊可为物形之准。曰絜矩之道者,万物之中心也。坤《象》曰"品物咸亨",非此道乎。

体絜矩之道,有上下前后左右六面,相对而为三。上下者位也,前后者时也,左右者时位之阴阳也。能裁成辅相以左右之而混然中处,得其道焉。凡老者位之高于吾,时之先于吾,犹上者前者。幼者位之低于吾,时之晚于吾,犹下者后者。夫妇兄弟朋友者,时位之似于吾而

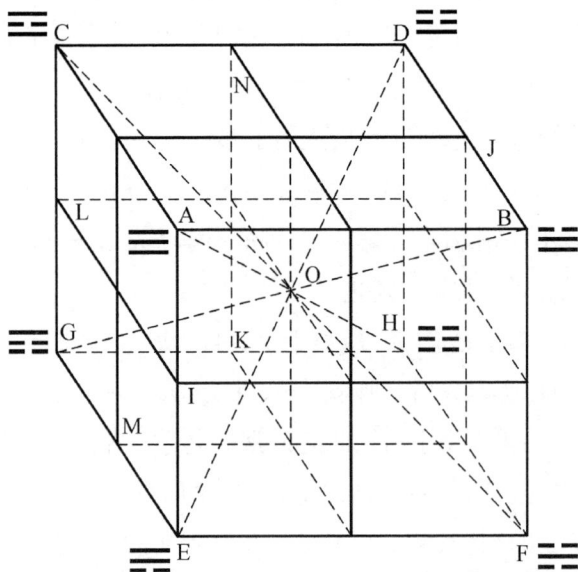

絜矩图

仍有辨焉,犹左者右者。乃吾之上,即上以吾为下;吾之下,即下以吾为上;吾之前,即前以吾为后;吾之后,即后以吾为前;吾之左,即左以吾为右;吾之右,即右以吾为左;故识易地皆然之理。庶几其仁乎?若六面体之必具八角,即为八卦,相对之三,八卦之三画云,见《絜矩图》。

上图 ABCD 位上当初画之阳,EFGH 位下,当初画之阴。

ABEF 在前当二画之阳,CDGH 在后,当二画之阴。

ACEG 处左当三画之阳,BDFH 处右,当三画之阴。

合而观之:

是即先天之序。《说卦》曰"八卦相错",实当上下前后左右之相对,错之者必过中心 O 点也。若以后天论,坎离相对而相错,与先天同,其他六卦,则相对而仅错一画,凡乾对巽错初画,震对兑错二画,艮对坤错三画是也。又取 AE 之中点 I,由 I 作平行上下之平面 L,则 L 平面者义当"所恶于上,毋以使下,所恶于下,毋以事上",是即初画错。又取 BD 之中点 J,由 J 作平行前后之平面 M,则 M 平面者,义当"所恶于前,毋以先后,所恶于后,毋以从前",是即二画错。又取 GH 之中点 K,由 K 作平行左右之平面 N,则 N 平面者,义当"所恶于右,毋以交于左,所恶于左,毋以交于右",是即三画错。三者合一,当 LMN 三平面之交,其唯 O 点。此之谓絜矩之道也。

坤《文言》曰"至静而德方",又坤静为翕,其数为八,皆指此象。八者,八角之当八卦也。至于动而为辟,其数为六,是为爻。坤六二曰:"直方大,不习无不利。"《象》曰:"六二之动,直以方也。不习无不利,地道光也。"谓直动而方,方动而大,大则为絜矩,絜矩动而为消息,消息为周流六虚。六者,六虚之当六卦也。盖有相错之两卦合一于中,含万物而化光,乃其他六卦周流无已。以八卦相错言,周流之象共四,曰"天地定位"者,乾坤合一而化光,其他六卦周流之次,为坎兑震离艮巽。曰"山泽通气"者,艮兑合一而化光,其他六卦周流之次,为震坤坎巽乾离。曰"雷风相薄"者,震巽合一而化光,其他六卦周流之次,为艮

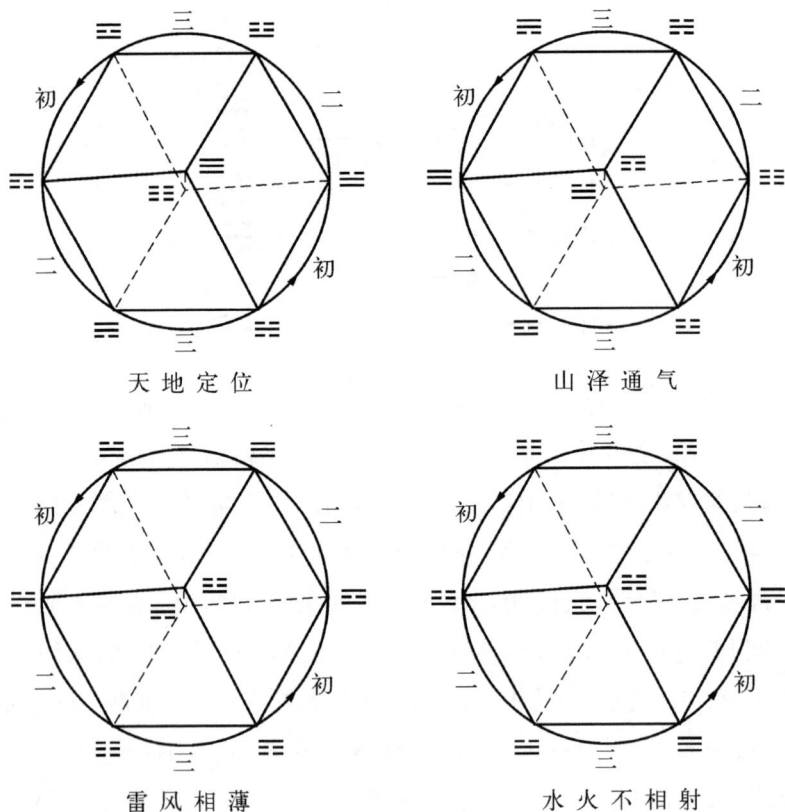

天 地 定 位　　　　　　　　山 泽 通 气

雷 风 相 薄　　　　　　　　水 火 不 相 射

周流六虚图

离乾兑坎坤。曰"水火不相射"者,坎离合一而化光,其他六卦周流之次,为乾巽艮坤震兑。乾《象》曰"品物流形",义当咸亨而流,犹消息也。郑氏曰:"虙羲作十言之教,曰乾坤震巽坎离艮兑消息",其谓此乎。见周流六虚图。凡乾坤消息起坎离,坎离消息起乾坤。震巽消息起艮兑,艮兑消息起震巽。自然以乾坤三索分阴阳,相间而消息焉。若后天之方位,仅坎离相错,故消息唯有水火不相射一象。然老老长长恤孤而一之,其仁亦及中心,故八卦相错之道,周流消息之动,先后天岂有二哉。

夫絜矩之静翕也,其中心为太极,有则合八卦而为九畴,犹《洪范》之皇极。皇极之敷言,与絜矩之道,实二而一者也。然此中心一点,既无长阔厚,乃不可得而虚,是谓"神无方而《易》无体"。凡物之必具中心,有极也。剖物而不得,无极也。于人亦然。老子曰:"有之以为利,无之以为用。"《逸周书》曰:"正人莫如有极,道天莫如无极。道天有极则不威,不威则不昭。正人无极则不信,不信则不行。"皆弥察乎理而得有无之宜。周子曰:"无极而太极。"盖二者不可不辨而不可不一,亦易道之妙谛也。至于絜矩之动辟,其中心为太和。太和之有无,与太极同。唯太极为未发之中,大本也。太和为已发之和,达道也。且和由中节而明,故"苟非其人,道不虚行"。中节者,错卦相和而化光,象为一阴一阳之既济。乾《象》曰"保和太和,乃利贞",既济《象》曰"利贞,刚柔正而位当也",是其义。故学《易》之君子,尤当直内方外,立德而大,敬以履错,义以禁非,制象器以用之,利出入而行之,不习不疑,乃中乃和,《中庸》曰:"致中和,天地位焉,万物育焉。"虙羲以十言尽之,诚易简之至德也。

若此絜矩之道,或外而远之,是谓物。或内而近之,是谓身。于身曰诚,于物曰明。凡物物之间曰理,人物之间曰事,人人之间曰仁。事理伦常,其致一也。诚合内外之道,是之谓性。故即物穷理以修道,通变反身而改性,诚则明,明则诚,受人恒久,万物皆备于我矣。乃亲亲而仁民,仁民而爱物,爱物而开物,开而当名辨物,辨物而类族之,慎居之,所以同之,济之,是曰格物。物格而知至,是曰成务。开物成务而冒天下之道,易道在焉。冒之者,太极也,乾元之仁也。是故君子居则观其象而玩其辞,反身而诚,乐莫大焉。动则观其变而玩其占,强恕而行,求仁莫近焉。子曰"吾道一以贯之",正心而得中,忠也。如心而得和,恕也。忠恕违道不远,既去人我之私,复泯物我之畛,自觉以觉他,内圣外王之道远乎哉。至于致之之法,当急先务以务本,首出庶物而不濡,见天则之同然,何来憧憧之思虑,故无一物之不格,无一夫之不获,奏修齐治平之效,臻万国咸宁之庆,圣人之志,其在此乎,其在此乎。唯放则充塞天地,收则退藏于密,虽大行而不加,虽穷居而不损,故子有曲肱之乐,继以加年学《易》之诚,此圣人所以感人心而天下和平矣。

絜矩之道与六十四卦

　　絜矩之道,犹立方体,其八角为小成八卦。若大成六十四卦,八卦之八卦也。曰贞一悔八,以形示之,当絜矩每一角,又生一絜矩。凡所在角曰贞,所生絜矩之八角又当八卦曰悔,合之即大成六十四卦。见絜矩贞悔图。

　　图中间之絜矩,当小成八卦为贞。八卦相错而过中心之对角线四,曰乾坤线,即天地定位,其数乾一坤八。曰艮兑线,即山泽通气,其数艮七兑二。曰震巽线,即雷风相薄,其数震四兑五。曰坎离线,即水火不相射,其数坎六离三。凡八卦消息有四类,即以此四线为轴,而其他六卦周流于六虚之谓。又于四线之两端,各生一絜矩,当一化一切之象,其数八,是曰悔。此所生之絜矩,与中间之絜矩同。唯各有其位,故位于乾坤线之乾一者,故贞卦皆为乾,位于坤八者,其贞卦皆为坤。其他三线之两端亦然。乃合此八絜矩之六十四角,即大成六十四卦之象。由是以观,六十四卦消息,宜分贞悔,准则有二:

　　其一,贞卦消息之象,皆在另一絜矩中而当同一方位。

　　　　悔卦消息之象,皆在同一絜矩中而当另一方位。

　　其二,方位之变化,以八卦消息为准,另详《八卦与絜矩之道》。

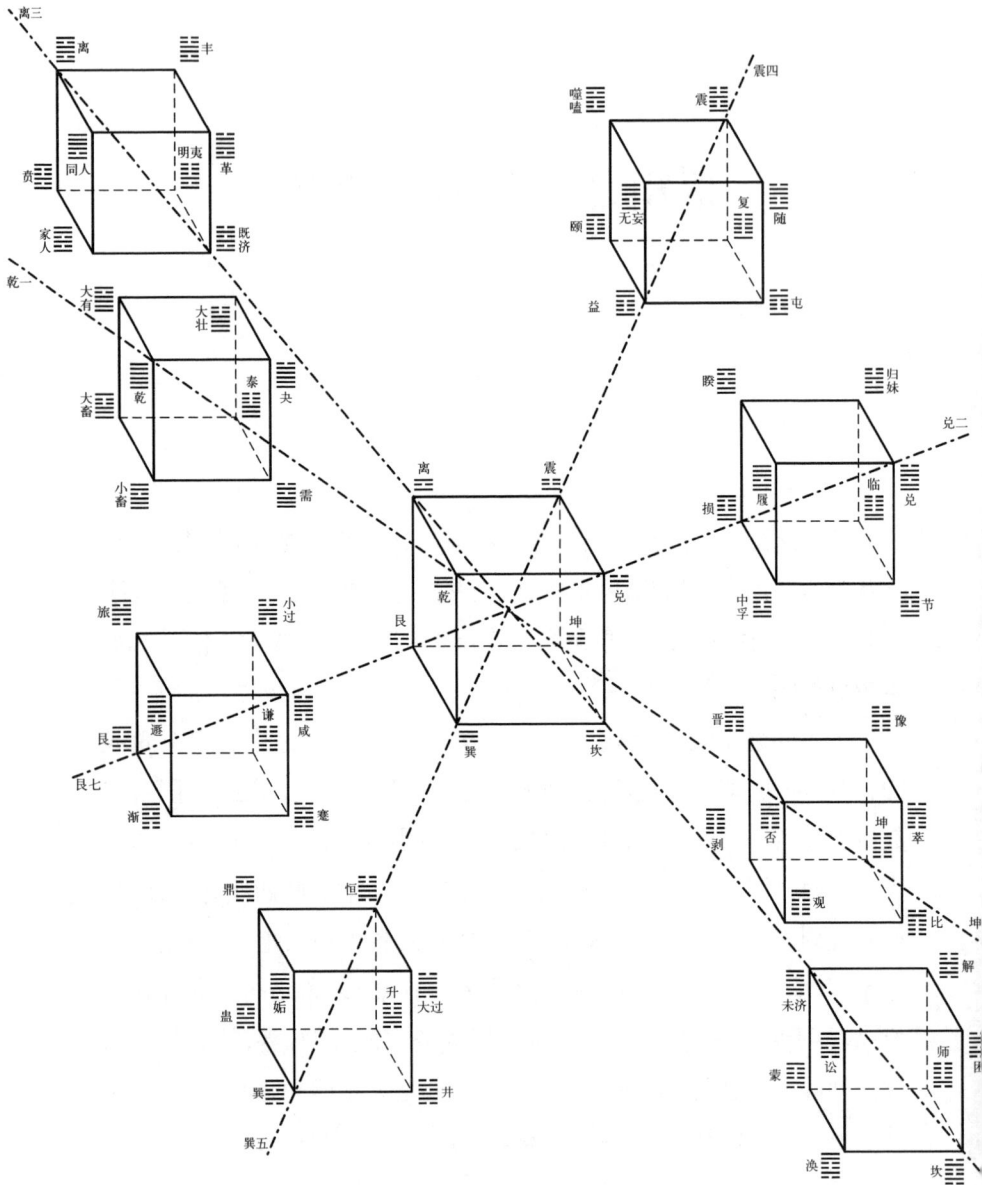

絜矩贞悔图

　　下举谦履消息为例：谦卦位艮七之下后右，初息成离，乃当离三之下后右，卦为明夷。二息成乾，乃当乾一之下后右，卦为泰。三消成兑，乃当兑二之下后右，卦为临。以上贞卦消息之象，变离三乾一兑二之絜矩，而不变下后右之方位。盖变一絜矩，以贞悔言，犹变一方位也。其后四息成震，乃当兑二之上后右，卦为归妹。五息成兑，乃当兑二之上前右，卦为兑。上息成乾，乃当兑二之上前左，卦为履。以上悔卦消息之象，不变兑二而变下后右之方位。此方位之变，仍与八卦消息同。至于由履而谦，初消成坎，乃当坎六之上前左，卦为讼。二消成坤，乃当坤八之上前左，卦为否。三息成艮，乃当艮七之上前左，卦为遁。以上亦为贞卦消息之象，变絜矩而不变方位。其后四消成巽，乃当艮七之下前左，卦为渐。五消成艮，乃当艮七之下后左，卦为艮。上消成坤，乃当艮七之下后右，卦为谦。以上亦为悔卦消息之象，不变艮七而变上前左之方位。又谦履消息变贞卦时，不及震四巽五二絜矩，盖以此体为轴而其他六絜矩以周流六虚。其方位之变化，仍为八卦之雷风相薄消息。于变悔卦时，于艮七兑二二絜矩中，不及上后左、下前右二方位，盖以此离坎二点为轴而其他六点以周流六虚。其方位之变化，亦仍为八卦之水火不相射消息。

　　由上谦履消息之一例，可推及六十四卦消息。言絜矩方位之变化，莫不如是。阴阳消息之迹，不亦易简乎。然八卦曰小成，而六十四卦曰大成者，盖六十四卦消息，已当二体间之变化。二体者，人事物理所由，其成乃大。老子曰："大曰逝，逝曰远，远曰反"，有此义焉。观每一絜矩之体，皆占有空间，是曰"不可入性"，习坎重险之所由生。唯赖消息，则周行不殆而重重无碍。《系》下曰："夫乾，天下之至健也，德行恒易以知险。夫坤，天下之至顺也，德行恒简以知阻。"知险知阻而不险不阻，庶能役物而不役于物，此消息之功也。

　　若此重重无碍之象，已当多度空间。以理推知，多度空间中，仍有正多边形。以三度中之立方体言，其面有六，为三度之二倍。故设 n

为度,其式为 2n,此式可上推至多度空间,名之曰胞腔(德文名 Zelle)。胞腔者,多度空间中所含 n－1 度体为边界之正多面体。以四度言,为8—胞腔。浅而言之,四度中之"立方体"有"八面"。然四度中之"面",即三度中之体,故四度之"立方体",乃合三度之八立方体以为边界而成。犹三度立方体,合六面以为边界而成。此以易象言,八卦成一絜矩,六十四卦成絜矩八。由消息而一之,即为 8—胞腔而成一四度体云。

　　至于此四度体之象,尚可以投影之理画出之。初以立方体投影成平面,然后以此投影平面立方之,则此立方体已当四度体之象。唯投影之变化殊多。因所取之投影中心不同,所得之影自然亦异。如八卦消息之周流六虚,以对角线之两顶点为投影中心,即成一正六边形。如不以此为顶点,可有无穷之变化。或则以相对之两面投影,见下《立方体投影图》。

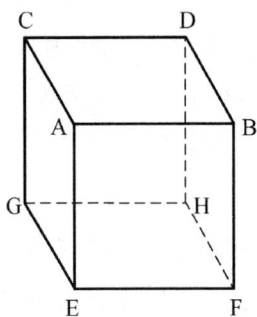
图一

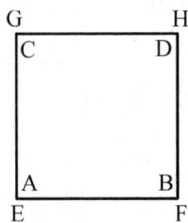
图二

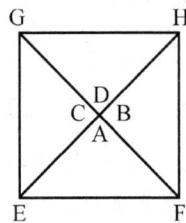
图三

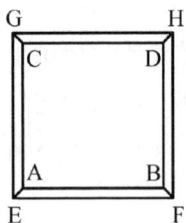
图四

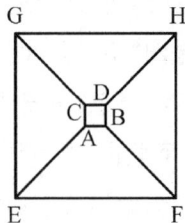
图五

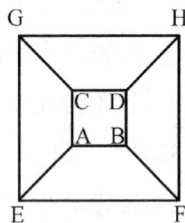
图六

立方体投影图

其一为未经投影之立方体。其二为相对两面经投影而合一,故立方体成一正方形,四周之四面皆成一直线。其变化有三:一使上下合一,一使前后合一,一使左右合一。以卦象论,上下合一者当第一画两仪消息,即乾与巽、兑与坎、离与艮、震与坤,由投影而合焉。前后合一者当第二画四象消息,即乾与离、兑与震、巽与艮、坎与坤,由投影而合焉。左右合一者,当第三画八卦消息,即乾与兑、离与震、巽与坎、艮与坤,由投影而合焉。其三相对之两面,一面经投影而缩成一点,他面则未变,故成一正方形及对角线。四周之四面皆成一三角,于上下、前后、左右之变化与其二同,且各分为二,如上下之两仪,既可使阳仪缩成一点,亦可使阴仪缩成一点。以下前后左右之四象八卦亦然。由此二种投影之象,盖见消息之变化,有与于投影者也。其四犹其二,唯略移立方体于光源与象平面间之距离,则相对两平面之投影。微有小大而非一,则四周之四平面,亦由一线而变梯形。其五犹其三,亦略移立方体于光源与象平面间之距离,则缩成一点之平面,亦可成一极小之平面,则四周之四平面,亦由三角形而变梯形。其六,犹其四、其五之中,亦当其二、其三之中。此象于立方体之六面,皆能辨明,故即用此象。然观此象时,不可忽乎此为投影之象,如□ABCD 与□EFDH,其大小等;□ABCD 与△ABEF 亦形同而大小等,且上下前后左右皆可投影,故立方体之六面,亦皆可成为大方形小方形及不同向之四种梯形。以絜矩之次论,八角当六面之卦位如下:

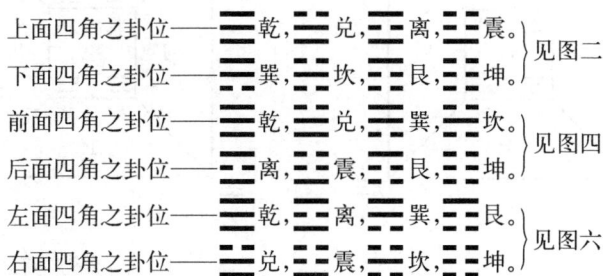

上面四角之卦位——乾,兑,离,震。
下面四角之卦位——巽,坎,艮,坤。 } 见图二

前面四角之卦位——乾,兑,巽,坎。
后面四角之卦位——离,震,艮,坤。 } 见图四

左面四角之卦位——乾,离,巽,艮。
右面四角之卦位——兑,震,坎,坤。 } 见图六

于投影时,八卦之卦位,自然有此六种变化,见《絜矩卦位投影图》。

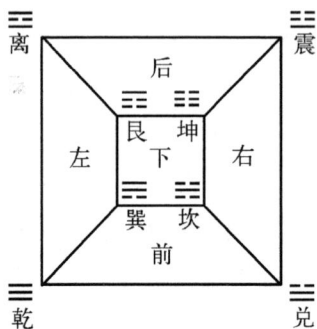

离　　　震
乾　　　兑
后
艮坤下
左　　右
巽坎前

图一　外方为上

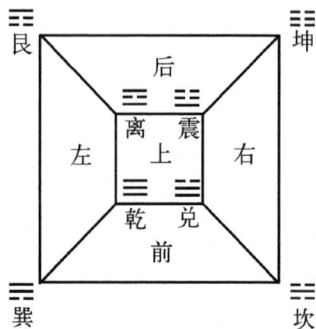

艮　　　坤
巽　　　坎
后
离震上
左　　右
乾兑前

图二　外方为下

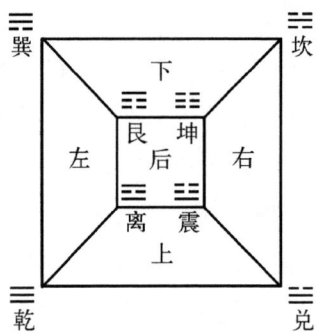

巽　　　坎
乾　　　兑
下
艮坤后
左　　右
离震上

图三　外方为前

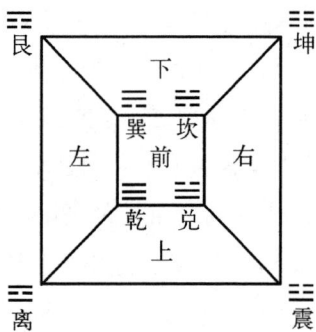

艮　　　坤
离　　　震
下
巽坎前
左　　右
乾兑上

图四　外方为后

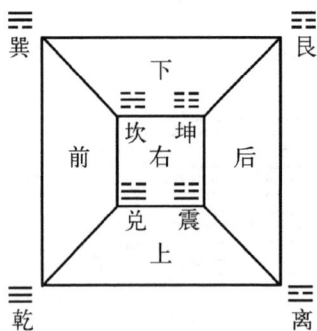

巽　　　艮
乾　　　离
下
坎坤右
前　　后
兑震上

图五　外方为左

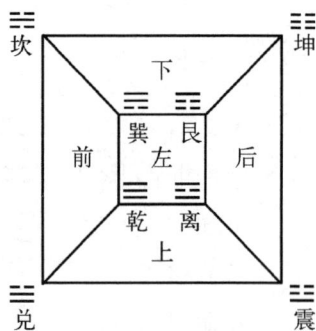

坎　　　坤
兑　　　震
下
巽艮左
前　　后
乾离上

图六　外方为右

絜矩卦位投影图

360

图中又分六图,以见六面体之皆可成为大小方形。又每图可四面视之,即成不同向之四种梯形也。此方形之大小及梯形之异形等,皆由投影而起,非立方体六面之不同。首宜明此,始不为投影所迷。不迷之而因其特性,则可见四度之象焉。其法以立方体投影图六而立方之即得,见《至赜图》。

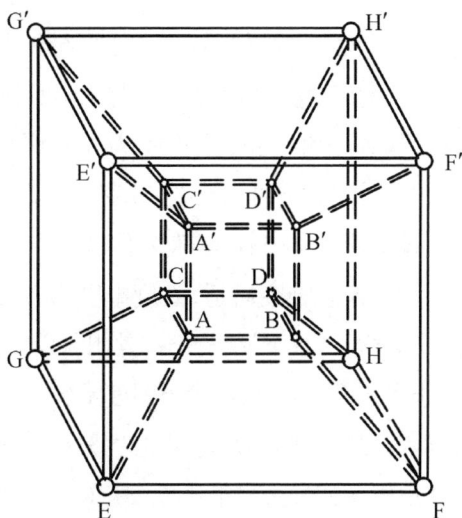

至赜图

《系上》曰:"圣人有以见天下之赜,而拟诸其形容,象其物宜,是故谓之象。"又曰:"言天下之赜而不可恶也。"赜者,象之本也。凡三度空间曰形,而三度以上曰象。《系上》曰:"在天成象,在地成形,变化见矣。"而象即见赜而作,故此图以至赜名之。

图中有 8—胞腔,当立方体八,示之如下:

其一,EE′FF′GG′HH′——图中位于外之大立方体。

其二,AA′BB′CC′DD′——图中位于内之小立方体。

其三,A′B′C′D′E′F′G′H′——图中位于上之四角锥台。

其四,ABCDEFGH——图中位于下之四角锥台。

其五，AA'BB'EE'FF'——图中位于前之四角锥台。

其六，CC'DD'GG'HH'——图中位于后之四角锥台。

其七，AA'CC'EE'GG'——图中位于左之四角锥台。

其八，BB'DD'FF'HH'——图中位于右之四角锥台。

上述八体，皆为大小同、形式同之絜矩。所以有大小锥台之异者，经投影之故。此絜矩八，各八角而为六十四角，犹六十四卦。故此图不啻絜矩贞悔图之致一。凡六十四卦消息，自然生纷卦之时位。时位互变，四度之象也。以三度观之，至赜存焉。八卦六十四卦之消息其中，岂有已哉。《系下》曰："《易》之为书也，不可远，为道也屡迁。变动不居，周流六虚，上下无常，刚柔相易，不可为典要，唯变所适。"所谓"周流六虚"者，已当二体为轴，即大小二立方体，其他六体以周流消息，即上下前后左右之四角锥台。此六体之唯变所适，三度中以为典要者也。安知此六体与轴，又有大小之辨。《系下》继之曰："其出入以度，外内使知惧。"盖大者出而在外，小者入而在内，大小者于四度无辨。内典有"芥子纳须弥"之喻，即以四度言。凡三度之形，皆四度之投影。当投影时，既可不分大小（见《立方体投影图》2），又可缩小成一点（见《立方体投影图》3）。须弥虽大，仍有其形。有形则莫不可投影成一点，其入芥子不亦游刃有余乎。又芥子之小，影也，亦可大之以入于须弥，定有须弥之大有不足容芥子之时。或使投影适当，则芥子须弥互纳无间。是之谓"出入以度"，诚合内外之道，故时措之宜也，可不知惧乎。或不知出入内外之变者，其失在执三度之大小而未悟在四度空间大小立方体之相同也。《庄子·齐物论》："罔两问景曰：'曩子行，今子止；曩子坐，今子起。何其无特操与？'景曰：'吾有待而然者邪，吾所待又有待而然者邪，吾待蛇蚹蜩翼邪。恶识所以然，恶识所以不然。'"夫景之随形，人莫不知之，当二度之随三度也。若"吾所待又有待而然者邪"，当三度之随四度也，此则人或昧焉。今以几何投影得其象，可喻其理。以易象言，犹六十四卦消息之纷若，分阴分阳而一之，时位有辨而无辨，吾所待之所待，又有待而然者邪。

消息例证

《系上》曰："日月运行，一寒一暑。"消息之谓也。以三画八卦中之水火不相射消息，当月之运行于地，以见月之一朔一望，是曰纳甲。又以六画六十四卦中之乾坤消息，当地之运行于日，以见岁之一寒一暑，是曰卦气图。卦气图者出于孟喜。纳甲者，见于《京氏易传》。京房为孟氏之再传（孟喜传于焦赣，焦赣传于京房），故可谓出于孟氏，其法见下。

《京氏易传》："分天地乾坤之象，益之以甲乙壬癸，震巽之象配庚辛，坎离之象配戊己，艮兑之象配丙丁。"夫是即纳甲。纳甲者，以天干十纳于八卦之谓。其次实准先天图之八卦方位，唯以甲丙庚壬五阳干纳诸乾父与三子，以乙丁己辛癸五阴干纳诸坤母与三女，且逆消息之序，详见下图（图见下页）：

先天八卦方位，以水火不相射消息观之，乃消息起于乾坤。当坤息初而震，息二而兑，息三而乾。乾则消初而巽，消二而艮，消三而坤。坎离者，合一于中者也。若纳甲者，即逆其序而配之而已。凡起于乾坤，乾阳而坤阴，故乾甲坤乙。以下为艮兑，艮阳而兑阴，故艮丙兑丁。以下为坎离，坎阳而离阴，故坎戊离己。以下为震巽，震阳而巽阴，故

363

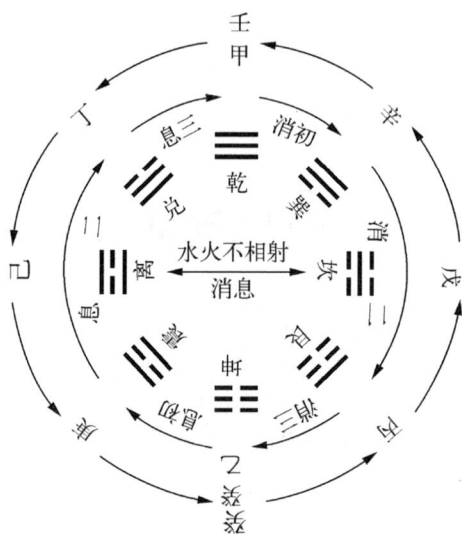

壬
甲

辛

丁

息三 消初

消

息

己

水火不相射
消息

戊

乙

丙

纳甲图

震庚巽辛。至此已周八卦而天干尚有二,则周而复始,又及乾阳坤阴而为乾壬坤癸。

再者,天干十有其固定之方位,甲乙木属东方,丙丁火属南方,戊己土属中央,庚辛金属西方,壬癸水属北方是也。若因其位而合其纳甲之卦象,则卦象所示,犹月行之迹。《参同契》:"三日出为爽,震庚受西方。八日兑受丁,上弦平如绳。十五乾体就,盛满甲东方。蟾蜍与兔魄,日月无双明。蟾蜍视卦节,兔者吐生光。七八道已讫,屈折低下降。十六转受统,巽辛见平明。艮直于丙南,下弦二十三。坤乙三十日,东北丧其朋。节尽相禅与,继体复生龙。壬癸配甲乙,乾坤括始终。七八数十五,九六亦相应。四者合三十,阳气索灭藏。"此节言朔望之周,复及月行之位,盖见纳甲之密合其象,非徒依次配之而已。虞翻注《易》,亦屡言纳甲。如注《系上》"县象著明,莫大乎日月",曰:"谓日月县天,成八卦象。三日莫,震象出庚。八日,兑象见丁。十五日,乾象盈甲。十七日旦,巽象退辛。二十三日,艮象消丙。三十日,坤象灭乙。晦夕朔旦,坎象流戊。日中则离,离象就己。戊己土位,象见于

中。日月相推而明生焉,故县象著明莫大乎日月者也。"乃远承孟、京,近宗《参同契》之义,示如下图:

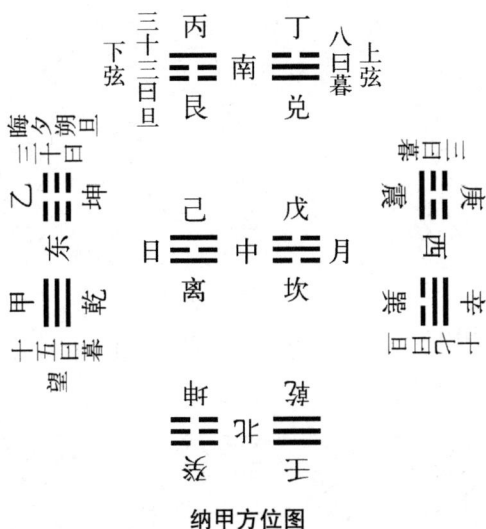

纳甲方位图

凡上半月为息,日暮以观月,三日则西方新月生,犹震一阳之光。八日为上弦,犹兑二阳之光见于南。十五日望月,犹乾之三阳盈于东。望后下半月为消,平旦以观之。十七日月光已退,犹巽初一阴无光,见于西。二十三日为下弦,犹艮初二无光,见于南。三十日则晦而合朔,犹坤三阴皆无光,其位在东。

至于卦气图,今于《易纬稽览图》、《是类谋》中,已见其概要,于汉而备于孟氏、京氏。《前汉书·京房传》:"京房字君明,东郡顿丘人也。治《易》事梁人焦延寿。延寿字赣。……赣常曰:'得我道以亡身者,必京生也。'其说长于灾变,分六十四卦更直日用事,以风雨寒温为候,各有占验,房用之尤精。"孟康注曰:"分卦值日之法,一爻主一日,六十四卦为三百六十日。余四卦震、离、兑、坎为方伯监司之官,所以用震、离、兑、坎者,是二至二分用事之日,又是四时各专王之气。各卦主时,其占法各以其日观以善恶也。"分卦直日之法,实即卦气图,房得自赣,赣则得自孟氏云。图见下：

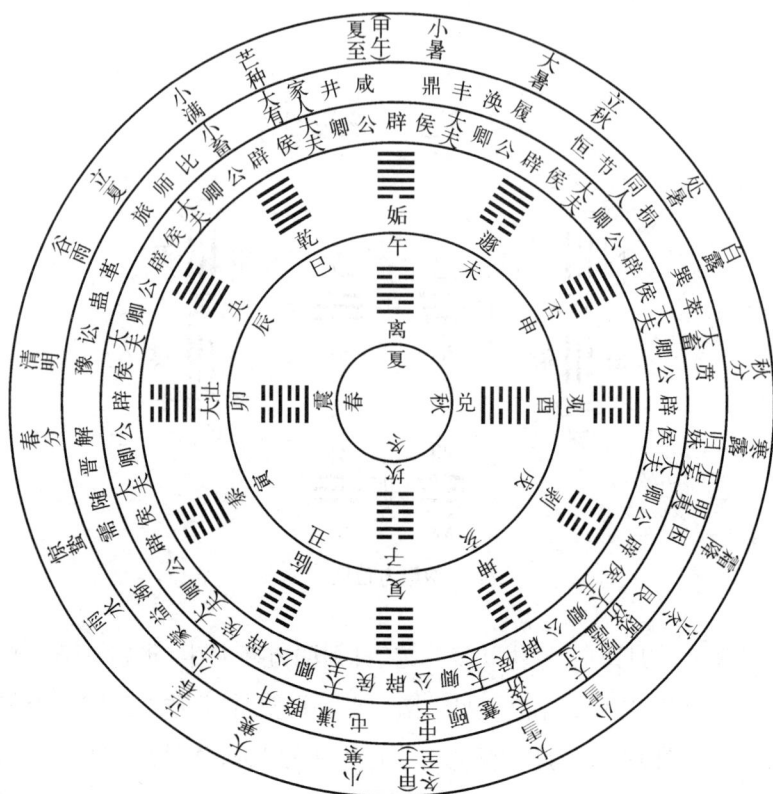

卦气图

上图以明卦象为主，若七十二候等皆略焉。先儒布此卦气图者，盖以六十四卦当地之绕日一周，凡取震、离、兑、坎为方伯监司之官，乃准后天卦位，震春、离夏、兑秋、坎冬是也。一卦官三月，月各有主，即以乾坤消息之十二卦当之。其次坤亥、复子、临丑属坎冬，泰寅、大壮卯、夬辰属震春，乾巳、姤午、遯未属离夏，否申、观酉、剥戌属兑秋。此十二消息卦名之曰辟卦，辟者主也。以月而言，各有四卦属诸，曰侯卦、大夫卦、卿卦、公卦。此四类卦数亦各十二，然其卦象非若辟卦之有自然之序。唯公卦中孚当冬至甲子，公卦咸当夏至甲午，与序卦至此合。又《系辞上》释七爻而始于中孚九二,《系辞下》释十一爻而始于咸九四,亦此义。此外四十六卦则未详布之之说,阙疑为是。所谓"分六十卦更直日用事"者,以中孚初爻当冬至日起,历六日而达上爻,七日而当复卦初爻,以明复卦卦辞"七日来复"之象。如是一周,于颐上爻为三百六十日,以分周天三百六十度。《系上》曰"乾之策二百一十有六,坤之策百四十有四,凡三百有六十,当期之日"是其义,盖以一爻象一策。再者,地绕日一周之日数,约当三百六十五日又四分日之一,故以一爻当一日,尚不足五日又四分日之一,乃又均分于六十卦,其式如下:

$$360 \div 60 = 6 \text{ 日} \qquad 5\frac{1}{4} : 60 = \frac{21}{240} = \frac{7}{80}$$

《易纬稽览图》曰:"甲子卦起中孚","六日八十分之七而从","坎常以冬至日始效,复生坎七日,消息及杂卦传,相去各如中孚",此之谓也。

至于二十四气,以杂卦言(从《稽览图》之名,指侯、大夫、卿、公四十八卦),以公卦为中气,侯卦为节气。然杂卦皆次于辟卦,故以辟卦言,如节气大雪,中气冬至,皆属坤卦。其他各辟卦同例。凡辟卦之象,犹日地消息之位。坤象者,日当南回归线,即南纬二十三度半。然冬至点一瞬而已,故未及冬至之大雪,及冬至后六日七分,仍当辟卦坤。迨日由南回归线北移,经六日七分后,则属辟卦复。以下皆同。泰否者,日当赤道之象。泰为由南而北,否为由北而南,春分、秋分之时也。又辟卦乾者,日当北回归线,曰夏至。故乾坤否泰者,即二至二分。又以坎冬至、震春分、离夏至、兑秋分四时卦主至云。由是"以风雨寒温为候",谓一气分三候,一候约当五日,共七十二候,以类风雨寒温之变而影响于动植物之情形,且占验人事之变化。其间迷信之说生焉,此不可不废。然其本实有其理,如辟卦之当天行消息,察风雨寒温,犹今之气象学,以及鸣鹤子和、山泽通气之自然相应,又何可不言哉。

由上所言,可见纳甲与卦气,盖以易象象日月运行,皆属诸消息。若道家之言修炼养身,必以卦象为喻,其主要者,亦唯纳甲与辟卦,以之近取诸身,所谓"小周天"与"大周天"是也,义谓气血周流于经脉。小周天者通任督二脉之象,大周天者由任督而更及全身之象。以人身为天地,非虚语也。若十二辟卦之消息,于经文中确能见其重要。以下节录经文及虞注等:

乾　元亨利贞。

《彖》曰:"大哉乾元,万物资始,乃统天。"

《文言》曰:"乾元者,始而亨者也。"

虞注:"乾始开通,以阳通阴,故始通。"

姤　女壮。

《彖》曰:"姤,遇也。柔遇刚也。""天地相遇,品物咸亨也。"

虞注:"消卦也,与复旁通。巽,长女。女壮,伤也。阴伤阳,柔消刚,故女壮也。"

遯　亨小利贞。

《彖》曰:"小利贞,浸而长也。"

虞注:"小,阴,谓二。得位浸长,以柔变刚,故小利贞。"

否　大往小来。

《彖》曰:"小人道长,君子道消也。"

虞注:"阴消乾,又反泰也。"

观　有孚颙若。

《彖》曰:"大观在上。""下观而化也。"

虞注:"谓阳息临二,直方大。临者,大也。在观上,故称大观。""观反临也。"

蜀才注:"此本乾卦。案柔小浸长,刚大在上,其德可观,故曰大观在上也。"

剥　不利有攸往。

《彖》曰:"剥,剥也,柔复刚也。不利有攸往,小人长也。""君子尚消息盈虚,天行也。"

虞注:"阴消乾也,与夬旁通。以柔变刚,小人道长。子弑其父,臣弑其君,故不利有攸往也。""乾为君子,乾息为盈,坤消为虚,故君子尚消息盈虚,天行也。则出入无疾,反复其道。易亏巽消艮,出震息兑,盈乾虚坤,故于是见之耳。"

郑玄注:"阴气浸阳,上至于五,万物零落,故谓之剥也。"

荀爽注:"谓阴外变五,五至尊,为阴所变,故曰剥也。"

☷坤　元亨,利牝马之贞。

《彖》曰:"至哉坤元,万物资生,乃顺承天。"

《文言》曰:"积善之家,必有余庆。积不善之家,必有余殃。臣弑其君,子弑其父,非一朝一夕之故,其所由来者渐矣,由辨之不早辨也。""玄黄者,天地之杂也,天玄而地黄。"

虞注:"谓阴极阳生,乾流坤形,坤含光大,凝乾之元。终于坤亥,出乾初子,品物咸亨,故元亨也。坤为牝,震为马,初动得正,故利牝马之贞矣。""阳丧灭坤,坤终复生,谓月三日震象出庚,故乃终有庆。此指说易道阴阳消息之大要也。""乾为积善,以坤牝阳,灭出复震为余庆。""坤积不善,以臣弑君,以乾通坤,极姤生巽,为余殃也。""坤消至二,艮子弑父。至三成否,坤臣弑君。上下不交,天下无邦。故子弑父,臣弑君也。""刚爻为朝,柔爻为夕,乾为寒,坤为暑,相推而成岁焉。故非一朝一夕,所由来渐矣。"

荀爽注:"消息之卦,坤位在亥,下有伏乾,阴阳相合,故言天地之杂也。""天者阳,始于东北,故色玄也。地者阴,始于西南,故色黄也。"

☷复　亨。出入无疾,朋来无咎。反复其道。七日来复,利有攸往。

《彖》曰:"复亨,刚反,动而以顺行,是以出入无疾,朋来无咎。反复其道,七日来复,天行也。利有攸往,刚长也。复其见天地之心乎。"

虞注:"谓出震成乾,入巽成坤。坎为疾,十二消息不见坎象,故出入无疾。兑为朋,在内称来。五阴从初,初阳正,息而成兑,故朋来无咎矣。""阳息临成乾,小人道消,君子道长,故利有攸往矣。""阳息坤,与姤旁通。刚反交初,故亨。""刚从艮入坤,从反震,故曰反动也。坤顺震行,故而以顺行。阳不从上来反初,故不言刚自外来。是以明不远之复,入坤出震义也。"

郑玄注:"复,反也,还也。阴气侵阳,阳失其位,至此始还,反起于初,故谓之复。""建戌之月,以阳气既尽,建亥之月,纯阴用事。至建子之月,阳气始生。隔此纯阴一卦,卦主六日七分,举其成数言之,而云七日来复。"

荀爽注:"利往居五,刚道浸长也。""复者,冬至之卦。阳起初九为天地心,万物所始,吉凶之先,故曰见天地之心矣。"

☷☳ 临　元亨利贞。至于八月有凶。

《象》曰:"临,刚浸而长。""至于八月有凶,消不久也。"

虞注:"阳息至二,与遁旁通。刚浸而长,乾来交坤,动则成乾,故元亨利贞。"

王弼注:"阳转进长,阴道日消,君子日长,小人日忧,大亨以正之义。""八月阳衰而阴长,小人道长,君子道消也,故曰有凶。"

☷☰ 泰　小往大来。

《象》曰:"君子道长,小人道消也。"

虞注:"阳息坤,反否也。坤阴诎外,为小往。乾阳信内,称大来。"

☳☰ 大壮　利贞。

《象》曰:"大壮,大者壮也。刚以动,故壮。"

虞注:"阳息,泰也。壮,伤也。大谓四,失位为阴所乘,兑为毁折,伤。"

荀爽注:"乾刚震动,阳从下升,阳气大动,故壮也。"

☱☰ 夬　利有攸往。

《彖》曰："夬,决也。刚决柔也。""利有攸往,刚长乃终也。"

虞注："阳决阴,息卦也。刚决柔,与剥旁通。""乾体大成,以决小人,终乾之刚,故乃以终也。"

读上所录之经注,消息之大义在矣。玩大小往来,及有攸往利不利之辞,大易首乾之情可见。然复卦曰"出入无疾",其义尤重。合资始资生,何疾之有。于消之极,其象为剥,而《彖》曰："君子尚消息盈虚,天行也。"点明消息之理,其笔神焉。君子尚之,则何入而不自得。天行健,君子以自强不息,外境何碍哉。若于十二辟卦外,于丰卦之《彖》亦言消息,节录经注见下:

䷶丰　勿忧,宜日中。

《彖》曰："勿忧,宜日中,宜照天下也。日中则昃,月盈则食,天地盈虚,与时消息。而况于人乎,而况于鬼神乎。"

虞注："五息成乾为盈,四消入坤为虚,故天地盈虚也。丰之既济,四时象具。乾为神人,坤为鬼,鬼神与人,亦随时消息。谓人谋鬼谋,百姓与能,与时消息。"

由是可证,消息不限于乾坤,盖六十四卦皆有。且由消息之次而有纷卦,则乾坤自然与既济、未济互为消息。丰象者,既济四、五爻之消息。四、五爻以三才言,五天位,四人位,此天人之变,故以日中月盈,明人与鬼神之消息。凡剥卦属往复,而此卦属平陂,二者纷若而分。各举一例,时位之消息备矣。赞《易》之辞,诚严谨之至。惜历代易家,每言乾坤消息而不言其他各卦之消息,则何能见纷若之妙。唯虞注中除辟卦外,尚多取错卦旁通之象。宜录数则,以见错卦皆可消息云:

䷍大有

《彖》曰："应乎天而时行,是以元亨。"

虞注："谓五以日应乾而行于天也。时,谓四时也。大有亨比,初动成震为春,至二兑为秋,至三离为夏,坎为冬,故曰时行。以乾亨坤,是以元亨。"

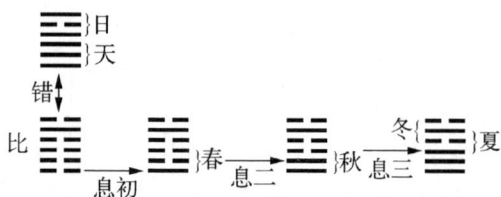

按:此谓大有错比而起消息,比初息而屯,下卦震春。二息而节,下卦兑秋。三息而需,上参离夏,上卦坎冬。

豫

《象》曰:"天地乃顺动,故日月不过而四时不忒。"

虞注:"豫变通小畜。坤为地,动初至三成乾,故天地以顺动也。""过谓失度。忒,差迭也。谓变初至需,离为日,坎为月,皆得其正,故日月不过。动初时,震为春。至四,兑为秋。至五,坎为冬,离为夏。四时位正,故四时不忒。通变之谓事,盖此之类。"

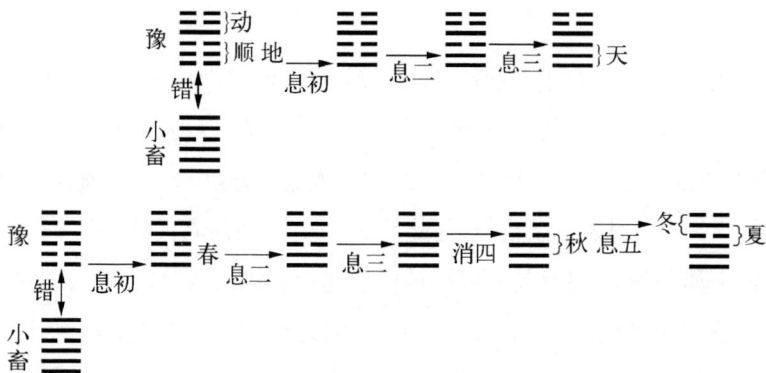

按:息二息三皆有兑象而不取者,六三、六五皆失位故。消四则六四正位。

蛊

《象》曰："先甲三日，后甲三日，终则有始，天行也。"

虞注："谓初变成乾，乾为甲。至二成离，离为日。谓乾三爻在前，故先甲三日，贲时也。变三至四体离，至五成乾，乾三爻在后，故后甲三日，无妄时也。易出震，消息历乾坤象，乾为始，坤为终，故终则有始。乾为天，震为行，故天行也。"

蛊 错 随 —息初→{甲（下卦三爻为先三）—消二→日—消三→{息四→息五→日→{甲（上卦后三爻为三）

巽

九五　先庚三日，后庚三日，吉。

虞注："震，庚也，谓变初至二成离，至三成震。震主庚，离为日，震三爻在前，故先庚三日，谓益时也。动四至五成离，终上成震，震爻在后，故后庚三日也。巽初失正，终变成震得位，故无初有终，吉。震究为蕃鲜白，谓巽白。巽究为躁卦，躁卦谓震也。与蛊先甲三日，后甲三日同义。五动成蛊，乾成于甲，震成于庚，阴阳天地之始终，故经举甲庚于蛊《象》、巽五也。"

巽 失正 错 震 —息初→消二→日—消三→{庚（下卦三爻为先三）—息四→消五→日—消上→{庚得位（上卦后三爻为三）

按以上二例，盖以纳甲取象。凡巽五动即为蛊，以当甲庚之始终，象亦自然。且震、巽之消息，虞氏名之曰特变，以切乎《说卦》之"究"字，可谓得微言大义焉。其说见下：

《说卦》："震……其究为健为蕃鲜。"

虞注:"震巽相薄,变而至三,则下象究,与四成乾,故其究为健为蕃鲜。巽究为躁卦,躁卦则震,震雷巽风无形,故卦特变耳。"

《说卦》:"巽……为近利市三倍,其究为躁卦。"

虞注:"变至三成坤,坤为近。四动乾,乾为利。至五成噬嗑,故称市。乾三爻,为三倍,故为近利市三倍。动上成震,故其究为躁卦。八卦诸爻,唯震巽变耳。""明震内体为专,外体为躁。"

按:震、巽特变者,以八卦言,先天成三索之象,三索犹后天云。以六爻消息言,谓震出巽入之变通,于辟卦当复、姤之出入无疾。《说卦》特言"究"字者,盖见天地之心矣。

以上选录虞注,可证凡错卦皆可消息,则于理方合。由是以玩辞,庶见圣人系辞以觉世之情。观于天地人物之间,不论何时何位,有不在消息者乎。汉易重之,有以也。惜汉后其说不绝如缕,虞注赖李鼎祚《周易集解》而存于今,已云幸焉。经清代之发扬,其说已明。唯清儒之阐明汉注,每多亦步亦趋,慎则慎焉,难免有抱残守缺之迂。故六十四卦消息及其自然之序,定系自古已有,而汉代尚用之者,今则未见也。乃既明六十四卦消息图,更以经文及汉注例证之云。

京氏宫世考源

西汉易学,盛于施(雠)孟(喜)梁邱(贺)三家,于元帝时(元帝在位十六年,时当公元前 48—前 33)又兴京氏易。京氏本姓李,好钟律,知音声,推律自定为京氏,名房,字君明,东郡顿丘人(公元前 77—前 37)。治《易》事梁人焦延寿,延寿学于孟氏,故京房为孟氏再传而自有其心得。著述甚多,惜各书皆佚,仅存《易传》三卷。幸者,因此书而尚可考见其易说之大义。不幸者,因此书而执其灾异之说,遂成为历代术数之渊薮。今于《周易集解》中,尚引有京氏之言,其注大畜《彖》"利涉大川,应乎天也",曰"谓二变五,体坎,故利涉大川。五天位,故曰应乎天"。宜释之如下:

大畜二变五,谓二、五爻易位,卦成家人。家人二、三、四爻体坎象,坎水为大川,由九二、六五变成六二、九五,正位为利涉。又五爻属天位,二爻属地位应之,故曰应乎天。

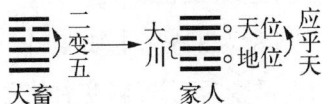

京氏此注,当爻变之正之大义,西汉古说之仅存者。约二百五十

375

年后之虞翻(公元 170—239)注《易》,每用此例,实孟氏易也。惜孟氏章句全佚,于片言只字之训诂,已不足见其大义所在。京氏之章句亦百不存一,然一脔知味,其注经自有其本,奚可以术数轻视之邪。张惠言曰:"得非京氏自以《易》说灾异,而未始以灾异说《易》。后世之言京氏者,失其本邪。"可谓京氏之知音。且《易传》中之宫世,亦得消息之自然,乃承孟氏卦气、焦氏《易林》而成。《前汉书·儒林传》:"成帝时,刘向校书,考易说,以为诸易家说,皆祖田何、杨叔元、丁将军,大谊略同,唯京氏为异党。焦延寿独得隐士之说,托之孟氏,不相与同。"按刘向校书,时当成帝河平三年(公元前 26 年),距京氏之卒仅十二年。可见宫世者,是时新兴之说,为三家所无,故以为异。实亦有据乎经文,况更密合于先天图,其后盛传,有以也。所谓宫世者,以宫世为经纬而明辨六十四卦之卦象耳。见"京氏宫世图",《易传》全书之大义在焉。宜详述如下:

夫京氏之宫世,全由消息而来。消息者,每卦皆有。然六十四卦因消息而生三百八十四爻,卦象从脞,欲遍及六十四卦而无重复者,殊未可也。以数言,两错卦消息而及十二卦。六十四卦之数,共当五对错卦消息,尚余四卦。然五对错卦之消息,其卦象必有相同者。观卦气图之象,以四卦主四时,余六十卦分十二消息,当辟、公、卿、大夫、诸侯五类。然使五类皆如辟卦之自然消息,势所不能。故唯取乾坤消息,其公、卿、大夫、诸侯四类之四十八卦皆杂处焉。京氏有见乎此,乃退而求得四对错卦之消息,可免重复之象。以乾生震、坎、艮,坤生巽、离、兑,当四对错卦以起消息,此父母六子为八宫,其象不亦自然乎。曰宫者,犹空间也。由八宫以起消息曰世,世犹时间也。《京氏易传》曰:"孔子云一世、二世为地易,三世、四世为人易,五世、八纯(八纯或作六世)为天易,游魂、归魂为鬼易。"按此言十翼中未见。然谦《彖》曰:"天道亏盈而益谦,地道变盈而流谦,鬼神害盈而福谦,人道恶盈而好谦。"丰《彖》曰:"日中则昃,月盈则食,天地盈虚,与时消息,而况于人乎,况于鬼神乎。"《文言》曰:"夫大人者,与天地合其德,与日月合其

鬼易	归魂	大有	随	师	渐	比	蛊	同人	归妹
	游魂	晋	大过	明夷	中孚	需	颐	讼	小过
天易	五世	剥	井	丰	履	夬	噬嗑	涣	谦
人易	四世	观	升	革	睽	大壮	无妄	蒙	蹇
	三世	否	恒	既济	损	泰	益	未济	咸
地易	二世	遁	解	屯	大畜	临	家人	鼎	萃
	一世	姤	豫	节	贲	复	小畜	旅	困
天易	八纯	乾	震	坎	艮	坤	巽	离	兑
四易	世\宫	乾生三男				坤生三女			
		八　宫							

京氏宫世图

明,与四时合其序,与鬼神合其吉凶。先天而天弗违,后天而奉天时。天且弗违,而况于人乎,况于鬼神乎。"其义与《易传》所引者颇相似,京氏之言,定亦有据乎。以卦象论,八宫本卦曰八纯,世主上爻亦名六世,以一世至五世依次主初爻至五爻。故一世、二世当初、二爻属地为地易,三世、四世当三、四爻属人为人易,五世、八纯当五、上爻属天为天易。是即八宫消息之象。世者消息所及之爻,义当卦象之变,由是爻而起,故为是卦之主。再者有世爻当有应爻,应者有应于世,其象分上下二体言。《乾凿度》曰:"三画以下为地,四画以上为天,物感以动,类相应也。易气从下生,动于地之下则应于天之下,动于地之中则应于天之中,动于地之上则应于天之上。初以四,二以五,三以上,此之谓应。"此解应字之意极明。十翼中每言应,于象皆以此为主,可见《乾凿度》非妄言也。若京氏之世应即此义。上图中加"○"者为世爻,加"×"者为应爻。至于天地人三易外,尚有鬼易者,亦象数所必然。盖消息而欲免重复,不得多于四对错卦,则卦唯四十八,此外之十六卦,已非六爻之三才消息所及,是谓鬼易。欲明鬼易之象,宜先明六位之所指。

《乾凿度》曰:"孔子曰《易》有六位三才,天地人道之分际也。三才之道,天地人也。天有阴阳,地有柔刚,人有仁义。法此三者,故生六位。六位之变,阳爻者制于天也,阴爻者系于地也。天动而施曰仁,地静而理曰义。仁成而上,义成而下。上者专制,下者顺从,正形于人,则道德立而尊卑定矣,此天地人道之分际也。天地之气,必有终始,六位之设,皆由上下,故《易》始于一,分于二,通于三,□(按原书脱一字)于四,盛于五,终于上。初为元士,二为大夫,三为三公,四为诸侯,五为天子,上为宗庙。凡此六者,阴阳所以进退,君臣所以升降,万人所以为象则也。故阴阳有盛衰,人道有得失,圣人因其象,随其变,为之设卦。方盛则托吉,将衰则寄凶,阴阳不正,皆为失位,其应实而有之,皆失义。善虽微细,必见吉端,恶虽纤介,必有悔吝。所以极天地之变,尽万物之情,明王事也。丘系之曰:立象以尽意,设卦以尽情伪,系辞焉以尽其言。孔子曰:《易》六位正,王度见矣。"此节阐明《说卦》"六位成章"之义,极是。曰阴阳之进退升降,犹消息也。六位之象,以元士、大夫、三公、诸侯、天子、宗庙当之,京氏同。此六者之义,初曰元士者,其位当学习之时。二曰大夫者,其位当学优而仕,犹就业也。三曰三公者,其位能参与,以共主其事。四曰诸侯者,其位能自主一方之事。五曰天子者,其位能主天下之事。上曰宗庙者,犹史迹也。故消息由初以及五,整个环境莫不变焉,然上爻宗庙何可变邪。以《易》象言,变则已成错卦。错而通,消息之极致,而对待一矣。唯宗庙不变,则消息无已而鬼易兴。鬼易者,上出无门,故由上而下,当变易其四爻,是谓游魂。游魂者,《文言》于九四曰:"上不在天,下不在田,中不在人。"乃五位心君既变,下卦万物亦变。四爻近于天人之际,非飘飘之游魂乎。《系》上曰:"精气为物,游魂为变,是故知鬼神之情状。"鬼者由上而下也。更由四爻而下及下卦三爻,当魂归于地,京氏以归魂名之。然魂之归地,其位当在地之上,故京氏以归魂之世爻在三。魂之游、归,仍三、四爻人道之事也。生则下上而神,合精气而为物。死则上下而鬼,散精气而为变。此非鬼神之情状乎。所妙者以三才之消息,合此鬼易十六卦,恰当六十四卦。故知宫世之象,已得消息之自然,于象数义理皆是。先师唐氏(按:即唐文治)颇重视宫世之象,其言曰:"积至五世而变者,孟子所谓君子之泽五世而斩,小人之泽五世而斩。天道人事,无百数十年而不变者,惟在为善有以维持之,可不敬哉。游魂归魂之义,惠栋、张惠言书所载,其说不一。京房乾《传》曰:阴阳代谢至于游魂,引《系辞传》游魂为变作证,则游魂当为硕果不食之义。荀爽注乾《象传》曰:乾起坎而终于离,坤起离而终于坎,离、坎者乾坤之家而阴阳之府,故曰大明终始。惠氏谓乾游魂于火地,归魂于火天,故曰终于离。坤游魂于水天,归魂于水地,故曰终于坎。窃案惠氏之意,亦以乾坤成既济为归魂。大抵归魂卦皆八纯卦性质之相近者,如地水师、风山渐之类是也。鬼易者如晋为乾游魂卦,故有王母之象。大过为震游魂卦,故其象为棺椁。小过为兑游魂卦,故有过祖遇妣之象,此其证也。"夫此言发挥宫世之理,殊有创见。以乾坤成既济为归魂,证诸惠氏而上及荀爽之说,可谓得先儒未言之大义。至于游魂之死象，犹以乾坤成未济之义。凡六十四卦消息起乾坤则必成既济、未济，其或既或未，犹魂之或归或游欤？

先师唐氏又曰："消息之义，更有大可惧者。孟子言人之所异于禽兽者几希，庶民去之，君子存之也。君子舜禹汤文武周孔是也。存之者，成性存存也。古圣人德泽久大，则百年为一世，即一百为一爻。故五百岁而圣人复出，道统之传嬗亦然。盖圣人之所以存其心，存其泽，即所以存其国。国运剥于上，则复于下，皆视一国之心性以为消息。国性恶，则国魂游而国亡。国性善，则国魂归而国存。故圣人制数度，议德行，必垂诸数百年。《系辞传》言精气游魂，极之于智周乎万物而道济天下，明善国性之道也。人生天地间，要必维持当世之德行功业，俾不至于消灭。此孔子传天易、地易、人易、鬼易之义也。无有师保，如临父母，吾人心术之隐，与鬼神合其吉凶矣。凡人莫不有死，而死固有其道焉。积善孳孳，则余庆复于子孙而家国不至于为变。"按乾三曰："君子终日乾乾，夕惕若，厉，无咎。"《系下》曰："惧以终始。"观消息宫世之象义，可不反身以惕惧乎？曹元弼曰："卦之消息自下而上，犹人之自少而壮也。卦世之变亦自下而上，犹人之自壮而衰也。天地间既有此人，即其人终古不灭。形有尽而清明之气无穷，故上世不变。凡物有始必有终，木落归根，水流虽涸而源不绝，故游魂、归魂自上而下，终则又始，则归又自初息矣。天地盈虚，与时消息，而况于人况于鬼神。万物迁流于气化之中，莫能自主，然而有可以自主者。"旨哉斯言，旨哉斯言。以易象言，可以自主者，非既济之定力乎。

至若京氏宫世之说，实得自其师焦氏。《易林》中已言其大义，特录于下：

　　䷵归妹之䷝离曰："绝世无嗣，福禄不存，精神涣散，离其躬身。"

　　䷶丰之䷥睽曰："绝世游魂，福禄不存，精神涣散，离其躬身。"

䷯ 井之 ䷲震曰："游魂六子,百木所起,三男从父,三女从母,至巳而反,各得其所。"

于归妹之离与丰之睽,其辞同,唯改"无嗣"与"游魂",盖五世绝而无嗣,其魂游焉。凡泽五世而斩,未能历世积其善,福禄将不存,精神离躬,身而涣散,渺渺孤魂,游而无依,斯之谓变。涣《大象》曰："先王享于帝立庙。"涣散而离丽之,魂其归些。《易林》言于丰之睽者,丰为坎宫五世卦,上爻曰："丰其屋,蔀其家,窥其户,阒其无人。"绝世之象也。睽上曰："睽孤,见豕负涂,载鬼一车。"非游魂乎。丰错涣,上爻宗庙不变,故不之离而之明夷。丰四曰："遇其夷主。"立庙以享之,"群疑亡也"(睽上《象》)。又言于归妹之离者,归魂之归,即得自归妹。归妹之象,当兑宫归魂卦,魂归而离丽之,兑反复于乾而生生不息,无穷之易道也。又井为震宫五世卦,绝世之大过为游魂,大过死象,六子皆成游魂。井之震者,帝与万物所出,东方为木,故曰百木所起。三男从父者,即震宫、坎宫、艮宫依次从乾宫之象。三女随母者,即巽宫、离宫、兑宫依次随坤宫之象。至巳而反者,以消息言,巳当乾上,宗庙不变而反魂由游而归,则乾归魂卦大有而之震,震归魂卦随而之坎,坎归魂卦师而之艮,是当三男从父而得其所。又艮归魂卦渐而之坤,京氏曰："终极阳道也。阳极则阴生,柔道进也,降入坤宫八卦。"以下又当坤归魂卦比而之巽,巽归魂卦蛊而之离,离归魂卦同仁而之兑,是谓三女随母而得其所。《杂卦》曰："归妹,女之终也。"终则有始,消息无已。京氏曰："阴阳运动,适当何爻,或阴或阳,或刚或柔,升降六位,非取一也。"

总上所述,可见京氏之宫世,实承孟、焦之义而成,且兼及经纬,于二篇、十翼之义未违,唯博取纬说而已。刘向谓焦、京独得隐士之说,即此宫世四易之象乎。再者,此宫世之象,既得自然之理,故于先天图中亦可演之,见"宫世卦位图"。八纯者,即第一对角线之八卦,以下一世至五世及游魂、归魂之卦位，皆自然有序。当第一对角一线而二分之又四分之，迫三世之八分之，已成第二对角线之八卦。又第二对角一线而二分之又四分之，迫六世而八分之，又成第一对角线而倒其序。然上爻宗庙不变而不取，乃反而为游魂。游魂与归魂者，两对角线之互易也。又以世应爻及四易合而观之，形皆对称于中心，如中分为四。凡八纯三世、一世四世、二世五世、人易、鬼易五图，皆为每十六卦中有四卦。游魂一世、归魂八纯、天易、地易四图，则为两十六卦中世卦。两十六卦中有八卦，即天易与归魂八纯卦，在第一对角线。地易与游魂一世卦，在第二对角线。此可知第一对角线为贞而阳，第二对角线为悔而阴。至于六爻之发挥相合，变化尚多。此九图者，京氏所用者也。

更以卦位之消息论，当变易其贞悔数。盖以八宫之本象为主，位于第一对角线，然后生世魂四易。所生之卦，仍在第一对角线，而八纯之象，即进退升降于其他各位，由是以见时位之变化云。若六十四卦消息者，遍观六十四卦之变化，京氏之宫世者，唯观第一对角线上八卦之变化，以贞悔数示之，其式如下：

先天方图	贞	1 2 3 4 5 6 7 8
八　纯	悔	1 2 3 4 5 6 7 8
先天方图	贞	5 6 7 8 1 2 3 4
一　世	悔	1 2 3 4 5 6 7 8
先天方图	贞	7 8 5 6 3 4 1 2
二　世	悔	1 2 3 4 5 6 7 8
先天方图	贞	8 7 6 5 4 3 2 1
三　世	悔	1 2 3 4 5 6 7 8
先天方图	贞	8 7 6 5 4 3 2 1
四　世	悔	5 6 7 8 1 2 3 4
先天方图	贞	8 7 6 5 4 3 2 1
五　世	悔	7 8 5 6 3 4 1 2
先天方图	贞	8 7 6 5 4 3 2 1
游　魂	悔	3 4 1 2 7 8 5 6
先天方图	贞	1 2 3 4 5 6 7 8
归　魂	悔	3 4 1 2 7 8 5 6

　　以上四易之八种变化,前天地人三易与消息同式,而鬼易则不同,顺逆异向,亦为治消息者必当知之者也。由五世而游魂,八悔中分而对易之。由游魂而归魂,八贞荡而倒易之。更由归魂而复八纯,则当八悔四分而两相对易。此言其数也。有其数自然有其象,有其象自然有其理。象数义理,岂有二哉。

错综解析

《系上》曰："错综其数。"来知德曰："错者阴阳相对,阳错其阴,阴错其阳也。如伏羲圆图,乾错坤,坎错离,八卦相错是也。综即今织布帛之综,一上一下者也。如屯蒙之类本是一卦,在下则为屯,在上则为蒙,载之文王《序卦》者是也。"夫以乾坤等为错卦,以屯蒙等为综卦,自来氏始。然来氏所始者名也,其实自古已有。虞注曰旁通,即错卦。虞注曰反复,即综卦。究错综之字义,当如是之卦象,于理甚合。故谓《系辞》之言,有此象之义,未尝不可。此乃来氏之妙悟也。至若错综与旁通反复,虽同实异名,然义之所及,各有偏重,宜明辨而兼用之。特正其名义如下。

错——阴阳相对之象曰错,可分一画错至六画错。

一画错——即两仪错,象如下:

　　　　　　 ▬▬错▬ ▬
　　　　　　阳仪　阴仪

二画错——即四象错,象如下:

　　▬▬错▬ ▬　　　 ▬ ▬错▬ ▬
　　太阳　太阴　　　少阴　少阳

384

三画错——即八卦错，象如下：

☰ 错 ☷	☱ 错 ☶
乾　坤	兑　艮

☲ 错 ☵	☳ 错 ☴
离　坎	震　巽

四画错——即十六互卦错，象如下：

䷀ 错 ䷁	䷪ 错 ䷖
乾　坤	夬　剥

错	错
睽　蹇	归妹　渐

错	错
家人　解	既济　未济

错	错
颐　大过	复　姤

五画错——即三十二伍卦错，象如下：

错	错	错	错
乾　坤	夬　剥	大有　比	大壮　观

错	错	错	错
中孚　小过	节　旅	损　咸	临　遯

错	错	错	错
同人　师	革　蒙	离　坎	丰　涣

错	错	错	错
益　恒	屯　鼎	颐　大过	复　姤

六画错——即六十四卦错,象见后接卦图。

旁通——两错象间之变化曰旁通。

综——一象而上下相对观之曰综,可分一画综至六画综。

一画综——即两仪综,象如下:

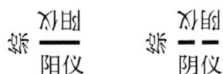

综 阳仪　　综 阴仪

二画综——即四象综,象如下:

综 太阳　　综 少阴　　综 太阴

三画综——即八卦综,象如下:

综 乾　　综 兑　　综 离

综 震　　综 坎　　综 坤

四画综——即十六互卦综,象如下:

综 乾　　综 夬　　综 睽　　综 归妹　　综 既济

综 颐　　综 复　　综 大过　　综 解　　综 坤

五画综——即三十二伍卦综,象如下:

六画综——即六十四卦综,象见后接卦图。

386

乾	夬	大有	大壮	中孚
节	损	临	革	离
丰	屯	颐	复	大过
恒	坎	师	小过	坤

反复——两综象间之变化曰反复。

盖虞氏名旁通反复者,注重于错综间之变化。来氏名错综者,注重于旁通反复时之两本象。至于旁通之位,有发挥之异。反复之位属于发,当上初反复,五二反复,四三反复,综卦由是而成者也。又错综各有一画至六画之不同,于一画至五画之象,虞氏名之曰体象。由错综卦以示其变化,若六画之错综,于易象尤重要。错即先天,综即《序卦》《杂卦》。凡错则皆两卦合一,综则有不变者。故两仪综而仍为二,四象综而为三,八卦综而为六,十六互卦综而为十,三十二伍卦综而为二十,六十四大成卦综而为三十六。

再者,更合错综而一之,名之曰接卦。接卦者,本卦与错卦之综卦相合,亦同本卦与综卦之错卦相合。见"接卦图"。考其源,接卦由乾坤以反复爻旁通而得,如乾上之坤初成夬复,乾四之坤三成小畜谦,乾初之坤上又乾二之坤五成遯观。若夬与复、小畜与谦、遯与观等,皆为接卦。

玩"接"之为言,于二篇系于晋卦卦辞,其辞曰:"晋,康侯用锡马蕃庶,昼日三接。"于十翼系于晋卦之《象》及蒙卦九二之《象》,晋《象》曰:"柔进而上行,是以康侯用锡马蕃庶,昼日三接也。"蒙九二《象》曰:"子

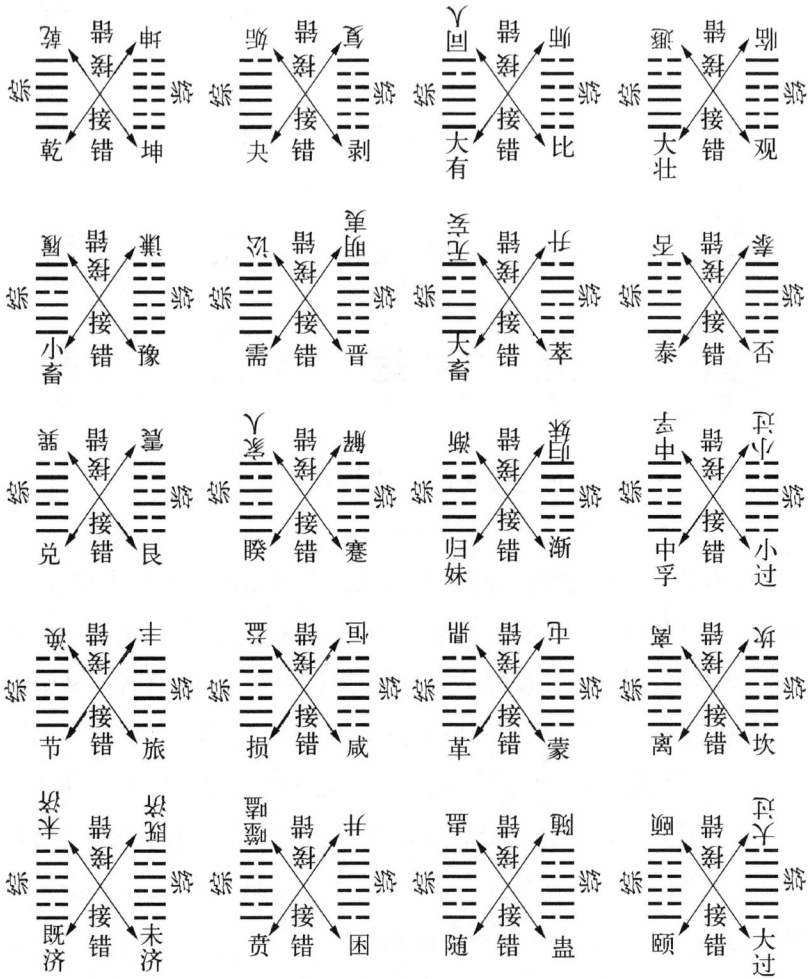

接卦图

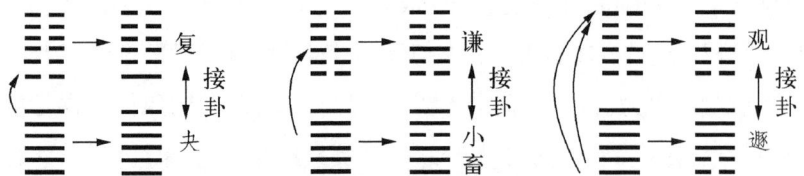

克家,刚柔接也。"三接者,天子三接诸侯之礼。王弼曰:"柔进而上行,物所与也,故得锡马而蕃庶。以讼受服,则终朝三褫。柔进受宠,则一昼三接也。"夫王氏之易,扫象而言理,然言理而已,象仍在其中。此以三接三褫并言,由熟玩卦爻辞而知之,实即卦象相通。晋与讼,综卦之错卦,亦同错卦之综卦。三接康侯者,讼元吉之象,息讼之大人,是以能安国。以讼受服而三褫之者,晋其角之象,违行不和,晋极而明将夷焉。由是知二篇系辞之时,必合错综之象而观之。曰"接"者,言君臣之相得。若于蒙二《象》更以子克家为接,乃言父子之相得。故刚柔相接者,内则为克家之令子,外则为安国之康侯。相反相成,由错综而接之,宜名以接卦。虞翻注"昼日三接"曰:"离日在上,故昼日,三阴在下,故三接矣。"程颐注刚柔接曰:"子而克治其家者,父之信任专也。二能主蒙之功者,五之信任专也。二与五刚柔之情相接,故得行其刚中之道,成发蒙之功。苟非上下之情相接,则二虽刚中,安能尸其事乎。"蒙之刚柔相接,以爻位言当二五,乃三接之一。晋三接者,谓下卦之初接上,二接五,三接四,犹反复之位也。上引虞程之注,有汉宋之辨,然明相接之情,何尝有异哉。

至于相接之象,亦可分一画接至六画接。

一画接——即两仪接,象如下:

━接 ━━
阳仪　阴仪

二画接——即四象接,象如下:

━━接━━　━━接━━　━━接━━
太阳　太阴　少阴　少阴　少阳　少阳

三画接——即八卦接,象如下:

☰接☷　☱接☳　☲接☵　☴接☶
乾　坤　兑　震　离　坎　巽　艮

四画接——即十六互卦接,象如下:

乾 坤接　夬 复接　睽 解接　归妹 归妹接　家人 蹇接

既济 既济接　颐 大过接　姤 剥接　未济 未济接　渐 渐接

五画接——即三十二伍卦接,象如下:

乾 坤接　夬 复接　大有 师接　大壮 临接

中孚 小过接　节 丰接　损 恒接　同人 比接

革 屯接　离 坎接　益 咸接　颐 大过接

鼎 蒙接　涣 旅接　遁 观接　剥 姤接

六画接——即六十四卦接,象已见接卦图。

观上二画接中,太阳接太阴而少阴、少阳皆自接,可喻老变少不变之义。于三画接中震兑相接,可喻后天震东兑西相对之义。或合错、综、接三者,以观先后天八卦方位,其得如下。

先天对待之八卦相错,于四正错而又为接。四隅则东南与西南、东北与西北为综,而东南与东北、西南与西北为接。于后天方位中,四正之南北,四隅之西南与西北,皆错而又为接。四正之东西,四隅之东南与东北,皆为接云。见下图:

先天图

后天图

又接卦之数，一画为一，二画为三，三画为四，四画为十，五画为十六，六画为三十六，即奇画同错卦数，偶画同综卦数。凡错、综、接之卦数，可以下式求之。

设 a 为画数：

$$卦数 = 2^a$$

$$错卦数 = \frac{2^a}{2}$$

$$综卦数 = \begin{cases} \dfrac{2^a}{2} + 2^{\left(\frac{a+1}{2}-1\right)} & （a 为奇数）\\[2ex] \dfrac{2^a}{2} + 2^{\left(\frac{a}{2}-1\right)} & （a 为偶数）\end{cases}$$

$$接卦数 = \begin{cases} \dfrac{2^a}{2} & （a 为奇数）\\[2ex] \dfrac{2^a}{2} + 2^{\left(\frac{a}{2}-1\right)} & （a 为偶数）\end{cases}$$

由上式，如求五画之综卦数：

$$\frac{2^5}{2} + 2^{\left(\frac{5+1}{2}-1\right)} = 16 + 2^2 = 20$$

又如求四画之接卦数：

391

$$\frac{2^4}{2}+2\left(\frac{4}{2}-1\right)=8+2=10$$

余可类推。且六十四卦虽仅六画,而一具一切之变化无穷,犹一卦可变六十四卦,则画数亦可增之无已。上式者,任何画数,其数皆可求得。

若错综接之卦象,宜以几何图形明之。

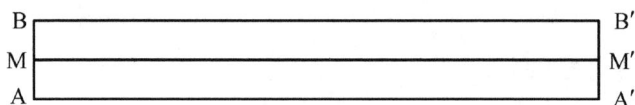

设 ABA′B′为一长条(strip),AA′∥MM′∥BB′。M、M′为 AB 与 A′B′之中点。

AA′、MM′、BB′皆无穷长,使 A 与 A′、M 与 M′、B 与 B′合一而成一圈。此以易象言,圈中之面与圈外之面为错,AA′至 BB′与 BB′至AA′为综。或于 MM′线分之,则成两圈。然《易》贵合错综而接之,是即摩比带(Moebius strip),乃使 A 与 B′、M 与 M′、B 与 A′合一。见下图。

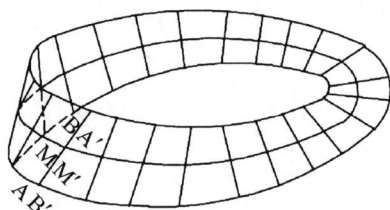

摩比带

按摩比(A. F. Moebius)者德人(1790—1868),以次等观象台之天文学家终其身,善几何学。于六十八岁(1858)讨论此"单岸曲面"(one-sided surfaces),其后形成拓扑学(Topologie)。黎曼(Bernhard

Riemann，1826—1866）之非欧几何，受此影响而起。盖以欧几里得几何学论，二平行线永不相交，两千年间莫不准之。然于无穷远处，或可相交，非欧几何学由是而生，摩比带即其义。以易理言，不交以定位，交而为接，接则君与臣、父与子合一而不分，是之谓仁。所妙者，于 MM′ 线，中分摩比带，仍为一圆云。又接卦之接卦，复为本卦。然以摩比带言，使更旋 180°而 A 与 A′、M 与 M′、B 与 B′相合，即交而再交为同向旋，乃又于 MM′ 线分之，则仍为连环。惠子曰"连环可解也"，非接卦之接卦乎。

幽赞释义

《说卦》曰："昔在圣人之作《易》也,幽赞于神明而生蓍。"荀爽曰:"幽,隐也。赞,见也。神者在天,明者在地,神以夜光,明以昼照。蓍者策也,谓阳爻之策三十有六,阴爻之策二十有四,二篇之策万有一千五百二十。上配列宿,下副物数。生蓍者,谓蓍从爻中生也。"干宝曰:"幽昧,人所未见也。赞,求也。言伏羲用明于昧冥之中,以求万物之性尔。乃得自然之神妙,能通天地之精,而管御百灵者,始为天下生用蓍之法者也。"项安世曰:"生蓍为创立用蓍之法,神不能言,以蓍言之,所以赞神出命,故谓之幽赞神明,即大衍所谓佑神也。"朱子曰:"幽赞神明,犹赞化育。"姚配中曰:"幽,深,赞,佐也。幽赞谓《易》不可见,圣人极深研几以佐见之也。神明者,天地之神明,《易》之元也。生犹造也。"读历代之注,大义皆同。此言作《易》者,指包羲氏,承《系辞下》言,彼曰:"于是始作八卦,以通神明之德,以类万物之情。"由八卦以通德类情,是之谓《易》。《系上》曰:"生生之谓易。"当八卦六十四卦之消息,由三百八十四爻而至四千有九十六卦是也。唯其间变动不居,莫见乾元之所之,不亦幽昧深隐乎。幽而赞见之,犹赞天地之化育。乃大人造化蓍策,以见卦象之变,赞其神而幽者明,不测之阴阳,可神而明之,此生蓍之大用也。

《系上》曰:"圣人有以见天下之赜,而拟诸其形容,象其物宜,是故谓之象。圣人有以见天下之动,而观其会通,以行其典礼,系辞焉以断其吉凶,是故谓之爻。言天下之至赜而不可恶也,言天下之至动而不可乱也。拟之而后言,议之而后动,拟议以成其变化。"按至赜者,六十四卦合于一,时位消息之变,皆在其中。圣人以卦象告之,拟言也。至动者,三百八十四爻合于一,六阶相杂,纷若会通。圣人以行其典礼,议动也。见至赜、至动而拟议之,所以赞见其幽,成其变化者,生蓍也。

夫八卦之象,万物莫不可象,是之谓赜。八卦摩荡而至六十四卦,至赜也。至赜云者,见时位之消息,今曰四度。若至赜之摩荡,六爻之动也。因动及三百八十四爻而至四千有九十六卦,至动也。至动云者,见时位消息之源,今曰五度。五度者,合卦爻至赜至动而一之,不可恶(恶同亚,荀爽曰:"亚,次也。"),不可乱,莫隐焉,莫幽焉,而乾元在焉。圣人之作《易》也,生蓍以幽赞之,则隐者显而幽者明,上以通德,下以类情,觉世牖民,其功莫大,《易》其至矣乎。

今以几何图形示其象。三度之立方体即絫矩,其八角为八卦。四度之立方体,即合八絫矩而一,其六十四角为六十四卦。至于生蓍之四千有九十六卦,五度也。五度之立方体,其数据如下:

胞腔数	n—1度边界胞腔之个数和类型	顶角数
2n—胞腔 10—胞腔	2n个 (2n—2)—胞腔 10个　　　8—胞腔	2^n 32

以上之数据,n为度,设 n≥5,盖可推及任何多度空间。以五度之"立方体"言,凡有 10—胞腔,每一胞腔皆 8—胞腔。易言之,即有十个

四度"立方体"为五度"立方体"之边界,其顶角数为三十二云。由是可求其形焉,乃本"累矩图"、"至赜图"而上推之。累矩图者,三度之立方体。得其投影平面而立方之至赜图,为四度之"立方体"。更得至赜图之投影平面而立方之,即五度之"立方体"。若求至赜图之投影平面,宜以对角合一之法得之,犹累矩图之周流六虚,名之曰"用爻图",其形如下:

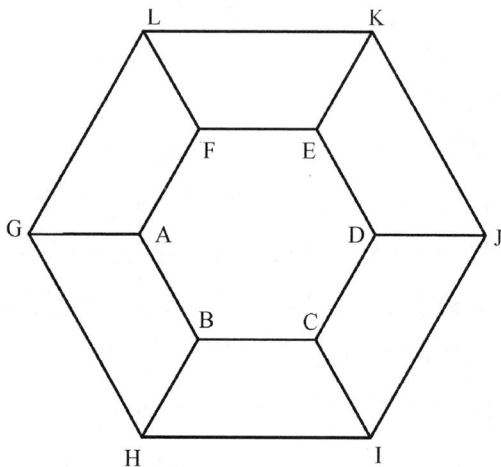

用爻图

夫三画八卦而周流六虚,当六画卦中六爻之位。《参同契》曰:"震出为征,阳气造端,初九潜龙。阳以三立,阴以八通。故三日震动,八日兑行。九二见龙,和平有明。三五德就,乾体乃成。九三夕惕,亏折神符。盛衰渐革,终还其初。巽继其统,固济操持。九四或跃,进退道危。艮主进止,不得逾时。二十三日,典守弦期。九五飞龙,天位加喜。六五坤承,结括终始。韫养众子,世为类母。上九亢龙,战德于野。用九翩翩,为道规矩。阳数已讫,讫则复起。推情合性,转而相与。循据璇玑,升降上下。周流六爻,难可察睹。故无常位,为《易》宗祖。"即此义,图之如下:

三五德就 乾体乃成　　巽继其统 亏折神符

九三夕惕　九四或跃 进退道危

用九翻翻 为道规矩

八日兑行　九二见龙 和平有明　九五飞龙 天位加喜　二十三日 艮主进止

初九潜龙　上九亢龙 战德于野

阳气造端 三日震动　　结括终始 六五坤承

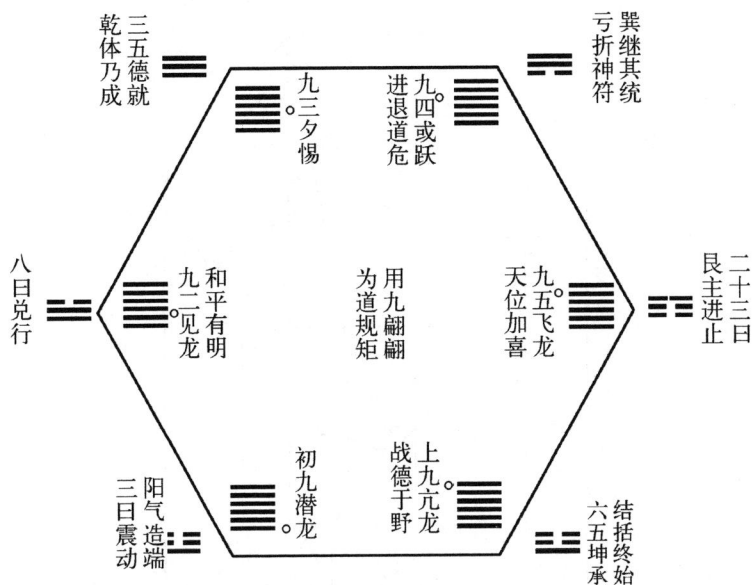

以至赜图之投影平面论,实当用九用六十二爻位,故以用爻名之。盖至赜云者,由消息以用爻耳。爻效天下之动,今曰四度。若至赜图中之 8—胞腔,于用爻图中观之,如下示:

1. ABCDEF ——六边形
2. GHIJKL ——六边形
3. ABGH ——梯　形
4. BCHI ——梯　形
5. CDIJ ——梯　形
6. DEJK ——梯　形
7. EFKL ——梯　形
8. FALG ——梯　形

上述八形,虽有六边形与梯形之不同,于六边形中又有大小之分,梯形中又有方位之分,是皆二次投影之故,其所指皆同为立方体。八立方体合于一,当四度之"立方体",故用爻图者,以二度示四度也。内外二六边形,犹两错卦之十二爻,六梯形之旋,是曰"六爻发挥"云。今以用爻图立方之,则五度"立方体"之象成焉。见下"至动图",图含 10—胞腔:

397

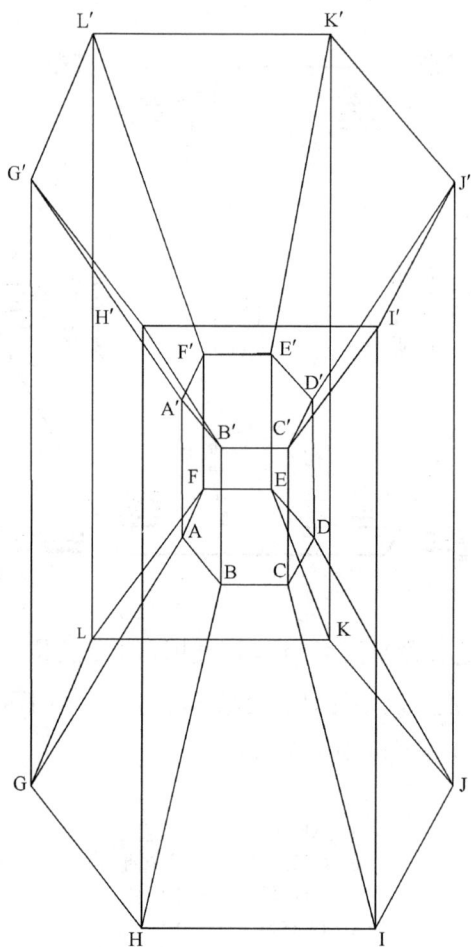

至动图

1. AA'BB'CC'DD'EE'FF'　　　　　——六棱柱
2. GG'HH'II'JJ'KK'LL'　　　　　——六棱柱
3. AGBHCIDJEKFL　　　　　　　——六角锥台
4. A'G'B'H'C'I'D'J'E'K'F'L'　　　——六角锥台
5. AA'BB'GG'HH'　　　　　　　——四角锥台
6. BB'CC'HH'II'　　　　　　　——四角锥台
7. CC'DD'II'JJ'　　　　　　　——四角锥台
8. DD'EE'JJ'KK'　　　　　　　——四角锥台
9. EE'FF'KK'LL'　　　　　　　——四角锥台
10. FF'AA'LL'GG'　　　　　　　——四角锥台

　　以上 10—胞腔之形,有柱、台之异,柱又有大小,台又有六角、四角。仍因二次投影之故,其所指每一胞腔,即一至赜图。有十个 8—胞腔而成五度之"立方体",至动也,象当六十四卦三百八十四爻之消息。凡六角锥台犹爻用图,两错卦之消息也。六棱柱者,犹纷卦消息而及六阶也。上下二六角锥台与大小二六棱柱之相应,犹纷卦之序。周流六虚之四角锥台六,犹纷卦六爻之消息也。阴阳失得四卦共二十四爻,图中之二十四顶角也。《系上》曰:"在天成象,在地成形,变化见矣。"象者四度、五度之谓,形者三度之谓。《易》以《彖》、《象》六爻拟议其至赜至动,所以成天地形象之变化云尔。

　　再者,五度之"立方体",当为三十二顶角。而至动图中,仅二十四顶角。此因投影絜矩成六虚所致,亦即八卦六爻之变化。若不使絜矩投影成六虚,而以流形(德文名 Mannigfaltigkeifen)之法,更可得五度之象,则胞腔与顶角数皆合。夫流形者,今拓扑学中之定义如下:

　　　　一个连通底有限底 n 度复合形(n>0),其中每一点处底同调群与 n－1 度底相同,就是一个 n 度(闭)流形。
　　　　所有底连通底有限底匀齐复合形都是流形。

　　盖流形谓形体之流动,义出于多。乾《彖》曰:"云行雨施,品物流形,大明终始,六位时成。"虞翻曰:"已成既济,上坎为云,下坎为雨,故云行雨施。乾以云雨流坤之形,万物化成,故曰品物流形也。"以易象言,坤为形为品物,当乾二之坤五,坤四五上成上坎,坎水在天为云,是曰云行。又当乾四之坤三,坤二三四成下坎,坎水在天地之间为雨,是曰雨施。又当乾上之坤为大明终始,而乾坤六位皆时成既济,乃坤形坎流,乾火离明,而万物化成也。此流形之本义,犹六爻发挥。拓扑学中由流动中明流向等之变化,义确可通。

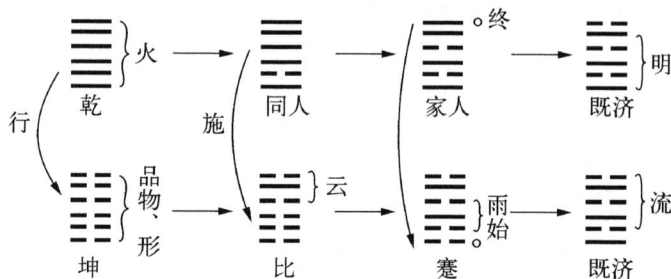

当乾以云雨使坤形流动,已得 n+1 度之象,其义可合三度立方体之流动而观之,见"流形图"。

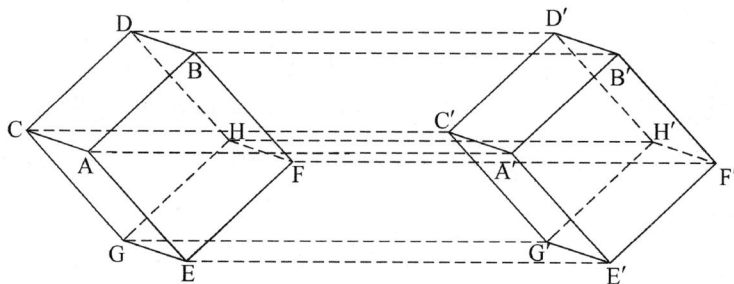

流形图

图示三度立方体 ABCDEFGH,流动成 $A'B'C'D'E'F'G'H'$。若合此二形,即为四度之"六方体",故此图同至赜图。8—胞腔如下示:

1. ABCDEFGH ——未流之形
2. $A'B'C'D'E'F'G'H'$ ——已流之形
3. $ABCDA'B'C'D'$ ——未流已流之上
4. $EFGHE'F'G'H'$ ——未流已流之下
5. $ABEFA'B'E'F'$ ——未流已流之前
6. $CDGHC'D'G'H'$ ——未流已流之后
7. $ACEGA'C'E'G'$ ——未流已流之左
8. $BDFHB'D'F'H'$ ——未流已流之右

以絜矩流形而合一,犹八卦相荡而为六十四卦。流形者,因时而移位,四度也。此四度之"立方体",既可以投影而得,今亦可以流形得之,则不必再使至赜图投影,而以至赜图移动,即成五度"立方体"之象。见"幽赞图"。

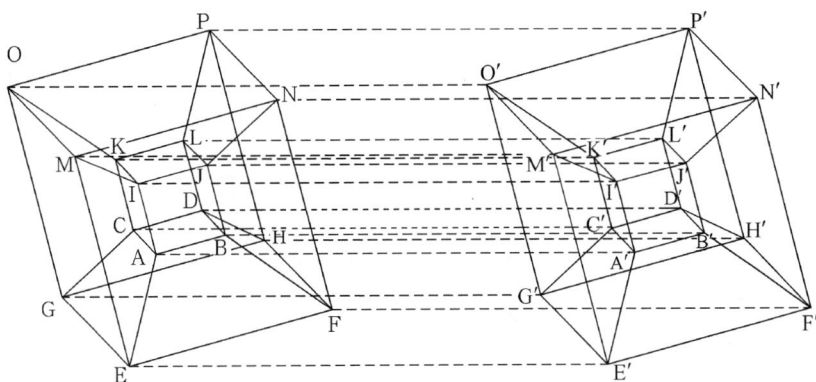

幽赞图

图中有 10—胞腔。每一胞腔皆为 8—胞腔,顶角为三十二。详示如下:

10—胞腔

1. ABCDEFGHIJKLMNOP ——未流之至赜图
2. A′B′C′D′E′F′G′H′I′J′K′L′M′N′O′P′ ——已流之至赜图
3. ABCDIJKLA′B′C′D′I′J′K′L′ ——未流已流之内立方体
4. EFGHMNOPE′F′G′H′M′N′O′P′ ——未流已流之外立方体
5. IJKLMNOPI′J′K′L′M′N′O′P′ ——未流已流之上四角锥台
6. ABCDEFGHA′B′C′D′E′F′G′H′ ——未流已流之下四角锥台
7. ABIJEFMNA′B′I′J′E′F′M′N′ ——未流已流之前四角锥台
8. CDKLGHOPC′D′K′L′G′H′O′P′ ——未流已流之后四角锥台
9. ACIKEGMOA′C′I′K′E′G′M′O′ ——未流已流之左四角锥台
10. BDJLFHNPB′D′J′L′F′H′N′P′ ——未流已流之右四角锥台

32 顶角

ABCDEFGHIJKLMNOPA′B′C′D′E′F′G′H′I′J′K′L′M′N′O′P′

以至赜移动而合一,犹六十四卦之六十四卦而为四千有九十六卦,此生著也,故以幽赞名之。赞幽而"大明终始",形象变化而"六位时成",五度之象也,与至动图各有所当。此合卦数八,犹方图之象。

彼合爻数六，犹圆图之象。

三十二顶角者，当本卦内外卦各八，之卦内外卦各八，凡内卦本卦曰贞，外卦之卦曰悔，见下表：

三十二顶角　　本之卦　　内外卦	贞　　　　卦 本　　　　　　卦	悔　　　　卦 之　　　　　　卦
贞　　内卦	8 ABCD　　　EFGH	8 A′B′C′D′　E′F′G′H′
悔　　外卦	8 IJKL　　　MNOP	8 I′J′K′L′　M′N′O′P′

又每一胞腔为十六顶角，其任一顶角各及四立方体，则顶角又可当四画互卦十六。各及四立方体者，十六互卦又分四象而为六十四卦也。下以 ABCDIJKL、A′B′C′D′′I′J′K′L′之至赜图言，图凡十六顶角，即十六互卦。今取 A 点论，四种变化见下：

ABCDIJKL
ABCDA′B′C′D′
ABIJA′B′I′J′
ACIKA′C′I′K′

是即十六互卦成六十四卦。按互卦之变化另详。今以由下而上为准，且以 A 点为乾卦之互(☰)，则四种变化乃成乾(䷀)、夬(䷪)、大有(䷍)、大壮(䷡)四六画卦，合其他十五点，自然为六十四卦。于其他至赜图中亦同。

至于五度"立方体"之 10—胞腔，与四度"立方体"之 8—胞腔，当明辨其象，以"至赜图"、"流形图"言，每一胞腔当八卦，则二相对之胞腔，已可当八卦相荡而为六十四卦。于流形图中极明显，于至赜图中其义亦然。且其 8—胞腔之八，又为八卦之数，故合 8—胞腔亦为六十四卦。此一贞八悔之象，于至赜图中极明显，于流形图中其义亦然。

唯以至动图幽赞图言,每一胞腔当六十四卦,则二相对之胞腔,可当六十四卦之六十四卦,而为四千有九十六卦。于幽赞图中极明显,于至动图中其义亦然。然其 10—胞腔之十,已非卦数。故一贞六十四悔之象,宜以顶角当之。若十数者,河图之象也。《系上》曰"天一地二天三地四天五地六天七地八天九地十",又曰"天数五,地数五,五位相得而各有合",非五度"立方体"含 10—胞腔之谓欤。五位者,五度也。相得而各有合者,二相对之至赜图,即合而有生蓍之象。其合有五,五行之象也。郑玄曰:"天地之气各有五,五行之次。一曰水,天数也。二曰火,地数也。三曰木,天数也。四曰金,地数也。五曰土,天数也。此五者,阴无匹,阳无耦,故又合之。地六为天一匹也,天七为地二耦也,地八为天三匹也,天九为地四耦也,地十为天无匹也。二五阴阳各有合,然后气相得,施化行也。"是其义。

佛教之《华严经》,自始至终,莫不以十数为言,归诸普贤之十大行愿。其言曰:"一者礼敬诸佛,二者称赞如来,三者广修供养,四者忏悔业障,五者随喜功德,六者请转法轮,七者请佛住世,八者常随佛学,九者恒顺众生,十者普皆回向。"盖已入不思议解脱境界。然所以准十数者,亦为河图,当五度"立方体"而含 10—胞腔之象也。

今言 n 度空间,可上推无已。然易象之变化,极于一卦之六十四卦,盖至赜至动,已在其中。三度位而四度时,五度者六位时成也。幽赞而大明,故不言五度以上。又三度以上之空间,象也,今科学已能证之。有其力者,自能达其境。若心灵能悟之者,尤非虚语,然必由修养以致之。或妄信妄言,则自诒伊戚,宜戒勉之。

发挥与六龙之解析

六爻发挥,不外应、比、索、等四者之变动,惟比、等有旋,故共凡六种,实当六爻之位。特分述于下,并以极坐标示之。

一、旋比——义当初上之比。凡初爻历二三四五而及上爻,或上爻历五四三二而及初爻,然后比之,则已遍及六位。合六位曰象,犹旋比也。夫极坐标者,以矢径 P,幅角 Q,以示中心 O 点之位。今设每爻之 P=5,不论 Q 之角度,犹以 O 为中心,5 为半径而做圆,此圆即当一爻云。若象含六爻,故 P=30。其中心盖在三四爻之际。见图 1*。

二、旋等——义当初五、二上之等。凡初爻历二三四而及五爻,或五爻历四三二而及初爻,然后等之。于二上亦然,乃及五位。合五位曰伍卦,犹旋等也。以极坐标言,伍卦含五爻,故 P=25。又伍卦有二,初五曰下伍,其中心在三爻之中。二上曰上五,其中心在四爻之中。见图 2。

三、应——义当初四、二五、三上之应。凡初爻历二三而及四爻,或四爻历三二而及初爻,然后应之。于二五、三上皆然,乃及四位。合

---

* 整理者按:此文所提及之图,原稿均缺。

四位曰互卦,犹应也。以极坐标言,互卦含四爻,故 P=20。又互卦有三,初四曰下互,其中心在二三爻之际。二五曰中互,其中心在三四爻之际。三上曰上互,其中心点在四五爻之际。见图3。

四、等——义当初三、二四、三五、四上之等。凡初爻历二而及三爻,或三爻历二而及初爻,然后等之。于二四、三五、四上皆然,乃及三位。合三位曰参卦,犹等也。以极坐标言,参卦含三爻,故 P=15。又参卦有四,初三曰下卦,其中心在二爻之中。二四曰下参,其中心在三爻之中。三五曰上参,其中心在四爻之中。四上曰上卦,其中心在五爻之中。见图4。

五、比——义当初二、二三、三四、四五、五上之比。凡初爻及二爻,或二爻及初爻,然后比之。于二三、三四、四五、五上皆然,乃及二位。合二位曰半卦,犹比也。以极坐标言,半卦含二爻,故 P=10。又半卦有五,初二曰初二半卦,其中心在初二爻之际。二三曰二三半卦,其中心在二三爻之际。三四曰三四半卦,其中心在三四爻之际。四五曰四五半卦,其中心在四五爻之际。五上曰五上半卦,其中心在五上爻之际。见图5。

六、索——义当初初、二二、三三、四四、五五、上上之索。凡本位之爻,然后索之。六爻皆然,仅及一位,一位曰爻,犹索也。以极坐标言,以设每爻之 P=5,又爻有六,曰初二三四五上,其中心皆在各爻之中。见图6。

合上 1、3、5 三图曰发蒙,见图7。合上 2、4、6 三图曰执谦,见图8。凡发蒙之中心,皆在两爻之际,执谦之中心,皆在各爻之中,见图9。其间发蒙之中心五,示以⊙,执谦之中心六,示以·。又发蒙之矢径P,有 10、20、30 之不同,执谦之矢径P,有 5、15、25 之不同。故发挥之中心共十一,合以矢径 P 之不同,其变化共二十有一。由是知体象之义,发挥之情,即此坐标中心之上下移动与夫矢径之短长耳。若所以有二十一种变化者,一至六之和也,示如下,并见图10。

$$1 + 2 + 3 + 4 + 5 + 6 = 21$$

彖　伍卦　互卦　参卦　半卦　爻

《文言》曰"六爻发挥,旁通情也",非此之谓乎。再者,《说卦》又曰"发挥于刚柔而生爻",于发挥之义实同,然各有所当。盖《文言》所言之发挥,谓由乾六爻发挥之坤而成六十四卦。《说卦》又曰发挥者,谓既成六十四卦,于两错卦间,又准发挥之位而发挥。故知发挥生爻,已遍及六十四卦三百八十四爻,非限于乾坤而已。乃上述二十一种变化,仅当一卦之数。以体象言,即一卦间含六位之彖有一,含五位之伍卦有二,含四位之互卦有三,含三位之参卦有四,含二位之半卦有五,含一位之六爻有六是也。今以六十四卦言,当乘以六十四,故体象之总数为一千三百四十四,详见下表。

	位数	正名	一卦之体象变化数	六十四卦之体象变化数
	六	彖	1	64
	五	伍卦	2	128
	四	互卦	3	192
	三	参卦	4	256
	二	半卦	5	320
	一	爻	6	384
总数	二十一		21	1 344

由上表盖见位数与体象变化数为反比,凡所及之位数多,其体象变化数少,所及之位数少,其体象变化数多。以六十四卦言,彖及六位,故体象变化数仅六十四,是即大成六十四卦。圣人观象系辞,是谓卦辞也。又爻唯一位,故体象变化,数有三百八十四,圣人又观其象而系其辞,是谓爻辞也。《系》下曰"爻象以情言",是其义。然所系之卦爻辞,非限于六位及一位之象,尚体乎伍卦互卦参卦半卦之象焉。故必观此一千三百四十四象,庶能尽圣人系辞之情,或舍象而玩辞,何能

悟系辞尽言之妙耶。

若以极坐标所示之发挥图(即图10),今以另一形式示之,见图11,名之曰体象发挥图。夫体象者发挥之静,《系》上曰"居则观其象"是也。发挥者体象之动,《系》上曰"动则观其变"是也。是两者,盖相须而不离,微体象则发挥无基,微发挥则体象无变。曰六龙者,即有基之变动。发挥之极致,宜详述于下,亦以极坐标示之。

观发挥之每次变动,皆为三爻,唯二爻间有种种不同之位,故有种种不同之体象。体象虽不同,无与于发挥之变动,辞不可不明辨者也。是故两错卦共十二爻,须六次发挥,则各爻皆变。如同位爻之素,凡六位而有六是也。他如应、比、等亦同。然非同位爻,则二位可合而言之。如初三等与三初等,二五应与五二应,四五比与五四比,皆可合一是也。下分述发与挥之情状。

先以挥言。挥者初三五不及二四上,二四上亦不及初三五,故欲遍及六爻,必为初三五三爻中有一等一索,二四上三爻中亦有一等一索。凡等索之配合,共有九种变化。以二四等言,索为上,配合初五等三索,初三等五索,三五等初索。以四上等言,索为二,以上二等言,索为四,各配合上述三种,故变化凡九。以极坐标示之共九图,以一至九次之(见图12—20)。且以二索爻之位名之,图各四圆,盖二索各自为圆,等则已合二次发挥为一。此九图有大妙者,乃以一至九之次列成洛书,于索位爻纵横之顺逆数,于洛书之纵横顺逆数同(另详《周易发蒙》)。且二索位爻以二四上在上,即六龙图一。故此九图,以索位爻言,即六龙图。以等位爻言,即《系》上曰"参伍以变"之义。参伍者,三五也,于位自然成三位之参卦及五位之伍卦,于数自然成洛书纵横十五之数。以挥爻言三纵三横各有旋等二、等四、爻六,位皆不同,而扐谦之变化备焉。且观二索爻之位,非应即比,九图中凡三应六比,则发蒙之变化,亦含在其中。故二同位爻之素,化为应比,自然成发蒙矣。

以发言,初三五三位皆及二四上,二四上三位亦皆及初三五,故其变化可以应之尽之。凡三应恰当六爻曰三锡(见图21)。六比当六爻之倍,曰三驱(见图22)。分而言之,驱得三狐,有三品之辨,故比分三狐(见图23)三品(见图24),亦各当六爻。又三锡而得其一,其他二锡化成二比,则得上三之锡者曰三禩(见图25),得二五之锡者曰三接(见图26),得四初之锡者曰三就(见图27)。故发蒙之应比,凡应分为三而比分为二,是即参天两地之数,其间应一、比二、应比合者三。凡此六者,即挥爻中二索位爻之纵横各三。乃四初、二五、上三,当洛书九五一,为三锡。上五、四三、二初,当洛书二七六,为三品。二三、上初、四五,当洛书四三八,为三狐。以上为应一比二当三纵。又上初、二五、四三,当洛书三五七,为三接。二三、四初、上五,当洛书四九二,为三就。四五、上三、二初,当洛书八一六,为三禩。以上为应比合当三横。凡三纵之发,纯用应爻或纯用比爻为阳,三横之发,皆应比杂用为阴。阳者为初三五三阳位之龙,阴者为二四上三阴位之龙。且阳以洛书三五七为准,故取二五之五为五位,合四初、上三,则三锡为飞龙。取四三之三为三位,合上五二初,则三品为惕龙。取上初之初为初位,合二三、四五,则三狐为潜龙。三驱者,三品、三狐之合,亦即惕龙、潜龙之合。凡惕龙、潜龙之位,合于洛书有正反之异,故宜有三驱以通之。又阴以洛书九五一为准,故取二五之二为二位,合四三、上初,则三接为见龙。取四初之四为四位,合上五、二三,则三就为跃龙。取上三之上为上位,合二初、四五,则三禩为亢龙。可见挥爻之九种变化,以等视之曰"参伍以变",以索视之即六龙。因二索位之合一,故发爻之变化,皆为三圆,是犹三锡、三接等等三字之义。挥亦由是而通于发,乃曰六龙者,发挥之极致也。

再者六龙之发挥,皆兼及错卦。若飞龙之三锡而仅以本卦取象,是即两象易(见图28)。见龙之三接亦仅以本卦取象,是即综卦(见图29)。故错卦之综卦,名之曰接卦。错卦之两象易,名之曰锡卦云(另详《论逐与勿逐》)。

以上二十九图,合而名之曰《六龙发挥图》。乾《彖》曰"时乘六龙以御天",乾《文言》继"六爻发挥,旁通情也",又曰"时乘六龙以御天也",盖得发挥旁通之情,乃能时乘六龙以御天。此文所述,诸图所示,皆明此义耳。

论六十四种遗传密码与
六十四卦的联系

由分子生物学的理论,认识生物自生命起源以来,就有六十四种遗传密码在起遗传的决定性作用。此在西方生物学的发展过程中,亦为重要的里程碑。以数而言,何以有六十四种遗传密码,是否可有六十五种,或仅有六十三种,而事实上必须是六十四种。因有四种碱基的三联体组合,即四的三次方,其总数自然是六十四。唯其确有六十四种遗传密码,不期与中国易学的六十四卦,产生了并不是附会的联想。因六十四卦的卦数,有其形成的原理,同样不可能是六十五卦与六十三卦。然则抽象并仅以数言,就有其相同的原理。先以易学的卦数论,得此六十四数有三种方法。以算式示之,非常简单。

其一为:$2^6 = 64$——易学中名之曰爻。六爻为六十四卦。

其二为:$4^3 = 64$——易学中名之曰象。象说三才,一才兼二画,三才为六画六十四卦。

其三为:$8^2 = 64$——易学中名之曰八卦。八卦已兼三画,内外二个八卦,亦为六画六十四卦。

更以乾坤两卦的卦象示之。

```
——上——
——五——
——四——
——三——
——二——
——初——
```

一画有阴阳两种变化，即 ——、——，是谓两仪。

每画变其阴阳名爻，爻数为二的六次方，$2^6＝64$。

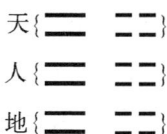

```
天{ ══   ══ }
人{ ══   ══ }
地{ ══   ══ }
```

二画成一才，变化有四种，即 ══，══，══，══，是谓四象。才分天地人，《说卦》曰："立天之道曰阴与阳，立地之道曰柔与刚，立人之道曰仁与义。兼三才而两之，故《易》六画而成卦。"这就是 $4^3＝64$。

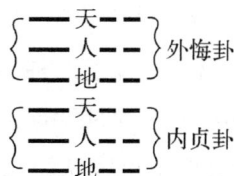

```
{ —天——
  —人——  }外悔卦
  —地——
{ —天——
  —人——  }内贞卦
  —地——
```

三画成卦，变化有八种，即 ☰，☱，☲，☳，☴，☵，☶，☷，是谓八卦。内外贞悔"八卦相荡"，当 $8^2＝64$。

结合六十四种遗传密码与六十四卦的关系，以数而言，似当属于第二种 $4^3＝64$ 的类型。此在分子生物学的三联体，犹易学中的三才。由是须明辨四种碱基合于四象的情况。

观分子生物学中的双螺旋结构，尚有 DNA 与 RNA 二条并不相同的长链，其化学结构凡分酸、糖、碱三大类。于酸同为磷酸，于糖有脱氧不脱氧两种，凡脱氧的成 DNA，不脱氧的成 RNA。分辨糖的脱氧与否,主要在于碱基。碱基分嘧啶与嘌呤两类。嘌呤又分鸟嘌呤(G)与腺嘌呤(A)。此两种碱基与糖的脱氧与否无关。于嘧啶则分三类,其一胞嘧啶(C),亦与糖的脱氧与否无关。唯其他两种,能分辨糖的脱氧与否,一名胸腺嘧啶(T),则与(G)(A)(C)组合,相应于脱氧核糖核酸以成 DNA。一名尿嘧啶(U),则与(G)(A)(C)组合,相应于不脱氧的核糖核酸以成 RNA。故总计碱基为五种,三种为嘧啶,二种为嘌呤。且嘧啶与嘌呤间自然有氢键结合,以 C—G 与 T—A 成为 DNA,以 C—G 与 U—A 成为 RNA。故三种嘧啶为 C、T、U,二种嘌呤为 G、A。今首当根据嘧啶与嘌呤相应间之氢键数以假设其阴阳。凡 DNA 之 T—A,RNA 之 U—A,其氢键数同为二,二阴数拟设为阴,易学的符号 − −。DNA 与 RNA 相同之 C—G,其氢键数为三,三阳数拟设为阳,易学的符号为 ━。由是组成 DNA 与 RNA 的五种碱基,凡胞嘧啶(C)、鸟嘌呤(G)为阳 ━;胸腺嘧啶(T)、尿嘧啶(U)、腺嘧啶(A)为阴 − −。进而须分辨 DNA 与 RNA 的四种碱基,宜形成四象。故于嘧啶与嘌呤间亦当分辨其阴阳,拟设嘧啶为阳,嘌呤为阴。所据有二,其一唯嘧啶有三种,嘌呤仅二种,仍取三数奇为阳,二数偶为阴。其二于三种嘧啶中有尿嘧啶(U)能认识核糖,胸腺嘧啶(T)能认识脱氧核糖,于二种嘌呤皆不可能认识,故当取嘧啶为阳,嘌呤为阴。由是胞嘧啶(C)、胸腺嘧啶(T)、尿嘧啶(U)为阳,鸟嘌呤(G)、腺嘌呤(A)为阴。合上二种有客观根据的假设,则胞嘧啶(C)为阳中之阳,其符号为 ═。鸟嘌呤(G)为阳中之阴,其符号为 ══。胸腺嘧啶(T)于 DNA、尿嘧啶(U)于 RNA,同为阴中之阳,其符号为 ═ ═。腺嘌呤(A)为阴中之阴,其符号为 ═ ═。由是四种碱基以当四象,可截然不混。此为六十四卦相应于六十四种遗传密码的基本原则,且应理解 DNA、RNA 中仅有一种碱基不同,然于数同为六十四,以下二表示之(表见下页)。

　　若于六十四种遗传密码当相应于二十种氨基酸,当取 RNA 为主,结合三联体各配合四象,列表如下:

阴二	阳三	碱基数	DNA
– –	—	悔 / 贞	氢键数
☲☲ A	☲☲ T	– –	阴二
☲☲ G	☰ C	—	阳三

DNA 相应四象

阴二	阳三	碱基数	RNA
– –	—	悔 / 贞	氢键数
☲☲ A	☲☲ U	– –	阴二
☲☲ G	☰ C	—	阳三

RNA 相应四象

I \ II	U ☲☲	C ☰	A ☲☲	G ☲☲	II \ III
U ☲☲	Phe	Ser	Tyr	Cys	U ☲☲
	Phe	Ser	Tyr	Cys	C ☰
	Leu	Ser	正常句点	句点	A ☲☲
	Leu	Ser	正常句点	Try	G ☲☲
C ☰	Leu	Pro	His	Arg	U ☲☲
	Leu	Pro	His	Arg	C ☰
	Leu	Pro	Glun	Arg	A ☲☲
	Leu	Pro	Glun	Arg	G ☲☲
A ☲☲	Ileu	Thr	Aspn	Ser	U ☲☲
	Ileu	Thr	Aspn	Ser	C ☰
	Ileu	Thr	Lys	Arg	A ☲☲
	Met	Thr	Lys	Arg	G ☲☲
G ☲☲	Val	Ala	Asp	Gly	U ☲☲
	Val	Ala	Asp	Gly	C ☰
	Val	Ala	Glu	Gly	A ☲☲
	Val	Ala	Glu	Gly	G ☲☲

遗传密码表

准上遗传密码表以合诸四象，则三联体的相合，以成六十四种密码，就全同于六十四卦的卦象。更相应于二十种氨基酸，详示如下：

① 苯丙氨酸 Phe	U⚎	C⚌				
	U⚎	U⚎				
	U⚎	U⚎				
	未济	讼				
② 亮氨酸 Leu	A⚏	G⚍	U⚎	C⚌	A⚏	G⚍
	U⚎	U⚎	U⚎	U⚎	U⚎	U⚎
	U⚎	U⚎	C⚌	C⚌	C⚌	C⚌
	解	困	睽	履	归妹	兑
③ 异亮氨酸 Ileu	U⚎	C⚌	A⚏			
	U⚎	U⚎	U⚎			
	A⚏	A⚏	A⚏			
	晋	否	豫			
④ 甲硫氨酸 Met	G⚍					
	U⚎					
	A⚏					
	萃					
⑤ 缬氨酸 VAl	U⚎	C⚌	A⚏	G⚍		
	U⚎	U⚎	U⚎	U⚎		
	G⚍	G⚍	G⚍	G⚍		
	噬嗑	无妄	震	随		
⑥ 丝氨酸 Ser	U⚎	C⚌	A⚏	G⚍	U⚎	C⚌
	C⚌	C⚌	C⚌	C⚌	G⚍	G⚍
	U⚎	U⚎	U⚎	U⚎	A⚏	A⚏
	鼎	姤	恒	大过	艮	渐
⑦ 脯氨酸 Pro	U⚎	C⚌	A⚏	G⚍		
	C⚌	C⚌	C⚌	C⚌		
	C⚌	C⚌	C⚌	C⚌		
	大有	乾	大壮	夬		
⑧ 苏氨酸 Thr	U⚎	C⚌	A⚏	G⚍		
	C⚌	C⚌	C⚌	C⚌		
	A⚏	A⚏	A⚏	A⚏		
	旅	遯	小过	咸		

⑨ 丙氨酸 Ala　U　C　A　G
　　　　　　　C　C　C　C
　　　　　　　G　G　G　G
　　　　　　　离　同人　丰　革

⑩ 酪氨酸 Tyr　U　C
　　　　　　　A　A
　　　　　　　U　U
　　　　　　　蒙　涣

　　　　　　　A　G　A
　　　　　　　A　A　G句点
　　　　　　　U　U　U
　　　　　　　师　坎　升

⑪ 组氨酸 His　U　C
　　　　　　　A　A
　　　　　　　C　C
　　　　　　　损　中孚

⑫ 谷酸氨基 Glun　A　G
　　　　　　　　A　A
　　　　　　　　C　C
　　　　　　　　临　节

⑬ 天冬酸 Aspn　U　C
　　　　　　　　A　A
　　　　　　　　A　A
　　　　　　　　剥　观

⑭ 赖氨酸 Lys　A　G
　　　　　　　A　A
　　　　　　　A　A
　　　　　　　坤　比

⑮ 天冬氨酸 Asp　U　C
　　　　　　　　A　A
　　　　　　　　G　G
　　　　　　　　颐　益

⑯ 谷酸基 Glu　A　G
　　　　　　　A　A
　　　　　　　G　G
　　　　　　　复　屯

⑰ 半胱氨酸 Cys

U	C
G	G
U	U
蛊	巽

⑱ 色氨酸 Try

G
G
A
井

⑲ 精氨酸 Arg

U	C	A	G	A	G
G	G	G	G	G	G
C	C	C	C	A	A
大畜	小畜	泰	需	谦	蹇

⑳ 甘氨酸 Gly

U	C	A	G
G	G	G	G
G	G	G	G
贲	家人	明夷	既济

上表配合六十四种遗传密码于六十四卦,且用 RNA 之碱基相应于二十种氨基酸,因密码有六十四个,氨基酸仅二十种,故有若干种密码相应于同一种氨基酸。合而统计之,示如下:

密码数	相应于二十种氨基酸	所用的密码总数
6	亮氨酸　丝氨酸　精氨酸 Leu　Ser　Arg	三种共用 18 个密码
4	缬氨酸　脯氨酸　苏氨酸　丙氨酸　甘氨酸 VAl　Pro　Thr　Ala　Gly	五种共用 20 个密码
3	异亮氨酸 Ileu	一种共用 3 个密码
2	苯丙氨酸　酪氨酸　组氨酸　谷酸氨基　天冬酸 Phe　Tyr　His　Glun　Aspn 赖氨酸　天冬氨酸　谷酸基　半胱氨酸 Lys　Asp　Glu　Cys	九种共用 18 个密码
1	甲硫氨酸　色氨酸 Met　Try	二种共用 2 个密码
1	相应的句点符号凡三	三种共用 3 个密码

　　由上面的统计表,可知共用去六十一种密码,以使 RNA 相应于二十种氨基酸。最关键的三个密码,并不是相应任何一种氨基酸,而使翻译 RNA 时知有终止、开始等标点符号。唯有此三种标点,乃能开始或改变或终止以相应于某种氨基酸。此尤见相应之神妙,要能随时纠正误译 RNA 的三联体。以卦象论,这三种作为句逗符号的密码,其卦名为师、坎、升。

　　至于 RNA,以相应于二十种氨基酸为主。而其于 DNA 的关系,虽配合之卦象相同,就更应注意嘧啶与嘌呤间必自然结合成为双螺旋结构。以下示 DNA 中胸腺嘧啶(T)—腺嘌呤(A)与胞嘧啶(C)—鸟嘌呤(G)之三联体结合及其卦象。

未济	坤	解	剥	蒙	豫	晋	师
讼	比	困	观	涣	萃	否	坎
鼎	谦	蛊	小过	恒	艮	旅	升
暌	复	噬嗑	临	归妹	颐	损	震
姤	蹇	大过	渐	巽	咸	遁	井
履	屯	兑	益	中孚	随	无妄	节

T═══A══   A═══T══   T═══A══   T═══A══
C───G══   C───G══   G══─C───   C───G══
C───G══   C───G══   C───G══   G══─C───
　大有　　明夷　　大壮　　贲　　大畜　　丰　　离　　泰

C───G══   G══─C───   C───G══   C───G══
C───G══   C───G══   G══─C───   C───G══
C───G══   C───G══   C───G══   G══─C───
　乾　　既济　　夬　　家人　　小畜　　革　　同人　　需

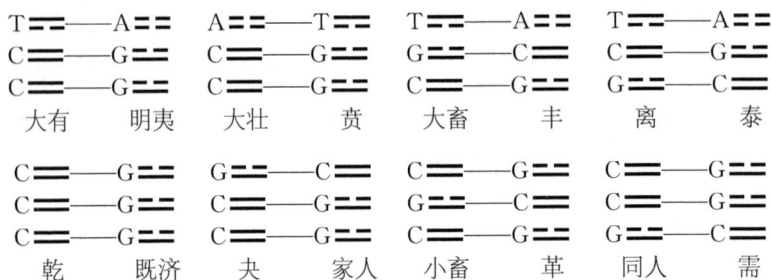

　　由上表可见双螺旋结构间的互补关系,此于卦象亦可见其互补关系的基础。凡每个碱基既当四象之一,故任一三联体,自然成为六十四卦之一。其间同一碱基的四种三联体,当然是组合六十四种三联体的基础。此四种三联体,乃当乾、坤、既济、未济四卦,尤见其自然之联系。更示如下:

C═══G══   T═══A══
C═══G══   T═══A══
C═══G══   T═══A══
　乾　　既济　　未济　　坤

　　如能重视同一碱基的四种三联体,则可喻三联体的所有变化。此全同易学中本有的六十四卦消息,且本诸乾、坤与既济、未济四卦,则自然可理解其他六十卦卦象的相应变化。

附录一

论忧患与《序卦》

　　《系辞上》曰："君子所居而安者,《易》之序也。"谓由序而居则安,可见不由乎序,自然不安。不安乃有忧患,故于《序卦》中特取九卦而三陈之,以当忧患之义。于《系辞下》曰:

　　　易之兴也,其于中古乎,作《易》者其有忧患乎。是故——
　　　履,德之基也——履和而至——履以和行。
　　　谦,德之柄也——谦尊而光——谦以制礼。
　　　复,德之本也——复小而辨于物——复以自知。
　　　恒,德之固也——恒杂而不厌——恒以一德。
　　　损,德之修也——损先难而后易——损以远害。
　　　益,德之裕也——益长裕而不设——益以兴利。
　　　困,德之辨也——困穷而通——困以寡怨。
　　　井,德之地也——井居其所而迁——井以辨义。
　　　巽,德之制也——巽称而隐——巽以行权。

　　上录原文,使三陈并列,其义易显。初陈者,明九卦之德。二陈者，明九卦之性。三陈者，明九卦之用。体德性而用之，卦义备矣。

夫履者礼也。履礼者，如履于虎尾，能和而至则不咥人，犹战兢之临渊履薄。或不和焉，或和而未至焉，虎将转身而咥人。子曰："愚而好自用，贱而好自专，生乎今之世反古之道，如此者灾及其身者也。"（《中庸》）愚贱者犹眇跛者，其行不和，宜为虎咥，由是而其中自乱，谓履礼之过，不亦谬哉。故君子当不愿乎外，素履而往。礼之用和为贵，履礼而行，免忧患之基也。履错谦，谦谦君子，卑以自牧，于地卑而不可逾，于天尊而光，其义一也，皆致恭以存其位。因位以制礼，位为柄而礼为基，有基无柄，其基不显，有柄无基，其柄无所置。必相合而一之，制礼而行之，是之谓复，克己复礼，复其见天地之心乎。归仁成性，宜为德之本。一阳位初，虽小而已能辨于物。孟子曰："人之所以异于禽兽者几希，庶民去之，君子存之。舜明于庶物，察于人伦，由仁义行，非行仁义也。"（《离娄下》）几希者小也，去存者剥复也。明于庶物者，存此复小而辨于物也。辨于物而首出庶物，所以察人伦。《说卦》曰："立人之道曰仁与义。"体仁义而行之，仁义岂外铄哉。复以自知，知此而已。子曰："贤哉回也，一箪食，一瓢饮，在陋巷，人不堪其忧，回也不改其乐。贤哉回也。"（《论语·雍也》）密合此象。以颜氏之子当复初者，有以也。若此复小之性，可不持之以恒乎。《系上》曰："成性存存，道义之门。"存存者恒也。子曰："得见有恒者，斯可矣。"（《论语·述而》）又南人有言："人而无恒，不可以作巫医。"（《论语·子路》）恒者，由立不易方以固其德，德固而行一，其功乃成。固当贞固之固，贞者正也，固不以正，属子绝四之三。恒六五夫子凶，故不可不绝，绝者绝其不义也。固以正，属九三不恒其德或承之羞，故不可不固，固者固其本也。盖物相杂而生事，贞固以干之，文当则其应无穷，故终身乐之而不厌。颜子三月不违仁，道也者，不可须臾离者也，不亦恒乎。由恒固以修之，因时而损之，得而复失，其先难焉。损其当损，去其忿欲耳，其后易焉。损外物以远害,为道日损而至于无为也。无为而无不为,因时而益之,其德乃裕,君子以见善则迁,有过则改,所以长裕以兴利。不设者,不自张大,善行无辙迹之谓也,因时损益,衰盛合宜。子谓颜渊曰:"用之则行,舍之则藏,唯我与尔有是夫。"(《论语·述而》)犹损益之象也。困德之辨者,辨其所困,六爻中初困株木,二困酒食,三困石,四困金车,五困赤绂,上困葛藟,种种自缚,不加以辨可乎。辨则学在其中,困而学,其致一,困而不学,民斯为下。君子固穷,小人穷斯滥。困而不失其所亨,辨其困而遂其志,穷而通也。求仁得仁,何怨之有,愈困而其怨愈寡,是以通。孟子曰:"天将降大任于斯人也,必先苦其心志,劳其筋骨,饿其体肤,空乏其身,行拂乱其所为,所以动心忍性,曾益其所不能。"(《告子下》)此困学致命,困心衡虑,然后知生于忧患死于安乐也。困之于人,其用大矣。井德之地者,井居地而不移也。地有载物资生之功,井有上水养人之利,利者义之和,汲寒泉而不穷,辨义以迁其施,井收勿幕之大成也。又辨之为言,三陈三见。困者,辨于初陈之德,盖困之生,生于不辨德之吉凶耳。德辨而知本,故复辨于二陈之性。复小而辨于物者,万物皆备于我而其性复焉。性复而大之,故井辨于三陈之用,用者辨义之谓也。最后一卦取巽,巽为德之制,制犹制礼之制。然巽之德为能制,非谓所制。制贵乎称,称者适物之宜,谦《大象》曰"称物平施"是也。曰称而隐者,显所制而能制隐焉。当初阳伏而为巽,巽为命,其用行权,能制之象。孟子曰:"权然后知轻重也。"(《梁惠王上》)称也。嫂溺援手之权,礼之隐者也。公羊曰:"权者何,权者反于经,然后有善者也。"又曰:"行权有道,自贬损以行权,不害人以行权。杀人以自生,亡人以自存,君子不为也。"不啻为巽以行权之注。自贬损与不害人,行权之准也,由是以行权,虽反于经而未尝违于经,即称而隐。故权者,经之隐者也。隐则难与,子曰:"可与共学,未可与适道。可与适道,未可与立。可与立,未可与权。"(《论语·子罕》)未可与权而行权,权之弊也,终至杀人以自生,亡人以自存,此权术之所以不足贵也。然防其弊而废之,则当可与权而不行权,又难免陷于不援手。经权之辨,几焉微焉,其犹坤初之积乎。当则经权皆是,不当则经权皆非,忧患卦之终于行权,其义深矣。凡忧患卦九,三卦在上经,六卦在下经,当阳一阴二之理。于上经者,终于复性之震出,犹经也。于下经者,终于巽入以申命,此权也。经则震出将显,权则巽入宜隐,能自知而称,是曰"出入无疾",尚有忧患者哉。

以上略述忧患九卦之义,若所以取此九卦者,更具象数之理,当本《序卦》以明之。

《序卦》云者,序六十四卦之次也,间分上下以当阴阳,即上下经二篇。然二篇之阴阳,与先天图之阴阳,各有所指。先天图者,阴阳以两仪论,凡初画阳者为阳仪,初画阴者为阴仪,两仪均分,相错而各为三十二卦。若《序卦》之次,必以综卦相连。或综而仍为本卦者,或以错卦相连。乃初画之阴阳,以错卦相连者,必一阴一阳,如乾初九坤初六。以综卦相连而初上之阴阳不同者,亦必一阴一阳,如屯初九蒙初六。以综卦相连而初上之阴阳同者,则同阴如师初六比初六,同阳如小畜初九履初九。由是上下经中,初画之阴阳已相杂,未可以两仪辨。故二篇之阴阳,以分卦数之多寡当之。由先天之均分三十二而多寡之,且或错或综,必相连为一,乃一移为二卦,故于二三十二卦中,移二卦而分阴阳,自然为三十与三十四。此二数中,以三十为阳,三十四为阴,盖数周于十,河图之大义。三十者,三周成体而复于本位,乾元之神也。三十四者,三周而余四,所余者,坤元之气也。《乾凿度》引孔子曰:"阳三阴四,位之正也。故易卦六十四分而为上下,象阴阳也。夫阳道纯而奇,故上篇三十,所以象阳也。阴道不纯而偶,故下篇三十四,所以法阴也。"纯之为言,犹周而复。不纯者,未复也。故阳三者,当三周之三,阴四者,当三周后未复之四。此六十四卦以天干地支配之,上篇阳者,甲子至癸巳,下篇阴者,甲午至癸亥而六甲周。以下四

卦象	卦名	干支	卦象	卦名	干支	卦象	卦名	干支	卦象	卦名	干支
䷐	随	庚辰				䷮	困	庚戌	䷿	未济	丁卯
䷏	豫	己卯				䷭	升	己酉	䷾	既济	丙寅
䷎	谦	戊寅				䷬	萃	戊申	䷽	小过	乙丑
䷍	大有	丁丑				䷫	姤	丁未	䷼	中孚	甲子
䷌	同人	丙子	䷝	离	癸巳	䷪	夬	丙午	䷻	节	癸亥
䷋	否	乙亥	䷜	坎	壬辰	䷩	益	乙巳	䷺	涣	壬戌
䷊	泰	甲戌	䷛	大过	辛卯	䷨	损	甲辰	䷹	兑	辛酉
䷉	履	癸酉	䷚	颐	庚寅	䷧	解	癸卯	䷸	巽	庚申
䷈	小畜	壬申	䷙	大畜	己丑	䷦	蹇	壬寅	䷷	旅	己未
䷇	比	辛未	䷘	无妄	戊子	䷥	睽	辛丑	䷶	丰	戊午
䷆	师	庚午	䷗	复	丁亥	䷤	家人	庚子	䷵	归妹	丁巳
䷅	讼	己巳	䷖	剥	丙戌	䷣	明夷	己亥	䷴	渐	丙辰
䷄	需	戊辰	䷕	贲	乙酉	䷢	晋	戊戌	䷳	艮	乙卯
䷃	蒙	丁卯	䷔	噬嗑	甲申	䷡	大壮	丁酉	䷲	震	甲寅
䷂	屯	丙寅	䷓	观	癸未	䷠	遁	丙申	䷱	鼎	癸丑
䷁	坤	乙丑	䷒	临	壬午	䷟	恒	乙未	䷰	革	壬子
䷀	乾	甲子	䷑	蛊	辛巳	䷞	咸	甲午	䷯	井	辛亥
卦象	卦名	干支	卦象	卦名	干支	卦象	卦名	干支	卦象	卦名	干支

上篇　三十卦象阳　　　下篇　三十四卦象阴

序卦干支图

卦,则又为甲子、乙丑、丙寅、丁卯,犹坤元之气宜从乾元之神。观《序卦》以中孚当六十一卦而谓卦气所由起,即此意也。见"《序卦》干支图"。至于忧患卦者,所以周此未周之四卦耳。惟其未周,圣人有忧患焉。周则由序,其居安。《系上》曰:"鼓万物而不与圣人同忧,盛德大业至矣哉。"

夫阴阳之道不可不分,宜上下篇之卦数不可不差。然阴阳之理又不可不同,乃于不同之数中,可合而同之。其法有二,一以综卦同之,一以上篇中之四卦,对下篇中之八卦同之。若忧患卦之所以取此九卦,盖兼取此二法,以下分述之。

一、以综卦同之——由综卦观上下篇之卦数,上篇三十卦中,有二十四卦综合成十二卦,有六卦为自综卦而不可综,即仍为六卦,乃合成综卦十八。下篇三十四卦中,有三十二卦综合成十六卦,有二卦为自综卦而不可综,即仍为二卦,乃亦合成综卦十八。由三十与三十四之不同而同于综卦十八,则可周而复焉。十八者,三六也,二九也,当参天两地与用六用九之积。于上篇中取履者,位当第六综卦。取谦者,位当第九综卦。取复者,位当第十三综卦。六九者,用六用九之周期也。十三者,以六为周期,十三同七同一。复卦辞曰"七日来复",即复于一。于下篇中取恒者,位当第一综卦。取损益者,位当第六综卦。取困井者,位当第九综卦。取巽者,位当第十四综卦。十四者,以六为周期,十四同八同二。复性一而巽命二,是谓阳一阴二,宜于巽外,更取第一综卦之恒。若第六综卦与第九综卦皆对于上篇而各取二卦。由是上篇三卦而下篇六卦,其次不外一二与六九,即乾坤二元以用九六。用而当,其气周,阴阳和矣。见"忧患与综卦图"。

一、以上篇中之四卦对下篇中之八卦同之——由于下篇中多四卦而其气未周,乃于上篇中取四卦以对于下篇中之八卦。使此八卦合而为四,则三十四卦犹三十卦,而上下篇之数同焉。若上篇中所取之

忧患与综卦图	**上篇** 三十卦综成十八卦	卦象																	续前 续前
		卦名	乾	坤	屯	需	师	小畜	泰	同人	谦	随	临	噬嗑	剥	无妄	颐	大过	坎 离
	下篇 三十四卦综成十八卦	卦象																	续前 续前
		卦名	咸	遁	晋	家人	蹇	损	夬	萃	困	革	震	渐	丰	巽	涣	中孚	小过 既济

上篇标号：6　　9　　13 / 7 / 1（阳一）
下篇标号：1　　6　　9　　14 / 8 / 2（阴二）

四卦,准一、十、十五、二十四四数。一者太极乾元之数,于卦次为乾,对于下篇之二卦为咸恒。十者河图周期之数,于卦次为履,对于下篇之二卦为损益。十五者洛书纵横对角三数之和,犹洛书周期之数,于卦次为谦,对于下篇之二卦为困井。二十四者,三画八卦周期之数,于卦次为复,对于下篇之二卦为巽兑。见下表。

$$\text{乾} \quad \text{履} \quad \text{谦} \quad \text{复}$$
$$1 \quad\ \ 10 \quad\ 15 \quad\ 24$$
$$\text{咸恒} \ \text{损益} \ \text{困井} \ \text{巽兑}$$

此太极河洛八卦四数,可概一切周期。当其周期而复,故下篇以二卦合一对之。又上篇之一,本也,始也。以一为周期者,不变也,不变则不言,对于下篇,乃不言本末始终二卦咸兑是也。由是所及之九卦,即忧患卦。见"忧患与《序卦》图"。

由上二法以和阴阳,其致一也。和则气通而安,犹反否而泰,反未济而既济,此圣人忧患之情乎。

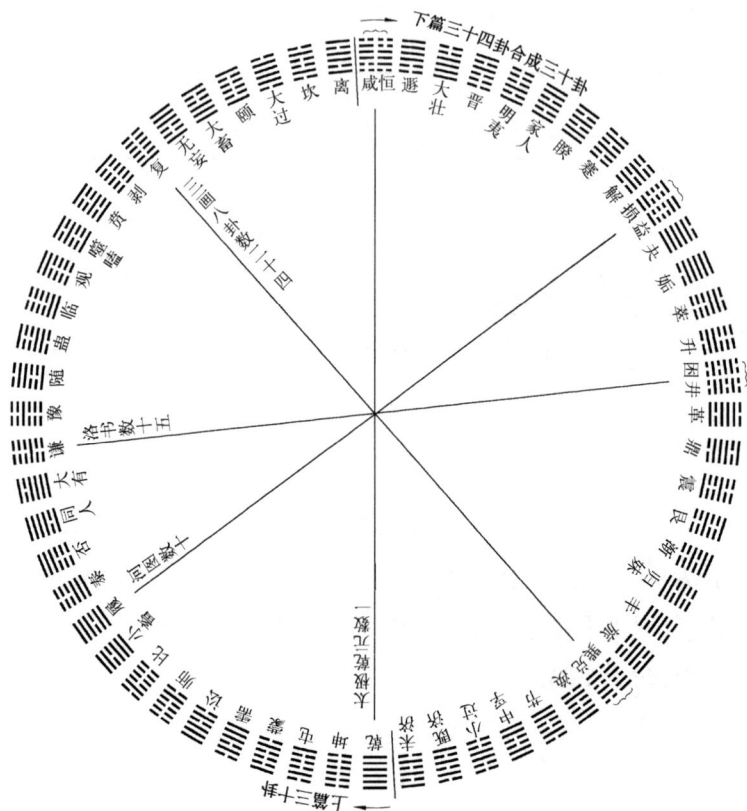

忧患与《序卦》图

附录二

论京房八宫世魂与
四维八胞腔

《汉书·艺文志》载有京房易著三种："孟氏、京房十一篇灾异。孟氏、京房六十六篇。京氏、段嘉十二篇。"此三书的内容各不相同,前二种为京房记述其太老师孟喜的《易》(房学《易》于焦赣,赣学《易》于孟喜),十一篇灾异为当时《周易》的用,六十六篇为《周易》的理。因理起用,用则容易受时空影响,故每一时代每一易家的言论各各不同。理则比较少受时空影响而为对整个《周易》的认识,故古今已有千余家的易学著作,虽有千差万别的不同,然莫不有感于《周易》而有以说明之,其理皆同。更进而观之,凡对《周易》已有认识而成一家之言者,皆可分二方面观之,故京房总结孟氏易,成十一篇与六十六篇二书,极有见地。至于第三种,是京房学生段嘉记述其师的易理。《汉书·儒林传》曰:"房授东海段嘉、河东姚平、河南乘弘,皆为郎、博士,由是《易》有京氏之学。"

京房生于汉昭帝元凤四年,弃市于元帝建昭二年(公元前77—前37),年四十一。当初元四年(公元前45)房以孝廉为郎,是年三十三岁,即得元帝的信仰。故《易》于施、孟、梁丘三家外,增京氏凡四家,皆列于学官。初,淮阳宪王刘钦(元帝异母弟)的母舅张博从房学《易》,

427

继之以女妻房。又房与权臣石显忤,显计使元帝出房为魏郡太守,遂谮房、张与宪王钦图谋不轨,故建昭二年房及博兄弟三人皆弃市,妻子徙边,乘弘坐免为庶人。至成帝继位(公元前 32),许宪王钦还徙者。故京房虽死,易学亦有数年之晦,于成帝时即恢复而京氏易极为流行。迄今尚存《京氏易传》三卷,是否即段嘉的十二篇,已未可定。且文字难免有后人的增损及辗转抄录的错误,若对《周易》的基本认识,实可视为京氏本义。今仅取其八宫世魂一图论之,尤为京氏易理的核心。

观八宫世魂图(见图 1*)乃对《周易》六十四卦加以时空分类,于《易传》中引孔子曰:"易有四象,一世、二世为地易,三世、四世为人易,五世、六世为天易,游魂、归魂为鬼易。"据此则此图先秦已有,京氏盖充实其义。且不论先秦,由汉初至京房时亦已百余年,故此图之出,京氏或亦有所本,惜史已无证。若即以京房论,距今逾二千年,当时已能以八宫为空间,以世魂为时间,合时空以观其世应,体六十四卦的象数变化而加类辨,此理殊觉可贵。以今日的自然科学观之,其原理已通于爱因斯坦相对论的四维时空连续区,此图犹一数学模型——四维八胞腔,特据《周易》的象数阐明如下。

《周易·系辞上》有言:"《易》有太极,是生两仪,两仪生四象,四象生八卦。"今以几何概念解释,太极犹点,属零维空间。两仪犹线的两端,属一维空间。四象犹平方面的四折角,属二维空间。八卦犹立方体的八顶角,属三维空间。此点、线、面、体就是欧几里得几何的基本元素(见图 2)。考欧氏几何的发展,自欧几里得集成于公元前三世纪,直至 1816 年高斯发现非欧几何,尚深囿于欧氏几何的权威而未敢发展,十年后(1826 年)始有俄国罗巴切夫斯基与匈牙利波约首次发表改变几何学中平行公里而提出非欧几何。于 1844 年格拉斯曼(Grassmann,1809—1877)因研究多变元的代数系统,首次提出多维

---

* 整理者按:此下多幅图原稿均缺。

空间的概念。1854 年黎曼建立黎曼几何学,并提出多维拓扑流形的概念。此后的几何学,始与欧氏几何有完全不同的面貌。至于多维非欧几何的大用,由爱因斯坦于 1906 年发表狭义相对论,始用四维空间,并有闵可夫斯基(Minkowski, 1864—1909)于 1908 年加以说明,第四维即时间。时空的关系,于平面以双曲线表示,坐标二轴,一轴 X 为一维空间,一轴 t 为时间。若 X 轴外,增 Y 轴以当二维空间,则双曲渐近线变为双圆锥面。更增 E 轴以当三维空间,则双圆锥面又变为双圆锥超面,是谓光锥;不可见的时间,由是乃见其象。继之爱因斯坦本狭义相对论,又向广义相对论发展,以四维欧氏几何为特例,一般必有曲率,于 1913 年第一次使用黎曼几何,作为广义相对论的数学基础。

爱因斯坦《西方科学的基础和中国古代的发明——1953 年给 J. E. 斯威策的信》中说:"西方科学的发展是以两个伟大的成就为基础,那就是:希腊哲学家发明形式逻辑体系(在欧几里得几何学中),以及通过系统的实验发现有可能找出因果关系(在文艺复兴时期)。在我看来,中国的贤哲没有走上这两步,那是用不着惊奇的。令人惊奇的倒是这些发现[在中国]全都做出来了。"(许良英、范岱年编译,《爱因斯坦文集》第一卷,574 页,商务印书馆 1976 年 1 月版)

爱因斯坦论西方科学的二大基础极是,而谓吾国贤哲未走这两步,实未深究吾国自然科学的理论,尤其是《周易》卦象所表示的时空概念。然此非爱因斯坦之失,就是吾国学者亦极少理解卦象所表示的概念。上文已说明八卦的卦象,正当三维空间坐标,吾国古名为"六合"、"絜矩之道"。且我国的《周易》,早已发展成六十四卦,下卦名贞,上卦名悔。《左传》僖公十五年(公元前 645 年)有曰"蛊䷑之贞风也(☴),其悔山也(☶)"可证。由八卦分贞悔而成六十四卦,其元素已当点、线、面、体外增一四维体。凡四维立方体,当有四直线互交成直角,其边界为立方体八,故今名四维一八胞腔。此四维一八胞腔已可由移动或投影立方体而得其直观图形,此图形的十六顶点,正可以贞悔八卦当之(见图 3)。

至于六十四卦的排列,宋初陈抟(?—989)传出先天图,全同太极生生的次序,其中有六十四卦方图。张行成于乾道二年(公元 1166年)所进的《易通变》一书中,已建立贞悔数,此与矩阵概念算法全同(见图 4)。故今日研《易》可借用四维直观图形,合于易象六十四卦的矩阵,以证明京房的八宫世魂图,犹指四维—八胞腔。

据图 3 的四维直观图形,其八胞腔的贞悔数字如下:

贞　1 2 3 4 5 6 7 8 ⎫地
悔　1 2 3 4 5 6 7 8 ⎭天 (天地定位)

贞　1 2 3 4　悔　1 2 3 4 ⎫初画阳　雷
贞　5 6 7 8　悔　5 6 7 8 ⎭初画阴　风 (雷风相薄)

贞　1 2 5 6　悔　1 2 5 6 ⎫中画阳　水
贞　3 4 7 8　悔　3 4 7 8 ⎭中画阴　火 (水火不相射)

贞　1 3 5 7　悔　1 3 5 7 ⎫上画阳　山
贞　2 4 6 8　悔　2 4 6 8 ⎭中画阴　泽 (山泽通气)

凡建立四维—八胞腔的坐标中心,相对称的两个胞腔宜相合,《说卦》有言"天地定位,山泽通气,雷风相薄,水火不相射"是其义。凡贞阴☷为地,悔阳☰为天,当"天地定位"。初画阳☳为震雷,初画阴☴为巽风,当"雷风相薄"。中画阳☵为坎水,中画阴☲为离火,当"水火不相射"。上画阳☶为艮山,上画阴☱为兑泽,当"山泽通气"。本上述的贞悔数,合成"八卦相错"者四,其象同为乾、兑、离、震、巽、坎、艮、坤八个八纯卦,这就是京房的八宫,亦就是四维—八胞腔的空间结构。

以上既明四维—八胞腔的中心坐标,更可以悔乾悔坤的二点示其在周坐标:

凡交于悔乾点有互成直角的直线四,此四直线为悔乾到悔兑到悔离到悔巽到贞乾。以"天地定位"观之,到悔兑悔离悔巽为空间三维,到贞乾为第四维的时间线。以"雷风相薄"观之,到悔兑悔离贞乾为空间三维,到悔巽为第四维空间线。以"水火不相射"观之,到悔兑悔巽贞乾为空间三维,到悔离为第四维空间线。以"山泽通气"观之,到悔离悔巽贞乾为空间三维,到悔兑为第四维时间线。

又交于悔坤点亦有互成直角的直线四,此四直线为悔坤到悔艮到悔坎到悔震到贞坤。以"天地定位"观之,到悔艮悔坎悔震为空间三维,到贞坤为第四维时间线。以"雷风相薄"观之,到悔坎悔艮贞坤为空间三维,到悔震为第四维时间线。以"水火不相射"观之,到悔艮悔震贞坤为空间三维,到悔坎为第四维时间线。以"山泽通气"观之,到悔坎悔震贞坤为空间三维,到悔艮为第四维时间线。

故由京氏八宫的卦象合于几何图形,已当四维欧氏空间,即四维希尔伯特空间,其间未见曲率,犹狭义相对论。以卦象观之,除八纯卦外,尚有五十六卦,始具曲率的概念,亦就是京氏的世魂。于《周易》的算法本以易图示之,宋后有贞悔数的矩阵,则八行八列矩阵的变化,恰可示四维空间中的曲率。合于京氏世魂,其贞悔数的变化见下式:

$$
\begin{array}{ll}
\text{八宫} \\
\text{(六世)}
\end{array}
\left\{
\begin{array}{l}
贞 \quad 1\ 2\ 3\ 4\ 5\ 6\ 7\ 8 \\
悔 \quad 1\ 2\ 3\ 4\ 5\ 6\ 7\ 8
\end{array}
\right.
$$

$$
\text{一世}
\left\{
\begin{array}{l}
贞 \quad 5\ 6\ 7\ 8\ 1\ 2\ 3\ 4 \\
悔 \quad 1\ 2\ 3\ 4\ 5\ 6\ 7\ 8
\end{array}
\right.
$$

$$
\text{二世}
\left\{
\begin{array}{l}
贞 \quad 7\ 8\ 5\ 6\ 3\ 4\ 1\ 2 \\
悔 \quad 1\ 2\ 3\ 4\ 5\ 6\ 7\ 8
\end{array}
\right.
$$

$$
\text{三世}
\left\{
\begin{array}{l}
贞 \quad 8\ 7\ 6\ 5\ 4\ 3\ 2\ 1 \\
悔 \quad 1\ 2\ 3\ 4\ 5\ 6\ 7\ 8
\end{array}
\right.
$$

$$
\text{四世}
\left\{
\begin{array}{l}
贞 \quad 8\ 7\ 6\ 5\ 4\ 3\ 2\ 1 \\
悔 \quad 5\ 6\ 7\ 8\ 1\ 2\ 3\ 4
\end{array}
\right.
$$

$$
\text{五世}
\left\{
\begin{array}{l}
贞 \quad 8\ 7\ 6\ 5\ 4\ 3\ 2\ 1 \\
悔 \quad 7\ 8\ 5\ 6\ 3\ 4\ 1\ 2
\end{array}
\right.
$$

$$
\text{游魂}
\left\{
\begin{array}{l}
贞 \quad 8\ 7\ 6\ 5\ 4\ 3\ 2\ 1 \\
悔 \quad 3\ 4\ 1\ 2\ 7\ 8\ 5\ 6
\end{array}
\right.
$$

$$
\text{归魂}
\left\{
\begin{array}{l}
贞 \quad 1\ 2\ 3\ 4\ 5\ 6\ 7\ 8 \\
悔 \quad 3\ 4\ 1\ 2\ 7\ 8\ 5\ 6
\end{array}
\right.
$$

　　准上八式，凡四维—八胞腔内的种种曲率，皆可化成对角线，是为世魂的基本概念。于八宫（六世）无曲率，一世四世归魂一轴有曲率，二世五世游魂二轴有曲率，三世三轴有曲率。今于时间线取负值，犹三轴有曲率的意义。若由五世而六世，归诸本宫而不化为对立物，即宫世与消息的不同。以消息论，贞悔数为 $\left\{\begin{matrix}贞 & 8\,7\,6\,5\,4\,3\,2\,1 \\ 悔 & 8\,7\,6\,5\,4\,3\,2\,1\end{matrix}\right.$，宫世唯上位不变而转其向，是之谓"魂"。此处"魂"的实质，即于四维空间中以思维第四维时间线轴的形象。

附录三

发展几何学的人物

泰勒斯(Thales,约公元前 624—前 547),古希腊,希腊几何学学自埃及。

柏拉图(Plato,公元前 427—前 347),古希腊,以正多面体五寓其哲理。

欧几里得(Euclid,公元前 330—前 295),古希腊,总结希腊几何学成《几何原本》。

阿基米德(Archimedes,公元前 287—前 212),古希腊,研究曲线曲面,得连续概念。

徐光启(1562—1633),明末,翻译部分《几何原本》成中文,当时几何学水平尽在此书。

笛卡尔,勒奈(Descartes, René,1596—1650),法,于 1637 年出版《几何学》,即解析几何。

德沙格,热拉尔(Dé Sargues, Gérard,1593—1662),法,于 1639 年在笛卡尔空间中加入无穷远元素。

牛顿,伊萨克(Newton, Isaac,1642—1727),英,发明微积分,用于物理学。

莱布尼茨,哥特弗里德·威尔赫姆(Leibniz, Gottfried Wilhelm, 1646—1716),德,发明微积分,用于哲学,欧洲第一人研究《易经》。

康德,伊曼努尔 (Kant Immanuel, 1724—1804),德,整个哲学思想仍以欧氏几何为基础。

拉格朗日,约瑟夫·路易(Lagrange, Joseph Louis, 1736—1813),法籍意大利人,有使时间一维与空间三维并列之意。

高斯,约翰·卡尔·弗里德里希(Gauss, Johann Carl Friedrich, 1777—1855),德,于1816年发现非欧几何,但未发表。

罗巴切夫斯基,尼古拉·伊万诺维奇(Лобачевский, Николай Иванович,1793—1856),俄,于1826年提出非欧几何理论。

波约,法斯卡(Bolyai, Farkas,1802—1860),匈牙利,于1826年提出非欧几何理论。

格拉斯曼,赫尔曼·贡特(Grass-mann, Hermann Günther, 1809—1877),德,于1844年研究多变元代数,首提多维空间概念。

黎曼,贝尔纳(Riemann, Bernard,1826—1866),德,于1854建立黎曼几何学。

彭加勒,约拉斯·亨利(Poincaré, Julas Henri,1854—1912),法,研究多维空间,今名四维彭加勒空间,即四维—五胞腔,属$n+1$维类型之多维空间。

普朗克,麦克斯(Planck, Max,1858—1947),德,于1900年提出量子理论,有不连续概念。

希尔伯特,大卫(Hilbert, David,1862—1943),德,研究多维空间,今名四维希尔伯特空间,即四维—八胞腔,属$2n$维类型之多维空间。

闵可夫斯基,赫尔曼(Minkowski, Hermann,1864—1909),德,于1908年本爱因斯坦狭义相对论的四维空间理论,明第四维为时间。

爱因斯坦,阿尔贝特(Einstein, Albert,1879—1955),瑞士,美籍

德国人,于 1906 建立狭义相对论,属四维欧氏几何。于 1916 年建立广义相对论,属四维黎曼几何。

　　海森堡,维纳尔(Heisenberg, Werner, 1901—1976),德,发展量子论,于认识论重视柏拉图基本对称。

后　记

大哲人晚年致思之处,往往是他联系于时代最深邃之处,也是他的学问最精粹之处。潘雨廷先生晚年的思想,有两个不同的关注角度。一个角度是向下的,重视易学如何为社会上一般人所理解,《系辞上》所谓"是兴神物,以前民用"。一个角度是向上的,思考易学如何与西方学术相融合,那就是当时提出的"科学易"。两个角度虽然可以重叠、交叉,却有着清晰的不同指向。本书的编撰试图显示这两个角度,前者是《易学史入门》,后者是《论吾国文化中包含的自然科学理论》。

在中华传统的学术中,易学是洁净精微之教,其核心部分几乎无法普及。然而,潘雨廷先生在阐发其最深入内容的同时,却努力为后学提供可以捉摸的扶手。他撰写易学史和道教史,又计划撰写《周易表解》和《易学史大纲》,尽可能地深入浅出,从根源上消解其神秘性。《周易表解》在整理者协助下得以完成,作为《周易》的基础读本;《易学史大纲》仅留下部分残稿,被编入《易学史丛论》。《易学史入门》秉承潘先生的心愿,在此基础上再推进一步,把介绍易学史基本概念的文稿搜拾在一起,给初学者提供相对方便的入口。

在《易学史入门》中,首先值得注意的是《易学史入门》和《繫爻讲解》，两篇文章是整理者当初的听课笔记，内容精粹透彻，可以代表潘先生晚年的思想境界。其次是《周易十讲》，此文由作者亲笔撰写，交代了易学的整体。与《十讲》对应的是《易赞》，此文写于1960年，作者完成了对易学的整体认识。再次是《易学史笔记》，此文写于1956年，原稿是留给自己参考的笔记，可以看成写作易学史的材料准备。此文从经学的角度看待易学，和晚年的观点有相当出入〔1〕。之所以收入本书，一来可以研究潘先生前后期思想的变化，二来可以理解传统易学的基本思路。《卦爻辞析义》和《十翼析义》详细介绍《周易》文献的有关内容，以伏羲、文王、孔子三圣作为标准，和《卦爻辞的原始意义》、《十翼的形成》对比（文见《易学史丛论》），乃见早晚心力之相形。

在《论吾国文化中包含的自然科学理论》中，首篇是潘先生精心结撰的著作之一，整理者取以为书名。此篇层层推导，其中的图表玲珑剔透，晶莹璀璨，指向易学的最高成就。如果要理解潘先生心目中的科学易，无论赞成还是反对，可以从研读此篇入手。紧接的是一组文章，从《八卦与絜矩之道》至《幽赞释义》。这六篇文章也是象数易的精粹，美轮美奂，观之忘倦，浑不知究竟属于易学、数学、几何学还是美学？亦可思考于现代是否更有上出之道。再次值得注意的是《发挥与六龙之解析》，此文涉及两大拟写著作《周易发蒙》和《周易执谦》，并引出潘先生认识易学的总结"六龙图"。最后收一篇分子生物学作为结束，潘先生展望二十一世纪科学在于生物学的进步，此文反映了和易学结合的初步尝试。

本书的相当部分由散篇甚至残篇缀合而成。《易学史入门》原来有三十节，现存的记录仅有二十四节，缺少了其中六节。根据潘先生

---

〔1〕　潘雨廷先生后来认为三古三圣属于三个时代，而不是真实的作者。他的结论可以概括为三句话（参见《易学史入门》十六）：
　　一、卦象非伏羲作。
　　二、二篇非文王作。
　　三、十翼非孔子作。

的笔记,缺少的部分恰好属于科学易:六合絜矩之道、多维空间;庄子《齐物论》、天府葆光、错综旋;认识论、方法论、消息变化;一爻变、六维空间模型;发蒙、六龙图、心亨图。《周易十讲》是完整的著作,不知写于何时,估计作于二十世纪七十年代末八十年代初。《易学史笔记》比较特殊,只写了开端的部分。《卦爻辞析义》和《十翼析义》原为一组,其思想归属于旧易学。《易赞》是完整的作品,作者尚计划写《诗赞》和《书赞》。《豑爻讲解》也没有完成,潘先生当年只讲到了二爻。《论吾国文化中包含的自然科学理论》主要集中于几何学,未知是否尚有续篇。以下六篇原稿已佚,由整理者根据抄本整理,现在的次序也是抄本的次序。《发挥与六龙之解析》可深入研究,保留了最重要的线索。作者关于分子生物学的论述见于多处,《论六十四种遗传密码与六十四卦的联系》相对而言是最完整的。以此文为殿,也预示着作者的生物学指向。

　　本书共收入三篇附录。附录一《论忧患与序卦》呼应《卦爻辞析义》和《十翼析义》,未编入正文是因为内容相对艰深,或非初学所必须。与《卦爻辞》、《十翼》两文相似,此文可以和《论"周易·系辞下·忧患章"作者的思想结构》对比(文见《易学史发微》)。附录二《论京房八宫世魂和四维八胞腔》是作者的零星论文,呼应《京氏宫世考源》,用以相互印证。《发展几何学的人物》,原来是夹在《论吾国文化中包含的自然科学理论》中的单页纸条,整理者再三摩挲,不忍舍弃,取来作为附录三。对人类某一领域作出真实贡献的人发自内心的景仰,既是提升民族文化之道,也是提升个人学术之道。

　　本书的整理得到黄德海先生的协助,另外一位谦让不愿具名的友人也参与了部分工作。

张文江
2011 年 9 月 22 日